대혜서장

대혜서장

초판 1쇄 발행일 2018년 2월 1일
　　　2쇄 발행일 2022년 1월 12일

지은이 김태완

펴낸이 김윤
펴낸곳 침묵의 향기
출판등록 2000년 8월 30일, 제1−2836호
주소 10401 경기도 고양시 일산동구 무궁화로 8−28,
　　　삼성메르헨하우스 913호
전화 031) 905−9425
팩스 031) 629−5429
전자우편 chimmukbooks@naver.com
블로그 http://blog.naver.com/chimmukbooks

ISBN 978−89−89590−70−5 03220

대혜서장

김태완 역주

침묵의 향기

개정판에 붙여

『대혜보각선사어록(大慧普覺禪師語錄)』 30권 전체를 한국학술진흥재단(현 한국연구재단)의 지원을 받아 번역하여 총6권으로 출판한 지 7년이 되었다.

6권 가운데 선(禪)을 공부하는 사람들에게 가장 도움이 되는 내용을 가진 서장(書狀), 법어(法語), 보설(普說) 등 3권은 선원에서 법회 자료로 사용하면서 눈에 띄는 오역이나 어색한 표현을 바로잡았는데, 지금까지 그 양이 꽤 된다.

애초에 번역본 6권을 출간한 소명출판사에선 이미 이 책을 절판하였는데, 그 가운데 제5권 서장은 품절되어 몇 년 전부터는 시중에서 구할 수도 없다.

그리하여 서장, 법어, 보설 등 3권을 다시 꼼꼼히 교정하여 침묵의 향기에서 새롭게 출간하기로 하였는데, 먼저 서장을 세상에 내놓게 되었다.

이 3권의 책은 대혜종고(大慧宗杲) 선사의 깊은 안목을 가장 잘 살필 수 있는 내용이어서 역자 스스로도 공부에 큰 도움을 받았으니, 선을 공부하는 모든 사람에게 많은 도움이 되리라고 확신한다.

2018년 1월 무심선원 원장 김태완

머리말

대혜는 늘 배우는 사람들에게 말했다.

"죽비라고 부르면 사물을 따라가고, 죽비라고 부르지 않으면 사물을
무시한다. 말을 해서도 안 되고, 입을 다물고 있어서도 안 된다."

　나와서 죽비를 빼앗는 것도 용납하지 않고
　명쾌하게 풀이한 이치도 용납하지 않고
　소매를 떨치고 곧장 나가는 것도 용납하지 않고
　그럴듯한 한마디를 말하는 것도 용납하지 않고
　합장하여 절하는 것도 용납하지 않고
　가만히 앉아 있는 것도 용납하지 않고
　한마디 말을 붙잡고 있는 것도 용납하지 않고
　밤새워 좌선하는 것도 용납하지 않고
　현묘한 도리를 내세우는 것도 용납하지 않고
　공안을 제시하여 따지는 것도 용납하지 않고
　묵묵히 마음을 관조함도 용납하지 않고
　일 없이 한가하게 있는 것도 용납하지 않고

말 없이 그대로 받아들이는 것도 용납하지 않는다.

오직 그대가 참으로 깨달아 중생심에서 벗어나
그대 스스로가 모든 것의 증거가 되는 것만 용납한다.
참된 깨달음이 없으면 대혜에게 휘둘릴 수 밖에 없지만
참으로 깨달으면 도리어 대혜를 휘두르게 될 것이다.

2011년 3월
해운대 무심선원에서
김태완

1. 대혜종고의 생애와 공부[1]

(1) 출생과 성장

대혜종고(大慧宗杲; 1089-1163)는 임제종(臨濟宗) 양기파(楊岐派)의 선승으로, 자(字)는 담회(曇晦), 호(號)는 묘희(妙喜), 운문(雲門) 등이다. 안휘성(安徽省) 선주(宣州) 영국현(寧國縣) 출신으로 속성(俗姓)은 해(奚) 씨이다. 어머니의 꿈에 신인(神人)이 한 승려를 데리고 왔는데 뺨이 검고 코가 오뚝하였다. 침실로 들어오기에 그 사는 곳을 물으니 북악(北岳)에 산다고 답하였다. 꿈에서 깨어나니 태기가 있었다. 대혜가 태어난 날에는 흰 빛줄기가 방을 투과하여 마을 사람들이 놀라고 이상하게 여겼는데, 바로 남송(南宋) 철종(哲宗) 원우(元祐) 4년 기사(己巳; 1089년)인 11월 10일 사시(巳時)였다.

대혜의 이름은 종고(宗杲)이다. 나이 13세(1101년)에 향교(鄕校)에 들어

---

[1] 대혜의 생애와 공부는 대혜의 제자인 혜연(慧然)이 기록하고 속가제자인 정지거사(淨智居士) 황문창(黃文昌)이 중편(重編)한 『서장(書狀)』에 실린 '대혜선사행장(大慧禪師行狀)'과 『대혜보각선사연보(大慧普覺禪師年譜)』의 내용을 바탕으로 하여 좀 더 자세한 내용을 부가한 것이다.

갔다. 어느 날 함께 배우는 아이들과 놀다가 벼루를 던졌는데 그만 잘못
하여 선생(先生)의 모자를 맞히고 말았다. 배상금으로 삼백 냥을 물어주
고 돌아와서는 말하기를, "세간의 책을 읽는 것이 어찌 출세간의 법(法)을
궁구(窮究)함만 하겠는가?" 하였다.

(2) 출가와 공부

16세(1104년)에 동산(東山)의 혜운원(惠雲院)에서 혜제대사(惠齊大師)에 의
지하여 출가하였다. 17세에 머리를 깎고 구족계(具足戒)를 받았다. 19세
(1107년)에 여러 곳을 돌아다니다가 태평주(太平州)에 있는 은적암(隱寂庵)
에 당도하니 암주(庵主)가 매우 환대를 하며 말하기를 "어제 저녁 꿈에 가
람신(伽藍神)이 말하기를 '내일 운봉열(雲峰悅) 선사(禪師)가 절에 올 것이
다.'라 하였는데, 당신이 맞습니까?" 하고는, 곧 운봉열 선사의 어록(語錄)
을 보여 주었다. 대혜가 한 번 보고는 바로 외워 버리니, 이로부터 사람
들은 대혜를 운봉의 후신이라고 말하였다.

다시 서죽소정(瑞竹紹珵) 화상에게 의지하였는데, 그는 낭야혜각(瑯琊慧
覺)의 적손(嫡孫)이었다. 이에 설두(雪竇)의 염고(拈古)와 송고(頌古)²를 가르

---

2 운문종(雲門宗)의 선승(禪僧)인 설두중현(雪竇重顯: 980−1052)이 지은 『염고집(拈古集)』과
   『송고집(頌古集)』. 염고(拈古)란 고칙공안(古則公案)에 대하여 자신이 평가하는 말을 붙이
   는 것이고, 송고(頌古)란 고칙공안에 대하여 자신이 평가하는 말이나 느낌을 시(詩)의 형
   식으로 붙인 것이다. 설두중현이 『경덕전등록(景德傳燈錄)』을 중심으로 고칙(古則) 100여

쳐 달라고 부탁하자, 소정(紹珵)은 스스로 보고 스스로 말하라고 시켰다. 스님이 그 미묘한 뜻에 통달하니, 소정이 대중에게 말했다. "고상좌(杲上座)는 분명 환생(還生)한 사람이로구나."

20세(1108년)에 행각(行脚)할 때에 동산(洞山)³의 미(微) 선사(禪師)를 찾아가서 2년 동안 조동종(曹洞宗)의 종지(宗旨)를 모두 공부하여 그 취지를 다 얻었지만 오히려 만족하지 못했다. 대혜는 뒷날 방부문(方敷文)을 위한 보설(普說)에서 이렇게 말했다.

"미(微) 화상은 도리어 깨달음에 입문(入門)한 바 있었으나, 다만 공훈오위(功勳五位)·편정회호(偏正回互)·오왕자(五王子) 등 여러 가지 조동종의 가문(家門)에 전해 오는 것들과 계합하지 못하고 있을 뿐이었다. 내가 한 번 이들을 전해 주자, 그는 종이에다 그것을 적어서 승당 앞에다 붙여 놓았다. 대장부가 선에 참(參)하면서 어찌 종사(宗師)의 입가로 나아가 여우가 흘린 침을 기꺼이 핥아먹는가? 모두가 염라대왕 앞에서 쇠몽둥이를 맞을 짓들이다."

휘종(徽宗) 대관(大觀) 3년 기축(己丑; 1109년) 대혜 나이 21세에 담당문준

가지를 뽑아 여기에 송고(頌古)를 지어 붙인 『설두송고(雪竇頌古)』가 기원이고, 뒤에 원오 극근(圜悟克勤)이 여기에다 평창(評唱)·착어(著語) 등을 붙여 『벽암집(碧巖集)』을 만들었다.

3 동산(洞山) : 강서성(江西省) 예장(豫章) 균주(筠州) 고안(高安)에 있는 산. 동산양개(洞山良价)가 머물던 보리원(普利院)이 있음.

(湛堂文準)⁴을 찾아가 7년 동안 시봉하였다. 26세(1114년)에 담당이 여러 차례 대혜의 공부를 점검한 뒤에 어느 날 물었다.

"고상좌(杲上座), 나의 여기의 선(禪)을 너는 일시에 이해하여, 너에게 설법(說法)을 시켜도 너는 설법을 해내고, 너에게 염고(拈古)·송고(頌古)·소참(小參)⁵·보설(普說)⁶을 시켜도 너는 모두 해낸다. 그렇지 않은 일이 단지 하나 있으니, 너는 알겠느냐?"

대혜가 말했다.

"무슨 일입니까? 저는 알지 못하겠습니다."

담당이 말했다.

---

4 담당문준(湛堂文準) : 1061-1115. 늑담문준(泐潭文準)·보봉문준(寶峯文準)이라고도 불린다. 임제종(臨濟宗) 황룡파(黃龍派). 자는 담당(湛堂). 섬서성 흥원부(興元府) 출신. 속성은 양씨(梁氏). 위산(潙山)의 진여모철(眞如慕喆)을 참학하다가 계합하였지만, 뒤에 구봉(九峰)과 늑담(泐潭)에서 진정극문(眞淨克文)에게 배우고 그의 법을 이었다. 강서성 예장(豫章)의 운암사(雲巖寺)에서 법을 열다가, 강서성 융흥부(隆興府)의 늑담보봉사(泐潭寶峰寺)로 옮겼다. 『담당준화상어요(湛堂準和尙語要)』(1권)이 『속고존숙어요(續古尊宿語要)』 제1권에 수록되어 있다.

5 소참(小參) : 참(參)은 대중을 모아 법을 말하는 것. 정식의 설법인 상당(上堂)에 대하여, 해가 저물 때 장소를 정하지 않고, 혹은 임시로 침당(寢堂)·법당·방장(住持)의 거실에서 법좌(法座)에 올라 설법하는 것. 수시수처(隨時水處)에 주지가 설법하는 것. 원래는 침당에서 약식으로 행해지는 주지의 설법 및 그에 수반되는 문답상량(問答商量)이었음. 그러나 남송(南宋) 때가 되면서 의식적, 정기적인 것으로 되었음. 대참(大參)의 반대.

6 보설(普說) : 선문(禪門)에서 쓰는 말로 널리 정법(正法)을 말하여 사람들에게 보인다는 뜻이다. 한 사람 한 사람에 대하여 개별적으로 말하는 입실(入室)과 상대적인 말이다. 다수의 승중(僧衆)을 일당(一堂)에 모아 행하는 설법을 말한다. 상당(上堂)과는 달리 필요에 응하여 수시로 행하는 약식의 설법이다. 법의(法衣)를 따로 착용하지도 않고 상당설법의 형식을 다 갖추지도 않는다.

12

"흠! 너는 이 하나를 풀지 못하고 있다. 내가 방장에서 너에게 말할 때에는 곧 선(禪)이 있다가도 방장을 나오자마자 곧 없어져 버리고, 깨어서 생각할 때에는 곧 선이 있다가도 잠이 들자마자 곧 없어져 버린다. 만약 이와 같다면 어떻게 삶과 죽음에 맞설 수 있겠느냐?"

대혜가 말했다.

"바로 제가 의심하던 것입니다."

27세인 1115년 늦여름에 담당(湛堂)이 병세를 보이더니 곧 위중하게 되었다. 대혜가 물었다.

"스님께서 만약 이 병석에서 일어나지 못하시면, 저는 누구에게 의지하여 큰일을 마칠 수 있겠습니까?"

담당이 잠시 말없이 있더니 말했다.

"천근(川勤)[7]이라는 분이 있는데, 나도 그를 알지 못한다. 네가 만약 그를 만난다면 반드시 이 일을 성취할 수 있을 것이다. 만약 그를 만나지 못한다면, 곧장 수행하고, 내세에 태어나서 참선(參禪)하여라."

대혜는 선화(宣和) 4년 임인(壬寅; 1122년) 나이 34세에 원오극근을 찾아가려고 하였으나, 그때 원오가 멀리 장산(蔣山)에 있었던 까닭에 우선 태평사(太平寺)의 평보융(平普融) 회하(會下)에 의지하였다.

---

7 천근(川勤) : 원오극근(圜悟克勤)을 가리킨다. 원오극근이 사천성(四川省) 출신이기 때문에 천근(川勤)이라 함.

(3) 깨달음

『대혜어록』에서 대혜가 스스로 말하는 자신의 깨달음의 체험은 다음의
3가지다.

• 첫 번째 깨달음

대혜는 선화(宣和) 7년 을사(乙巳; 1125년) 나이 37세에 비로소 변경(汴京)
의 천녕사(天寧寺)로 원오극근을 찾아갔다. 겨우 40일이 지났는데, 하루는
원오가 법당에 올라 말하였다.
"어떤 중이 운문(雲門)에게 묻기를 '어떤 것이 모든 부처가 몸을 드러내
는 곳입니까?' 하고 묻자 운문은 '동산(東山)이 물 위로 간다.'고 하였다.
나라면 그렇지가 않아서 다만 그에게 '훈풍이 남쪽에서 불어오니 절 지붕
의 모퉁이가 조금 서늘해지는구나.'라고 말할 것이다."
대혜는 그 말을 듣고서 홀연 앞뒤의 시간이 끊어졌다. 이에 원오는 대
혜를 택목당(擇木堂)에 머물게 하고 시자(侍者)의 일에는 조금도 힘쓰지 말
고 보림(保任)에 몰두하도록 하였다.

이 경험에 관한 대혜 스스로의 언급이 『대혜보각선사서(大慧普覺禪師
書)』 제29권 '향시랑(向侍郎) 백공(伯恭)에 대한 답서'에 다음과 같이 나와 있
다.

보내신 편지의 질문을 보니 바로 제가 36세 때에 의심했던 것이더군요. 읽어 보니 자신도 모르게 가려운 곳을 긁는 것 같았습니다. 저 역시 일찍이 이 문제를 가지고 원오(圓悟) 선사(先師)에게 물었습니다. 이에 대하여 원오 선사는 다만 손으로 가리키며 말씀하셨습니다.

"그만, 그만 하고, 망상을 쉬어라. 망상을 쉬어라."

제가 다시 말했습니다.

"제가 아직 잠이 들기 전에는 부처님이 칭찬하신 것에 의지하여 행하고 부처님이 비난하신 것을 감히 범하지 않으며, 이전에 스님들[8]에게 의지하고 또 스스로 공부하여 조금 얻은 것을 또렷하게 깨어 있을 때에는 전부 마음대로 쓸 수 있습니다. 그러나 침상에서 잠이 들락 말락 할 때에 벌써 주재(主宰)하지 못하고, 꿈에 황금이나 보물을 보면 꿈속에서 기뻐함이 한이 없고, 꿈에 사람이 칼이나 몽둥이로 해치려 하거나 여러 가지 나쁜 경계를 만나면 꿈속에서 두려워하며 어쩔 줄 모릅니다. 스스로 생각해 보면 이 몸은 오히려 멀쩡하게 있는데도 단지 잠 속에서 벌써 주재할 수가 없으니, 하물며 죽음에 임하여 육체를 구성하는 지수화풍(地水火風)이 흩어지며 여러 고통이 걷잡을 수 없이 다가올 때에 어떻게 경계에 휘둘리지 않을 수가 있겠습니까? 여기에 이르게 되면 마음이 허둥지둥 바빠집니다."

---

8 이전에 의지했던 여러 스승들이란, 보봉(寶峯)의 담당문준(湛堂文準)을 비롯하여 청량덕홍(淸涼德洪) 등 여러 스님을 가리킨다.

원오 선사께서는 이 말을 듣고 다시 말씀하셨습니다.

"네가 말하는 허다한 망상이 끊어질 때에, 너는 깨어 있을 때와 잠잘 때가 늘 하나인 곳에 저절로 도달할 것이다."

처음 이 말을 들었을 때에는 믿지 않고 매양 말하였습니다.

"나 스스로를 돌아보면, 깨어 있음과 잠들어 있음이 분명히 둘인데, 어떻게 감히 입을 크게 벌려 선(禪)을 말하겠는가? 다만 부처님께서 설하신 깨어 있음과 잠들어 있음이 늘 하나라는 말이 망령된 말이라면 나의 이 병을 없앨 필요가 없겠지만, 부처님의 말씀이 진실로 사람을 속이지 않는다면 이것은 곧 나 스스로가 아직 깨닫지 못한 것이다."

뒤에 원오(圜悟) 선사(先師)께서 "모든 부처님이 나타나는 곳에 따뜻한 바람이 남쪽에서 불어온다."고 하시는 말을 듣고서 홀연 가슴에 걸려 있던 것이 내려갔습니다. 그리하여 비로소 부처님의 말씀이 진실한 말이며, 있는 그대로의 말이며, 속이지 않는 말이며, 망령되지 않은 말이며, 사람을 속이지 않는 참으로 커다란 자비로서, 몸을 가루로 만들어 목숨을 버리더라도 갚을 수가 없음을 알았습니다. 가슴에 걸려 있던 것이 없어지고 나서야, 비로소 꿈꿀 때가 바로 깨어 있는 때이며 깨어 있는 때가 바로 꿈꾸는 때라는 것을 알았으며, 비로소 부처님이 말씀하신 깨어 있을 때와 잠잘 때가 늘 하나라는 것을 저절로 알았습니다. 이러한 도리는 집어내어 남에게 보여 줄 수도 없고, 남에게 말해 줄 수도 없습니다. 마치 꿈속의 경계와 같아서 취할 수도 없고 버릴 수도 없습니다.

• 두 번째 깨달음

뒤에 원오의 방에서, 유구(有句)와 무구(無句)가 등나무 덩굴이 나무에 기대어 있는 것과 같다는 말을 듣고서 대혜가 원오에게 물었다.

"듣자 하니 스님께서 오조(五祖) 스님 회하에 계실 때에 이 말을 물었던 일이 있다고 하던데, 어떻게 말씀하셨는지 모르겠습니다."

원오는 웃기만 하고 대답을 하지 않았다. 대혜가 다시 말했다.

"스님은 이미 여러 번 물음에 답하셨는데, 이제 말한들 무슨 상관이 있 겠습니까?"

원오가 마지못하여 말했다.

"내가 오조 스님에게 '유구와 무구가 등나무 덩굴이 나무에 기대 있는 것과 같다는 뜻이 무엇입니까?' 하고 물으니, 오조 스님은 '그리려고 하 여도 그리지 못하고, 말하려고 하여도 말하지 못한다.'고 하셨다. 다시 내 가 '나무가 쓰러지고 등나무 덩굴이 말라 버릴 때에는 어떻습니까?' 하고 물으니, 오조 스님이 '서로 따라온다.'고 말씀하셨다."

대혜는 그 자리에서 마음이 탁 트이며 크게 깨닫고는 말했다.

"제가 알겠습니다."

원오가 차례차례 여러 인연을 가지고 물어보니, 대혜는 모두 답하여 막힘이 없었다. 이에 원오가 기뻐하며 말하기를 "내가 너를 속일 수가 없 구나." 하고는, 『임제정종기(臨濟正宗記)』를 부촉하고는 기실(記室)⁹을 담당

---
9 기록하는 직책.

하게 했다.

이 깨달음에 관한 대혜 자신의 언급이 『대혜보각선사보설(大慧普覺禪師普說)』제17권 '예시자 단칠이 청한 보설'에 다음과 같이 나와 있다.

하루는 방장실에 들어갔는데, 노스님께서 말씀하셨다.
"그대가 이런 경지에 이른 것도 물론 쉽지는 않지만, 그대는 죽어 버리고 살아날 줄을 모르니 안타깝구나. 언구(言句)를 의심하지 않는 것이 곧 큰 병이다. 듣지도 못했느냐? '절벽에 매달려 손을 놓아, 스스로 기꺼이 받아들여, 죽었다가 다시 살아난다면, 그대를 속일 수 없을 것이다.' 반드시 이런 도리가 있음을 믿어야 한다."
나는 혼자 말했다.
"나는 다만 지금 얻은 곳에 의지하여 편하게 지낼 뿐, 다시 깨닫지는[10] 못하고 있구나."
노스님께선 다시 나를 택목료(擇木寮)[11]에 머물게 하시고, 자잘한 시자의 일을 시키지는 않으셨다. 매일 사대부들과 함께 서너 번 입실(入室)[12]하였는데, 노스님께선 다만 "있다는 구절과 없다는 구절은 마치 등나무 덩굴이 나무에 기대어 있는 것과 같다."는 말을 꺼내어 질문하셨는데, 내가

---

10 이회(理會) : 이해(理解)하다. 깨닫다. 알아차리다. 따지다. 헤아리다. 처리하다. 요리하다.
11 택목료(擇木寮) : =택목당(擇木堂). 절을 방문한 관리(官吏)들이 머물며 쉬는 집.
12 입실(入室) : 학인이 방장나 조실의 방에 들어가 공부를 점검받는 것.

말을 꺼내자마자 노스님께선 곧 "아니다."라고 말씀하셨다. 이와 같이 반년 동안 나는 다만 참(參)하고 있었다.

하루는 여러 관원들과 함께 방장실에서 저녁밥[13]을 먹을 때에, 나는 젓가락을 손에 쥐고 있을 뿐 먹을 생각을 까맣게 잊고 있었다. 노스님께서 말씀하셨다.

"이 자는 황양목선(黃楊木禪)[14]에 참여하더니 도리어 움츠러들어 버렸구나."

나는 드디어 하나의 비유를 말씀드렸다.

"스님! 이 도리는 마치 강아지가 뜨거운 기름 솥을 보고 있는 것과 같아서 핥고 싶어도 핥을 수가 없고 버리고 싶어도 버릴 수가 없습니다."

노스님이 말씀하셨다.

"그대의 비유는 지극히 좋구나! 다만 이것이 곧 금강권(金剛圈)[15]이요,

---

13 약석(藥石) : 총림에서 쓰는 말. 저녁밥. 본래 오후에는 먹지 않는 법이나 배고픈 병을 고친다는 뜻으로 저녁밥을 약석이라 함.

14 황양목선(黃楊木禪) : 황양목(黃楊木)은 회양목이다. 회양목은 자라는 것이 극히 느려서 1년에 손가락 한 마디 길이도 자라지 않다가, 윤년(閏年)에는 도리어 한 마디 정도가 줄어든다고 한다. 황양목선이란, 깨달은 자리에 머물러서 공부가 더 이상 나아가지 않고 머물러 있는 것을 가리킨다. 즉, 깨달은 곳에 주저앉아서 자유롭게 활용하는 능력이 없는 경우를 꾸짖는 말이다.

15 금강권(金剛圈) : 금강(金剛)은 결코 부서지지 않는 견고한 것이고, 권(圈)은 울타리를 나타내는 말이니, 금강권은 결코 부서지지 않는 울타리나 장벽을 뜻한다. 즉, 분별심으로는 결코 부술 수 없는 언어를 방편으로 시설하여 두고, 배우는 자가 그 언어의 장벽을 스스로 뚫고 나가기를 바라는 것. 선사(禪師)가 학인(學人)을 인도할 때에 사용하는 방편. 율극봉(栗棘蓬)과 같은 뜻.

율극봉(栗棘蓬)[16]이니라."

하루는 노스님에게 물었다.

"스님께서 그때 오조산(五祖山)에서 오조(五祖)[17] 스님에게 이 이야기를 질문하셨던 적이 있다고 들었습니다. 오조 스님은 어떻게 답하셨습니까?"

스님은 말씀하시지 않으려 하셨다. 내가 말씀드렸다.

"스님, 그때 혼자서 질문하신 것이 아니고 대중 앞에서 질문하셨을 터인데, 지금 다시 말씀하신다고 무슨 거리낄 일이 있겠습니까?"

노스님께서 이에 말씀하셨다.

"내가 '있다는 구절과 없다는 구절이 마치 등나무가 나뭇가지에 기대어 있는 것과 같을 때에는 어떻습니까?' 하고 물으니, 오조께서 말씀하셨다. '말해도 말이 되지 않고, 그려도 그림이 되지 않는다.' 내가 다시 물었다. '문득 나무가 넘어져 등나무가 말라 죽을 때에는 어떻습니까?' 오조

---

16 율극봉(栗棘蓬) : 가시투성이인 밤송이. 밤송이라는 뜻의 율봉(栗蓬)에 가시를 강조하여 율극봉(栗棘蓬)이라 함. 입 안에 밤송이를 넣으면, 삼키려고 해도 가시가 찔러 아프고, 뱉으려고 해도 가시가 찔러 아프니, 삼킬 수도 없고 뱉을 수도 없는 진퇴양난의 상태를 가리킨다. 사가(師家)가 학인에게 율극봉 같은 화두(話頭)를 시설해 놓고 분별로 이해하지도 못하게 하고 버리지도 못하게 하는 것, 혹은 마치 쥐가 덫에 빠진 것처럼 학인의 공부가 나아갈 수도 없고 물러설 수도 없는 상태에 봉착한 것을 가리킴. 금강권(金剛圈)과 같은 것. 『원오불과선사어록(圓悟佛果禪師語錄)』 제2권에 "율극봉을 삼키고, 금강권을 뛰어넘어서, 분수 밖에서 가풍을 펼친다.(吞底栗棘蓬, 跳底金剛圈, 分外展家風.)"는 구절이 있다.

17 원오극근의 스승인 오조법연(五祖法演).

께서 말씀하셨다. '서로 뒤따른다.'[18]"

나는 그 말을 듣자마자 곧 알아차리고는 말했다.

"제가 알겠습니다."

노스님이 말씀하셨다.

"다만 그대가 공안(公案)[19]을 아직 뚫고 벗어나지 못했을까 봐 걱정이
다."

내가 말씀드렸다.

"스님께서 한번 공안을 말씀해 보십시오."

노스님께선 이에 연달아 몇몇 까다롭고 난해한 공안을 말씀하셨는데,

18 상수래(相隨來) : 서로 뒤쫓는다. 상축(相逐)과 같은 말. 서로 뒤따르다. 서로 의지하고
있다. 서로 뗄 수 없는 한 물건이다.

19 공안(公案) : 본래 공무(公務)에 관한 문안(文案) 즉 관청에서 결재(決裁)되는 안건(案
件)인 공문서(公文書)를 가리키는 말인데, 선문(禪門)에서는 부처와 조사가 말한 불법
(佛法)을 뜻한다. 공안은 당대(唐代) 선승들의 문답에서 비롯되었는데, 송대(宋代)에 이
르자 앞 시대 선승들의 어록(語錄)에 기록된 문답들이 선공부에서 참구(參究)하는 자료
로 활용되면서 많은 공안들이 만들어졌다. 공안은 화두(話頭), 고칙(古則)이라고도 한다.
1,700공안이라는 말은 『경덕전등록』에 대화가 수록된 선승의 숫자가 1,701명이었던 것
에서 유래하였다. 최초의 공안집(公案集)은 운문종(雲門宗)의 설두중현(雪竇重顯; 980-
1052)이 화두 100칙(則)을 모아 만든 『설두송고(雪竇頌古)』이며, 여기에 원오극근(圜悟克
勤; 1063-1135)이 다시 수시(垂示), 착어(著語), 평창(評唱) 등을 붙여서 『벽암록(碧巖錄)』
을 만들었다. 무문혜개(無門慧開; 1183-1260)는 고칙공안 48칙을 모아 평창(評唱)과 송
(頌)을 붙여 『무문관(無門觀)』을 저술하였다. 『벽암록』과 『무문관』은 임제종(臨濟宗)의 공
안집들이다. 한편, 굉지정각(宏智正覺; 1091-1157)이 화두 100칙에 송(頌)을 붙인 것에 만
송행수(萬松行秀; 1165-1246)가 평창을 붙여 간행한 『종용록(從容錄)』은 조동종(曹洞宗)
의 종풍을 거양한 공안집이다. 우리나라의 공안집으로는 고려시대 진각혜심(眞覺慧諶;
1178-1234)이 고칙 1,463칙을 모아 편찬한 『선문염송(禪門拈頌)』이 있다.

21

나는 두 번 세 번 끊어 버리고, 마치 태평하여 일 없는 때에 길에 들어서 곧장 가는 것과 같이 다시는 막힘이 없었다. 노스님께서 말씀하셨다.

"내가 너를 속일 수 없음을 이제 비로소 알겠구나."

• 세 번째 깨달음

대혜가 원오의 제자가 된 후 얼마 지나지 않아서 원오가 촉(蜀)으로 되돌아가자, 대혜는 자신을 숨기고 암자를 만들어 머물렀다. 뒤에 하호구사(夏虎丘寺)로 건너가 『화엄경(華嚴經)』을 열람하다가 제칠지보살(第七地菩薩)이 무생법인(無生法忍)을 얻는 곳에 이르러 홀연 담당(湛堂)이 보여 준, 앙굴리마라가 발우를 들고 임산부(姙産婦)를 구원한 인연을 밝게 꿰뚫어 알았다.

여기에 관한 대혜 자신의 언급이 『대혜보각선사보설(大慧普覺禪師普說)』 제15권 '전계의가 청한 보설'에 다음과 같이 나타나 있다.

일찍이 가르침 가운데 있던 다음과 같은 하나의 인연을 생각해 본 적이 있다. 앙굴마라(殃崛摩羅)는 1,000명의 사람의 손가락을 잘라 화관(花冠)을 만들어 왕의 자리에 오르려고 하였다. 이미 999명의 손가락을 탈취하고 다만 한 개 손가락이 부족하자 자기 어머니의 손가락을 잘라 1,000개를 채우려고 하였다. 부처님께선 그의 인연이 익은 것을 보시고는 그를 교화하러 그의 집으로 가셨다. 앙굴마라가 칼을 꺼내어 어머니의 손가락에 대려고 할 때에 문득 석장(錫杖) 흔드는 소리를 듣고는 어머니의 손가락을 놓고 부처님께 한 개 손가락을 교화하실지를 물었다.

"이미 고오타마께서 여기에 오셨으니 저에게 손가락 한 개를 보시하셔서 제가 원하는 바를 채우도록 해 주십시오."

그러고는 칼을 막 드는데 세존께서는 그곳을 벗어나 곧장 가셨다. 세존께선 천천히 가셨지만 앙굴마라는 급하게 뒤쫓았으나 따라잡을 수가 없었다. 이에 큰 소리로 고함을 질렀다.

"멈추시오! 멈추시오!"

세존이 말씀하셨다.

"나는 멈춘 지 오래되었는데, 너는 멈추지 못하고 있구나."

앙굴마라는 여기에서 문득 깨닫고는 세존에게 의지하여 출가하였다.

세존께서 앙굴마라를 시켜 발우를 들고 어떤 장자(長者)의 집으로 찾아가도록 하셨다. 그 집 부인이 마침 산고(産苦)를 겪고 있었는데, 장자가 말했다.

"고오타마의 제자시여! 당신은 위대한 성자이시니 마땅히 어떤 법을 가지고 산고의 어려움을 면하게 해 주시겠습니까?"

앙굴마라는 말했다.

"저는 금방 입도(入道)하였으니 아직 이 법을 알지 못합니다. 제가 돌아가 세존께 여쭈어 보고 다시 돌아와 알려 드리겠습니다."

앙굴마라가 돌아와 부처님께 그 일을 말씀드리니, 부처님께서 앙굴마라에게 말씀하셨다.

"너는 속히 가서 이렇게 말하거라. '나는 성인의 법을 따른 이래 아직 살생(殺生)을 한 적이 없다.'"

앙굴마라는 곧 부처님의 말씀을 받들어 그 집으로 가서 그대로 말했다. 그 부인은 그 말을 듣더니 곧 산고의 어려움에서 벗어났다.

(나 대혜는 말한다. "여기에서 방망이를 휘두르고 고함을 지르고 선상(禪末)을 뒤 집어엎고 경전의 가르침을 인용하고 이치와 사실을 설명하고 부싯돌과 번개를 치듯 이 함으로써, 한밤중에 오골계(烏骨鷄[20])를 붙잡을 수 있을까?")

내가 담당(湛堂) 스님에게 이 이야기를 물었을 때, 담당 스님께서 말씀하셨다.

"네가 나의 가려운 곳을 긁는구나. 이 이야기는 금시법(金屎法)[21]이니, 알지 못하면 금(金)과 같지만 알고 나면 똥과 같다."

내가 말했다.

"어찌 방편이 없겠습니까?"

담당 스님께서 말씀하셨다.

---

20 오계(烏鷄) : 오골계(烏骨鷄). 털이 온통 새까만 닭.

21 금시법(金屎法) : 선(禪)을 알지 못할 때에는 황금처럼 특별하고 귀중하게 여기지만, 알 고 보면 똥처럼 일상생활의 평범하고 흔한 일이다. 깨닫기 전에는 진리를 특별한 것이라 고 분별하지만, 깨닫고 보면 매일매일의 삶이 전부 진리 아님이 없어서 따로 진리라 할 것이 없다.

"나에게 한 개 방편이 있지만, 네가 도리어 알지 못할 뿐이다."

내가 말했다.

"스님께서 자비를 베풀어 주십시오."

담당 스님께서 말씀하셨다.

"앙굴마라가 '저는 금방 입도(入道)하였으니 아직 이 법을 알지 못합니다. 제가 돌아가 세존께 여쭈어 보고 다시 돌아와 알려 드리겠습니다.'라고 말했는데, 앙굴마라가 부처님 계신 곳에 도착하기도 전에 그 부인이 아이를 낳았다면 어쩔 거냐? 또 부처님께서 '나는 성인의 법을 따른 이래 아직 살생(殺生)을 한 적이 없다.'고 하셨는데, 앙굴마라가 이 말씀을 가지고 그 장자의 집에 도착하기도 전에 이미 아이를 낳았다면 어쩔 거냐?"

나는 그때에는 알아차리지 못했는데, 뒷날 호구(虎丘)에서[22] 『화엄경』을 보다가 보살이 제7지에 올라 무생법인(無生法忍)[23]을 깨달은 곳에 이르자 이런 말이 있었다.

"불자(佛子)여! 보살이 이 인(忍)을 성취하면 즉시 보살의 제8부동지(不動地)[24]에 들어가 심행보살(深行菩薩)이 되어, 알기도 어렵고, 차별도 없고,

---

22 『대혜보각선사연보(大慧普覺禪師年譜)』에 의하면 대혜가 40세인 1128년의 일이다.

23 무생법인(無生法忍) : 불생불멸(不生不滅). 『유마경(維摩經)』 중권(中卷) 「입불이법문품(入不二法門品)」 제9에 "생멸(生滅)은 이법(二法)이지만, 법(法)은 본래 생하지 않는 것이어서 지금 멸하지도 않습니다. 이러한 무생법인(無生法忍)을 얻는 것이 바로 불이법문(不二法門)에 들어가는 것입니다."(生滅爲二, 法本不生今則無滅. 得此無生法忍, 是爲入不二法門.)라 하고 있다.

24 제8부동지 : 보살의 수행단계인 십지(十地) 중 여덟 번째 단계이다. 이 지위에 오른 보살은 수행을 완성하여 흔들림이 없다. 부동(不動)이란 명칭은 바로 여기에서 유래한다.

25

모든 모습을 벗어나고, 모든 생각을 벗어나고, 모든 집착을 벗어나, 헤아릴 수도 없고 끝도 없게 되니, 모든 성문(聲聞)이나 벽지불(辟支佛)은 미칠 수가 없게 되고, 모든 시끄러운 다툼을 벗어나 적멸(寂滅)이 앞에 나타난다. 비유하면, 비구(比丘)가 신통(神通)을 다 갖추고서 마음의 자재(自在)를 얻고 차례를 밟아 멸진정(滅盡定)에 들어가게 되면 모든 움직이는 마음과 기억과 생각과 분별이 전부 멈추어 사라지듯이, 이 보살도 마찬가지로 부동지(不動地)에 머물면 모든 공용(功用)[25]하는 행위를 버리고 공용 없는 법을 얻어 신구의(身口意)의 삼업(三業)을 생각하고 행하는 일이 모두 쉬어지고 보행(報行)[26]에 머문다. 비유하면, 어떤 사람이 꿈속에서 큰 강물 속에 떨어져서 그 강을 건너려 하기 때문에 큰 용맹을 내고 큰 방편을 베풀었는데, 이 큰 용맹과 베푼 방편 덕분에 곧 꿈에서 깨어나지만 깨어난 뒤에는 행한 일이 모두 쉬어지는 것과 같다. 보살도 역시 그러하여, 중생이 사류(四流)[27] 속에 떨어져 있음을 보고는 구해 내려고 하기 때문에 큰 용맹을 내고 큰 정진(精進)을 일으키는데, 용맹과 정진 덕분에 이 부동지에 도

이곳의 보살은 깊이 있는 실천을 하므로 심행(深行) 보살이라고도 부른다. 세속의 집착에서 완전히 벗어나 성문(聲聞)이나 연각(緣覺)의 무리들은 전혀 깨트릴 수 없는 경지에 머문다. 달리 무공용지(無功用地)라고도 하는데, 무공(無功)은 곧 어떤 의도나 목적이 없다는 뜻이다. 그저 자연의 흐름대로 순리대로 또한 중생의 생김새에 따라 중생을 제도한다.

25 공용(功用) : 몸·입·뜻으로 애써 행하는 행위. 곧 유위행(有爲行).

26 보행(報行) : 과보(果報)로 이루어지는 행위.

27 사류(四流) : 사폭류(四暴流)와 같음. 폭류는 홍수가 나무가옥 따위를 떠내려 보내는 것처럼, 선(善)을 떠내려 보낸다는 뜻에서 번뇌를 가리킨다.

달하고, 이곳에 도달한 뒤에는 모든 공용(功用)이 모조리 쉬어지고, 이행(二行)[28]과 상행(相行)[29]이 모두 나타나지 않는다. 이 보살에게는 보살의 마음도, 부처의 마음도, 깨달음의 마음도, 열반의 마음도 오히려 나타나지 않는데, 하물며 세간(世間)의 마음이 나타나겠느냐?'"

여기에 이르자 문득 장애가 사라지고, 담당 스님께서 나에게 말씀해 주셨던 방편이 문득 앞에 드러났으니, 비로소 참된 선지식이 나를 속이지 않았음을 알았던 것이다. 참된 금강권(金剛圈)이란 바로 장식(藏識)[30]임이 밝혀져야 비로소 벗어날 수 있다.

(4) 스승 원오의 죽음

소흥(紹興) 7년(1137년)에 조칙을 받아 쌍경사(雙徑寺)에 머물렀는데, 어느 날 스승 원오의 부음(訃音)이 당도하였다. 대혜는 스스로 제문(祭文)을 지어 제사를 지내고, 그날 저녁 소참법문(小參法門)에서 말했다.

"어떤 중이 장사(長沙) 스님에게 묻기를 '남전(南泉) 스님은 돌아가신 뒤 어디로 가십니까?' 하고 물었는데, 장사 스님이 말하길 '동촌(東村)에서는

---

28 이행(二行) : 번뇌장(煩惱障)과 소지장(所知障)의 둘이 나타나 행해지는 것.

29 상행(相行) : 신구의(身口意) 삼업(三業)의 모습을 가진 행위.

30 장식(藏識) : 제8아뢰야식(阿賴耶識). 진제삼장(眞諦三藏)은 이 식이 중생의 근본 심식(心識)으로 결코 없어지거나 잃어버릴 수 있는 것이 아니라는 뜻에서 무몰식(無沒識)이라 번역하고, 현장(玄奘)은 능장(能藏)·소장(所藏)·집장(執藏)의 세 뜻이 있으므로 장식(藏識)이라 번역하였다.

당나귀가 되고 서촌(西村)에서는 말이 되느니라.'고 하였다. 이에 그 중이 말하길 '그 뜻이 무엇입니까?' 하니, 장사 스님이 말하길 '올라타고자 하면 바로 올라타고, 내리고자 하면 바로 내려라.'고 하였다. 만약 나 경산(徑山)[31]이라면 그렇지 아니하다. 만약 누가 '원오선사(圓悟禪師)가 돌아가셔서 어디로 가시는가?' 하고 묻는다면, 그에게 말하길 '큰 아비지옥(阿鼻地獄)으로 간다.'고 하겠다. 그 뜻이 무엇이냐고 묻는다면, '배고프면 구리를 먹고 목마르면 쇳물을 마신다.'고 하리라. 이렇게 하여 사람을 구제할 수가 있겠는가? 구할 사람이 없는데 어떻게 구할 수 있겠는가? 이것이 바로 이 노인의 평소 생활이니라."

(5) 귀양살이와 그 후의 활동

소흥(紹興) 11년(1141년) 5월에 간신인 진회(秦檜)가 대혜를 장구성(張九成)과 일당이라 모함하여 승복(僧服)과 도첩(度牒)을 박탈하고 형주(衡州)로 15년 동안이나 귀양 보내게 하였다. 15년이 지난 뒤 소흥 26년(1156년) 10월에 조칙(詔勅)으로 매양(梅陽)으로 옮기게 하고 오래 지나지 않아 자격을 회복시켜서 돌아가게 하였다. 그해 11월에 칙명(勅命)으로 아육왕사(阿育王寺)의 주지를 맡게 하다가, 28년(1158년)에는 성지(聖旨)를 내려 다시 경산사(徑山寺)의 주지를 맡게 하였다. 당시 대혜가 원오의 종지(宗旨)를 크게 선양하여 도법(道法)의 성함이 세상을 뒤덮으니, 따르는 무리가 2,000

---

31 대혜종고(大慧宗杲) 자신을 가리킨다.

여 명에 이르렀다. 대혜는 신사(辛巳)년(1161년) 봄에 물러나 명월당(明月堂)에 머물렀다. 다음 해인 임오(壬午)년(1162년)에 황제가 대혜선사(大慧禪師)라는 호를 내렸다.

(6) 입멸

효종(孝宗) 융흥(隆興) 원년(元年; 1163년) 계미(癸未)에 명월당에 머물고 있는데, 대중들이 보니 어느 날 저녁 별 하나가 절의 서쪽으로 떨어지는데 흐르는 빛이 붉게 빛났다. 대혜는 얼마 지나지 않아 약간의 병세를 보이더니 9월 9일에 대중들에게 말하였다.

"내가 내일 갈 것 같다."

이날 저녁 다섯 개의 북에다가 손수 유표(遺表)를 쓰고 더불어 후사(後事)를 부탁하였다. 승려 요현(了賢)이 게송(偈頌)을 청하자, 대혜는 성난 목소리로 말했다.

"게송이 없으면 죽지도 못하겠구나!"

그러고는 크게 썼다.

"살아도 다만 이렇고
죽어도 다만 이렇다.
게송이 있든 게송이 없든
무슨 대단한 일이랴!"

(生也只恁麼, 死也只恁麼. 有偈與無偈, 是甚麼熱大!)

　그러고는 기꺼이 눈을 감았다. 세수(世壽)는 75세요, 법랍(法臘)은 58세였다. 황제가 크게 슬퍼해 마지않으며 시호(諡號)를 보각(普覺)이라 내리고 탑호(塔號)를 보광(普光)이라 하였다. 오늘날 살아 있을 때의 호와 시호를 합하여 대혜보각(大慧普覺)이라 하는 것은 남악회양(南岳懷讓) 역시 대혜(大慧)라는 호를 사용하기 때문에 그것을 분별하기 위한 것이다. 어록(語錄) 30권이 대장경(大藏經)을 따라 전해지며, 법을 이어받은 자가 83인이다.

2. 대혜의 사승(師承) 관계와 문하(門下)

　대혜가 원오극근(圜悟克勤)의 법을 이은 제자이기 때문에 대혜는 임제종(臨濟宗) 양기파(楊岐派)에 속한다. 임제종의 개조인 임제의현(臨濟義玄)에서 대혜종고까지의 계보는 다음과 같다.

　임제의현(臨濟義玄; ?-867)-흥화존장(興化存獎; 830-888)-남원혜옹(南院慧顒; 860-930)-풍혈연소(風穴延沼; 896-973)-수산성념(首山省念; 926-993)-분양선소(汾陽善昭; 947-1024)-자명초원(慈明楚圓; 986-1039)-양기방회(楊岐方會; 992-1049)-백운수단(白雲守端; 1025-1072)-오조법연(五祖法演; 1024-1104)-원오극근(圜悟克勤; 1063-1125)-대혜종고(大慧宗杲; 1089-1163)

대혜종고의 문하는 대혜파(大慧派)라고 불리며 같은 원오극근의 제자인 호구소륭(虎丘紹隆) 문하의 호구파(虎丘派)와 쌍벽을 이루며 번창하였다. 법을 이은 제자로는 졸암덕광(拙庵德光)·만암도안(卍庵道顔)·나안정운(懶安鼎雲) 등 90여 명이 되었고, 그 가운데 졸암의 법계가 가상 번성하여 그 문하에서 묘현지선(妙玄之善)·북석간거간(北石間居簡)·절옹여염(折翁如琰) 등이 이름을 떨쳤다. 원(元) 대덕(大德) 연간(年間; 1297-1307)에 성종(成宗)이 묘현지선의 법손인 원수행단(元叟行端)에게 귀의하면서 혜문정변선사(慧文正辯禪師)라는 호를 내렸다. 원수는 그 뒤 경산(徑山)에 머물면서 대혜의 종풍(宗風)을 크게 떨쳤다. 원수의 문하에 뛰어난 선사들이 많이 나왔는데, 그 가운데 초석범기(楚石梵琦)는 복진사(福蓁寺)·영조사(永祚寺)·본각사(本覺寺) 등에 머물면서 교선일여(敎禪一如)를 주장하였고, 문종(文宗)에게 불일혜변선사(佛日慧辯禪師)라는 호를 하사받았다. 북석간거간의 문하에는 물초대관(物初大觀)·회기원희(晦機元熙) 등이 있다. 대혜파의 문인들 가운데 염상(念常)은 『불조역대통재(佛祖歷代通載)』를, 각안(覺岸)은 『석씨계고략(釋氏稽古略)』을, 보제(普濟)는 『오등회원(五燈會元)』을 지었다. 한편 이참정(李參政)을 비롯한 수많은 거사들이 대혜의 지도 아래 공부하여 깨달음을 얻었고, 진국태부인(秦國太夫人)을 비롯한 몇몇 여성들도 이 대열에 동참하였다.[32]

---

32 『가산불교대사림(伽山佛敎大辭林)』제4권(지관(智冠) 편저. 서울 가산불교문화연구원. 1998년-2009년.) 대혜파(大慧派) 항목 참조.

3. 대혜의 저서와 관련 자료

(1) 대혜의 저서

①『정법안장(正法眼藏)』3권 : 종사의 말씀 661칙을 뽑아 평창(評唱) 또는 착어(着語)를 붙이고 마지막에 자신의 시중(示衆)을 붙여 대혜가 직접 저술한 공안집(公案集). 1147년 작.『신판속장경(新版續藏經)』(대만판) 118 pp. 1-155,『구판속장경(舊版續藏經)』(일본판) 2-23 pp. 1a-78b에 수록.

②『대혜보각선사어록(大慧普覺禪師語錄)』30권 : 대혜의 시중설법(示衆說法) · 보설(普說) · 게송(偈頌) · 찬(讚) · 법어(法語) · 서(書) 등을 모아 온문(蘊聞)이 편집한 어록. 남송 건도(乾道) 7년(1171)에 편찬.『신판속장경』121 pp. 47-102,『구판속장경』2-26 pp. 24a-51d,『대정신수대장경(大正新修大藏經)』47 No. 1998A에 수록.

③『대혜선종잡독해(大慧禪宗雜毒海)』2권 : 대혜의 제자인 법굉(法宏)과 도겸(道謙)이 편찬한 것으로 온문의 『대혜보각선사어록』에 없는 내용도 들어 있다. 1131년경 편찬. 보각종고선사어록(普覺宗杲禪師語錄) · 대혜보각선사어록(大慧普覺禪師語錄)이라고도 함.『신판속장경』121 pp. 47-102,『구판속장경』2-26 pp. 24a-51d에 수록.

④『종문무고(宗門武庫)』2권 : 대혜가 말했던 고덕(古德)의 공부에 관한 일화를 대혜의 사후 제자 도겸(道謙)이 엮은 책.[33] 1186년경 편찬. 대혜종문무고(大惠宗門武庫) · 대혜무고(大慧武庫) · 대혜보각선사종문무고(大慧普覺禪師宗門武庫) · 대혜선사종문무고(大慧禪師宗門武庫)라고도 함. 『신판속장경』142 pp. 920-949, 『구판속장경』2乙-15 pp. 460c-475b, 『대정신수대장경』47 No. 1998B에 수록.

⑤『운와기담(雲臥紀談)』 : 대혜와 관련된 일화를 제자인 효영중온(曉瑩仲溫)이 엮은 책. 1183년경 편찬. 운와기담(雲臥紀譚) · 감산운와기담(感山雲臥紀譚)이라고도 함. 『신판속장경』148 pp. 1-51, 『구판속장경』2乙-21 pp. 1a-26a에 수록.

한편 대혜의 문인 황문창(黃文昌)과 도겸(道謙) 등에 의하여 어록(語錄), 보설(普說), 법어(法語), 서(書) 등이 각각 따로 편찬되어 유통되기도 하였다.[34] 이 가운데 대혜서(大慧書)는 본래의 명칭 『대혜보각선사서(大慧普覺禪師書)』 이외에 『대혜서장(大慧書狀)』 · 『대혜서(大慧書)』 · 『대혜서문(大慧書問)』 · 『서장(書狀)』 등의 명칭으로 불리며 특히 우리나라에서 고려시대 이후로 많이 간행되었는데, 그것은 보조지눌(普照知訥)이 『대혜서장』에 의지

---

33 대혜 관련 선적(禪籍)에 관한 자세한 사항은 『新纂禪籍目録』(駒澤大學圖書館 編集, 發行. 昭和 37年.) 191쪽, 288-289쪽 참조.

34 대혜 관련 문헌의 간행사(刊行史)에 관해서는 『韓國看話禪의 源流』(정영식 지음. 서울 한국학술정보. 2007년.) 30-43쪽 참조.

하여 공부해서 깨달았다고 하였기 때문이다. 『대혜서장』은 1387년 불봉사판(佛峯寺版)·1604년 쌍계사판(雙溪寺版)과 송광사판(松廣寺版)·1630년 영천사판(靈泉寺版)·1681년 운흥사판(雲興寺版)·1701년 봉암사판(鳳巖寺版) 등 여러 차례 간행되었고, 연담유일(蓮潭有一)의 『서장사기(書狀私記)』(1권)와 인악의소(仁岳義沼)의 『서장사기』(1권) 등의 주석서들도 있으며, 지금까지도 불교강원(佛教講院)에서는 『대혜서장』을 필수과목으로 공부하고 있다.[35]

(2) 대혜 관련 자료의 소재

『연등회요(聯燈會要)』 제17권, 『가태보등록』 제15권, 『오등회원(五燈會元)』 제19권, 『불조역대통재(佛祖歷代通載)』 제20권, 『석씨계고략(釋氏稽古略)』 제4권, 『속전등록(續傳燈錄)』 제27권, 『속선림승보전(續禪林僧寶傳)』 제6권, 『대명고승전(大明高僧傳)』 제5권.

4. 대혜종고의 간화선

간화선의 제창자로 불리는 대혜종고 선사가 말하는 간화선이 어떤 것인지 자세한 내용은 역자가 침묵의 향기에서 출간한 『간화선 창시자의

---

35 자세한 사항은 『韓國佛教所依經典研究』(李智冠 저. 海印寺. 1973년.) 55~87쪽 참조.

선(禪)』상,하권을 보기 바란다. 여기에선 대혜가 말하는 간화선의 요점만 간단히 살펴보겠다.

간화선은 조사선(祖師禪)을 대혜가 응용하여 수행의 방편으로 만든 것이다. 주지하다시피 조사선은 스승의 식지인심(直指人心)에 반응하여 제자가 견성성불(見性成佛)하는 공부이다. 모양도 없고 알 수도 없으나 사람이라면 누구에게나 다 갖추어져 있는 마음을 곧장 가리키는 것이 조사선의 스승들이 행하는 가르침이다. 마음을 곧장 가리킨다는 것은 마음을 설명하여 이해시키는 것이 아니라, 설명할 수도 없고 이해할 수도 없는 살아 있는 마음을 직접 바로 가리키는 것이다.

마음을 직접 가리키는 것은 "똥막대기."라든가 "삼베 서 근."과 같이 말로써 행할 수도 있고, 손가락을 세우거나 주장자로 법상을 치거나 귀를 잡아당기거나 하는 것처럼 행동으로 보여 줄 수도 있다. 마음을 설명하는 것이 아니라 이렇게 곧장 가리킴으로써 제자의 분별심을 막아 버리면 제자는 마음이 무엇인지를 분별심으로 헤아리는 것이 아니라, 마음에서 마음으로 바로 통하는 이심전심(以心傳心)의 깨달음을 얻을 수 있는 것이다. 분별할 수 없는 불이법(不二法)인 마음을 곧장 깨닫는 것을 일러 견성성불이라고 한다. 이것이 조사선이다. 그러므로 조사선에선 오직 분별을 벗어난 불이법만 가리키고 문득 불이법에 통하는 깨달음이 있을 뿐이고, 달리 수행의 방편을 제공하지는 않는다.

조사선에서 행하는 '스승에 의한 직지인심'을, 공부하는 사람이 직접 자기에게 행하라고 하는 것이 곧 대혜가 말하는 간화선이다. 대혜가 보설에서 밝히고 있듯이 화두(話頭)는 곧 직지(直指)이다. "똥막대기."라든가 "삼베 서 근."과 같은 직지인심 하는 말들이 곧 화두인데, 이 화두를 스스로 자기에게 직접 가리켜 보여서 스스로가 깨닫도록 하라는 것이 대혜의 간화선인 것이다.

비록 화두를 살펴보라는 뜻인 간화(看話)라는 이름을 쓰지만, 실제로 대혜가 말하는 방법은 화두를 자기에게 제시(提撕)하고 거각(擧覺)하라는 것이다. 제시(提撕)는 '보여 주어서 일깨운다'는 뜻이고, 거각(擧覺)은 '말해 주어서 일깨운다'는 뜻으로서 사실상 동일한 뜻이다. 때때로 자신에게 화두를 스스로가 직접 보여 주어서 자신을 일깨우고, 스스로가 직접 말해 주어서 자신을 일깨우라는 것이 곧 대혜가 말하는 간화선이다.

조사선에선 스승에 의한 직지인심의 자극에 제자의 마음이 문득 견성 성불하는 이심전심의 공부인 데 반하여, 간화선에선 공부하는 사람이 홀로 스스로에게 직지인심 하여 스스로가 문득 깨닫도록 하는 공부인 것이다. 즉, 간화선은 조사선의 이심전심이 빠지고 직지인심과 견성성불만 있는 공부이다. 이 점이 간화선과 조사선의 차이다. 또 간화선에서 자기가 자기에게 화두를 직지하여 자기를 일깨우려는 행위에는 스스로 노력하여 깨달으려고 하는 수행(修行)의 측면이 분명히 있다. 이 점이 또한 간화선이 조사선과는 다른 점이라고 할 수 있다.

조사선은 스승이 언제나 분별을 벗어난 불이법만을 말하고 가리켜 제자의 분별심을 막아서 끊어 버림으로써 제자가 문득 깨달음을 얻도록 행하는 가르침이니, 가르침의 능동적 주도권은 스승에게 있다. 제자는 습관대로 분별심을 가지고 공부하려고 하지만 스승의 직지에 분별심이 무너지고 자기도 모르게 불이법에 통하는 것이니, 제자는 수동적으로 스승에게 이끌려 깨달음 속으로 들어오는 것이다.

반면에 간화선에선 스승의 직지와 제자의 견성을 공부인이 스스로 홀로 해내야 하는 점에서 공부가 잘못될 위험성이 있다. 이미 불이법 속에 있는 스승이 제자의 분별심을 막아서 끊어 주기는 쉽지만, 아직 분별심 속에 있는 공부인이 스스로의 분별심을 막아서 끊기는 사실 매우 어렵다. 그러므로 대혜는 간화선을 수행함에 있어서 주의해야 할 점을 열 몇 가지나 말하고 있는데, 주의점 모두에 공통되는 내용은 분별하지 마라는 것이다.

이로써 보면 간화선은 조사선에 비하여 결점이 있는 공부법이다. 아마도 대혜가 간화선을 제창한 이유는, 불이법에 철두철미한 스승을 만나기 어려운 시절의 공부인들에게 스스로의 노력으로 불이법문에 들어가는 길을 제시한 것이라고 여겨진다.

사실 선(禪)에서 깨달음을 이루느냐 망상(妄想)에서 벗어나지 못하느냐의 갈림길은, 마음에서 분별심이 가로막혀서 작동하지 못하게 만들 수 있느냐 아니냐에 달렸다. 분별심이 가로막혀서 작동하지 못하는 경우를 일러 선사(禪師)들은 금강권(金剛圈)이니 율극봉(栗棘蓬)이니 의단(疑團)이니 쥐가 쥐덫 속에서 꼼짝도 못하느니 하고들 말한다. 그러므로 공부인이 화두를 보고 곧장 분별심이 가로막혀서 그 마음이 마치 쥐덫 속의 쥐처럼 될 수만 있다면, 간화선도 효과적인 공부 방법일 것이다.

1. 판본 소개

본 번역에 사용한 『대혜보각선사어록』의 판본(板本)은 『대정신수대장경』 제47권에 실려 있는 것이다. 여기에 실린 판본은 일본(日本) 동경(東京) 증상사(增上寺) 보은장(報恩藏)의 명본(明本)을 저본(底本)으로 한다고 되어 있다. 명본은 곧 가흥장(嘉興藏) 혹은 경산장(徑山藏)이라고 부르는 것으로서, 명(明) 신종(神宗) 만력(萬曆) 7년(1579)에 밀장환여(密藏幻余)가 발원(發願)하여, 만력 17년(1589)에 경산적조암(徑山寂照庵)과 흥성만수사(興聖萬壽寺)에서 처음 간행된 것이다.

또 여기에서 들고 있는 대교본(對校本)은 일본 궁내성(宮內省) 도서료장(圖書寮藏)의 오산판(五山版)과 덕부저일랑씨장(德富猪一郎氏藏)의 오산판(五山版)이다. 여기에서는 궁내본(宮內本)과 덕부본(德富本)으로 약칭하여 표시하였다.

한편 원문을 교정함에는 명(明) 태조 영락(永樂) 8년(1410)에 시작하여 영종(英宗) 정통(正統) 5년(1441)에 완성한 『영락북장(永樂北藏)』 제156책(冊)에 수록된 『대혜보각선사어록(大慧普覺禪師語錄)』(북장본(北藏本)으로 약칭)과 1994년 대만에서 간행된 『불광대장경(佛光大藏經)』 「선장(禪藏)」 어록부(語錄部)의 『대혜선사어록(大慧禪師語錄)』(불광본(佛光本)으로 약칭)을 참고하였다.

『불광대장경』의 『대혜선사어록』은 『명판가흥대장경(明版嘉興大藏經)』(가흥본(嘉興本)으로 약칭)에 실린 『대혜보각선사어록』을 저본으로 하고, 『대정신수대장경』(대정본(大正本)으로 약칭)과 『대일본교정훈점대장경(大日本校訂訓點大藏經)』을 대교(對校)하여 표점(標點)을 찍고, 현대에 잘 사용되지 않는 이체자(異體字)는 동일한 뜻을 가진 글사로 바꾸어 읽기 쉽도록 편집한 것이다.

본 번역에서 사용한 판본은 『대정신수대장경』의 『대혜보각선사어록』을 저본으로 하고, 『영락북장』과 『불광대장경』의 『대혜보각선사어록』을 대교본(對校本)으로 하여 교정한 것이다. 대정본과 불광본에서 이미 교정한 내용을 주석으로 나타낸 것을 여기에서도 동일하게 각주에서 나타내 주었고, 대정본과 다른 내용이 불광본에 있을 경우에는 역시 '불광본'으로 표시하여 주었다.

판본의 약칭

- 북장본(北藏本) : 명판영락북장(明版永樂北藏) 제156책(冊)에 실려 있는 것.(1421-1440년 판각)

- 가흥본(嘉興本) : 중국 명판가흥대장경(明版嘉興大藏經). = 대정본과 불광본의 저본.(1589-1676년 판각)

- 대정본(大正本) : 일본 대정신수대장경(大正新修大藏經) 제47권에 실려 있는 것.

- 불광본(佛光本) : 대만 불광대장경(佛光大藏經) 선장(禪藏) 어록부(語錄部).

- 궁내본(宮內本) : 일본 궁내성(宮內省) 도서료장(圖書寮藏)의 오산판(五山版).
- 덕부본(德富本) : 일본 덕부저일랑씨장(德富猪一郎氏藏)의 오산판(五山版).

2. 번역에서 둔 주안점

이 책은 중국 송대 속어(俗語)인 백화문(白話文)으로 쓰인 것이므로, 당송대(唐末代) 백화문 사전(詞典)을 일차적인 참고로 하여 한어사전(漢語詞典)·선어사전(禪語辭典)·불교사전·중국어사전 등 현재 입수할 수 있는 모든 사전을 참고로 하여 번역의 오류를 줄이려고 노력하였다. 특히 불경(佛經)이나 앞선 선사들의 어록에서 인용한 문장들이 수없이 나오는데, 빠짐없이 그 원전을 찾아보고 확인하여 번역의 정확성을 도모하였다. 또 번역의 편의를 위하여 사전이나 참고문헌에서 찾아본 모든 용어들을 애초부터 사전으로 만들면서 번역 작업을 진행하였다. 번역에서 둔 주안점들은 다음과 같다.

① 번역문의 편집 체제는 〈번역문 + 원문〉으로 하고 한 단락씩 대역(對譯)하는 형식을 취하였다. 단, 내용이 긴밀히 연결되는 경우에는 2, 3 단락을 합하여 편집하기도 하였다.

② 문법적 사항, 불교 용어, 선 용어, 인명, 지명 등에 관한 주석은 번

역문에 달았고, 원문 판본의 교감(校勘)에 관한 주석은 원문에 달았다.

③ 주석은 가능한 한 자세히 달아서 읽는 사람이 따로 사전을 찾는 번거로움을 줄였다.

④ 번역본 각 권의 내부에서 몇 번씩 반복하여 등장하는 용어의 주석은 처음은 상세히 해설하고, 다음부터는 조금 간략히 설명하였다. 책의 특성상 순서대로 읽어 나가는 책이 아니므로, 앞에 한 번 나온 주석이라 하여 뒤에서 모두 생략하지는 않고 필요에 따라 다시 간략히 달았다.

⑤ 원문이 고전한문이나 현대중국어와는 다른 송대(宋代) 백화문(白話文)인 까닭에 조금이라도 의심나는 글자나 단어는 가능한 한 다양한 사서(辭書)를 이용하여 거듭 확인하여 번역하였고, 각주에 그 뜻을 밝혔다. 극히 드물게 사서에 나오지 않는 단어의 경우『대일본속장경(大日本續藏經)』과『대정신수대장경(大正新修大藏經)』등에 실려 있는 당송대(唐宋代) 선어록(禪語錄)과 논서(論書) 및 송대(宋代) 유학자(儒學者)들의 어록(語錄) 등을 검색하여 그 사용된 사례에서의 뜻을 참고하여 번역하였다.

⑥ 모든 인용문은 인용했으리라 짐작되는 경전(經典), 선적(禪籍), 경서(經書) 등을 찾아서 밝혔다. 경전의 경우에는『대정신수대장경(大正新修大藏經)』을 검색하였고, 선어록(禪語錄)의 경우에는 대혜종고(1115-1163년) 이전 혹은 생존시에 출판된『조당집』(952년),『경덕전등록』(1004년),『천성광등록』(1036년),『사가어록』(1066년),『건중정국속등록』(1101년),『고존숙어요』(1138-1144년경) 등을 위주로 검색하고, 이들에 없는 것은 대혜종고 사후 가까운 시기에 출판된『연등회요』(1183년),『가태보등록』(1204년),『오등회

원』(1252년), 『고존숙어록』(1267년) 등에서 찾고, 이들에도 없는 경우에는 『대일본속장경(大日本續藏經)』과 『대정신수대장경(大正新修大藏經)』에 실려 있는 선어록(禪語錄)들에서 검색하였다.

⑦ 난해한 부분의 경우 이해를 돕기 위하여 주석에서 역자의 견해를 간략히 밝혔다.

⑧ 번역은 최대한 현대 한글로 옮기되, 불교에서 일반적으로 사용하는 용어(用語), 고유명사 및 적절한 역어(譯語)가 없는 당시의 상용어(常用語) 는 그대로 두었다.

⑨ 원문의 표점은 원칙적으로 한문 원문의 일반적인 표점 방식을 따라 찍되, 번역문과 어긋남이 없도록 하였다.

⑩ 각주에서 인용문이 등장할 경우에도 가능한 원문을 함께 첨부하였다.

3. 번역에 사용한 공구서

① 『송어언사전(宋語言詞典)』 원빈(袁賓) 등 4인 편저. 상해교육출판사. 1997년.

② 『당오대어언사전(唐五代語言詞典)』 강람생(江藍生), 조광순(曹廣順) 편저. 상해교육출판사(上海敎育出版社). 1997년.

③ 『중한대사전(中韓大辭典)』 고대민족문화연구소 중국어대사전편찬실 편. 고려대학교민족문화연구소. 1995년.

④『한한대사전(漢韓大辭典)』단국대학교 동양학연구소 편찬. 단국대학교출판부. 2000-2008년.

⑤『한어대사전(漢語大詞典)』한어대사전편집위원회 편찬. 상해(上海) 한어대사전출판사. 1994 2001년.

⑥『신판선학대사전(新版禪學大辭典)』구택대학(駒澤大學) 선학대사전편찬소 편. 동경(東京) 대수관서점(大修館書店). 1985년.

⑦『불교대사전(佛敎大辭典)』길상(吉祥) 편. 서울 홍법원(弘法院). 1998년.

⑧『가산불교대사림(伽山佛敎大辭林)』지관(智冠) 편저. 서울 가산불교문화연구원. 1998년-2009년.

⑨『선어사전(禪語辭典)』고하영언(古賀英彦) 편저. 경도(京都) 사문각출판(思文閣出版). 1991년.

⑩『선종사전(禪宗詞典)』원빈(袁賓) 편저. 호북인민출판사(湖北人民出版社). 1994년.

⑪『송원어록사전(宋元語錄辭典)』용잠암(龍潛庵) 편저. 1985년.

⑫『선종저작사어안석(禪宗著作詞語案釋)』

『주해어록총람(註解語錄總覽)』이동술 편집. 서울 여강출판사. 1992년.

⑬『중국고금지명대사전(中國古今地名大辭典)』사수창(謝壽昌) 외 6인 편집. 대북(台北) 대만상무인서관(臺灣商務印書館). 1983년.

⑭『중국역대관칭사전(中國歷代官稱辭典)』조덕의(趙德義), 왕흥명(汪興明) 주편(主編). 북경(北京) 단결출판사(團結出版社). 2002년.

⑮『송대관제사전(宋代官制辭典)』공연명(龔延明) 편저. 북경(北京) 중화서

국출판(中華書局出版). 1997년.

⑯『중국불교인명대사전(中國佛敎人名大辭典)』진화법사(震華法師) 편. 상해(上海) 상해사서출판사(上海辭書出版社). 2002년.

⑰『중국역대인명대사전(中國歷代人名大辭典)』장휘지(張撝之) 외 2인 주편(主編). 상해(上海) 상해고적출판사(上海古籍出版社). 1999년.

⑱『중국인명이칭대사전(中國人名異稱大辭典)』상항원(尚恒元) 외 1인 주편. 태원(太原) 산서인민출판사(山西人民出版社). 2003년.

⑲『중국역사지도집(中國歷史地圖集)』담기양(譚其驤) 주편. 북경(北京) 중국지도출판사(中國地圖出版社). 1996년.

⑳『조정사원(祖庭事苑)』목암선경(睦菴善卿) 편(編). 1108년.

4. 대혜보각선사어록 총 목차

〔제1권〕

온문(蘊聞)의 주차문(奏箚文).

덕잠(德潛)의 입장제문(入藏題文).

제1-4권 : 경산(徑山) 능인선원(能仁禪院)에서의 어록(語錄).

제5권 : 육왕산(育王山) 광리선사(廣利禪寺)에서의 어록.

제6권 : 다시 경산(徑山) 능인선원(能仁禪院)에 머물 때의 어록. 위국공(魏國公)인 장준(張浚)이 쓴 '대혜보각선사탑명(大慧普覺禪師塔銘)' 첨부.

〔제2권〕

제7권 : 강서(江西) 운문암(雲門菴)에서의 어록.

제8권 : 복건성(福建省) 복주(福州) 양서암(洋嶼菴)에서의 어록, 복건성 천주(泉州) 소계(小溪) 운문암(雲門菴)에서의 어록.

제9권 : 운거(雲居)의 수좌료(首座寮)에서 불자(拂子)를 들고 설법함, 실중기연(室中機緣).

제10권 : 송고(頌古).

제11권 : 게송(偈頌).

제12권 : 부처와 조사를 찬양함.

〔제3권〕

제13-18권 : 대혜보각(大慧普覺) 선사(禪師) 보설(普說).

〔제4권〕

제19-24권 : 대혜보각 선사 법어(法語).

〔제5권〕

제25-30권 : 대혜보각 선사 서(書).

대혜선사어록을 입장(入藏)토록 내려 주신 은혜에 감사드리는 주차문(奏箚文).

차례

1. 증시랑(曾侍郎) 천유(天游)가 묻는 편지   ...53

2. 증시랑(曾侍郎) 천유(天游)에 대한 답서 (1)   ...59

3. 증시랑(曾侍郎) 천유(天游)에 대한 답서 (2)   ...76

4. 증시랑(曾侍郎) 천유(天游)에 대한 답서 (3)   ...88

5. 증시랑(曾侍郎) 천유(天游)에 대한 답서 (4)   ...98

6. 증시랑(曾侍郎) 천유(天游)에 대한 답서 (5)   ...104

7. 증시랑(曾侍郎) 천유(天游)에 대한 답서 (6)   ...111

8. 이참정(李叅政) 한로(漢老)가 묻는 편지 (1)   ...117

9. 이참정(李叅政) 한로(漢老)에 대한 답서 (1)   ...120

10. 이참정(李叅政) 한로(漢老)가 묻는 편지 (2)   ...131

11. 이참정(李叅政) 한로(漢老)에 대한 답서 (2)   ...133

12. 강급사(江給事) 소명(少明)에 대한 답서   ...139

13. 부추밀(富樞密) 계신(季申)에 대한 답서 (1)   ...146

14. 부추밀(富樞密) 계신(季申)에 대한 답서 (2)   ...160

15. 부추밀(富樞密) 계신(季申)에 대한 답서 (3)   ...164

16. 이참정(李叅政) 한로(漢老)의 별지(別紙)에 대한 답서 ...170

17. 진소경(陳少卿) 계임(季任)에 대한 답서 (1)   ...173

18. 진소경(陳少卿) 계임(季任)에 대한 답서 (2) ...187

19. 조대제(趙待制) 도부(道夫)에 대한 답서 ...192

20. 허사리(許司理) 수원(壽源)에 대한 답서 (1) ...199

21. 허사리(許司理) 수원(壽源)에 대한 답서 (2) ...205

22. 유보학(劉寶學) 언수(彦修)에 대한 답서 ...209

23. 유통판(劉通判) 언충(彦冲)에 대한 답서 (1) ...228

24. 유통판(劉通判) 언충(彦冲)에 대한 답서 (2) ...238

25. 진국태부인(秦國太夫人)에 대한 답서 ...241

26. 장승상(張丞相) 덕원(德遠)에 대한 답서 ...244

27. 장제형(張提刑) 양숙(暘叔)에 대한 답서 ...248

28. 왕내한(汪內翰) 언장(彦章)에 대한 답서 (1) ...268

29. 왕내한(汪內翰) 언장(彦章)에 대한 답서 (2) ...279

30. 왕내한(汪內翰) 언장(彦章)에 대한 답서 (3) ...285

31. 하운사(夏運使)에 대한 답서 ...289

32. 여사인(呂舍人) 거인(居仁)에 대한 답서 ...293

33. 여랑중(呂郎中) 융례(隆禮)에 대한 답서 ...296

34. 여사인(呂舍人) 거인(居仁)에 대한 답서 (1) ...317

35. 여사인(呂舍人) 거인(居仁)에 대한 답서 (2) ...321

36. 왕장원(汪狀元) 성석(聖錫)에 대한 답서 (1) ...326

37. 왕장원(汪狀元) 성석(聖錫)에 대한 답서 (2) ...331

38. 종직각(宗直閣)에 대한 답서 ...343

39. 이참정(李參政) 태발(泰發)에 대한 답서 ...353

40. 증종승(曾宗丞) 천은(天隱)에 대한 답서 ...356

41. 왕교수(王敎授) 대수(大受)에 대한 답서 ...361

42. 유시랑(劉侍郎) 계고(季高)에 대한 답서 (1) ...368

43. 유시랑(劉侍郎) 계고(季高)에 대한 답서 (2) ...370

44. 이랑중(李郎中) 사표(似表)에 대한 답서 ...375

45. 이보문(李寶文) 무가(茂嘉)에 대한 답서 ...382

46. 향시랑(向侍郎) 백공(伯恭)에 대한 답서 ...386

47. 진교수(陳敎授) 부경(阜卿)에 대한 답서 ...396

48. 임판원(林判院) 소첨(少瞻)에 대한 답서 ...398

49. 황지현(黃知縣) 자여(子餘)에 대한 답서 ...402

50. 엄교수(嚴敎授) 자경(子卿)에 대한 답서 ...406

51. 장시랑(張侍郎) 자소(子韶)에 대한 답서 ...415

52. 서현모(徐顯模) 치산(稚山)에 대한 답서　　　…421

53. 양교수(楊敎授) 언후(彦候)에 대한 답서　　　…426

54. 루추밀(樓樞密) 중훈(仲暈)에 대한 답서 ⑴　　…429

55. 루추밀(樓樞密) 중훈(仲暈)에 대한 답서 ⑵　　…434

56. 조태위(曹太尉) 공현(功顯)에 대한 답서　　　…442

57. 영시랑(榮侍郞) 무실(茂實)에 대한 답서 ⑴　　…450

58. 영시랑(榮侍郞) 무실(茂實)에 대한 답서 ⑵　　…460

59. 황문사(黃門司) 절부(節夫)에 대한 답서　　　…465

60. 손지현(孫知縣)에 대한 답서　　　…467

61. 장사인(張舍人) 장원(狀元)에 대한 답서　　　…486

62. 탕승상(湯丞相) 진지(進之)에 대한 답서　　　…497

63. 번제형(樊提刑) 무실(茂實)에 대한 답서　　　…506

64. 성천규(聖泉珪) 화상(和尙)에 대한 답서　　　…509

65. 고산체장로(鼓山逮長老)에 대한 답서　　　…511

대혜서장

1. 증시랑(曾侍郎)[36] 천유(天游)가 묻는 편지

36 증시랑(曾侍郎) : 『오등회원(五燈會元)』에 증시랑이 깨달은 이야기가 다음과 같이 소개
되어 있다. 내한(內翰) 증개(曾開) 거사는 자(字)가 천유(天遊)이다. 오래도록 원오(圓悟)
선사(禪師)를 찾아뵈었고, 대혜(大慧) 선사의 문하에 드나든 날도 있었다. 소흥(紹興) 신
미(辛未, 1151년)에 불해(佛海) 선사가 삼구(三衢)의 광효사(光孝寺)에 있을 때 증공(曾公)
은 초연거사(超然居士) 조공(趙公)과 함께 불해를 방문하였다. 그때 증공이 물었다. "어
떤 것이 선지식입니까?" 불해가 말했다. "등불, 기둥, 고양이, 강아지입니다." 증공이 말
했다. "무엇 때문에 칭찬하면 기뻐하고 비난하면 번뇌합니까?" 불해가 물었다. "시랑(侍
郎)께선 선지식을 만나 본 적이 있습니까?" 증공이 말했다. "저는 30년 동안 선지식을 찾
아뵈었는데, 어찌 보지 못했다고 말하겠습니까?" 불해가 물었다. "기뻐하는 곳에서 보았
습니까? 번뇌하는 곳에서 보았습니까?" 증공이 머뭇거리고 있자, 불해가 곧장 "악!" 하고
일할(一喝)을 하였다. 증공이 대답하려 하자 불해가 말했다. "입을 여는 것은 맞지 않습
니다." 증공이 우두커니 있자, 불해가 불렀다. "시랑! 어디로 갔습니까?" 증공이 문득 깨
닫고서 이윽고 머리를 끄덕이고는 게송을 말했다. "떼끼! 눈먼 당나귀야,/ 총림(叢林)의
도깨비로다./ 땅을 울리는 한마디에,/ 천기(天機)가 누설되었구나. 뜻이 어떠냐고 누가
다시 묻는다면,/ 불자(拂子)를 집어 들어 입을 때려 주리라." 불해가 말했다. "다만 말뚝
하나를 얻었을 뿐이로다."(內翰曾開居士, 字天游. 久參圓悟, 暨往來大慧之門有日矣. 紹興辛未,
佛海補三衢光孝, 公與超然居士趙公訪之. 問曰: "如何是善知識?" 海曰: "燈籠露柱, 貓兒狗子." 公
曰: "爲甚麽, 贊卽歡喜, 毁卽煩惱?" 海曰: "侍郎曾見善知識否?" 公曰: "某三十年參問, 何言不見?"
海曰: "向歡喜處見? 煩惱處見?" 公擬議, 海震聲便喝. 公擬對, 海曰: "開口底不是." 公罔然, 海召曰:
"侍郎, 向甚麽處去也?" 公猛省, 遂點頭, 說偈曰: "咄哉瞎驢, 叢林妖孽. 震地一聲, 天機漏泄. 有人更
問意如何, 拈起拂子劈口截." 海曰: "也祇得一橛.")(『오등회원』제20권 '내한증개거사(內翰曾開居
士)') 그 뒤 불해의 법(法)을 이었으니, 대혜에게는 조카가 되는 셈이다.

37 장사(長沙) : 호남성(湖南省) 북동부에 있는 도시. 남쪽으로는 동정호(洞庭湖), 동쪽으
로는 상강(湘江)에 접하고 있으므로 예부터 남과 북의 교통 요지일 뿐만 아니라 군사적
요충지임.

제가 이전에 장사(長沙)[37]에서 원오(圜悟)[38] 노스님의 편지를 받았는데, 스님을 일컬어 '늘그막에 만났으나 얻은 것이 매우 기특(奇特)하다'[39]고 하셨습니다. 그것을 잊지 않고 거듭 생각해 온 것이 벌써 8년째입니다. 법문(法門)[40]을 직접 듣지 못함을 늘 안타깝게 생각하며 오로지 간절히 우러러 사모해 왔습니다.

저는 어릴 때 발심(發心)하여 선지식을 찾아뵙고 이 일[41]을 물었지만, 20세가 지나서는 결혼하고 공무(公務)에 종사하기 바빠서 공부가 순일(純一)하지 못했습니다. 그렇게 시간을 허비하며 지내다 보니[42] 이제 이렇게 나이가 들었습니다만, 아직 아는 것이 없어서 늘 스스로 부끄럽게 여기고 한탄해 왔습니다. 그러나 세운 뜻과 발(發)한 원(願)은 진실로 가벼운 지견

---

38 원오극근(圜悟克勤) : 1063~1135. 송대(宋代) 임제종 양기파의 선사로, 속성은 락(駱)이고, 자는 무착(無着)이다. 남송(南宋)의 고종(高宗)에게는 원오(圜悟)를, 북송(北宋)이 휘종(徽宗)에게는 불과(佛果)를 하사받았으므로 '원오극근', '불과극근(佛果克勤)' 등으로 일컬어졌다. 어려서 출가하여 오조법연(五祖法演: ?~1104)의 제자가 되어 그 법을 이어받았다. 시호는 진각선사(眞覺禪師). 저서 『벽암록(碧巖錄)』이 있고, 제자들이 편찬한 『원오불과선사어록(圜悟佛果禪師語錄)』(20권)과 『원오선사심요(圜悟禪師心要)』(2권)가 있다. 대혜종고(大慧宗杲)를 깨달음으로 이끈 스승이다.

39 대혜가 원오를 만나 공부한 인연은 앞의 해제 참조.

40 서여(緒餘) : '나머지'라는 뜻인데, 여기서 나머지라는 것은 소문만 듣고 직접 법문을 듣지 못한 것을 가리킨다.

41 차사(此事) : '이 일'은 이른바 일대사인연(一大事因緣) 혹은 본래면목(本來面目)이라고 부르는 선종(禪宗)의 종지(宗旨)요, 우리 자신의 본심(本心)을 가리킨다.

42 인순(因循) : ①소홀하다. 데면데면하다. 건성건성하다. 둔하다. 무책임하다. ②느릿느릿하고 한가하다. ③이리저리 배회하다. ④머물다. 묵다. ⑤지연하다. 지체하다. ⑥시간을 허비하다.

(知見) 속에 있지 않아서, 깨닫지 못하면 그만이지만 깨닫는다면 반드시 옛사람이 직접 깨달았던 곳에 곧바로 당도하여야 비로소 크게 쉴 곳으로 여길 것입니다. 이 마음이 비록 아직 한순간도 포기하고 물러난 적은 없으나, 공부가 아직 순일(純一)하지 못함을 스스로 느끼고 있으니, 뜻과 원(願)은 크나 역량(力量)이 부족하다고 할 수 있을 것입니다.

答曾侍郎(天游)(問書附)

開頃在長沙, 得圜悟老師書, 稱公晚歲相從所得甚是奇偉. 念之再三, 今八年矣. 常恨未獲親聞緖餘, 惟切景仰. 開[43]自幼年發心, 參禮知識扣問此事, 弱冠之後, 卽爲婚宦所役, 用工夫不純. 因循至今老矣, 未有所聞, 常自愧歎. 然而立志發願, 實不在淺淺知見之間,[44] 以爲不悟則已, 悟則須直到古人親證處, 方爲大休歇之地. 此心雖未嘗一念退屈, 自覺工夫終未純一, 可謂志願大而力量小也.

지난번에 원오(圜悟) 노스님에게 간절히 청하였더니 노스님께서는 여섯 마디의 법어(法語)[45]로써 가르침을 주셨는데, 그 첫머리에서는 곧바로

---

43 개(開) : 덕부본에서는 '모(某)'. 개(開)는 증시랑의 이름이니 증시랑이 자신을 가리켜 모(某)라 하는 것과 같다.

44 문(問) : 덕부본에서는 '간(間)'. 간(間)이 맞다.

45 여섯 마디의 법어 가운데 여기에서 언급된, '곧바로 이 일을 보여 줌'과 '조주의 방하착'과 '운문의 수미산' 등 3가지 외에, 나머지 3가지가 무엇인지는 알 수 없다.

46 조주종심(趙州從諗) : 778~897. 중국 당대 선승(禪僧). 남전보원(南泉普願)의 제자. 조주(趙州; 하북성) 관음원(觀音院)에 주석하여 40년 간 독자의 선풍(禪風)을 선양하였다. 문답(問答)과 시중(示衆)이 공안(公案)으로 전하는 것이 많다. 시호는 진제대사(眞際大

이 일을 보이셨고, 뒤에는 조주(趙州)⁴⁶의 "내려놓아라."⁴⁷와 운문(雲門)⁴⁸의 "수미산(須彌山)."⁴⁹이라는 2개의 인연(因緣)을 말씀하셔서⁵⁰ 둔근기(鈍根機)

師). 『조주진제대사어록(趙州眞際大師語錄)』 3권이 있다.

47 『오등회원』 제4권 '홍주신흥엄양존자(洪州新興嚴陽尊者)'에 나오는 다음의 대화에 기인한다 : 엄양존자가 처음 조주(趙州)를 찾아가 물었다. "한 물건도 가져오지 않을 때에는 어떻습니까?" 조주가 말했다. "내려놓아라." "한 물건도 가져오지 않았는데, 무엇을 내려놓습니까?" "내려놓지 않으려면 가지고 있거라." 엄양존자는 이 말을 듣고서 크게 깨달았다. (初參趙州, 問: "一物不將來時, 如何?" 州曰: "放下着." 師曰: "旣是一物不將來, 放下箇甚麼?" 州曰: "放不下, 擔取去." 師於言下大悟.) 『오등회원』 이전의 문헌에는 이 대화가 보이지 않는다.

48 운문문언(雲門文偃) : 864-949. 당말(唐末) 5대(五代) 스님이며, 오가칠종(五家七宗)의 하나인 운문종(雲門宗)의 개조(開祖). 설봉의존(雪峰義存)의 법을 이었다. 『운문광진선사광록(雲門匡眞禪師廣錄)』 3권이 있다.

49 『오등회원』 제15권 '소주운문산광봉원문언선사(韶州雲門山光奉院文偃禪師)'에 있는 다음의 대화에 기인한다 : 묻는다. "한 생각도 일으키지 않았는데도 허물이 있습니까?" 운문이 말했다. "수미산."(問: "不起一念, 還有過也無?" 師曰: "須彌山.") 『연등회요』 제24권에도 나온다.

50 거(擧) : 말하다.(『廣韻』, 語韻』, 擧, 言也. 『正字通』, 曰部』, 擧, 稱引也. 『禮記, 雜記 下』 過而擧君之諱則起. 『鄭玄注』 擧, 猶言也. 唐, 韓愈 『原道』 不惟擧之于其口, 而又筆之于其書.) 말해 주다. 예를 들다. 일화를 말하다. 인용하여 말하다. 제시(提示)하다. 기억해 내다.(=기득(記得)) 거(擧)는 이전의 이야기나 남의 말을 그대로 인용하여 타인에게 말해 준다는 뜻. 종사(宗師)가 상당하여 설법할 때에 경전의 이야기나 옛 조사나 종사의 인연(因緣) 혹은 공안(公案)을 끄집어내어 인용하여 말해 주는 것을 그 설법을 기록하는 자가 거(擧)라는 말로써 표현하였다. (예) 묘지확(妙智廓)이 상당하여 이 이야기를 들어 말하였다. "말해 보아라. 이 한 사람의 존자에게 무슨 뛰어남이 있는가?"(妙智廓上堂擧此話云 : "且道. 這一尊者, 有甚長處?") 종사 자신이 스스로 말할 때에는 '내가 기억하기로는'(記得)이라는 표현을 쓴다. (예) 운문고(雲門杲)가 보설(普說)하였다. "기억하건대, 이조(二祖)가 달마에게 물었다. …'너의 마음을 편안하게 해 주었구나.'"(雲門杲普說云 : "記得二祖問達磨. (至)與汝安心竟.") 간화선(看話禪)에서 '화두(話頭)'를 거(擧)하라'고 할 때에는 '스스로 마음속에서

에게 공부를 시키시되 "늘 스스로에게 말해 깨우쳐 주기를[51] 오래 하면 반드시 들어갈 곳이 있을 것이다."라고 하셨습니다. 그 노파심(老婆心)[52]의 간절함이 이와 같으나, 제가 둔(鈍)하여 크게 막혀 있으니 어찌하겠습니까? 이제 다행히 사사로운 집안의 일들과 세간의 인연을 모두 마치고 다른 일 없이 한가로이 지내게 되었으니, 바로 스스로 아프게 채찍질하여 처음의 뜻을 이루고자 하지만, 다만[53] 아직 직접 가르침을 받아[54] 깨우치지 못함을 한탄할 따름입니다.

向者, 痛懇圜悟老師, 老師示以法語六段, 其初直示此事, 後擧雲門趙州放下著須

화두를 자신에게 말해 주라'는 뜻이다.

51 거각(擧覺) : 거(擧)나 거기(擧起)와 같은 뜻으로서, '말하다' '말해 주다' '제시하다' '제기하다'는 뜻이다. 그러나 일부러 거각(擧覺)이라고 쓴 것은 역시 각(覺)의 뜻을 부가하고 있다고 보아야 한다. 각(覺)은 '일깨우다' '깨우치다'는 뜻이므로 거각(擧覺)은 '일화 등을 말하여 일깨우다' '예를 들어 말하여 깨우쳐 주다' '공안이나 화두를 말하여 일깨워 주다'는 뜻이다. 대혜는 거각(擧覺)을 항상 제시(提撕)와 더불어 사용하고 있는데, 제시는 '언급하다' '끄집어내어 말하다' '제기(提起)하다' '제출하다'는 뜻인 제(提)와, '일깨우다' '깨우치다'는 뜻인 시(撕)가 합성된 말로서 '(무엇을) 끄집어내어 말하여 일깨우다' '(무엇을) 제시하여 깨우쳐 주다'는 뜻이다. 이처럼 거각과 제시는 뜻이 동일하지만, 다수의 사례에서는 거각(擧覺)은 거(擧)와 동일하게 '말하다' '말해 주다' '언급하다'는 뜻이고, 제시(提撕)는 시(撕)와 동일하게 '일깨우다' '깨우치다' '말해 주어서 일깨우다'는 뜻이다. 김태완『간화선 창시자의 선』하권(침묵의 향기) 부록「간화용어의 번역에 관하여」참조.

52 노파심(老婆心) : 할머니가 손자를 생각하듯이, 지나칠 정도로 남의 일을 걱정하는 마음.

53 제(第) : ①그러나. 그런데. ②다만. 오직. ③우선. 잠시.

54 친자(親炙) : 스승을 가까이 모시고 친히 그 가르침을 받음.

彌山兩則因緣, 令下鈍工, "常自擧覺, 久久必有入處." 老婆心切如此, 其奈鈍滯太甚? 今幸私家塵緣都畢, 閑居無他事, 政在痛自鞭策以償初志, 第恨未得親炙敎誨耳.

일생 동안 좌절한[55] 것을 이미 하나하나 말씀드렸으니[56] 반드시 이 마음을 아실 것입니다. 부디 자세히[57] 깨우쳐[58] 주시기 바랍니다. 일상생활에서 어떻게 공부하여야 어떻게든[59] 다른 길로 빠지지 않고 곧바로 본지(本地)[60]와 딱 들어맞겠습니까? 이와 같은 말의 잘못됨 역시 적지 않습니다만, 다만 바야흐로 진심을 다 바칠[61] 뿐 스스로 감추기 어려운 것이 참으로 불쌍한 일입니다. 그 때문에 지극한 정성으로 묻습니다.

一生敗闕己一一呈似, 必能洞照此心. 望委曲提警. 日用當如何做工夫, 庶幾不涉他途 徑與本地相契也? 如此說話, 敗闕亦不少, 但方投誠, 自難隱逃, 良可憫. 故至扣.

---

55 패궐(敗闕) : 손해 보다. 실패하다. 좌절하다. 꺾이다.

56 정사(呈似) : 말하다. 드러내 보이다.

57 위곡(委曲) : ①자세함. 상세함. ②정성스럽고 간곡함.

58 제경(提警) : 경계하다. 주의를 주다.

59 서기(庶幾) : ①─를 바라다. ②거의─(할 것이다). 대체로─(할 것이다). ③괜찮다. 근사하다. ④어떻게든. ⑤당대의 뛰어난 인재.

60 본지(本地) : 본분(本分). 본성(本性). 본심(本心). 본지풍광(本地風光)이라고도 한다.

61 투성(投誠) : ①성심을 다 바침. ②항복하다. 귀순하다.

2. 증시랑(曾侍郞) 천유(天游)에 대한 답서 (1)[62]

보내 주신 글을 보니,[63] 어릴 때부터 벼슬할 때까지 여러 선지식(善知識)을 찾아뵈었는데, 중간에 과거(科擧) 보고 결혼하고 벼슬에 나아가는 등의 일에 시달리고, 또 잘못된 깨우침과 잘못된 익힘에 끄달려서 아직 공부를 순일(純一)하게 하지 못한 것을 큰 허물로 여긴다고 하셨습니다. 또 무상(無常)한 세간(世間)의 여러 가지 일들이 모두 헛된 것으로서 즐길 만한 것이 없음을 뼈에 사무치게 간절히 생각하여, 오로지 한마음으로 이 일대사인연(一大事因緣)[64]을 파려고 한다 하시니, 저[65]의 뜻과 딱 들어맞습니다.

---

62 이 편지는 대혜가 나이 46세(1134; 高宗 紹興 四年 甲寅)에 민중(閩中)의 양서(洋嶼)에 있을 때에 답한 것이다.

63 승서(承敍) : 말씀을 듣다. 편지를 받았다는 말.

64 일대사인연(一大事因緣) : 선(禪)을 공부하고 도(道)를 배우는 일. 오직 하나뿐인 큰 일이라는 일대사(一大事)는 깨달음을 얻는 일을 가리킨다. 일대사인연이란 깨달음을 얻기 위한 인연이 되는 공부를 가리키니, 선(禪)을 공부하고 도(道)를 배우는 일을 말한다. 『법화경(法華經)』에 다음과 같은 내용이 있다 : 사리불아, 어찌하여 모든 부처님은 오직 일대사인연 때문에 세상에 나오신다고 하는가? 모든 부처님은 중생으로 하여금 깨달음의 지견(知見)을 열어서 청정함을 얻도록 하시려고 세상에 나오신다. 중생에게 깨달음의 지견을 보여 주시려고 세상에 나오신다. 중생으로 하여금 깨달음의 지견을 깨닫도록 하시려고 세상에 나오신다. 중생으로 하여금 깨달음의 지견에 들어가도록 하시려고 세상에 나오신다. 사리불아, 이것이 곧 모든 부처님이 일대사인연 때문에 세상에 나오신다는 것이니라.(『묘법연화경(妙法蓮華經)』 제1권 「방편품(方便品)」 제2.)

65 병승(病僧) : ①병이 든 승려. ②승려가 자신을 낮추어 지칭하는 말. 산승(山僧), 야승(野僧)과 같은 말.

承敘及, 自幼年至仕宦, 參禮諸大宗匠, 中間爲科擧婚宦所役, 又爲惡覺惡習所勝, 未能純一做工夫, 以此爲大罪. 又能痛念無常世間種種虛幻無一可樂, 專心欲究此 一段大事因緣, 甚愜病僧意.

하지만 이미 관리가 되어 녹봉(祿俸)을 받아 살아가고 있으며, 과거(科 擧) 보고 결혼하고 벼슬하는 것이 세간에서는 피할 수 없는 일이라서 공 (公)의 허물이 아닌데도, 작은 허물을 가지고 크게 두려워하니, 오랜 옛날 부터 참된 선지식(善知識)을 받들어 모셔서[66] 지혜의 씨앗을 길러 온 것이 깊지 않았다면 어찌 이와 같겠습니까? 공(公)이 말하는 큰 허물이란 것은 성현(聖賢)이라도 또한 벗어날 수 없는 것입니다. 다만 허망하고 환상 같 은 세간의 일들은 구경법(究竟法)[67]이 아님을 알고서 마음을 이 문중(門中)[68] 으로 돌려 지혜의 물로써 더러운 때를 씻어 내고 스스로 깨끗하게 머물 러, 지금 바로[69] 한칼로 두 동강을 내어 다시는 망상(妄想)을 이어 가지 않 을 수 있다면, 그것으로 족할 따름이니 앞을 후회하고 뒤를 염려할 필요 는 없습니다.

---

66 승사(承事) : 받들어 모시다.

67 구경법(究竟法) : 구경(究竟)은 끝, 마지막이라는 뜻이니, 구경법은 마지막 진리, 최후 의 진리.

68 이 문중(門中)이란 선문(禪門)을 가리키니, 곧 본심(本心)을 가리킨다.

69 종각하(從脚下) : 그 자리에서. 당장. 바로. 지금. 목하(目下). 종(從)은 재(在), 우(于)와 같은 개사(介詞).

然既爲士人仰祿爲生, 科擧婚宦, 世間所不能免者, 亦非公之罪也, 以小罪而生大
怖懼, 非無始曠大劫來承事眞善知識熏習般若種智之深, 焉能如此? 而公所謂大罪
者, 聖賢亦不能免. 但知虛幻非究竟法, 能回心此箇門中, 以般若智水, 滌除垢染之
穢, 淸淨自居, 從脚下去一刀兩段, 更不起相續心足矣, 不必思前念後也.

헛되다고 한다면, 업(業)을 지을 때에도 헛되고, 과보(果報)를 받을 때에
도 헛되고, 깨달을 때에도 헛되고, 어리석게 헤맬 때에도 헛되고, 과거 ·
현재 · 미래가 모두 헛됩니다. 오늘 잘못되었음을 알았다면, 헛됨을 약으
로 삼아 다시 헛된 병을 치료해야 합니다. 병이 나아 약을 치우면, 여전
히 다만 옛날 그 사람일 뿐입니다. 만약 다른 사람이 있고 다른 법(法)이
있다면, 이것은 삿된 외도(外道)의 견해입니다.

既曰虛幻, 則作時亦幻, 受時亦幻, 知覺時亦幻, 迷倒時亦幻, 過去現在未來皆悉是
幻. 今日知非, 則以幻藥復治幻病. 病瘥藥除, 依前只是舊時人. 若別有人有法, 則
是邪魔外道見解也.

공(公)께선 깊이 생각하셔서, 다만 이와 같이 버티고 계십시오.[70] 언제

---

70 애장거(崖將去) : 『한한대사전(漢韓大辭典)』, 『중한대사전(中韓大辭典)』, 『주해어록총람
(註解語錄總覽)』, 『선어사전(禪語辭典)』 등에 의하면, 애(崖), 애(捱), 애(挨)는 '버티다' '저
항하다' '지탱하다'는 뜻으로 서로 바뀌어 쓰이는 글자이고, 장(將)은 조기(早期) 백화(白
話)에서 동사와 방향보어 중간에 쓰여 그 동작의 지속성이나 개시(開始) 등을 나타내고,
거(去)는 동사 뒤에 쓰여 동작이 화자(話者)가 있는 곳에서 다른 곳으로 옮겨감을 나타내

나[71] 고요함[72] 속에서도 "수미산."과 "내려놓아라."라는 두 마디 말을 절대로 잊어버려선 안 됩니다. 다만 당장 착실하게 공부해 나아갈 뿐, 지나간 일은 두려워할 필요도 없고 생각할 필요도 없습니다. 생각하고 두려워하면 공부에 장애가 될 뿐입니다. 다만 모든 부처님의 앞에서 큰 서원(誓願)[73]을 이렇게 내십시오. 원컨대 이 마음이 굳건하여 영원히 물러나거나 잃어버리지 않고, 모든 부처님의 가피(加被)[74]에 힘입어 선지식을 만나 한마디 말을 듣자마자[75] 문득 분별심[76]이 사라지고 위없는 바르고 평등한 깨달음을 이루어, 부처님의 혜명(慧命)[77]을 이음으로써 모든 부처님의 한량없는 은혜에 보답하기를 바랍니다. 만약 이와 같이 하여 오래 계속한다

는 방향보어, 혹은 동사 뒤에 쓰여 동작 따위가 지속됨을 나타내는 조사이다. 그러므로 애장거(崖將去)는, '지속적으로 버티어 나아가다', '물러나지 않고 지탱하고 있다'는 뜻이다. 물론 애장거(崖將去)를 애장거(挨將去) 혹은 애상거(挨將去)로도 쓸 수 있다. 김태완 『간화선 창시자의 선』 하권(침묵의 향기) 부록「간화용어의 번역에 관하여」 참조.

71 시시(時時) : ①때때로. 이따끔. ②순간순간 지나가는 시간을 가리킨다. 순간순간 끊어짐 없이. ③늘. 항상. 언제나.

72 정승(靜勝) : 고요함으로 뛰어남. 고요함을 뛰어나게 여김.

73 서원(誓願) : 반드시 목적을 이루겠다고 맹세함. 불보살에게는 반드시 총(總)서원·별(別)서원이 있으니, 총서원은 4홍서원(弘誓願)으로 모든 불보살이 다 일으키는 것이고, 별서원은 아미타불의 48원, 약사여래의 12원처럼 한 부처님에게만 국한한 서원.

74 가피(加被) : 가우(加祐)·가비(加備)·가호(加護). 도움을 받는다는 뜻으로서, 부처님께서 자비의 힘을 베풀어서 중생이 이익을 얻는 것.

75 언하(言下) : ①말하는 사이에. ②바로 그 자리에서. 즉시. ③말을 들으며. 말을 듣고서.

76 생사(生死) : 생사심(生死心)과 같음. 생사심(生死心)은 분별과 차별 속에서 취하고 버리고 조작하는 중생의 분별심(分別心).

77 혜명(慧命) : 지혜의 생명.

62

면, 깨닫지 못할 이유가 없습니다.

公深思之, 但如此崖將去. 時時於靜勝中, 切不得忘了須彌山放下著兩則語. 但從
脚下著實做將去, 已過者, 不須怖畏, 亦不必思量. 思量怖畏卽障道矣. 但於諸佛前,
發大誓願. 願此心堅固, 永不退失, 仗諸佛加被, 遇善知識, 一言之下頓亡生死, 悟
證無上正等菩提, 續佛慧命, 以報諸佛莫大之恩. 若如此則久久無有不悟之理.

보지 못하였습니까?[78] 선재동자(善財童子)가 문수(文殊)를 따라 마음을
내어 점차 남쪽으로 가면서 110개의 성을 지나고 53인의 선지식을 만나
뵈었으나, 마지막에 미륵이 손가락 한 번 튕기는 사이에 지금까지 들었
던 모든 선지식들의 법문(法門)[79]을 문득 잊어버리고, 다시 미륵의 가르침
에 의하여 문수를 뵙고자 생각하였습니다. 이에 문수가 멀리서 오른손을
펼쳐 110유순(由旬)[80]을 지나 선재동자의 정수리를 어루만지며 말했습니
다.

"좋고도 좋구나, 선남자야! 만약 믿음의 뿌리를 벗어난다면 마음이 작

---

78 이하의 내용은 『화엄경(華嚴經)』 「입법계품(入法界品)」에서 선재동자가 공부한 과정을
    간략히 간추려 소개하고 있는 것이다.

79 법문(法門) : 법은 가르침 즉 교법(敎法), 문은 드나든다는 뜻. 부처님의 가르침은 중생
    으로 하여금 번뇌의 세계를 벗어나 번뇌 없는 열반에 들어가게 하는 문이므로 이렇게 이
    름.

80 유순(由旬) : 또는 유사나(踰闍那) · 유선나(踰繕那) · 유연(由延). 인도의 거리 단위. 성
    왕(聖王)이 하루 동안 돌아다니는 거리. 40리(혹 30리)에 해당, 또 대유순은 80리, 중유순
    은 60리, 소유순은 40리라고 함. 1리도 시대를 따라 그 장단이 같지 않음.

아지고 염려되고 후회되어서 공행(功行)[81]이 갖추어지지 못하고 물러나 정밀한 노력을 잃어버릴 것이니, 한 개 선근(善根)[82]에 머물고 집착하는 마음을 내며 조그마한 공덕에 이내 만족하게 되어서, 행원(行願)[83]을 잘 일으킬 수도 없고 선지식(善知識)에게 보호받지도 못하고, 나아가 이와 같은 법성(法性)과 이와 같은 이치와 이와 같은 법문(法門)과 이와 같은 행위와 이와 같은 경계(境界)를 밝게 알[84] 수 없으며, 또 주편지(周遍知)[85]라든지 종종지(種種知)[86]라든지 근원을 통달하는 것이라든지 해료(解了)[87]라든지 취입(趣入)[88]이라든지 해설(解說)[89]이라든지 분별(分別)[90]이라든지 증지(證知)[91]라든지 획득(獲得)[92]도 모두 불가능하다."[93]

---

81 공행(功行) : 공(功)은 수행으로 나타나는 효과. 공행(功行)은 공을 동반하는 행위이니 곧 수행(修行)과 같다.

82 선근(善根) : 깨달음을 가져오는 좋은 원인. ①좋은 결과를 가져올 좋은 원인이란 뜻. 선행(善行)을 나무의 뿌리에 비유한 깃. 착한 행업의 공덕 선근을 심으면 반드시 선과(善果)를 맺는다 함. ②온갖 선을 내는 근본이란 뜻. 무탐(無貪)·무진(無瞋)·무치(無癡)를 3선근이라 일컬음과 같은 것.

83 행원(行願) : 몸으로 하는 행(行)과 마음으로 바라는 원(願). 곧 실천과 바람.

84 요지(了知) : 확실히 알다. 밝게 깨닫다.

85 주편지(周遍知) : 만법이 두루 둘이 없이 평등함을 아는 것.

86 종종지(種種知) : 만법 각각이 다른 모습으로 나타남을 아는 것.

87 해료(解了) : 밝게 이해하고 알아차림.

88 취입(趣入) : 법문(法門)으로 들어감.

89 해설(解說) : 상세히 풀어서 말함.

90 분별(分別) : 바른 법을 구별해 냄.

91 증지(證知) : 직접 깨달아 증거를 경험하여 앎.

92 획득(獲得) : 깨달음을 얻음.

93 『대방광불화엄경』 제80권 「입법계품」 제39-21의 첫부분에 나오는 문장.(실차난타(實叉

不見? 善財童子從文殊發心, 漸次南行過一百一十城, 參五十三善知識, 末後於彌勒一彈指頃, 頓亡前來諸善知識所得法門, 復依彌勒敎思欲奉覲文殊. 於是文殊遙伸右手, 過一百一十由旬, 按善財頂曰: "善哉善哉, 善男子! 若離信根, 心劣憂悔, 功行不具, 退失精勤, 於一善根心生住著, 於少功德便以爲足, 不能善巧發起行願, 不爲善知識之所攝護, 乃至不能了知如是法性, 如是理趣, 如是法門, 如是所行, 如是境界, 若周遍知, 若種種知, 若盡源底, 若解了, 若趣入, 若解說, 若分別, 若證知, 若獲得, 皆悉不能."

문수가 이와 같이 선재에게 깨우쳐 주자[94], 선재는 말을 듣는 즉시 헤아릴 수 없는 법문(法門)을 성취하고 헤아릴 수 없이 큰 지혜의 광명(光明)을 모두 갖추어서, 보현문(普賢門)[95]으로 들어가 한순간[96]에 온 우주[97]의 티

難陀) 역 80권 화엄경)

94 선시(宣示) : ①드러내 보이다. ②선포(宣布)하다. 공포(公布)하다. ③선양(宣揚)하다. ④깨우쳐 주다. 밝혀 주다.

95 보현문(普賢門) : 연기인분(緣起因分)과 같은 뜻. 연기인분(緣起因分) 또는 인분(因分)은 화엄종(華嚴宗)의 용어이다. 부처님이 깨달은 경계의 모양은 부처님 이외의 사람은 알 수 없는 것이라 하여 성해과분(性海果分)이라고 하는데, 이에 대하여 부처님의 깨달음을 말이나 글로 표현할 수 있는 만큼 말하여 나타낸 것을 연기인분이라 함.

96 일념(一念) : 한순간. 한 생각. 극히 짧은 시간. 머리카락 한 올을 세로로 열 등분 내지는 백 등분, 천 등분으로 가른다. 그리고 그 가른 것 하나를 옥판(玉板) 위에다 놓고, 날카로운 칼날을 갖다 대어서 자른다. 그 날카로운 칼날이 옥판에 도달할 때까지의 시간이 일념(一念)이다.

97 삼천대천세계(三千大千世界) : =삼천세계(三千世界). 불교 우주관에서 이 세계를 가리키는 말. 불교 우주관에서는 수미산을 중심으로 4방에 4대주(大洲)가 있고, 그 바깥 주위를 대철위산(大鐵圍山)이 둘러싸고 있다고 한다. 이것이 1세계 또는 1사천하(四天下)라

끌 같이 많은 수의 모든 선지식을 다 보고, 다 만나서 공경하며 받들어 모시고[98] 그 가르침을 받아 행하여, 불망념지장엄장해탈(不忘念智莊嚴藏解脫)[99]을 얻었습니다. 보현(普賢)의 털구멍 세계에 들어감에 이르러서는 하

<hr>

함. 사천하를 천 개 합한 것을 1소천세계(小千世界), 소천세계를 천 개 합한 것이 1중천세계(中千世界), 중천세계를 천 개 합한 것이 1대천세계임. 1대천세계에는 소천 · 중천 · 대천의 3가지 천(千)이 있으므로 1대 3천세계, 또는 3천 대천세계라 함. 이 일대천세계(一大千世界)를 삼천대천세계(三千大天世界)라 하며, 또 삼천세계(三千世界)라고도 함.

98 승사(承事) : 받들어 모시다.

99 잊지 않는 지혜로 꾸며진 해탈. 불망념지장엄장해탈(不忘念智莊嚴藏解脫)이 언급된 『화엄경』의 부분은 다음과 같다 : 그때 미륵보살마하살은 곧 신통력을 모아 누각 속으로 들어가 손가락을 튕겨 소리를 내고는 선재(善財)에게 말했다. "선남자여, 일어나라! 법성(法性)은 이와 같다. 이것이 곧 보살이 모든 법을 아는 지혜이며, 인연이 모여 드러나는 모습이다. 이와 같은 자성(自性)은 환상 같고 꿈 같고 그림자 같아서 전혀 성취(成就)됨이 없다." 그때 선재가 손가락 튕기는 소리를 듣고 삼매(三昧)에서 일어나니, 미륵이 말했다. "선남자여, 그대는 보살의 불가사의하게 사새란 해딜에 머물면서, 모든 보살의 삼매의 즐거움을 받아, 보살의 신통력이 유지되는 것과 조도(助道)가 흐르는 것과 원지(願智)가 드러난 것을 잘 볼 수 있다. 가끔씩 묘하게 장엄된 궁전에 올라가 보살의 행(行)을 보고, 보살의 법(法)을 듣고, 보살의 덕(德)을 알고, 여래의 원(願)을 깨닫는다." 선재가 아뢰었다. "그렇습니다, 성자시여! 이것은 선지식의 가피(加被)요, 억념(憶念)의 위력적이고 신통한 힘입니다. 성자시여, 이 해탈문(解脫門)은 그 이름이 무엇입니까?" 미륵이 선재에게 말했다. "선남자여, 이 해탈문은 삼세의 모든 경계에 들어가 잊지 않는 지혜로 장엄(莊嚴)하여 간직한 것(입삼세일체경계불망념지장엄장(入三世一切境界不忘念智莊嚴藏))이라고 이름한다. 선남자여, 이 해탈문 속에는 말로써는 설명할 수 없는 해탈문이 있는데, 보살이 일생 동안 얻을 수 있는 것이다." 선재가 물었다. "이렇게 장엄한 일은 어디로 갑니까?" 미륵이 답했다. "온 곳으로 간다." "어디에서 왔습니까?" "보살의 지혜의 신통한 힘 속에서 와서, 보살의 지혜의 신통한 힘에 의지하여 머무니, 가는 곳도 없고, 머무는 곳도 없고, 모여 있지도 않고, 항상하지도 않고, 모든 것을 멀리 떠났다. 선남자여, 마치 용왕(龍王)이 비를 내, 몸에서 비가 나오는 것도 아니고 마음에서 비가 나오는 것도 아

나의 털구멍에서 한 발자국을 가서 말할 수 없는 불국토(佛國土)와 티끌 수 같은 세계를 지나, 보현과 같아지고 모든 부처님과 같아지고 세계와 같아지고 행동과 같아지고 해탈자재와 모두 같아져서 둘이 아니고 다르지 않습니다.[100]

니고, 모여 있는 것도 없고, 보이지 않는 것도 아님과 같다. 다만 용왕의 마음의 생각하는 힘 때문에 장대 같은 비가 퍼부어서 온 천하에 두루하니, 이와 같은 경계는 불가사의하다. 선남자여, 저 장엄한 일도 이와 같아서, 안에 머물지도 않고, 밖에 머물지도 않고, 보이지 않는 것도 아니고, 다만 보살의 위엄 있고 신통한 힘에서 말미암는다."(爾時, 彌勒菩薩摩訶薩, 卽攝神力, 入樓閣中, 彈指作聲, 告善財言 : "善男子, 起! 法性如是. 此是菩薩知諸法智, 因緣聚集所現之相. 如是自性, 如幻, 如夢, 如影, 如像, 悉不成就." 爾時善財, 聞彈指聲, 從三昧起, 彌勒告言 : "善男子, 汝住菩薩不可思議自在解脫, 受諸菩薩三昧喜樂, 能見菩薩神力所持, 助道所流, 願智所現. 種種上妙莊嚴宮殿, 見菩薩行, 聞菩薩法, 知菩薩德, 了如來願." 善財白言 : "唯然, 聖者! 是善知識, 加被憶念威神之力. 聖者, 此解脫門, 其名何等?" 彌勒告言 : "善男子, 此解脫門, 名入三世一切境界不忘念智莊嚴藏. 善男子, 此解脫門中, 有不可說不可說解脫門, 一生菩薩之所能得." 善財問言: "此莊嚴事, 何處去耶?" 彌勒答言 : "於來處去." 曰 : "從何處來?" 曰 : "從菩薩智慧神力中來, 依菩薩智慧神力而住, 無有去處, 亦無住處, 非集非常, 遠離一切. 善男子, 如龍王降雨, 不從身出不從心出, 無有積集, 而非不見. 但以龍王心念力故, 霈然洪霍, 周遍天下, 如是境界不可思議. 善男子, 彼莊嚴事亦復如是, 不住於內, 亦不住外, 而非不見, 但由菩薩威神之力.")(『화엄경』(80권) 제79권 「입법계품」 제39-20)

100 보현의 털구멍 국토를 언급하는 『화엄경』의 부분은 다음과 같다 : 그때 선재동자가 보현보살의 몸을 보니, 신체의 마디마디에 있는 하나하나의 털구멍 속에 모두 말할 수 없이 많고 바다같이 넓은 부처님의 세계가 있고, 그 하나하나의 세계에는 모두 모든 부처님이 세계에 나타나 있고 큰 보살의 무리가 둘러싸고 있었다. 다시 그 모든 세계를 보니, 여러 가지로 세워져 있고, 여러 가지의 모습이고, 여러 가지로 꾸며져 있고, 여러 가지의 커다란 산(山)이 둘러싸고 있고, 여러 가지 색깔의 구름이 하늘을 뒤덮고 있는데, 온갖 종류의 부처님이 나타나, 온갖 종류의 법을 펼치는데, 이와 같은 일들이 제각각 같지가 않았다. 다시 보현(普賢)을 보니, 하나하나의 세계 속에서 모든 부처님의 세계를 드러내고는, 티끌 같은 숫자의 화신불(化身佛)이 구름처럼 모든 세계를 둘러싸고서 중생을 교화

(敎化)하여 위없이 바르고 평등한 깨달음으로 향하도록 하고 있었다. 그때 선재동자가 다시 보현의 몸속에 있는 자신을 보니, 시방(十方)의 모든 세계 속에서 중생을 교화하고 있었다. 다시 선재동자는 부처님 세계의 티끌같이 많은 모든 선지식에게 다가가서 선근 (善根)을 얻었지만, 그 지혜의 빛은 보현보살이 얻은 선근과 비교해 보면, 백분의 일, 천분의 일, 십만분의 일, 백천억분의 일에도 미치지 못하며, 숫자로서는 비유조차도 할 수 없을 지경이었다. 선재동자가 처음 발심하여 보현보살을 만나기까지 그 사이에 들어간 모든 부처님의 세계에 비하여, 지금 보현의 한 개 털구멍 속에서 한순간 들어간 모든 부처님의 세계가 더 많기가, 말할 수도 없는 부처님 세계의 티끌 같은 숫자의 배나 되었다. 한 개 털구멍이 그런 것처럼, 모든 털구멍 역시 그러하였다. 선재동자가 보현보살의 털구멍 세계 속에서 한 걸음 나아가니, 말할 수도 없이 많은 부처님 세계에 있는 티끌만큼 많은 숫자의 세계를 지나갔다. 이와 같이 영원히 나아가지만, 여전히 한 털구멍 속 세계의 차례, 세계에 간직함, 세계의 차별, 세계에 두루 들어감, 세계의 이루어짐, 세계의 부서짐, 세계를 꾸밈 등에 끝이 있음을 알 수 없었다. 또한 바다 같은 부처님 세계의 차례, 부처님 세계의 간직함, 부처님 세계의 차별, 부처님 세계에 두루 들어감, 부처님 세계의 생성, 부처님 세계의 소멸 등에 끝이 있음을 알 수 없었다. 또한 중생의 세계에 들어가 중생의 근기를 알고 모든 중생을 교화하여 조복(調伏)시키는 지혜, 보살이 머물고 있는 깊고 깊은 자재(自在), 보살이 들어가는 모든 지위(地位)와 모든 길이 이처럼 바다와 같이 드넓어 끝이 있음을 알 수 없었다. 선재동자는 보현보살의 털구멍 세계 속에서 한 세계에서 한 겁(劫)을 지나며 이와 같이 나아가기도 하고, 나아가 말할 수 없이 많은 부처님 세계 속의 티끌 같은 숫자의 겁을 지나면서 이와 같이 나아가기도 하였다. 또한 이 세계에서 사라지지 않고 저 세계에 나타나면서, 순간순간 끝없는 세계를 두루 다니며 중생을 교화하여 위없이 바르고 평등한 깨달음으로 향하도록 하였다. 바로 그때에 선재동자는 보현보살의 모든 행원(行願)의 바다를 차례차례 얻어, 보현과 같고, 모든 부처와 같았다. 또 한 몸이 모든 세계에 가득 차 세계와 같고, 나아감과 같고, 바른 깨달음과 같고, 신통과 같고, 법바퀴와 같고, 말씀씨와 같고, 언어와 같고, 음성과 같고, 두려움 없는 힘과 같고, 부처님이 머무는 곳과 같고, 커다란 자비와 같고, 불가사의한 해탈자재와 모두 같았다.(爾時, 善財童子, 觀普賢菩薩身, 相好肢節, 一一毛孔中, 皆有不可說不可說佛刹海, 一一刹海, 皆有諸佛, 出興于世, 大菩薩衆, 所共圍遶. 又復見彼一切刹海, 種種建立, 種種形狀, 種種莊嚴, 種種大山周匝圍遶, 種種色雲彌覆虛空, 種種佛興演種種法, 如是等事, 各各不同. 又見普賢於一一世界海中, 出一切佛刹微塵數佛化身雲, 周遍十方一切世界, 敎化衆生, 令向阿耨多羅三藐三菩提.

文殊如是宣示善財, 善財於言下成就阿僧祇法門, 具足無量大智光明. 入普賢門, 於一念中悉見三千大千世界微塵數諸善知識, 悉皆親近, 恭敬承事, 受行其教, 得不忘念智莊嚴藏解脫, 以至入普賢毛孔剎, 於一毛孔行一步, 過不可說不可說佛剎微塵數世界, 與普賢等, 諸佛等, 剎等行等, 及解脫自在悉皆同等, 無二無別.

바로 이러한 때에 비로소 삼독(三毒)[101]을 돌려서 삼취정계(三聚淨戒)[102]로

時善財童子, 又見自身, 在普賢身內, 十方一切諸世界中, 教化衆生. 又善財童子, 親近佛剎微塵數諸善知識, 所得善根, 智慧光明, 比見普賢菩薩所得善根, 百分不及一, 千分不及一, 百千分不及一, 百千億分, 乃至算數譬諭, 亦不能及是. 善財童子, 從初發心, 乃至得見普賢菩薩, 於其中間, 所入一切諸佛剎海, 今於普賢一毛孔中, 一念所入諸佛剎海, 過前, 不可說不可說佛剎微塵數倍. 如一毛孔, 一切毛孔, 悉亦如是. 善財童子, 於普賢菩薩毛孔剎中, 行一步, 過不可說不可說佛剎微塵數世界. 如是而行, 盡未來劫, 猶不能知一毛孔中剎海次第, 剎海藏, 剎海差別, 剎海普入, 剎海成, 剎海壞, 剎海莊嚴, 所有邊際. 亦不能知佛海次第, 佛海藏, 佛海差別, 佛海普入, 佛海生, 佛海滅, 所有邊際. 亦不能知菩薩衆海次第, 菩薩衆海藏, 菩薩衆海差別, 菩薩衆海普入, 菩薩衆海集, 菩薩衆海散, 所有邊際. 亦不能知入衆生界, 知衆生根, 教化調伏諸衆生智, 菩薩所住甚深自在, 菩薩所入諸地諸道, 如是等海所有邊際. 善財童子, 於普賢菩薩毛孔剎中, 或於一剎經於一劫, 如是而行, 乃至或有經不可說不可說佛剎微塵數劫, 如是而行. 亦不於此剎沒, 於彼剎現, 念念周遍無邊剎海, 教化衆生, 令向阿耨多羅三藐三菩提. 當是之時, 善財童子, 則次第得普賢菩薩諸行願海, 與普賢等, 與諸佛等, 一身充滿一切世界, 剎等行等正覺等神通等, 法輪等辯才等, 言辭等音聲等, 力無畏等, 佛所住等, 大慈悲等, 不可思議, 解脫自在, 悉皆同等.)(『화엄경』(80권) 제80권「입법계품」제39-21)

101　삼독(三毒) : 탐욕(貪欲) · 진에(瞋恚) · 우치(愚癡)의 세 번뇌. 탐욕은 탐내고 욕심을 부리는 것, 진에는 성내고 화내는 것, 우치는 어리석음. 독(毒)이라 한 것은 『대승의장』에 "3독이 모두 3계의 온갖 번뇌를 포섭하고, 온갖 번뇌가 중생을 해치는 것이 마치 독사나 독용(毒龍)과 같다."고 하여, 이 세 가지는 중생들의 번뇌의 원인이자 깨달음을 방해하는 장애물이기 때문에 마치 사람을 죽이는 독과 같다고 한 것이다.

102　삼취정계(三聚淨戒) : 대승 보살의 계법(戒法). 섭률의계(攝律儀戒) · 섭선법계(攝善法戒) · 섭중생계(攝衆生戒). 대승 · 소승의 온갖 계율(戒律)이 다 이 가운데 소속되지 않은

만들 수 있으며, 육식(六識)[103]을 돌려서 육신통(六神通)[104]으로 만들 수 있으며, 번뇌를 돌려서 보리(菩提)[105]로 만들 수 있으며, 무명(無明)[106]을 돌려서 큰 지혜로 만들 수 있습니다. 위와 같은 이러한 일들[107]은 다만 당사자의 마지막 한 순간이 진실함에 달려 있을 뿐입니다.

當恁麼時, 始能回三毒爲三聚淨戒, 回六識爲六神通, 回煩惱爲菩提, 回無明爲大智, 如上這[108]一絡索, 只在當人末後一念眞實而已.

것이 없으므로 섭(攝)이라 하고, 그 계법이 본래 청정하므로 정(淨)이라 함. 곧, 모든 계율을 깨끗이 잘 지킨다는 뜻이니, 바로 법 속에서 어긋남이 없다는 말이다.

103 육식(六識) : 객관적 인식의 대상을 색(色)·성(聲)·향(香)·미(味)·촉(觸)·법(法)의 6경(境)으로 하고, 이 6경에 대하여 보고 듣고 맡고 맛보고 닿고 알고 하는 인식 작용. 곧 안식(眼識)·이식(耳識)·비식(鼻識)·설식(舌識)·신식(身識)·의식(意識).

104 육신통(六神通) : (1)6종의 불가사의한 신통력. ①천안통(天眼通). 육안으로 볼 수 없는 것을 보는 신통. ②천이통(天耳通). 보통 귀로는 듣지 못할 음성을 듣는 신통. ③타심통(他心通). 다른 사람의 의사를 자재하게 아는 신통. ④숙명통(宿命通). 지나간 세상의 생사를 자재하게 아는 신통. ⑤신족통(神足通). 또는 여의통(如意通). 부사의하게 경계를 변하여 나타내기도 하고 마음대로 날아다니기도 하는 신통. ⑥누진통(漏盡通). 자재하게 번뇌를 끊는 힘. (2)육신통 가운데 다섯 번째까지는 외도(外道)의 오신통(五神通)이라고 하는 것에 대하여, 여섯 번째인 자재하게 번뇌를 끊는 힘인 누진통(漏盡通)을 가리켜 부처님의 육신통(六神通)이라고 함.

105 보리(菩提) : bodhi. 도(道)·지(智)·각(覺)이라 번역. 깨달음.

106 무명(無明) : 밝은 지혜가 없이 망상(妄想)의 어둠 속에 있는 것. 현상계의 모든 사물이 무상(無常)·무아(無我)임을 모르고 갈애(渴愛)를 일으켜 윤회(輪廻)·상속(相續)의 원인이 되는 것을 말한다. 그러므로 무명은 가장 근본적인 번뇌(煩惱)이다.

107 일락색(一絡索) : 한 줄의 예화(例話). 일련(一連)의 예화. 일련의 일.

108 '저(這)'는 궁내본과 덕부본에서 모두 '차(遮)'로 되어 있음.

선재는 미륵이 손가락 한 번 튕기는 사이에 모든 선지식이 얻은 삼매(三昧)[109]조차 홀연 없앨 수 있었는데,[110] 하물며 아득한 옛날부터 익혀 온 헛되고 거짓되고 악한 업을 만드는 습기(習氣)[111]야 말할 나위도 없습니다. 만약 앞서 지은 죄를 진실하다고 여긴다면, 지금 눈앞의 경계도 모두 진실로 있는 것이며, 나아가 관직과 부귀와 은혜와 사랑도 모두 진실로 있을 것입니다. 이것들이 진실로 있는 것이라면 지옥과 천당도 진실로 있는 것이며, 번뇌와 무명도 진실로 있는 것이며, 업(業)을 짓는 자도 진실로 있고 과보를 받는 자도 진실로 있을 것이며, 깨달은 법문(法門)도 진실로 있을 것입니다. 만약 이런 견해를 가진다면 미래세(未來世)가 다하도록 깨달음을 얻는 자가 없을 것이며, 삼세(三世)의 모든 부처와 역대의 모든 조사(祖師)의 여러 가지 방편(方便)[112]이 도리어 헛된 말이 될 것입니다.

---

109 삼매(三昧) : samādhi. 삼마제(三摩提 · 三摩帝) · 삼마지(三摩地)라 음역. 정(定) · 등지(等持) · 정수(正受) · 조직정(調直定) · 정심행처(正心行處)라 번역. 산란한 마음을 안정(安定)시켜 흔들리지 않게 하여 망념(妄念)에서 벗어나는 것.

110 참된 깨달음에선 삼매라는 경계(境界)도 있어선 안 된다.

111 습기(習氣) : 습관으로 남아 있는 익숙한 기운(氣運).

112 방편(方便) : '접근하다', '도달하다'는 뜻인 범어 upāya의 번역으로서, 중생을 인도하여 목적인 깨달음에 도달하기 위하여 사용하는 좋은 수단, 방법을 가리키는 말이다. 말하자면, 방편은 본래 모습도 없고 이름도 없고 얻을 수도 없고 잃을 수도 없는 우리 자신의 본래면목을 부처님이니 법신(法身)이니 하는 모습과 이름을 통하여 마치 얻을 수 있는 무엇이 있는 듯이 말하여, 중생으로 하여금 믿고 배우고 공부하게 하는 것이다. 즉, 방편이란 따로 없는 것을 따로 있는 것처럼 말하여 사람을 이끄는 수단을 가리킨다. 예컨대, 울고 있는 아이의 울음을 그치게 하려고 누런 낙엽을 돈이라고 속이거나, 사막을 건너는 나그네가 피로해서 되돌아가려고 할 때에 사막 끝에는 맛있는 음식과 편안한 잠자리가 있는 훌륭한 성(城)이 있다고 속여 길을 계속 가게끔 하는 등이 곧 방편을 사용하는 것이

善財於彌勒彈指之間, 尙能頓亡諸善知識所證三昧, 況無始虛僞惡業習氣耶? 若以前所作底罪爲實, 則現今目前境界, 皆爲實有, 乃至官職富貴恩愛, 悉皆是實, 旣是實, 則地獄天堂亦實, 煩惱無明亦實, 作業者亦實, 受報者亦實, 所證底法門亦實. 若作這般見解, 則盡未來際, 更無有人趣佛乘矣, 三世諸佛諸代祖師, 種種方便, 翻爲妄語矣.

공(公)께서 편지를 보낼 때 여러 성현들에게 분향(焚香)하고 멀리 제가 있는 곳을 향하여 절한 뒤에 부쳤다고 들었습니다. 공의 정성이 지극하고 간절함이 이와 같군요. 서로 그렇게 멀리 떨어져 있지 않으면서도 아직 얼굴을 마주하고 이야기를 나눈 적은 없지만, 생각나는 대로 손 가는 대로 쓰다 보니 모르는 사이에 말이 이렇게[113] 많아졌습니다.[114] 비록 말이 많아졌습니다만, 모두 지극히 정성스러운 마음에서 나온 것들이기 때문에 한 마디 한 글자도 속이는 말은 없습니다. 만약 공을 속인다면 그것은 저 자신을 속이는 짓일 뿐입니다.

承公發書時, 焚香對諸聖, 及遙禮菴中而後遣. 公誠心至切如此. 相去雖不甚遠, 未

다. 경전에 나오는 모든 부처님의 말씀과 어록에 기록된 조사(祖師) 스님의 말씀들이 모두 망상분별에 둘러싸인 중생을 구제하려는 방편의 말씀일 뿐, 진실로 그러한 이름과 모습은 없다.

113 여허(如許) : ①이와 같다.=여차(如此). ②상당한 숫자의. 꽤 많은. 이렇게 많은.

114 도달(叨怛) : =도도달달(叨叨怛怛), 도도(叨叨), 도달(刀叨). 번거롭다. 말이 많다. 수다스럽다. 시시콜콜하다. 귀찮다. 지겹다. 싫증나다.

得面言, 信意信手, 不覺切怛如許. 誰[115]若繁絮, 亦出誠至之心, 不敢以一言一字相欺. 苟欺公則是自欺耳.

또 기억해 보니, 선재(善財)가 최직징바라문(最寂靜婆羅門)을 만나 성어해탈(誠語解脫)을 얻으니,[116] 과거·현재·미래의 모든 부처와 보살이 무

---

115 誰 : 雖의 오기(誤記).

116 『화엄경』(80권) 제76권 「입법계품」 제39-17에 나오는 다음의 내용을 염두에 둔 구절이다. "선남자여, 이 성(城)의 남쪽에 하나의 마을이 있는데, 그 이름을 위법(爲法)이라 한다. 그 마을에 최적정(最寂靜)이라고 불리는 바라문(婆羅門)이 있으니, 너는 그를 찾아가서 이렇게 물어보아라. '보살은 어떻게 보살행(菩薩行)을 배우고 보살도(菩薩道)를 닦아야 합니까?' 그때 선재동자는 장자(長者) 무승군(無勝軍)의 발에 절하고 그 주위를 여러 바퀴 돌고는 차마 헤어지기 아쉬워하며 작별하고는 점차 남쪽으로 갔다. 드디어 그 마을에 도착하여 최적정을 만나자 그 발에 절하고 주위를 돌고 합장하여 공경(恭敬)하고는 한쪽에 서서 물었다. '성자(聖者)시여, 나는 이미 위없는 바르고 평등한 깨달음의 마음을 내었으나, 아직 보살이 어떻게 보살행을 배우고 어떻게 보살도를 닦을지를 알지 못하고 있습니다. 저는 성자께서 잘 가르치신다는 소문을 들었습니다. 원컨대 저에게 말씀해 주십시오.' 바라문이 답했다. '선남자여, 나는 보살의 해탈을 얻었는데 그 이름을 성원어(誠願語)라 한다. 과거·현재·미래의 보살은 이 말 때문에 위없이 바르고 평등한 깨달음에서 물러나지 않으니, 과거에 물러나지도 않았고 지금 물러나지도 않고 미래에 물러나지도 않을 것이다. 선남자여, 나는 성원어(誠願語)에 머물기 때문에 뜻대로 행동하여도 원만하게 이루어지지 아니함이 없다. 선남자여, 나는 오직 이 성어해탈(誠語解脫)을 알 뿐이니, 마치 모든 보살마하살이 성원어(誠願語)와 더불어 행동거지(行動擧止)에 어긋남이 없고 말을 하면 반드시 진실하여 허망(虛妄)함이 없으니, 헤아릴 수 없는 공덕이 이로 말미암아 나오는 것과 같다.'"(善男子, 於此城南 有一聚落, 名之爲法. 彼聚落中 有婆羅門 名最寂靜, 汝詣彼問 :‘菩薩云何學菩薩行修菩薩道?’ 時善財童子, 禮無勝軍足, 遶無數匝, 戀仰辭去, 漸次南行. 詣彼聚落, 見最寂靜, 禮足圍遶, 合掌恭敬, 於一面立, 白言 :‘聖者, 我已先發阿耨多羅三藐三菩提心, 而未知菩薩云何學菩薩行, 云何修菩薩道. 我聞聖者, 善能誘誨, 願爲我說. 婆羅門答言 :善男子, 我得菩薩解脫, 名誠願語. 過去現在未來菩薩, 以是語故, 乃至於阿耨多羅三藐三菩提, 無有

상보리(無上菩提)[117]에서 과거에 물러난 적도 없고 현재에 물러나지도 않고 미래에 물러나지도 않아서, 무릇 구하는 것이 있으면 이루지 못함이 없는 것[118]은 모두가 정성이 지극하기 때문입니다.

又記得, 善財見最寂靜婆羅門, 得誠語解脫, 過去現在未來諸佛菩薩, 於阿耨菩提, 無已退無現退無當退, 凡有所求莫不成滿, 皆由誠至所及也.

공께서 이미 대나무 의자와 방석을 반려(伴侶)로 삼고 있다[119] 하니, 선재가 최적정바라문을 만난 것과 다르지 않습니다. 또 저에게 편지를 부칠 때 모든 부처님들께 멀리서 절한 뒤에 보낸 것은 다만 저의 신뢰를 바랄 뿐인 것이니, 이는 대단히 지극한 정성입니다. 자세히 들으십시오. 다만 이와 같이 공부해 나아가면 의심할 바 없이 무상보리(無上菩提)를 이룰 것입니다.

退轉, 無已退, 無現退, 無當退. 善男子, 我以住於誠願語故, 隨意所作, 莫不成滿. 善男子, 我唯知此誠語解脫, 如諸菩薩摩訶薩, 與誠願語, 行止無違, 言必以誠, 未曾虛妄, 無量功德, 因之出生.')

117 무상보리(無上菩提) : 무상정등각(無上正等覺). 위없이 바르고 평등한 깨달음. 아누다라삼약삼보리(阿耨多羅三邈三菩提).

118 『대방광불화엄경』 제76권 「입법계품(入法界品)」 제39-17.

119 선원(禪院)에서 참선(參禪)하는 것을 가리킴. 의자 생활을 하는 중국에선 선원에서 의자 위에 방석을 깔고 앉는다. 대나무 의자와 방석을 늘 함께 하는 반려로 삼는다는 것은 곧 세간의 집을 떠나 선원에 와서 생활한다는 말.

公旣與竹椅[120]蒲團爲侶, 不異善財見最寂靜婆羅門. 又發雲門書, 對諸聖遙禮而後

遣, 只要雲門信許, 此誠至之劇也. 但相聽. 只如此做工夫將來, 於阿耨菩提成滿無

疑矣.

---

120 '의(椅)'는 궁내본에서 '정(停)'. 의(椅)는 '의자'라는 뜻이고, 정(停)은 '머물다'는 뜻. 의
(椅)가 맞다.

3. 증시랑(曾侍郞) 천유(天游)에 대한 답서 (2)

　공(公)은 몸이 부귀한 곳에 머물러 있으면서도 부귀함에 굴복하여 괴로워하지[121] 않으니, 일찍이 반야(般若)[122]의 씨앗을 심지 않았다면 어찌 이와 같을 수 있겠습니까? 다만 도중에 이러한 뜻을 잊고서 날카로운 근성과 총명함에 막힐까 봐 염려스러울 뿐입니다. 얻으려고 하는 마음[123]을 앞에 다 놓아둔[124] 까닭에, 옛사람이 곧장 끊어 버린[125] 요충지[126]에서 단칼에 두 동강을 내고 즉시 쉬지 못하는 것입니다.

　이러한 병은 비단 사대부(士大夫)[127]뿐만 아니라 오래 참선한 납자에게도 있습니다. 이들은 흔히 수고롭지 않은 곳[128]으로 물러나 공부하려 하

121　절곤(折困) : 꺾여서 괴로워하다. 굴복하여 괴로워하다.

122　빈야(般若) : prajna. 지혜(智慧)라 번역. 깨달음의 지혜이니 곧 깨달음이다.

123　유소득심(有所得心) : 얻을 것이 있다는 마음. 얻으려고 하는 마음. 자신의 이익이나 일의 성패(成敗) 등에 구애되는 마음.

124　돈방(頓放) : 방치(放置)하다. 그대로 버려두다. 두다. 놓다. 놓아두다. =돈치(頓置).

125　직절(直截) : ①곧장. 단도직입적으로. 단순 명쾌하게. 시원시원하게. ②곧장 끊다. ③ 선종(禪宗)의 경절문(徑截門)을 가리킴.

126　경요처(徑要處) : ①긴요하고 기본이 되는 곳. ②반드시 경유하는 요충지.

127　사대부(士大夫) : ①예전에 사(士)와 대부(大夫)를 아울러 이르던 말. 양반층(兩班層)을 일반 평민층에 상대하여 이르는 말. ②예전에 벼슬이나 문벌이 높은 집안의 사람을 이르던 말.

128　생력처(省力處) : 힘을 더는 곳, 수월한 곳, 수고롭지 않은 곳. 참선(參禪) 공부는 수월하고 수고롭지 않은 곳에서 해야 한다. 즉, 마음에 욕심을 내고 의도적이고 의식적이고 의욕적으로 노력하여 무엇을 붙잡으려고 스스로를 몰아붙이는 것은 일부러 조작하는 것이니 바른 공부가 아니다.

지 않고, 다만 총명한 의식으로 헤아려서 견주어 보고 생각하며 바깥으로 치달려 구하고 있습니다. 그리하여 선지식이 총명한 의식과 사량분별을 벗어나 밖에서 본분(本分)의 가르침[129]을 보여 주는 말을 자주[130] 들으면서도 대개 그 즉시[131] 스쳐 지나가고는,[132] 예부터 덕 높은 스님이 사람들에게 준 진실한 법이 있었으니 조주의 "내려놓아라."와 운문의 "수미산(須彌山)." 같은 것들이 바로 그것이라고 오해합니다.

又

公處身富貴, 而不爲富貴所折困, 非夙植般若種智, 焉能如是? 但恐中忘此意, 爲利根聰明所障. 以有所得心在前頓放故, 不能於古人直截徑要處一刀兩段直下休歇. 此病非獨賢士大夫, 久參衲子亦然. 多不肯退步就省力處做工夫, 只以聰明意識計較思量, 向外馳求. 乍聞知識向聰明意識思量計較外示以本分草料, 多是當面蹉過, 將謂從上古德, 有實法與人, 如趙州放下著雲門須彌山之類是也.

---

129 본분초료(本分草料) : 수행자를 본분(本分)으로 되돌아가도록 하기 위하여 종사(宗師)가 수행자에게 행하는 방편으로서, 주먹으로 치거나 몽둥이로 때리거나 할을 하거나 하는 등의 적절한 지도(指導). 수행자를 소나 말에 비유하고 종사의 가르침을 그 먹이에 비유한 말.

130 사(乍) : ①방금. 이제 막. 마침. 꼭. 처음으로. 겨우. 가까스로. ②문득. 갑자기. ③늘. 항상. 자주. ④흡사. 꼭. ⑤차라리. 오히려.

131 당면(當面) : ①당장. ②마주 보고서.

132 차과(蹉過) : ①과오. 허물. 잘못. 실패. ②(기회를) 놓치다. 스치고 지나가다. 실패하다.

77

암두(巖頭)가 말했습니다.

"사물을 물리치는 것이 좋은 것이고, 사물을 따라가는 것은 나쁜 것이다."

또 이렇게도 말했습니다.

"큰 근본[133]이라면 반드시[134] 말을 알아야 한다. 무엇이 말인가? 아무것도 생각하지 않을 때를 일러 올바른 말이라 하고, 꼭대기에 머문다고도 하고, 머물 수 있다고도 하고, 또렷하다고도 하고, 활짝 깨어 있다고도 하고, 이러한 때라고도 한다. 이러한 때를 가지고 모든 시비분별을 골고루 때려 부수니, 이렇자마자 곧장 이렇지 않다. 옳다는 말도 제거하고 그르다는 말도 제거하여 마치 하나의 불덩어리 같아서 닿기만 하면 바로 태워 버리는데, 곁에 무엇이 있겠는가?"[135]

巖頭曰: "却物爲上, 逐物爲下." 又曰: "大統綱宗, 要須識句. 甚麼是句? 百不思時喚作正句, 亦云居頂, 亦云得住, 亦云歷歷, 亦云惺惺, 亦云恁麼時. 將恁麼時等破一切是非, 纔恁麼便不恁麼. 是句亦剗, 非句亦剗, 如一團火相似, 觸著便燒, 有甚麼向傍處?"

---

133 강종(綱宗) : 근본. =강요(綱要).

134 요수(要須) : ①반드시. ②다만. ③도리어.

135 『연등회요(聯燈會要)』 제21권 '악주암두전활선사(鄂州巖頭全豁禪師)'에 나오는 암두의 시중설법(示衆說法). "사물을 물리치는 것이 좋은 것이고, 사물을 따라가는 것은 나쁜 것이다."라는 말에 이어서 나오는 구절.

오늘날 사대부들은 흔히 사량하고 헤아리고 비교하는 것을 의지할 곳[136]으로 삼고 있기 때문에, 이런 말을 들으면 곧 말합니다. "공(空)에 떨어진 것이 아닌가?" 이것은 비유하자면 배가 아직 뒤집어지지도 않았는데 미리 물속으로 뛰어드는 것과 같아서, 매우 불쌍한 일입니다. 근래 강서(江西)에 가서 여거인(呂居仁)을 만났습니다. 거인이 마음을 이 한 가지 인연[137]에 둔 지가 매우 오래되었건만 역시 이런 병이 깊이 들어 있더군요. 그가 어찌 총명하지 않겠습니까? 저는 일찍이 그에게 이렇게 물었습니다.

"공(公)께선 공(空)에 떨어질 것을 두려워하니, 두려움을 아는 그것은 공(空)입니까, 공이 아닙니까? 한번 말해 보십시오."

그가 우두커니 생각에 잠기며 헤아려서 답하려 하기에 제가 곧 "악!" 하고 일할(一喝)[138]을 한 번 하였더니, 지금까지도 아득한 채 근본[139]을 찾지 못하고 있습니다. 이것은 대개 깨달음을 구하는 마음을 앞에 놓아두어서 스스로 장애를 만들기 때문이지, 다른 일 때문이 아닙니다.

今時士大夫, 多以思量計較爲窟宅, 聞恁麼說話, 便道. "莫落空否?" 喩似舟未翻先自跳下水去, 此深可憐愍. 近至江西見呂居仁. 居仁留心此段因緣甚久, 亦深有此

---

136 굴택(窟宅) : 거처. 집.

137 일대사인연(一大事因緣)을 가리킴.

138 일할(一喝) : "악!" 하고 한 번 고함을 지르다. 일할(一喝)은 온갖 분별망상을 일시에 부수는 역할을 한다.

139 파비(巴鼻) : 유래(由來), 근거(根據), 요지(要旨), 자신(自信), 의지할 곳, 기댈 곳.

病. 渠豈不是聰明? 宗杲嘗問之曰 : "公怕落空, 能知怕者是空耶, 是不空耶? 試道
看." 渠佇思欲計較祇對, 當時便與一喝, 至今茫然, 討巴鼻不著. 此蓋以求悟證之
心, 在前頓放, 自作障難, 非干別事.

공(公)께서는 한번 이와 같이 공부해 보십시오. 오래오래 계속하다 보
면 저절로 빈틈없이 들어맞을[140] 것입니다. 그러나 만약 일부러[141] 깨달음
을 기다리거나 의도적으로 쉬기를 기다린다면, 지금부터 시작하여 미륵
(彌勒)[142]이 내려올 때까지 기다린다 하더라도 깨달을 수 없을 것이고 쉴
수 없을 것이며, 오히려 어리석음과 번뇌만 더할 뿐일 것입니다.

公試如此做工夫. 日久月深, 自然築著磕著. 若欲將心待悟將心待休歇, 從脚下參
到彌勒下生, 亦不能得悟, 亦不能得休歇, 轉加迷悶耳.

---

140 축착개착(築著磕著) : 축(築)은 축(堅)과 같은 뜻으로서, '빈틈없이 들어막아 채운다'는
    뜻. 눈에 가득하고 귀에 가득한 것. 불성(佛性)이 법계(法界)에 가득하여 틈이 없는 것.
    빈틈없이 가득하다. 빈틈없이 들어맞다.
141 장심(將心) : 일부러. 고의로. 마음먹고. 의도적으로. 존심(存心)과 같음.
142 미륵(彌勒) : Maitreya. 대승 보살. 매달려야(梅呾麗耶)·매달례야(昧怛隷野)라고도 음
    역하고, 자씨(慈氏)라 번역. 인도 바라내국의 바라문 집에 태어나 석존의 교화를 받고,
    미래에 성불하리라는 수기를 받아, 도솔천에 올라가 있으면서 지금 그 하늘에서 천인들
    을 교화하고 있다. 석존 입멸 후 56억 7천만 년을 지나 다시 이 사바세계에 출현해 화림
    원(華林園) 안의 용화수(龍華樹) 아래서 깨달아, 3번의 설법으로써 석존의 교화에서 빠진
    모든 중생을 제도한다고 한다. 석존의 업적을 돕는다는 뜻으로 보처(補處)의 미륵이라
    하며, 현겁(賢劫) 천불의 제5불(佛)이다. 이 법회를 용화삼회(龍華三會)라 함.

평전(平田) 스님[143]이 말했습니다.

"신령스러운 빛이 어둡지 않고 영원히 아름답게 빛난다. 이 문으로 들어오려 한다면 지식으로 이해하지 마라."[144]

또 옛 스님은 말했습니다.[145]

"이 일은 마음을 가짐으로써 찾을 수도 없고 마음을 버림으로써 얻을 수도 없으며, 언어로써 도달할 수도 없고 침묵으로써 통할 수도 없다."[146]

平田和尚曰: "神光不昧, 萬古徽猷. 入此門來, 莫存知解." 又古德曰: "此事不可以有心求, 不可以無心得, 不可以語言造, 不可以寂默通."

이런 말들은 무엇보다도 진흙에 빠지고 물에 들어가는[147] 노파심에서

---

143   화상(和尙): (산)upādhyāya. (팔)upajjhāya. 오사(烏社) · 화사(和社和闍) · 화상(和上)
      이라고도 함. 범어로 오파타야(鄔波馱耶)라 음역. 친교사(親敎師) · 역생(力生) · 의학(依
      學) · 근송(近誦)이라 번역. 본래는 아사리(阿闍梨)와 함께 수계사(授戒師)인 스님을 말하
      는 것이나, 후세에는 남의 스승이 될 만한 덕 높은 스님을 가리키게 됨.
144   『경덕전등록』 제9권 '천태평전보안선사(天台平田普岸禪師)'에 나오는 말.
145   둘 다 평전(平展) 스님의 말이다.
146   『오등회원』 제4권 '천태평전보안선사(天台平田普岸禪師)'에 나오는 상당법어.
147   입니입수(入泥入水): 타니대수(拖泥帶水)와 같음. 진흙에 들어가고 물에 들어간다는
      뜻인 입니입수(入泥入水)는 선가(禪家)에서 가르침을 펼 때, 방편(方便)으로 언어(言語)
      를 사용하여 가리켜 주는 경우를 말한다. 진흙을 묻히고 물에 젖는다는 뜻인 타니대수
      (拖泥帶水)라 하기도 하고, 진흙과 섞이고 물과 섞인다는 뜻인 화니화수(和泥和水)라 하
      기도 한다. 가르침을 펼치려면 법을 세우고 말로 가리키지 않을 수 없으니 이렇게 말한다
      고 하지만 이것은 반드시 비난받을 일만은 아니니, 자비를 베푸는 것이기 때문이다. 그러
      므로 가르침은 언제나 자기가 맞을 몽둥이를 짊어지고 하는 일이라고 한다. 타니섭수(拖

나온 말들이지만, 흔히 참선하는 사람들은 다만 '이렇구나.' 하고 생각하며 지나칠 뿐, 결코 '무슨 도리인가?' 하고 자세히 살펴보지는[148] 않습니다. 만약 힘 있는 대장부라면 말하는[149] 것을 듣자마자 즉시 금강왕보검(金剛王寶劍)[150]을 쥐고 단칼에 이 네 길[151]의 갈등을 잘라 내 버릴 것입니다. 그러면 죽고 사는 길도 끊어지고, 범부니 성인이니 하는 길도 끊어지고, 헤아리고 사량함도 끊어지고, 얻으니 잃으니 옳으니 그르니 하는 것도 끊어집니다. 이 사람이 서 있는 곳[152]은 걸림 없이 깨끗하여[153] 붙잡을 만한 것이 없으니,[154] 어찌 유쾌하고 즐겁지 아니하겠습니까?

泥涉水)라고도 한다.

148 간(看) : 살펴보다. 대혜가 간화선(看話禪)에서 화두를 취급하는 자세를 말한 단어들 가운데 가장 많은 숫자가 등장하는 간(看)은 화두를 대하는 기본적인 자세를 가리킨다. 간(看)은 본래 '이마에 손을 얹고 바라본다'는 뜻이지만, 대혜가 말하는 문맥에서 간화(看話)는 '무슨 도리인지를 본다' '무슨 까닭인지를 본다' '무엇인지를 본다' '같은시 나른지를 본다'라고 표현되므로 우리말로 번역하면 '살펴본다'는 것이 가장 알맞다.

149 거착(擧著) : 말하다. 거(擧)와 같음. 착(著)은 동사 뒤에 붙어서 완료나 조건을 나타내는 조사.

150 금강왕보검(金剛王寶劍) : 일체를 자유자재로 절단할 수 있는 지극히 견고한 칼인데, 온갖 번뇌를 부수는 반야지혜를 비유하는 말.

151 네 길은 마음을 둠과 마음을 두지 않음, 말과 침묵이다.

152 각근하(脚跟下) : =각하(脚下). 발밑. 서 있는 곳. 본바탕. 본래면목.

153 정나라적쇄쇄(淨裸羅赤灑灑) : 정나라(淨裸裸)는 벌거벗은 듯 숨김없이 깨끗하다는 뜻이고, 적쇄쇄(赤灑灑)는 물로써 청소한 듯이 깨끗하다는 뜻. 티 없고 걸림 없이 깨끗하다는 뜻. 깨달음을 얻은 뒤 모든 구속에서 벗어난 자유로움을 비유한 말.

154 몰가파(沒可把) : 붙잡을 만한 것이 없다. 걸릴 것이 없다. 몰파비(沒巴鼻)와 같다. 몰파비(沒巴鼻), 무파비(無巴鼻), 몰가파(沒可把)는 붙잡을 만한 것이 없음을 뜻한다. 임제(臨濟)는 이것을 두고, "조사문중에서 일대사를 펴는 일이란 입을 열기만 하면 곧바로 어

此是第一等入泥入水, 老婆說話, 往往參禪人, 只恁麼念過, 殊不子細看, '是甚道
理?' 若是箇有筋骨底, 聊聞擧著, 直下將金剛王寶劍, 一截截斷此四路葛藤. 則生
死路頭亦斷, 凡聖路頭亦斷, 計較思量亦斷, 得失是非亦斷. 當人脚跟下, 淨裸裸赤
灑灑沒可把, 豈不快哉, 豈不暢哉?

보지 못하였습니까? 옛날 관계(灌谿) 스님이 처음 임제(臨濟) 스님을 찾
아갔을 때, 임제 스님은 그가 오는 것을 보고 곧 승상(繩床)[155]에서 내려와
곧장 멱살을 붙잡으니 관계 스님은 즉시 말했습니다.
"알겠습니다. 알겠습니다."
임제 스님은 그가 이미 투철히 깨달은 것을 알고서 곧 밀어내고는 다
시 말로써 따져 보는[156] 일은 없었습니다.[157] 바로 이러한 때에 관계 스님

굿나니 그대들이 발을 디딜 곳이 없다."(若約祖宗門下, 稱揚大事, 直是開口不得, 無你措足
處.)(『四家語錄』『臨濟錄』)라고도 말하고, 또 무의도인(無依道人)이라고도 말하고 있다. 대
혜종고(大慧宗杲)는 "살펴보고 또 살펴보다가 붙잡을 것이 없고 맛이 없음을 느껴서 마음
이 답답할 때가 바로 힘쓰기에 좋은 때이다."(看來看去, 覺得沒巴鼻, 沒滋味, 心頭悶時, 正好
著力.)(『大慧書』)라고 한다.

155 승상(繩床) : 줄이나 목면을 친 보잘것없는 의자. 호상(胡床)이라고도 함. 선자(禪者)가
여기에 앉아 좌선하거나, 종사가 여기에 앉아 설법(說法)함. 선상(禪床)과 같음.

156 상량(商量) : 따지다. 상의하다. 의논하다. 상담하다. 이해하다. 값을 흥정하다. 값을
따지다. 값을 매기다. 헤아리다.

157 『경덕전등록』제12권 '관계지한선사(灌谿志閑禪師)'의 내용은 이렇다 : 뒷날 임제 스님
을 뵈었는데, 임제는 그를 꽉 붙잡고 말없이 있다가 놓아 주었다. 관계가 말했다. "알겠
습니다." 뒷날 대중에게 말했다. "나는 임제 스님이 말없이 계신 것을 보았는데, 곧장 지
금까지 배가 고프지 않다."(後見臨濟和尙, 和尙擒住良久放之. 師曰: "領矣." 往後謂衆曰: "我見
臨濟無言語, 直至如今飽不饑.")『오등회원』제11권 '관계지한선사(灌谿志閑禪師)'에 다음과

83

이 어떻게 사량하고 헤아려서 응대했겠습니까?[158]

예부터 다행히 이와 같은 본보기가 있었는데도, 오늘날 사람들은 전혀 인정하지[159] 아니하고 다만 소홀히[160] 할 뿐입니다. 관계 스님에게 처음부터 한 점이라도 깨달음을 기다리고 쉬기를 기다리는 마음이 앞에 있었더라면, 그때 멱살이 붙잡히자 바로 깨달았다고 말하지는 못했을 것입니다. 비록[161] 손발을 묶어 천하를 한 바퀴 끌고 다닌다고 하여도, 깨달을 수 있는 것도 아니요, 쉴 수 있는 것도 아닙니다.

不見? 昔日灌谿和尙初參臨濟, 濟見來便下繩床, 驀胸擒住, 灌谿便云 : "領領." 濟知其已徹, 卽便推出, 更無言句與之商量. 當恁麼時, 灌谿如何思量計較祗對得? 古來幸有如此牓樣, 如今人總不將爲事, 只爲麤心. 灌谿當初若有一點待悟待證待休歇底心在前, 時莫道被擒住便悟. 便是縛却手脚, 遶四天下拖一遭, 也不能得悟, 也不能得休歇.

같은 내용이 있다 : 뒷날 임제를 찾아 갔는데, 임제가 갑자기 멱살을 꽉 쥐었다. 관계가 "알겠습니다. 알겠습니다." 하고 말하니, 임제는 그를 탁 놓고서 말했다. "그대를 한 방망이 쳐야 하는데 용서해 준다."(後見臨濟, 濟驀胸擒住. 師曰 : "領. 領." 濟拓開曰 : "且放汝一頓.")

158 지대(祗對) : = 지대(只對). ①응대하다. (공경하게) 응대하다. ②응답하다.

159 장위(將爲) : ①-라고 여기다. -라고 알다. -라고 인정하다. ②-라고 잘못 알다. =장위(將謂).

160 추심(麤心) : ①(생각하는 것이) 데면데면하다. 건성건성 하다. 세심하지 못하다. ②번뇌망상 하는 범부의 거친 마음.

161 변시(便是) : 비록 - 이지만.

평소에 헤아리고 비교하여 짜 맞추는 것도 분별심[162]이며, 삶과 죽음을 따라 흘러가는 것도 분별심이며, 두려워하고 당황하는 것도 분별심인데, 오늘날 공부하는 사람들은 이 병을 알지 못하고 다만 분별심 속에서[163] 빠져나오지 못하고 있으니,[164] 경(經)에서 말하는 "분별심은 따라다니면서 지혜를 따라가지는 않는다."[165]란 것이 바로 이것입니다. 이 까닭에 본지 풍광(本地風光)과 본래면목(本來面目)[166]에 어두운 것입니다. 만약 한꺼번에 분별심을 놓아 버리고 전혀 사량하거나 헤아리지 않을 수 있어서 문득 발을 헛디뎌 코[167]를 밟는다면,[168] 이 분별심이 곧 참으로 텅 빈 미묘한 지

---

162 정식(情識) : 의식과 감정이라는 경계, 즉 분별의식, 분별심.

163 이허(裏許) : 안. 속. 가운데. 허(許)는 장소를 뜻한다.

164 두출두몰(頭出頭沒) : 물에 빠져 머리가 나왔다 들어갔다 하며 물에서 빠져나오지 못 하다. 생사의 바다에 빠져서 빠져나오지 못하다.

165 『대방광불화엄경』 제34권 「십지품(十地品)」 제26-1에 나오는 금강장보살(金剛藏菩薩) 의 게송 가운데 한 구절.

166 본래면목(本來面目), 본지풍광(本地風光), 본분사(本分事) 등은 같은 뜻의 말로서, 곧 견성처(見性處) 또는 본성(本性), 자성(自性), 불성(佛性), 본심(本心) 등과 같은 말이다.

167 코 : 비공(鼻孔)은 글자 그대로는 콧구멍이라는 뜻이지만, 콧구멍을 포함한 코 전체를 가리키는 말이다. 파비(把鼻)라는 말이 손잡이를 붙잡는다는 뜻이듯이 코는 손잡이를 뜻 하거나, 혹은 비조(鼻祖)라고 하듯이 근원이나 시초를 가리킨다. 선승들의 어록에서 비 공(鼻孔)이라는 말은 근원이나 시초라는 뜻으로서 우리의 본래면목을 가리킨다. 예컨대, 『경덕전등록』에 나오는 "부모가 아직 낳지 않았을 때 코는 어디에 있는가?(父母未生時鼻 孔在什麼處)" 혹은 "납승이라면 모름지기 바로 납승의 코를 밝혀 내야 한다.(衲僧直須明取 衲僧鼻孔)" 등의 말에서 코(鼻孔)는 본래면목을 가리킨다.

168 실각답착비공(失脚踏着鼻孔) : 발을 헛디뎌 코를 밟다. 비틀거리며 걷다가 코를 밟다. 헤매다가 본래면목에 발을 딛다. 깨달음이란 늘 일정한 길을 가던 습관적인 마음이 문득 길을 잃고서 곁에 있었지만 한 번도 밟은 적이 없었던 본래면목을 밟는 사건이다. 늘 걸

혜[169]이고 다시 얻을 다른 지혜는 없습니다. 만약 따로 얻을 것이 있고 따로 깨달을 것이 있다면, 이것은 도리어 옳지 못합니다. 마치 사람이 어리석을 때에는 동쪽을 일컬어 서쪽이라 하다가 깨달음에 이르러서는 서쪽이 그대로 동쪽일 뿐 따로 동쪽이 없는 것과 같습니다.

尋常計較安排底是識情, 隨生死遷流底亦是識情, 怕怖憧惶底亦是識情, 而今參學
之人 不知是病, 只管在裏許, 頭出頭沒, 敎中所謂, "隨識而行不隨智." 以故昧却本
地風光本來面目. 若或一時放得下, 百不思量計較, 忽然失脚蹋著鼻孔, 卽此識情,
便是眞空妙智, 更無別智可得. 若別有所得, 別有所證, 則又却不是也. 如人迷時喚
東作西, 及至悟時卽西便是東, 無別有東.

이 참으로 텅 빈 미묘한 지혜는 크나큰 허공과 더불어 같은 나이입니다. 이 큰 허공 속에 허공을 가로막을 만한 물건이 하나라도 있겠습니까? 비록 이 허공이 가로막는 한 물건도 받아들이지는 않지만, 또한 온

어가던 길을 변함없이 간다면 습관적인 반복만 있을 뿐, 깨달음은 없다. 깨달음은 마음의
발을 헛디뎌 비틀거리다가 밝게 되는 것이다. 습관적인 분별집착이 문득 벽에 가로막혀
서 어디로 가야 할지 모른 채 길이 없는 곳에서 비틀거리다가 문득 자신의 발아래를 보게
되는 것이다.

169 진공묘지(眞空妙智) : 진공묘유(眞空妙有)인 지혜. 진공묘유(眞空妙有)란 본래 유식(唯
識)에서 말하는 3성(性)의 하나인 원성실성(圓成實性)에 갖추어져 있는 공(空)과 유(有)
의 두 가지 뜻. 원성실성인 진여(眞如)는 소승(小乘)에서 말하는 유에 대한 상대적 공이
아니고, 아집(我執)·법집(法執)을 여읜 곳에 나타나는 묘리(妙理)이므로 진공이라 하고,
또 그 자체는 생멸 변화가 없는, 항상 불변하는 실재이므로 묘유라 한다. 본래면목이나
본분사와 같은 뜻.

갖 물건이 허공 속을 오고 가는 것을 거리끼지도 않습니다. 이 참으로 텅 빈 미묘한 지혜도 역시 그러하여, 삶과 죽음, 범부와 성인이라는 때가 한 점도 낄 수 없습니다. 비록 때가 낄 수 없지만, 또한 삶과 죽음, 범부와 성인이 참으로 텅 빈 미묘한 지혜 속을 오고 가는 것을 가로막지도 않습니다.

이와 같이 믿을 수 있고 투철히 볼 수 있어야 바야흐로 삶을 벗어나 죽음에 들어가는 대자유를 얻은 사람이며, 비로소 조주의 "내려놓아라.", 운문의 "수미산."과 약간이나마 들어맞을 것입니다. 만약 믿음이 미치지 못하고 분별심을 내려놓지 못한다면, 도리어 한 개의 수미산을 짊어지고 천하를 돌아다니다가 눈 밝은 사람을 만나거든 분명하게 그대로 말씀해 주십시오.[170] 하!하!하!

此眞空妙智, 與太虛空齊壽. 只這太虛空中, 還有一物礙得他否? 雖不受一物礙, 而
不妨諸物於空中往來. 此眞空妙智亦然, 生死凡聖垢染著一點不得. 雖著不得, 而
不礙生死凡聖於中往來. 如此信得及見得徹, 方是箇出生入死得大自在底漢, 始與
趙州放下著雲門須彌山, 有少分相應. 若信不及放不下, 却請擔取一座須彌山, 到
處行脚, 遇明眼人, 分明擧似. 一笑!

---

170 거사(擧似) : 있었던 일을 그대로 이야기해 주다. 사(似)는 동사의 접미사로서 '−주다 (與)'의 뜻을 부가해 주는 어조사. =설사(說似), 거향(擧向), 거념(擧拈).

4. 증시랑(曾侍郞) 천유(天游)에 대한 답서 (3)

방거사(龐居士)가 말했습니다.

"다만 있는 것을 모두 비워 버리기 바랄 뿐, 없는 것을 결코 진실하게 여기지 마라."[171]

이 두 구절만 밝힐 수 있다면 일생의 공부는 끝납니다.

又

老龐云: "但願空諸所有, 切勿實諸所無." 只了得這兩句, 一生參學事畢.

오늘날 어떤 부류의 머리 깎은 외도(外道)[172]들은 스스로는 안목이 밝지도 못하면서 오로지[173] 사람들에게 가르치기를, 죽은 개처럼 쉬고 또 쉬라고 합니다. 만약 이와 같이 쉰다면, 천 분의 부처님이 세상에 나오더라도 결코 쉬지 못할 뿐만 아니라, 오히려 마음을 어리석고 어둡게 할 뿐입니다.

또 사람들에게 가르치기를, 인연 따라 지니고 있되,[174] 분별심을 잊어버리고[175] 말없이 비추어 보라고 합니다. 그러나 비추어 보고 또 비추어

---

171 『경덕전등록』 제8권 '양주거사방온(襄州居士龐蘊)'에 나오는 방거사의 말.

172 대혜 당시 묵조선(默照禪)을 행하던 선승(禪僧)들을 가리킨다.

173 지관(只管) : ①단지. 오로지. 다만. ②다만 −만 돌보다. ③거듭거듭. ④아무튼. 어찌되었든. ⑤공연히. ⑥−한 채. ⑦얼마든지. 마음대로. 주저 없이.

174 관대(管帶) : 지니고 있다.

175 망정(忘情) : ①정식(情識)을 잊다. 분별심을 잊다. ②희로애락(喜怒哀樂; 기뻐하고 성내

보며 지니고 또 지니면 더욱 어리석어지고 더욱 어두움을 더하여 끝마칠 기약이 없을 것입니다. 이는 조사의 방편을 완전히 잘못 알아서 엉터리로 사람들에게 가리키는 것이니, 오로지 헛되이 삶을 떠돌다가 죽게 만드는 짓입니다.

또 사람들에게 가르치기를, "이 일에 상관하지 말고 다만 이렇게 쉬어라. 쉬게 되면 분별심[176]이 생겨나지 않으니, 이러한 때에 이르면 어둡고 알 수 없는 상태가 아니라 또렷또렷하고 분명한 상태이다."라고 합니다만, 이 역시 해로운 가르침으로서 사람의 눈을 멀게 하는 짓이니, 작은 일이 아닙니다.

今時有一種剃頭外道, 自眼不明, 只管教人, 死獺狙地, 休去歇去. 若如此休歇, 到千佛出世, 也休歇不得, 轉使心頭迷悶耳. 又教人, 隨緣管帶, 忘情默照. 照來照去帶來帶去 轉加迷悶無有了期. 殊失祖師方便, 錯指示人, 教人一向虛生浪死. 更教人, "是事莫管, 但只恁麼歇去. 歇得來情念不生, 到恁麼時, 不是冥然無知, 直是惺惺歷歷." 這般底更是毒害, 瞎却人眼, 不是小事.

저[177]는 평소에 이런 무리를 보면 사람으로 취급하지 않습니다.[178] 그들

고 슬퍼하고 즐거워함)의 감정이 없음. 감정에 얽매이지 않음.

176 정념(情念) : =정식(情識). 감정과 생각. 분별심.

177 운문(雲門) : 대혜종고(大慧宗杲). 대혜는 천주 소계(小溪)의 운문암(雲門庵)에서 머물렀기 때문에 운문(雲門)이란 호로 불렸다.

178 파주(把做) A 간(看) B : 마땅히 A에게(로서, 를) B해야 한다.

은 스스로의 눈은 밝지 못하면서 다만 책 속의 말씀을 단순히 모방하여[179] 사람들을 가르치니, 이렇게 하여 어떻게 가르칠 수 있겠습니까? 만약 이런 자들을 믿는다면 영겁토록 공부하여도 깨닫지 못할 것입니다.

저도 평소 사람들에게 조용한 곳에서 좌선(坐禪)하며 공부하라고 시키지 않는 것은 아닙니다. 그러나 이것은 병을 따라 약을 쓰는 것일 뿐, 사람에게 이와 같이 가리켜 줄 것은 진실로 없습니다.

雲門尋常見此輩, 不把做人看待. 彼旣自眼不明, 只管將冊子上語依樣敎人, 這箇作麼生敎得? 若信著這般底, 永劫參不得. 雲門尋常, 不是不敎人坐禪向靜處做工夫. 此是應病與藥, 實無恁麼指示人處.

보지 못하였습니까? 황벽(黃檗) 스님이 말했습니다.

"우리 이 선종(禪宗)은 위로부터 대대로 사람들에게 지식과 이해를 구하라고 가르친 적은 없다. '도를 배운다.'고 말하기만 하면 이미 사람을 이끄는 방편의 말이다. 도는 배울 수가 없는데, 분별하는 마음으로 도를 배운다고 한다면 도리어 도에 어두워진다. 도에 방향과 처소가 없는 것을 일컬어 대승의 마음이라고 한다. 이 마음은 안에도 밖에도 중간에도 있지 않아서 진실로 방향과 처소가 없으니, 무엇보다도 지식과 이해로 알려 해서는 안 된다. 다만 그대들에게 말하노니, 지금 분별하는 마음으로 헤아리는 곳에서 도라고 여기지만 분별하는 마음으로 헤아리는 일이

---

179   의양(依樣) : 본뜨다. 모방하다.

끝난다면 마음에는 방향이나 처소가 없다. 이 도는 있는 그대로 꾸밈이 없고 본래 이름이 없다. 다만 세상 사람들이 이를 알지 못하고 분별하는 마음속에서 헤매고 있기 때문에, 여러 부처님이 세상에 나와서 이 일을 숨김없이 말함[180]에, 그대들이 깨닫지 못할까 봐 염려하여 방편[181]으로 도라는 이름을 세운 것이니 이름에 머물러 이해해서는 안 되는 것이다."[182]

不見 黃檗和尙云 : "我此禪宗, 從上相承以來, 不曾教人求知求解. 只云 :'學道.' 早是接引之辭[183]. 然道亦不可學, 情存學道, 却成迷道. 道無方所, 名大乘心. 此心不在內外中間, 實無方所, 第一不得作知解. 只是說汝, 而今情量處爲道, 情量若盡, 心無方所. 此道天眞, 本無名字. 只爲世人不識, 迷在情中, 所以諸佛出來, 說破此事, 恐爾不了, 權立道名, 不可守名而生解也."

예로부터 말하였습니다. 눈먼 자가 사람들에게 잘못 가리키는 것은 모두 고기 눈알을 밝은 구슬로 알고서 명칭에 머물러 이해한 것이요, 사람들에게 지니고 있으라고 가르치는 것은 곧 눈앞의 지각(知覺)에 머물러 이해한 것이요, 사람들에게 고집스레[184] 쉬고 또 쉬라고만 가르치는 것은

---

180 설파(說破) : 숨김없이 말하다. 누설하다. 폭로하다. 내막을 밝혀 말하다.

181 권(權) : 방편. 수단. 상대되는 말은 실(實).

182 『사가어록(四家語錄)』 제4권 '균주(筠州) 황벽산(黃檗山) 단제선사(斷際禪師) 전심법요(傳心法要)'에 나오는 황벽의 말.

183 '사(辭)'는 궁내본과 덕부본에서 '사(詞)', 뜻은 같다.

184 경(硬) : ①매우. ②전혀. ③온통. ④극히. ⑤무리하게. 억지로. ⑥고집스레.

곧 생각을 잊은[185] 텅 빈 고요함에 머물러 이해한 것이요, '쉬어서 느낌도 앎도 없는 곳에 이르면 흙이나 나무나 기와나 돌과 같은데, 바로 이러한 때에는 어둡고 알 수 없는 상태가 아니다.'라고 하는 것은 방편으로 묶인 것을 풀어 주는 말을 잘못 알고서 이해한 것이요, 사람들에게 인연 따라 주의를 기울이되[186] 나쁜 깨달음이 앞에 나타나게 하지 말라고 가르치는 것은 육체에 얽매인 감정과 의식[187]에 집착하여 이해한 것이요, 사람들에게 '다만 비워 버려서[188] 자유롭게 맡겨 두고 마음을 내거나 생각을 움직임

---

185 망회(忘懷) : 잊다. 잊어버리다. 지니고 있다는 뜻인 관대(管帶)의 반대. 관대(管帶)와 망회(忘懷)는 치우친 것으로서 잘못된 공부이다.

186 조고(照顧) : ①조심하다. 주의하다. ②관심을 두다. 돌보다. ③처리하다. 뒷바라지하다. ④비추다.

187 촉루(髑髏)의 정식(情識) : 깨달음이 없는 사람에게 있는, 육체에 얽매인 감정(感情)과 의식(意識). 촉루(髑髏)는 해골(骸骨), 시신(屍身)이라는 뜻으로서 깨달음이 없는 사람의 육신을 가리킴.

188 방(放) : 시키다.(=사(使), 교(敎))

189 생사심(生死心) : 분별과 차별 속에서 취하고 버리고 조작하는 중생의 분별심(分別心). 『사가어록(四家語錄)』『강서마조도일선사어록(江西馬祖道一禪師語錄)』에서 말하기를, "도(道)는 닦을 필요가 없으니, 단지 오염되지만 마라. 무엇이 오염인가? 생사심(生死心)이 있기만 하면 조작하고 좇아다니니, 이들이 모두 오염이다. 만약 곧장 도를 깨닫고자 한다면, 평상심(平常心)이 곧 도이다. 무엇을 일러 평상심이라 하는가? 조작이 없고, 옳고 그름을 따짐이 없고, 취하고 버림이 없고, 단절(斷絶)과 항상(恒常)이 없고, 범부와 성인이 없는 것이다."(道不用脩, 但莫汚染. 何爲汚染? 但有生死心, 造作趣向, 皆是汚染. 若欲直會其道, 平常心是道. 何謂平常心? 無造作, 無是非, 無取捨, 無斷常, 無凡無聖.)라고 하였다. 그러므로 생사심(生死心)은 평상심(平常心)과 상대되는 말이니, 조작하고, 옳고 그름을 따지고, 취하고 버림이 있고, 단절과 항상이 있고, 범부와 성인의 차별이 있는 것이 곧 생사심(生死心)이다. 『선문요략(禪門要略)』에서는 "앞의 아홉이 세간심(世間心)이요, 생사심(生死心)이며, 뒤의 하나가 출세간심(出世間心)이요, 열반심(涅槃心)이요, 성인심(聖人心)이요, 해

에 관여치 말 것이니 생각은 일어나고 사라지지만 본래 실체(實體)가 없는 것인데도 만약 이것을 진실하다고 여겨 집착한다면 생사심(生死心)[189]이 생긴다.'고 가르치는 것은 자연체(自然體)[190]에 머물러 구경법(究竟法)으로 여겨 이해한 것입니다. 이와 같은 여러 병은 도를 배우는 사람의 탓이 아니라, 모두 눈먼 스승이 잘못 가르치기 때문에 생깁니다.

前來所說. 瞎眼漢, 錯指示人, 皆是認魚目作明殊, 守名而生解者, 敎人管帶, 此是守目前鑑覺, 而生解者, 敎人硬休去歇去, 此是守忘懷空寂, 而生解者, 歇到無覺無知, 如土木瓦石相似, 當恁麼時, 不是冥然無知, 又是錯認方便解縛語, 而生解者, 敎人隨緣照顧, 莫敎惡覺現前, 這箇又是認著軀體情識, 而生解者, 敎人但放曠任其自在莫管生心動念, 念起念滅本無實體, 若執爲實, 則生死心生矣, 這箇又是守自然體爲究竟法, 而生解者. 如上諸病, 非干學道人事, 皆由瞎眼宗師錯指示耳.

공(公)께선 이미 깨끗하게 살아가면서 도를 향한 한 조각 진실하고 견고한 마음을 가지고 있으므로, 공부가 순일하냐 순일하지 않으냐에는 상관하지 마십시오. 다만 옛사람의 말씀 위에 마치 탑을 쌓듯이 한 층을 쌓고 또 한 층을 쌓는 그런 짓은 하지 마십시오. 이처럼 헛되이 공부하면 끝마칠 기약이 없습니다. 다만 마음을 한곳에 두고 있으면 반드시 이룰

탈심(解脫心)이다."(前九是世間心, 是生死心, 後一是出世心, 是涅槃心, 是聖人心, 是解脫心.)라고 하였다.

190   자연체(自然體) : 본래 그러한 본바탕이 있다고 여기는 것.

것이니, 알맞은 때¹⁹¹가 되면 저절로 빈틈없이 들어맞아¹⁹² 확¹⁹³ 깨달을 것

191 시절인연(時節因緣) : 때. ①바로 지금 눈앞에서 만나는 인연. 지금 눈앞의 인연에서 마
음이 확인된다는 뜻. ②알맞은 때. 깨달음이 일어나는 알맞은 때. 봄에는 꽃이 피고 가을
에는 낙엽이 떨어지듯이 공부가 무르익어 알맞은 때가 되면 깨달음이 일어난다. 이 말은
백장회해(百丈懷海)가 위산영우(潙山靈祐)에게 한 말에 처음 나타난다. 『경덕전등록』 제9
권 '담주위산영우선사(潭州潙山靈祐禪師)'에서 백장은 다음과 같이 말한다 : "이것은 잠깐
동안의 갈림길일 뿐이다. 경(經)에서 말하기를 '불성을 보려고 한다면, 시절인연을 보아
야 한다.'고 하였다. 시절이 도래하면, 어리석은 자가 문득 깨달은 듯하고, 잊고 있던 것
을 문득 기억하는 듯하여, 비로소 자기의 물건은 남에게서 얻지 못함을 알게 된다. 그러
므로 조사께서 말씀하시길 '깨닫고 난 뒤와 깨닫기 전이 같고, 얻을 마음도 없고 법도 없
다.'고 하셨다. 다만 범부니 성인이니 하는 허망한 마음이 없기만 하면, 본래 마음이라는
법은 스스로 갖추어져 있다. 그대가 이미 이러하니, 잘 지키도록 하여라."(百丈曰 : 此乃
暫時岐路耳. 經云 : '欲見佛性, 當觀時節因緣.' 時節既至, 如迷忽悟, 如忘勿憶, 方省己物不從他得.
故祖師云 : '悟了同未悟, 無心得無法.' 只是無虛妄凡聖等心, 本來心法元自備足. 汝今既爾, 善自護
持.") '불성을 보려고 한다면, 시절인연을 만나야 한다.'는 구절은 이후 여러 선사(禪師)들
의 어록에서 인용되고 있지만, 현재 『대정신수대장경』에 수록된 경전에서는 이 구절을 찾
을 수 없다. 남악회양(南嶽懷讓)이 마조도일(馬祖道一)에게 말한 "그대가 심지법문(心地
法門)을 배우는 것은 마치 종자(種子)를 뿌리는 것과 같고, 내가 법(法)의 요체를 설명하
는 것은 저 하늘이 비를 내리는 것과 같다. 그대는 인연이 맞는 까닭에 도(道)를 보게 될
것이다."("汝學心地法門 如下種子, 我說法要 譬彼天澤. 汝緣合故當見其道.")라는 말도 시절인
연을 나타내는 말이다. 대혜종고는 『대혜보각선사서(大慧普覺禪師書)』의 '37. 왕장원(汪狀
元) 성석(聖錫)에 대한 답서(2)'에서 시절인연을 이렇게 말한다. "마치 봄이 오면 나무에
꽃이 피는 것과 같습니다. 꽃나무의 근성(根性)을 갖추고 있는 것은 시절인연(時節因緣)
이 다가오면 각각 서로 알지 못하지만 제각기의 근성(根性)을 따라서 크게 · 작게 · 모나
게 · 둥글게 · 길게 · 짧게, 혹은 푸른색으로 · 누른색으로 · 붉은색으로 · 녹색으로, 혹은
악취를 내며 · 향기를 내며 동시에 꽃을 피웁니다. 이것은 봄이 크게 하거나 · 작게 하거
나 · 모나게 하거나 · 둥글게 하거나 · 길게 하거나 · 짧게 하거나 · 푸른색으로 하거나 ·
누른색으로 하거나 · 붉은색으로 하거나 · 녹색으로 하거나 · 악취가 나게 하거나 · 향기
가 나게 하는 것이 아닙니다. 이 모두는 꽃나무에 본래 갖추어진 성(性)이 인연을 만나
나타나는 것일 뿐입니다."(如春行花木. 其此性者 時節因緣到來 各各不相知, 隨其根性大小方

입니다.

公旣淸淨自居, 存一片眞實堅固向道之心, 莫管工夫純一不純一. 但莫於古人言句
上, 只管如疊塔子相似, 一層了又一層. 枉用工夫無有了期. 但只存心 於一處, 無有
不得底, 時節因緣到來, 自然築著磕著, 噴地省去耳.

"한 생각도 일으키지 않는데 허물이 있습니까?"
"수미산(須彌山)."

"한 물건도 가져오지 않은 때에는 어떻습니까?"
"내려놓아라."

"不起一念, 還有過也無?" 云 : "須彌山." "一物不將來時如何?" 云 : "放下著."

여기에서 의문(疑問)이 부서지지 않았다면 다만 여기에 참(參)[194]하고 있

圓長短 或靑或黃 或紅或綠 或臭或香 同時發作. 非春能大能小 能方能圓 能長能短 能靑能黃 能紅
能綠 能臭能香. 此皆本有之性 遇緣而發耳.)

192 축착개착(築著磕著) : 축(築)은 축(塋)과 같은 뜻으로서, '빈틈없이 틀어막아 채운다'는
뜻. 눈에 가득하고 귀에 가득한 것. 불성(佛性)이 법계(法界)에 가득하여 틈이 없는 것.
빈틈없이 가득하다. 빈틈없이 들어맞다.

193 분지(噴地) : (의태어) 확 뿜어내는 모습. 분지일발(噴地一發)과 같음.

194 참(參) : 지금은 일반적으로 '화두를 참구한다'고 표현하는 경우가 많지만, 당송(唐宋)
시대의 선승(禪僧)들은 주로 '참(參)'이라고 하였지 '참구(參究)'라는 표현은 거의 사용하

을 뿐, 다시 스스로 가지와 잎을 만들지는 마십시오. 만약 저를 믿으신다면, 다만 이렇게 참(參)할 뿐, 따로 사람에게 가르쳐 줄 불법(佛法)은 없습니다. 만약 믿지 못하신다면, 마음대로 강북(江北)과 강남(江南)을 돌아다니면서 남전(南泉)[195]에 관해 물어보고 자꾸자꾸 의심해 보십시오.

지 않았다. 당시의 문헌을 조사해 보면, '참구(參究)'라는 말은 『조당집』 0번, 『경덕전등록』 1번, 『천성광등록』 0번, 『오등회원』 4번(南嶽下十三世부터 나타남), 『분양무덕선사어록』 0번, 『황룡혜남선사어록』 0번, 『양기방회화상어록』 0번, 『법연선사어록』 0번, 『원오불과선사어록』 2번, 『대혜어록』 1번 등으로 거의 사용되지 않았고, 화두(話頭) 혹은 선(禪)을 공부하라는 의미에서 했던 말은 주로 '참(參)'이라는 표현이었다. 참(參)에는 '(어떤 것, 일, 행사에)참여하다'와 '(윗사람을)만나 뵙다'의 두 가지 의미가 있다. 참선(參禪; 선에 참여하다), 참구(參究; 탐구에 참여하다), 참학(參學; 배움에 참여하다), 참상(參詳; 자세히 밝힘에 참여하다), 참당(參堂; 법당의 법회에 참여하다) 등의 단어에서는 '참여하다'(동참(同參)하다)는 뜻으로 사용되었고, 참례(參禮; 만나 뵙고 인사하다), 참견(參見; 만나 뵙다), 참문(參問; 만나 뵙고 묻다), 자참(咨參; 물어보려고 찾아뵙다), 내참(來參; 와서 만나 뵙다) 등의 단어에서는 '만나 뵙다'는 뜻으로 사용되었다. 화두(話頭)를 참(參)한다고 하는 경우에, '참(參)'은 참선(參禪)이나 참학(參學)과 마찬가지로 '참여하다' '동참하다'는 뜻이라고 보아야 하고, 이 뜻은 결국 간화(看話)에 동참하여 간화(看話)를 행하라는 뜻이다. 대혜가 간화선(看話禪)에서 말하는 '애장거(崖將去; 화두와 더불어 지속적으로 겨루고 버티어 물러나지 않는다)', '시애(厮崖; 화두와 서로 맞붙어 버틴다)', '간(看; 화두를 살펴본다)', '제시(提撕; 마음속으로 화두를 끄집어내어 스스로에게 일깨우다)', '거(擧; 마음속에서 화두를 끄집어내어 말하다)' 등의 표현들 역시 화두에 동참하고 있음을 나타내고 있다. 특히 대혜는 다만 화두에 동참하고만 있고 깨달음을 기다리지는 말라고 하는데, 참(參)의 진정한 뜻이 바로 여기에서 드러난다. 김태완 『간화선 창시자의 선』 하권(침묵의 향기) 부록 「간화용어의 번역에 관하여」 참조.

195 남전(南泉) : 748-834. 남전보원(南泉普願). 마조도일(馬祖道一)의 법제자. 속성이 왕(王) 씨여서 흔히 '왕노사(王老師)'라고도 한다. 처음에는 성상(性相)의 학을 닦고 뒤이어 삼론(三論) 등을 배웠지만, 현기(玄機)는 경론(經論)의 밖에 있다는 뜻을 깨닫고, 뒤이어 마조도일에게 참학하여 그의 법을 이었다. 정원(貞元) 11년(795) 지양(池陽, 안휘성) 남전

這裏疑不破, 只在這裏參, 更不必自生枝葉也. 若信得雲門及, 但恁麼參, 別無佛法指示[196]人. 若信不及, 一任江北江南問王老, 一狐疑了一狐疑.

산(南泉山)에 머물렀고, 선원(禪院)을 짓고, 사립(簑笠; 도롱이와 삿갓)을 씌운 소를 기르고 산에 들어가서 나무를 자르고 밭을 경작하면서도 선도(禪道)를 고취하고 스스로 왕노사(王老師)라 칭하면서 30년 동안 산을 내려오는 일이 없었다. 조주종심(趙州從諗), 장사경잠(長沙景岑), 자호이종(子湖利蹤) 등 많은 제자를 제접하여 교화하였다.

196   시(示) : 덕부본에서는 '사(似)'. 지시(指示)는 '가리켜 보이다'이고, 지사(指似)는 '가리켜 주다'이니 뜻 차이는 없다.

5. 증시랑(曾侍郞) 천유(天游)에 대한 답서 (4)

보내 주신 편지를 자세히 읽어 보았습니다. 가고·머물고·앉고·눕는 가운데 끊어지는 때가 없으며, 공직의 잡무 속에서도 끄달리지 않고, 바쁜 생활 속에서 늘 스스로 힘써 반성하여 조금도 게으르지 않고, 도(道)를 향한 마음이 시간이 지날수록 더욱 견고해진다고 하시니, 저의 뜻과 깊이 들어맞습니다.

又

細讀來書. 乃知, 四威儀中無時間斷, 不爲公冗所奪, 於急流中常自猛省, 殊不放逸, 道心愈久愈堅固, 深愜鄙懷.

그러나 세간의 잡다하고 피곤한[197] 일들은 마치 맹렬히 타고 있는 불과 같으니, 언제 끝날 날이 있겠습니까? 바로 시끄러움 속에 있을 때에 대나무 의자와 방석 위의 일[198]을 잊지 말아야 하니, 평상시에 고요한 곳에 마음을 두는 까닭은 바로 시끄러움 속에서 쓰고자 하기 때문입니다. 만

---

197 진로(塵勞) : 번뇌의 다른 이름. 두 가지 뜻이 있다. ①진(塵)은 육진(六塵), 노(勞)는 노권(勞倦). 객관세계인 6진의 경계를 따라 마음의 번뇌가 일어나서 피곤해지므로 번뇌를 진로라 함. ②진은 오심(汚心), 노는 근고(勤苦). 번뇌는 마음을 어지럽게 하여 우리들로 하여금 괴롭고 애쓰게 하므로 진로라 함. 이것은 종밀(宗密)이 지은 『원각경소초』 제1권에 풀이되어 있다.

198 선원(禪院)에서 좌선(坐禪)하며 공부하는 일.

약 시끄러움 속에서 힘을 얻지 못한다면, 도리어 고요함 속에서 공부하지 않은 것과 마찬가지입니다.

然世間塵勞, 如火熾然, 何時是了? 正在鬧中, 不得忘却竹椅[199]蒲團上事, 平昔留心靜勝處, 正要鬧中用. 若鬧中不得力, 却似不曾在靜中做工夫一般.

편지에 보니 앞선 인연이 불순하여 이제 이러한 과보를 받는다고 한탄하셨는데, 이 말씀만은 수긍하지 못하겠습니다. 만약 이러한 생각을 일으킨다면 도에 장애가 됩니다. 옛 스님은 "흐름을 따라 성(性)을 알아차리면 기쁨도 없고 근심도 없다."[200]고 하였고, 유마거사는 "비유하면 높은 등성이에는 연꽃이 나지 않고 낮고 습한 진흙에 연꽃이 난다."[201]고 하였으며, 부처님은 "진여는 자성을 지키고 있지 아니하고 인연을 따라 일체 만법을 이룬다."[202]고 하고, 또 "인연을 따라 감응하여 두루하지 아니함이 없으면서도 늘 깨달음의 자리에 머물러 있다."[203]고 하였으니, 이것이 어

---

199 죽의(竹椅) : 궁내본에서 모두 '죽의(竹倚)'로 되어 있다. 뜻은 같다.
200 제22조 마나라존자(摩拏羅尊者)의 게송. 전체는 다음과 같다 : 마음은 온갖 경계를 따라 흘러가는데, 흐르는 곳이 참으로 그윽하구나. 흐름을 따라 본성을 알아차리면, 기쁨도 없고 근심도 없다.(心隨萬境轉, 轉處實能幽. 隨流認得性, 無喜復無憂.)(『오등회원』제1권)
201 『유마힐소설경(維摩詰所說經)』「불도품(佛道品)」에 나오는 구절.
202 『대방광불화엄경소(大方廣佛華嚴經疏)』제14권,『주대승입능가경(注大乘入楞伽經)』제2권,『대방광원각수다라요의경약소주(大方廣圓覺修多羅了義經略疏注)』하권(下卷)(1),『수능엄의소주경(首楞嚴義疏注經)』제3권(1) 등 중국에서 찬술된 몇몇 주소(注疏)에 등장하는 구절. 경전(經典)에는 동일한 구절이 발견되지 않는다.
203 『대방광불화엄경』제6권「여래현상품(如來現相品)」제2에 나오는 게송. 전체는 다음과

찌 사람을 속이는 말이겠습니까?

承有前緣駁雜今受此報之歎, 獨不敢聞命. 若動此念, 則障道矣. 古德云 : "隨流認
得性 無喜亦無憂." 淨名云 : "譬如高原陸地不生蓮華, 卑濕淤泥乃生此華." 老胡
示[204] "眞如不守自性, 隨緣成就一切事法." 又云 : "隨緣赴感靡不周, 而常處此菩提
座." 豈欺人哉?

만약 고요한 곳을 옳다고 여기고 시끄러운 곳을 그르다고 여긴다면,
이것은 세간의 모습〔세간상(世間相)〕을 부수고 참된 모습〔실상(實相)〕을 구하
는 것이며, 생김과 사라짐〔생멸(生滅)〕을 떠나 생김도 없고 사라짐도 없음
〔적멸(寂滅)〕[205]을 따로 구하는 것입니다. 고요함을 좋아하고 시끄러움을 싫
어하는 때에 바로 힘을 쓰기[206]에 딱 좋으니,[207] 문득 시끄러움 속에서 고
요한 때의 소식을 만나 뒤집어지면,[208] 그 힘이 대나무 의자와 방석 위에
앉았을 때보다 천만억 배나 뛰어날 것입니다. 제 말을 들으십시오. 결코

같다 : 부처님의 몸이 법계에 가득 차 있어, / 모든 중생의 앞에 두루 나타나 있다. / 인연
에 따라 감응함에 두루하지 않음이 없어, / 늘 이 깨달음의 자리에 머물러 있구나. (佛身充
滿於法界, 普現一切衆生前. 隨緣赴感靡不周, 而恒處此菩提座.)

204 '시(示)'는 덕부본에서 '운(云)'. 뜻은 차이가 없다.

205 생멸(生滅)은 세간상(世間相)이요, 적멸(寂滅)은 실상(實相)이다.

206 착력(着力) : 힘을 쓰다. 힘을 내다.

207 정호(正好) : ①(시간, 위치, 수량, 정도가) 꼭 알맞다. 딱 좋다. ②(부사) 마침. 때마침. 공
교롭게도.

208 당번(撞翻) : 충돌하여 뒤집히다.

잘못되지 않을 것입니다.

若以靜處爲是, 鬧處爲非, 則是壞世間相, 而求實相, 離生滅而求寂滅. 好靜惡鬧時
正好著力, 驀然鬧裏撞翻靜時消息, 其力能勝竹椅蒲團上千萬億倍. 但相聽, 決不
相誤.

또 편지에 보니, 방거사의 두 마디 말[209]로써 가고 · 머물고 · 앉고 · 누
울 때에 좌우명(座右銘)으로 삼는다고 하시니, 더 이상 좋을 수가 없습니
다. 만약 시끄러운 때에 싫어하는 생각을 내면, 이것은 스스로 마음을 어

---

209 앞의 편지 (3) 첫머리에 인용된 방거사의 "다만 있는 것을 모두 비워 버리기 바랄 뿐,
     없는 것을 결코 진실하게 여기지 마라."는 말.

210 제시(提撕) : 한문 전적(典籍)에서 제시(提撕)의 사례를 보면 다음과 같다. ①일깨워
     주다.(『詩經, 大雅, 抑』 匪面命之, 言提其耳. 「鄭玄箋」 親提撕其耳.) ②교도(教導)하다. 깨우쳐
     주다.(北齊 顏之推『顏氏家訓, 序致篇』 業以整齊門內, 提撕子孫.) ③떨쳐 일으키다. 진작(振
     作)하다.(唐 韓愈『南內朝賀歸呈同官詩』 所職事無多, 又不自提撕.) 이처럼 제시(提撕)는 '(마
     음을) 일깨우다' '(양심을) 일깨우다' '깨우쳐 주다' '주의를 환기시키다'는 뜻이다. 간화선
     (看話禪)에서 '화두(話頭)를 제시(提撕)한다'고 하는 것은 '화두를 일깨우다' '화두에 주의
     를 돌리다'는 뜻이다. 그러나 거각(擧覺)의 경우처럼 제시(提撕)도 제(提)와 시(撕)의 합
     성어로서 의미가 있다고 보아야 한다. '말을 꺼내다' '끄집어내어 말하다' '언급하다' '제시
     (提示)하다' '제출하다'는 뜻인 제(提)와, '일깨우다' '깨우치다'는 뜻인 시(撕)가 합성된 말
     이다. 그러므로 제시(提撕)는 '(무슨 말을) 끄집어내어 말하여 일깨우다' '(무슨 말을) 제시
     하여 깨우쳐 주다' '(무슨 말을) 언급하여 일깨우다'는 뜻이다. 『대혜어록』에서 대혜가 화두
     (話頭)를 취급하는 말로서 언급하는 용어는 간(看) · 거(擧) · 거기(擧起) · 제철(提掇) ·
     거각(擧覺) · 제시(提撕) 등이다. 이 가운데 거(擧) · 거기(擧起) · 제철(提掇)은 모두 화두
     를 '말하다' '말해 주다' '제기하다' '제출하다' '언급하다'라는 뜻이고, 거각(擧覺)과 제시(提
     撕)는 이러한 뜻에 '일깨우다' '깨우치다'라는 뜻이 부가된 것이지만, 이들은 기본적으로

101

지럽히는 것일 뿐입니다. 생각이 꿈틀거릴 때에는 다만 방거사의 두 마디 말을 (자신에게) 일깨워 주십시오.[210] 마치 열날 때에 해열제[211] 한 봉지를 먹는 것과 같을 것입니다.

又承, 以老龐兩句, 爲行住坐臥之銘箴, 善不可加. 若正鬧時生厭惡, 則乃是自擾其心耳. 若動念時, 只以老龐兩句提撕. 便是熱時一服淸涼散也.

공(公)께서는 확고한 믿음을 갖추었으므로 곧 큰 지혜를 갖춘 사람입니다. 그러나 공께서 오랫동안 고요함 속의 공부에 머물러 있었기 때문에 이제 이런 이야기를 한 것이고, 다른 사람에게는 이렇게 말하지 못할 것입니다. 만약 업식(業識)[212]이 두터운 증상만인(增上慢人)[213]에게 이렇게 말

동일한 행위를 가리키고 있다. 이 책에서는 거(擧) · 거기(擧起) · 제철(提綴)은 문맥에 따라서 화두를 '끄집어내다' '말해 주다' '제기하다' '제출하다' '기억해 내다'라고 번역한다. 거각(擧覺)과 제시(提撕)는 둘 다 '말해 주어 일깨우다'는 뜻이지만, 거각(擧覺)은 거(擧)에 초점을 두어 '말해 주다' '제시하다'로 주로 번역하고, 제시(提撕)는 시(撕)에 초점을 두어 '일깨우다'로 번역한다. 그러나 문맥에 따라 거각(擧覺)과 제시(提撕)를 모두 '말해 주어 일깨우다' '기억해 내어 일깨우다' '제시하여 일깨우다' 등 적절한 번역어를 찾아서 번역하였다. 김태완『간화선 창시자의 선』하권(침묵의 향기) 부록「간화용어의 번역에 관하여」참조.

211 청량산(淸涼山) : 해열제(解熱劑).

212 업식(業識) : 범부의 마음을 말한다. 선업(善業) · 악업(惡業)에 의해서 초래된 과보로서의 식(識)을 말한다. 분별하여 업을 짓는 버릇에 물든 중생의 망상심(妄想心). 심의식(心意識)과 같은 뜻.

213 증상만(增上慢) : 깨달음을 얻지 못하고서 얻었다고 생각하여 잘난 체하는 거만함. 분별하고 이해하여 개념으로 불법을 아는 사람을 가리킴.

한다면, 그의 악업(惡業)을 더욱 무겁게 만들 것입니다. 선문(禪門)의 여러 가지 병통(病痛)은 지난번 편지에서 모두 말씀드렸는데, 자세히 이해하셨는지 모르겠군요.

公具決定信, 是大智慧人. 久做靜中工夫, 方敢說這般話, 於他人分上則不可. 若向業識茫茫增上慢人前如此說, 乃是添他惡業擔子. 禪門種種病痛, 已具前書, 不識, 曾子細理會否?

6. 증시랑(曾侍郎) 천유(天游)에 대한 답서 (5)

보내 주신 편지에,[214] "'밖으로 모든 반연을 쉬고 안으로 마음에 헐떡임이 없어야 도(道)에 들어갈 수 있다.'[215]고 하는 말은 방편문(方便門)이니, 방편문에 의지하여 도에 들어가면 옳지만 방편에 머물러 내버리지 아니하면 곧 병이 된다."고 하시니, 진실로 말씀하신 그대로입니다. 저[216]는 이것을 읽고 뛸 듯이 기뻤습니다.

요즈음 여러 곳의 칠통(漆桶)[217] 같은 무리들이 방편에 머물러 내버리지

---

214 승유(承諭) : 깨우침을 받는다는 뜻이나, 삼가 편지를 받아 읽었다는 말.

215 『경덕전등록』 제3권, 제28조보리달마(第二十八祖菩提達磨)에 작은 글씨로 주(註) 되어 있는 내용이 다음과 같다 : 별기(別記)에서 말한다. "달마 스님이 처음 소림사(少林寺)에서 9년간 머물다가 2조에게 설법(說法)하여 다만 가르치기를 '밖으로 온갖 인연을 쉬고 안으로 마음에 헐떡임이 없어서, 마음이 담벼락과 같아야 도에 들어갈 만하다.'라고 하였다. 혜가(慧可)는 여러 번 심성(心性)의 이치를 설명하였으나, 도에는 계합하지 못하고 있었다. 달마는 다만 그것이 아니라고 저지할 뿐, 생각 없는 마음의 바탕을 말해 주지는 않았다. 혜가가 말했다. '저는 이미 모든 인연을 쉬었습니다.' 달마가 물었다. '단멸을 이룬 것은 아니냐?' '단멸을 이루지 않았습니다.' '어떻게 확인하였기에 단멸이 아니라고 하느냐?' '또렷이 늘 알고 있는 까닭입니다. 말로는 설명할 수 없습니다.' 이에 달마가 말했다. '이것이 바로 모든 부처님이 전하신 마음의 바탕이니 다시는 의심하지 마라.'"(別記云 : "師初居少林寺九年, 爲二祖說法祇敎曰 : '外息諸緣, 內心無喘, 心如牆壁, 可以入道.' 慧可種種說心性理, 道未契. 師祇遮其非, 不爲說無念心體. 慧可曰 : '我已息諸緣.' 師曰 : '莫不成斷滅去否?' 可曰 : '不成斷滅.' 師曰 : '何以驗之, 云不斷滅?' 可曰 : '了了常知故. 言之不可及.' 師曰 : '此是諸佛所傳心體, 更勿疑也.'")

216 산야(山野) : ①민간(民間). 조정(朝廷)에 상대하여 하는 말. ②승려들이 겸손하게 자기를 가리키는 말. 산승(山僧), 야승(野僧), 병승(病僧)과 같은 말.

217 칠통(漆桶) : 칠통(漆桶)은 가구에 칠하는 새까만 옻나무의 진액을 넣은 통. 아주 까맣

못하고 진실한 법(法)으로 삼아 사람들에게 가리키는 바람에 사람의 눈을 적잖이 어둡게 만듭니다.[218] 이 까닭에 제가 『변사정설(辨邪正說)』[219]을 지어서 그들을 구하려 한 것입니다. 오늘날은 마(魔)가 강하고 법(法)이 약하여 맑음에 들어가 맑음에 합하는 것을 궁극의 진리로 삼는 자가 헤아릴 수 없이 많으며, 방편을 지켜서 버리지 않고 스승으로 삼는 자가 삼대나 곡식알처럼 많습니다.

又

承諭, "'外息諸緣, 內心無喘, 可以入道.' 是方便門, 借方便門以入道則可, 守方便而不捨則爲病." 誠如來語. 山野讀之不勝歡喜踊躍之至. 今諸方漆桶輩, 只爲守方便而不捨 以實法指示人, 以故瞎人眼不少. 所以山野作『辯邪正說』以救之. 近世魔彊法弱, 以湛入合湛爲究竟者, 不可勝數, 守方便不捨爲宗師者, 如麻似粟.

고, 또는 아주 캄캄하여 아무것도 알 수 없다는 뜻. ①불법에 대해 아무것도 모르는 안목(眼目) 없는 승려를 매도하는 말. 무안자(無眼者). 바보 같은 사람. ②타파칠통(打破漆桶)이라고 할 때에 칠통(漆桶)은 앞을 가로막은 은산철벽(銀山鐵壁)이나 사방을 가로막은 금강권(金剛圈)과 같은 말. 의단(疑團)과 같은 말.

218 묵조선(默照禪)을 비판한 말.

219 『불조역대통재(佛祖歷代通載)』 제20권에 "종고(宗杲) 선사는 여러 곳의 배우는 사람들이 묵조(默照) 때문에 어려움을 겪고 있는 것을 안타깝게 여겨서 『변사정설(辯邪正說)』을 지어서 그 폐단을 구제하였다."(師閔諸方學者困於默照, 作辯邪正說以救其弊.)라는 구절이 있다.

105

제가 요사이 납자(衲子)들에게 이 두 가지 일을 말하였는데, 바로 보내
주신 글의 내용과 한 자도 다르지 않습니다. 님[220]께서 마음을 반야에 두
고서 순간순간 끊어짐이 없었기 때문에, 앞선 여러 성인들의 온갖 다양
한 방편을 꿰뚫어 볼 수 있는 것입니다. 공(公)께선 이미 칼자루를 잡았습
니다. 이미 칼자루가 손안에 있는데, 무엇 때문에 방편문을 버려서 도에
들지 못할까 봐 염려하십니까?

　다만 이와 같이 공부하되, 경전과 옛 스님의 어록(語錄)을 봄에 여러 가
지 차별되는 말씀들도 또한 이와 같이 공부하며, '수미산.' · '내려놓아
라.' · '개에게는 불성이 없다.'[221] · '죽비라고 부르면 어긋난다.'[222] · '한입에

---

220 좌우(左右) : (편지에서 상대를 높여 부르는 말) -님. 좌우(左右)란 본래 곁에서 시중드
　　는 집사(執事)를 가리키는데, 귀인(貴人)을 직접 부르지 않고 그 곁에서 시중드는 집사를
　　부름으로써 존경을 나타낸다.

221 『오등회원』 제4권 '조주관음원종심선사(趙州觀音院從諗禪師)'에 다음의 이야기가 나온
　　다 : 조주 스님은 어떤 승려가 "개에게도 불성이 있습니까?"라고 물으니 "없다."라고 답
　　했다.(趙州和尙 因僧問 : "狗子還有佛性也無?" 州云 : "無.") 『경덕전등록』에는 이 내용이 없다.

222 『오등회원』 제11권 '여주섭현광교원귀성선사(汝州葉縣廣教院歸省禪師)'에 다음의 이야
　　기가 나온다 : 귀성 스님은 수산성념(首山省念; 926~993)을 찾아가 공부했는데, 수산이
　　하루는 죽비를 들고 물었다. "죽비라고 부르면 저촉되고, 죽비라고 부르지 않으면 등진
　　다. 무엇이라고 부르겠느냐?" 귀성이 죽비를 잡아당겨 땅 위에 던지고는 말했다. "무엇입
　　니까?" 수산이 말했다. "엉터리로다!" 귀성 스님은 이 말을 듣고 확 뚫리면서 문득 깨달았
　　다.(參首山, 山一日擧竹篦問曰 : "喚作竹篦卽觸, 不喚作竹篦卽背. 喚作甚麽?" 師掣得擲地上曰 :
　　"是甚麽?" 山曰 : "瞎!" 師於言下豁然頓悟.) 『경덕전등록』에는 이 내용이 없다.

서강의 물을 다 마신다.'[223] · '뜰 앞의 측백나무.'[224] 같은 화두(話頭)들도 역시 이와 같이 공부하며, 다시 다른 견해를 내지 말고 다른 도리를 구하지 말고 다른 솜씨를 부리지 말아야 합니다. 공께서 급류처럼 흐르는 일상 속에서 순간순간 스스로 이와 같이 (자신에게) 말해서 일깨워 주는데도[225] 만약 도업(道業)이 성취되지 못한다면, 불법(佛法)에 영험(靈驗)이 없는 것입니다. 잘 기억하여 잊지 마십시오.

山野近嘗與衲子輩, 擧此兩段, 正如來書所說, 不差一字. 非左右留心般若中念念不間斷, 則不能洞曉從上諸聖諸異方便也. 公已捉著橛柄矣. 旣得橛柄在手, 何慮不捨方便門而入道耶? 但只如此做工夫, 看經敎幷古人語錄, 種種差別言句, 亦只如此做工夫, 如 '須彌山'·'放下著'·'狗子無佛性話'·'竹篦子話'·'一口吸盡西江水話'·'庭前柏樹子話', 亦只如此做工夫, 更不得別生異解別求道理別作伎倆也. 公能

---

223 『경덕전등록』제8권 '양주거사방온(襄州居士龐蘊)'에 다음의 이야기가 나온다 : 방거사가 마조(馬祖)에게 물었다. "만법(萬法)과 짝하지 않는 자는 어떤 사람입니까?" 마조가 말했다. "그대가 한입에 서강(西江)의 물을 몽땅 마시기를 기다려서, 그대에게 말해 주겠다." 거사(居士)가 말을 듣고서 깨달았다.(馬祖因龐居士問 : "不與萬法爲侶者是什麽人?" 師云 : "待汝一口吸盡西江水 卽向汝道." 居士言下領解)

224 『오등회원』제4권 '조주관음원종심선사(趙州觀音院從諗禪師)'에 다음의 이야기가 나온다 : 조주에게 어떤 승려가 물었다. "어떤 것이 조사께서 서쪽에서 오신 뜻입니까?" 조주가 말했다. "뜰 앞의 측백나무다."(趙州因僧問 : "如何是祖師西來意?" 州云 : "庭前柏樹子.") 『경덕전등록』에는 이 내용이 없다.

225 제철(提掇) : '제시(提示)하다.' '(의견이나 안건 따위를) 내놓다.' 기(擧), 거기(擧起)와 같은 말로서 간화선(看話禪)에서 '화두(話頭)를 제철(提掇)하라'고 할 때에는 '화두를 자신에게 말해 주라'는 뜻이다.

向急流中, 時時自如此提掇, 道業若不成就, 則佛法無靈驗矣. 記取記取.

편지에 보니 꿈에 향을 피우고 저의 방에 들어오시니 매우 한가하였다
고[226] 하셨습니다. 절대로 꿈이라고 이해하지 마시고, 참으로 방에 들어
온 것이라고 아셔야 합니다. 보지 못하였습니까? 사리불(舍利弗)[227]이 수
보리(須菩提)[228]에게 물었습니다.

"꿈속에 육바라밀(六波羅蜜)[229]을 말하는 것이 깨어 있을 때와 같습니까,
다릅니까?"

수보리가 말했습니다.

"이 뜻은 매우 깊어서 저는 말할 수 없습니다. 이 모임에 미륵보살이
계시니 당신은 그에게 가서 물어보십시오."

---

226 종용(從容): (태도가) 여유가 있다. 태연하다. 넉넉하다. 침착하다.

227 사리불(舍利弗): Śāriputra. 석가모니의 제자. 추자(鶖子)라 번역하고, 사리자(舍利子)
라고도 한다. 소위 10대 제자 중 수제자로, 지혜가 가장 뛰어나서 지혜제일(智慧第一)로
칭송되었다고 전한다.

228 수보리(須菩提): Subhūti. 석가세존의 10대 제자 가운데 한 명. 선현(善現)·선길(善
吉)·선업(善業)·공생(空生) 등이라 번역. 온갖 법이 공(空)인 이치를 깨달은 첫째 가는
이라 하여 해공제일(解空第一)이라고 한다.

229 육바라밀(六波羅蜜): 육도(六度)라고 번역하며, 대승의 보살이 실천·수행하는 여섯
가지 행을 가리킨다. ①보시바라밀(布施波羅密)·②지계바라밀(持戒波羅蜜)·③인욕바
라밀(忍辱波羅蜜)·④정진바라밀(精進波羅蜜)·⑤선정바라밀(禪定波羅蜜)·⑥지혜바라
밀(智慧波羅蜜).

108

(떼끼!²³⁰ 허물이²³¹ 적지 않구나.)²³²

설두(雪竇)가 말했습니다.

"그때 만약 내버려 두지 않고 뒤이어서 한 대 때려 주고 '누가 미륵이라 일컫고, 누가 미륵인가?' 하고 물었더라면, 곧 얼음이 녹고 기와가 부서지는²³³ 것을 볼 수 있었을 텐데."²³⁴

(떼끼! 설두도 허물이 적지 않구나.)

承夜夢焚香入山僧之室甚從容. 切不得作夢會, 須知是眞入室. 不見? 舍利弗問須菩提:"夢中說六波羅蜜, 與覺時同別?" 須菩提云:"此義幽深, 吾不能說. 此會有彌勒大士, 汝往彼問." 咄! 漏逗不少. 雪竇云:"當時若不放過, 隨後與一箚,'誰名彌勒, 誰是彌勒?'者, 便見冰消瓦解." 咄! 雪竇亦漏逗不少.

혹 누가 묻기를, "증대제(曾待制)²³⁵가 꿈에 운문(雲門)²³⁶의 방에 들어갔다 하니, 말해 보아라. 이것이 깨어 있을 때와 같은가, 다른가?"라고 한

---

230 돌(咄) : ①떽! 떼끼! 어흠! 꾸짖는 소리. 호통 치는 소리. ②허! 어허! 쯧쯧! 탄식 또는 놀람을 나타내는 소리.

231 누두(漏逗) : ①새다. 터져서 드러나다. 허물이 드러나다. ②불완전하다. 미숙하다.

232 괄호 안은 위 말에 대한 대혜 자신의 평가를 적은 것.

233 빙소와해(冰銷瓦解) : (의혹, 오해, 고통 따위가)사라지다. 해소되다.

234 앞서 사리불과 수보리의 대화 및 여기에 대한 설두중현(雪竇重顯)의 언급은 『연등회요(聯燈會要)』제1권 '축건제대성현(竺乾諸大賢聖)'에 실려 있다.

235 증대제(曾待制) : 증시랑(曾侍郎).

236 운문(雲門) : 대혜종고(大慧宗杲).

다면, 저는 곧 그에게 말하겠습니다.

"누가 방에 들어갔으며, 누가 방에 들어갔다고 여기며, 누가 꿈을 꾸었으며, 누가 꿈을 말하며, 누가 꿈이라고 이해하지 아니하며, 누가 참으로 방에 들어갔는가?"

(떼끼! 이것도 역시 허물이 적지 않구나.)

或有人問 : "只如曾待制夜夢入雲門之室, 且道. 與覺時同別?" 雲門卽向他道 : "誰是入室者, 誰是爲入室者, 誰是作夢者, 誰是說夢者, 誰是不作夢會者, 誰是眞入室者?" 咄! 亦漏逗不少.

7. 증시랑(曾侍郎) 천유(天游)에 대한 답서 (6)

보내 주신 편지를 자세히 몇 번 읽어 보니, 철석(鐵石) 같은 마음으로 굳은 뜻을 세우고 허둥지둥하지[237] 않음을 잘 알 수 있었습니다. 다만 이와 같이 버티어 나아가면[238] 생의 마지막 날[239]에 이르러서는 염라대왕과도 겨룰[240] 수 있을 것이니, 다시 정수리에 달린 눈[241]을 활짝 열고 금강왕 보검을 쥐고서 비로자나불(毘盧遮那佛)[242]의 머리 꼭대기에 앉는다는 말씀은 하지 마십시오.

又

來書細讀數過, 足見辦鐵石心立決定志不肯草草. 但只如此崖, 到臘月三十日, 亦

---

237 초초(草草) : 허둥지둥. 대강대강. 함부로. (고생하는 모습. 시끄러운 모습. 불안정한 모습.)

238 애(崖) : '애(捱), 애(挨)'와 같은 말로서 '버티다. 지속하다. 지탱하다. 천천히 나아가다'라는 뜻.

239 납월삼십일(臘月三十日) : 납월(臘月)은 섣달. 납월 30일은 일 년의 마지막 날인 섣달 그믐날이니, 곧 생의 마지막 날을 가리킨다.

240 시저(廝抵) : 서로 버티다. 서로 맞대어 버티다. 서로 겨루다. =시애(廝崖).

241 정문안(頂門眼) : 정수리에 달린 눈이란 곧 심안(心眼), 혜안(慧眼)을 가리키는 말.

242 비로자나불 : vairocana. 비로사나(毘盧舍那) · 비로절나(禆嚧折那) · 폐로자나(吠嚧蔗那) · 로사나(盧舍那) · 자나(蔗那)라고도 쓰며, 변일체처(遍一切處) · 광명변조(光明遍照)라 번역. 변조(遍照)라고도 한다. 부처님의 진신(眞身)을 나타내는 칭호. 부처님의 신광(身光) · 지광(智光)이 이사무애(理事無碍)의 법계에 두루 비추어 원명(圓明)한 것을 의미함.

能與閻家老子廝抵, 更休說齡開頂門眼, 握金剛王寶劍, 坐毘盧頂上也.

저는 일찍이 출세간의 공부를 하는 도반에게 말했습니다.

"요즈음 도를 배우는 사람들은 다만 신속한 효과만 구할 뿐, 이렇게 구하는 것이 잘못임을 알지는 못합니다. 도리어 말하기를, '일 없이 인연을 줄이고 고요히 앉아 자세히 탐구하며 헛되이 시간을 보내는 것보다는, 몇 권의 경전을 읽든가 몇 마디 염불(念佛)을 하든가 불상(佛像) 앞에 몇 번 절하여서 평생 지은 죄와 허물을 참회해 염라대왕의 쇠방망이를 피하고자 하는 것이 더 낫다.'라고 합니다만, 이것은 어리석은 사람의 짓거리입니다."

오늘날 도가(道家)²⁴³의 무리는 전적으로 망상(妄想)하는 마음을 가지고 태양²⁴⁴과 달²⁴⁵을 생각하며 저녁놀을 삼키고 새벽의 기운을 마시는데도 오히려 육신을 보존하여 세상에 머물며²⁴⁶ 춥고 더움에 시달리지 않을 수

---

243 도가(道家) : 도가는 유교(儒敎)와 더불어 2,000년 동안 중국과 그 주변국의 생활과 사상을 형성해 온 중국 고유의 종교철학이다. 도가의 특징은 실용주의적인 유교와는 달리 현실세계에 대한 신비주의적이고 형이상학적인 이론에 있다. 도가는 『노자도덕경(老子道德經)』, 『장자(莊子)』, 『열자(列子)』 등과 같은 경전의 가르침과, 도(道)를 숭배하는 종교로서의 도교(道敎)를 모두 포함한다. 종교로서 도교는 국교인 유교와 민간신앙의 중간에 위치한다. 도가철학과 도교는 중국문화의 영향을 받은 아시아의 한국 · 일본 · 베트남 등지로 퍼져 나갔다.

244 일정(日精) : 태양. 태양의 정화(精華).

245 월화(月華) : 달. 달빛. 달무리.

246 유형주세(留形住世) : 육신(肉身)을 보존하여 세상에 머물다. 도교(道敎)에서 주장하는 장생불사(長生不死)를 가리킴.

112

있는데, 하물며 이 마음과 이 생각을 돌이켜서 오로지 반야(般若) 속에 머물러 있다면 어떻겠습니까?

宗杲嘗謂方外道友曰："今時學道之士, 只求速效, 不知錯了也. 却謂：'無事省緣, 靜坐體究, 爲空過時光, 不如看幾卷經, 念幾聲佛, 佛前多禮幾拜, 懺悔平生所作底罪過, 要免閻家老子手中鐵棒.' 此是愚人所爲." 而今道家者流, 全以妄想心, 想日精月華, 吞霞服氣 尚能留形住世, 不被寒暑所逼, 況回此心此念, 全在般若中耶?

옛 성인이 분명히 말씀하셨습니다.

"비유하자면 파리가 곳곳에 앉을 수 있지만 오직 불꽃 위에는 앉을 수 없는 것처럼, 중생도 그러하여 곳곳에 머물[247] 수 있지만 오직 반야(般若) 위에는 머물 수 없다."[248]

---

247 반연(攀緣)：대상(對象)을 의지한다는 뜻. 마음이 저 혼자 일어나지 못하는 것이, 마치 칡덩굴이 나무나 풀줄기가 없으면 감고 올라가지 못하는 것과 같으며, 또 노인이 지팡이를 짚고야 일어나는 것처럼 마음이 일어날 때는 반드시 대상 경계(境界)를 의지하고야 일어나니, 이런 경우에 칡덩굴은 나무나 풀을, 노인은 지팡이를, 마음은 경계를 반연한다. 반연은 인연에 응하여 발생한다는 뜻이고, 마음은 반연한 경계에 집착하여 구속되므로, 결국 반연은 번뇌의 원인이다.

248 『천성광등록(天聖廣燈錄)』 제9권 '홍주대웅산백장회해선사(洪州大雄山百丈懷海禪師)'에 나오는 구절인데, 백장이 옛말을 인용하는 구절로 나오지만 백장 이전의 문헌에서 이런 구절이 발견되지는 않는다. 전체 문장은 다음과 같다 : 그러므로 말한다. "성체(聖體)는 이름이 없고, 여실(如實)한 이치는 말할 수 없다. 공문(空門)에는 머물기가 어려우니, 비유하자면 파리가 곳곳에 앉을 수 있지만 오직 불꽃 위에는 앉을 수 없는 것처럼, 중생도 그러하여 곳곳에 머물 수 있지만 오직 반야 위에는 머물 수 없다."(故云："聖體無名, 不可說如實理. 空門難湊, 喩如大末蟲處處能泊 唯不能泊於火燄之上, 衆生亦爾 處處能緣 唯不能緣於

만약 순간순간 처음의 마음에서 물러나지 않고, 자기의 마음과 의식(意識)이 세간의 여러 가지 잡다하고 피곤한 일들에 관계하는 것을 붙잡아 반야 위로 돌이킨다면, 비록 금생(今生)에 투철히 깨닫지 못한다 하더라도 결코 죽을 때에 이르러 악업(惡業)에 끌려가 악도(惡道)[249]에 떨어지지는 않을 것입니다. 내생(來生)에 태어날 때에도 나의 금생의 원력에 따라서 반드시 반야 속에 나타나 반야를 즐길 것입니다. 이것은 결정된 일이니 의심할 바가 없습니다.

先聖明明有言:"喩如太末蟲, 處處皆泊, 唯不能泊於火焰之上, 衆生亦爾, 處處能緣, 唯不能緣於般若之上." 苟念念不退初心, 把自家心識緣世間塵勞底, 回來抵在般若上, 雖今生打未徹, 臨命終時, 定不爲惡業所牽流落惡道. 來生出頭, 隨我今生願力, 定在般若中, 現成受用. 此是決定底事, 無可疑者.

중생 세계의 일은 배울 필요가 없습니다.[250] 아득한 옛날부터 익숙해졌고, 인생살이[251] 역시 익숙하여 저절로 그것에 집착하지만, 당신이 근원과 만나고자 한다면 반드시[252] 옆으로 밀쳐 두어야[253] 합니다. 출세간(出世

般若之上.")

249 악도(惡道) : 악취(惡趣)와 같음. 나쁜 업(業)을 지은 탓으로 윤회하여 장차 태어날 나쁜 곳. 3악도 · 4악도 · 5악도 등이 있음.

250 불착(不著) : −할 필요 없다. −할 수 없다. =불용(不用), 불수(不須).

251 노두(路頭) : 길. 도로. 흔히 인생을 비유하는 말로 사용됨.

252 수착(須着) : 반드시 −해야 한다.

253 발치(撥置) : ①옆으로 밀쳐놓다. ②(일부분을) 떼어 놓다. ③배치하다.

間)의 반야심(般若心)을 배우는 일은 아득한 옛날부터 등지고 있었으므로, 선지식의 말을 조금 듣는다고 하여 저절로 이해되지는 않습니다.

모름지기 결정적인 뜻을 세워 그 뜻과 상대가 되어[254] 결코 둘이 되지 말아야 합니다. 여기에서 깊이 들어간다면 그곳에서 온갖 삿된 마귀[255]와 외도(外道)를 물리칠 필요 없이 저절로 달아나고 항복할 것입니다. 낯선 곳은 익숙하게 하고[256] 익숙한 곳은 낯설게 하는[257] 일이 바로 이것입니다. 일상생활에서 공부하며 손잡이[258]를 쥐고 점차 힘이 덜어짐을 느낄 때가 곧 힘을 얻는 곳입니다.

衆生界中事不著學. 無始時來, 習得熟, 路頭亦熟, 自然取之, 左右逢其原, 須著撥

---

254 두저(頭抵) : =두저(頭底). ①맞다. 어울리다. 적당하다. 알맞다. ②원수. 적수. 상대. 맞수.

255 사마(邪魔) : 삿된 마귀는 곧 분별망상(分別妄想).

256 방교(放敎) : 시키다. ―하게 하다. =사(使), 령(令).

257 생처방교숙숙처방교생(生處放敎熟熟處放敎生) : 낯선 것을 익숙하게 만들고, 익숙한 것을 낯설게 만든다. 선공부(禪功夫)가 무엇인지를 나타내는 말. 『대혜서(大慧書)』'영시랑(榮侍郞) 무실(茂實)에 대한 답서(1)'에서 이렇게 말하고 있다. "무엇이 익숙한 것일까요? 5온(蘊)과 6근(根)과 12처(處)와 18계(界)와 25유(有) 위에 무명(無明)의 업식(業識)으로 사량하고 헤아리는 심식(心識)이 밤낮으로 활활 타올라서 마치 아지랑이가 잠시의 틈도 없이 피어오르듯 하는 것이 바로 익숙한 것입니다. 이 한 가닥 엉킨 줄이 사람을 삶과 죽음에 흘러 다니게 하고 사람으로 하여금 좋지 않은 일을 하게 합니다. 이 한 가닥 엉킨 줄이 이미 생소해졌다면, 보리열반(菩提涅槃)과 진여불성(眞如佛性)이 곧 앞에 나타날 것입니다." 그러므로 익숙한 것은 중생이 경계에 얽매여 경계를 분별하는 망상이요, 낯선 것은 깨달음과 해탈이다.

258 파병(欛柄) : =파병(欛柄). ①자루. 손잡이. ②약점.

置. 出世間學般若心, 無始時來背違, 乍聞知識說著, 自然理會不得. 須著立決定志, 與之作頭抵, 決不兩立. 此處若入得深, 彼處不著排遣諸魔外道, 自然竄伏矣. 生處放教熟, 熟處放教生, 政爲此也. 日用做工夫處, 捉著㰳柄, 漸覺省力時, 便是得力處也.

8. 이참정(李參政)²⁵⁹ 한로(漢老)가 묻는 편지 (1)²⁶⁰

제가 얼마 전 조실²⁶¹ 스님을 방문했을 때, 스님께서 꽉 막혀 있던²⁶² 저를 분발시켜²⁶³ 주신 덕분에 문득 깨우친 바가 있었습니다.²⁶⁴ 돌이켜 보면 저는 근기가 어둡고 둔하여 일생 배우고 이해한 것이 모두 분별심의 견해에 떨어져 있었습니다. 하나를 취하고 하나를 버림에 마치 옷이 해지고 엉긴 채로 가시덤불 속을 지나가는 것과 같아서 걸을수록 스스로를 더 얽어매는 것과 같았습니다. 이제 한 번 웃음에 문득 풀어지니 기쁘고

---

259 이참정(李參政) : 참정은 벼슬 이름. 이름은 병(邴). 자(字)는 한로(漢老). 호(號)는 탈공거사(脫空居士).

260 1135년(47세)에 소계(小谿)의 운문암(雲門菴)에서 받은 편지.

261 주실(籌室) : 인도 제4대 조사(祖師) 우바국다 존자가 많은 사람을 교화하여 제도하였는데, 한 사람을 제도할 적마다 산가지[주(籌)] 하나씩을 둔 것이 높이와 넓이 6장(丈)되는 방에 가득하였다 한다. 이 옛일에 의하여 후세에 수행인을 교화 지도하는 방장(方丈) 화상(和尙)을 주실(籌室)이라 하게 되었으며 우리나라에서는 "조실 스님"으로 변하며 불리게 됨.

262 몽체(蒙滯) : 몽(蒙)은 '덮어 가리다'는 뜻이고, 체(滯)는 '막혀 통하지 못하다'는 뜻.

263 격발(激發) : 불러일으키다. 끓어오르게 하다. 분발시키다.

264 이참정이 깨달은 기연은 이렇다 : 1135년(47세)에 소계의 운문암(雲門菴)에서 하루는 대혜가 시중(示衆)할 때에 조주(趙州)의 '뜰 앞의 측백나무 이야기'에 대하여 스스로 붙인 송(頌)을 들어서 말했다. "뜰 앞의 측백나무를 오늘 거듭 새롭게 말하여 조주의 관문을 부수고 일부러 말의 뜻을 헤아려 본다. 대중에게 묻겠다. 이미 조주의 관문을 부수었는데 무엇 때문에 일부러 말의 뜻을 헤아리는가?" 잠시 말없이 있다가 말했다. "애초에 풀이 길고 짧은 줄 알았는데, 풀을 태우고 보니 원래 땅이 울퉁불퉁하구나." 이참정(李參政)이 그 말을 듣고는 문득 깨달았다. 그리하여 대혜에게 말했다. "만약 뒷말이 없었다면, 저는 깨닫지 못했을 것입니다."(『대혜보각선사연보』)

다행스러움을 말로 할 수 있겠습니까? 대종장(大宗匠)께서 자상한 자비를 베풀지 않으셨다면, 어찌 이러한 곳에 도달했겠습니까?

答李參政 (漢老) (問書附)

那近扣籌室, 伏蒙激發蒙滯, 忽有省入. 顧惟, 根識暗鈍, 平生學解盡落情見. 一取一捨 如衣壞絮行草棘中適自纏繞. 今一笑頓釋, 欣幸可量? 非大宗匠委曲垂慈, 何以致此?

성(城)에 도착한 이래 옷 입고 밥 먹고 손자 아이를 안고 노는 가지가지 일들이[265] 옛날 그대로입니다만,[266] 이미 구속되고 막히는 느낌도 없고 기이하고 특별하다는 생각을 하지도 않습니다. 그 나머지 오래된 습관과 장애도 점점 가벼워지고 있습니다. 작별할 때 간곡히 당부하신 말씀은 잊지 않고 있습니다.

거듭 생각해 보니, 이제야 비로소 선문(禪門)에 들어왔지만 큰 법(法)에는 아직 밝지 못하여, 시시각각[267] 사물을 대하고 일을 처리함에 아직 장애가 없지 않습니다. 바라옵건대 다시 가르침을 주셔서 마침내 지극함을 얻도록 해 주셔야 스님의 법석(法席)[268]에 흠이 없을 것입니다.

---

265 색색(色色) : 가지가지. 여러 가지.

266 잉구(仍舊) : 예전과 같다. 전과 다름없다.

267 응기(應機) : 때에 따라. 그때그때. 즉시즉시. 시시각각.

268 법석(法席) : 법을 공부하는 자리. 곧 법당(法堂).

118

自到城中, 著衣喫飯, 抱子弄孫, 色色仍舊, 既亡拘滯之情, 亦不作奇特之想. 其餘
夙習舊障, 亦稍輕微. 臨別叮嚀之語, 不敢忘也. 重念, 始得入門, 而大法未明, 應機
接物觸事未能無礙. 更望有以提誨, 使卒有所至, 庶無玷於法席矣.

9. 이참정(李參政) 한로(漢老)에 대한 답서 ⑴

편지에 이르시길,[269] 성에 도착한 이래 옷 입고 밥 먹고 손자를 안고 함께 놀아 주는 것들이 하나하나 옛날과 같으나 이미 꺼달리거나 막히는 느낌이 없고 또한 기특하다는 생각도 하지 않으며 오래된 습관과 장애도 조금씩 가벼워진다고 쓰신 글을 세 번이나 되풀이 읽고는 너무나 기뻤습니다.

이것이 바로 불교를 공부하는 효험입니다. 만일[270] 뛰어난 근기를 가지신 대인(大人) 같은 분이 한 번의 웃음 속에서 모든 것이 다 알맞게 되지[271] 않는다면, 우리 선가(禪家)에 진실로 전하지 못하는 묘한 도리가 있다는 사실을 알 수 없을 것입니다. 만약 대인과 같은 사람이 아니라면 의심과 노여움[272]이라는 두 글자의 법문(法門)을 영원히 때려 부수지 못할 것입니다.

示諭, 自到城中, 著衣喫飯, 抱子弄孫, 色色仍舊, 旣亡拘滯之情, 亦不作奇特之想, 宿習舊障亦稍輕微, 三復斯語, 歡喜躍躍. 此乃學佛之驗也. 儻非過量大人於一笑

---

269 시유(示諭) : 승유(承諭)과 같이 부쳐 온 편지에서 말한 내용을 가리킨다.

270 당(儻) : 만일(혹시) −이라면.

271 백료천당(百了千當) : 모든 것이 다 알맞다. 백 가지에 밝고 천 가지에 알맞다. =천료백당(千了百當).

272 이참정은 처음에 대혜종고의 깨달음이 어느 정도인지 의심하였고, 대혜가 사대부의 공부를 비난하는 것을 보고 분노하였다.

120

中百了千當, 則不能知吾家果有不傳之妙. 若不爾者, 疑怒二字法門, 盡未來際終
不能壞.

가령 허공(虛空)이 저의 입이 되고 풀·나무·기와·돌이 모두 빛을 발
하여 도리를 말하는 것을 도울지라도 역시 어찌할 수 없습니다. 바야흐
로 이 하나의 인연은 전할 수도 없고 배울 수도 없음을 믿고서, 모름지기
스스로 증명(證明)하고 스스로 깨달아 스스로 긍정하고 스스로 쉬어야 비
로소 투철할 것입니다. 공(公)께서는 이제 한 번 웃음에 얻은 것이 문득
사라졌으니 다시 무슨 말을 하겠습니까?

使太虛空爲雲門口, 草木瓦石皆放光明助說道理, 亦不奈何. 方信此段因緣不可傳
不可學, 須是自證自悟自肯自休方始徹頭. 公今一笑, 頓亡所得, 夫復何言?

부처님[273]께서 말씀하셨습니다.

"중생이 말하는 것을 취하지 말지니
모두가 유위(有爲)[274]의 허망한 일이다.

---

273 황면노자(黃面老子) : 석가모니. 황면(黃面), 황두(黃頭)라고 약칭. 석가의 탄생지인 카
   필라 성의 카필라가 황색(黃色)이라는 뜻이므로, 이와 같이 말한다. 석가의 씨족명인 고
   오타마를 붙여 황면구담(黃面瞿曇)이라고도 한다.

274 유위(有爲) : saṃskṛta. 위(爲)는 위작(爲作)·조작(造作)의 뜻. 분별하여 의도적으로 행
   하고 조작하는 모든 일을 가리킨다. 이렇게 분별하여 행하고 조작하는 모든 일은 반드시

비록 다시는 말의 길에 의지하지 않는다 하더라도
또한 말없음에 집착하지도 말아야 한다."[275]

보내 주신 편지의 말씀에, "이미 구속되고 막히는 느낌이 없고 또 기특하다는 생각도 하지 않는다."고 하시니 이는 부처님의 말씀과 그윽히 들어맞는 것입니다. 이와 같이 말하면 부처님의 말씀이라 부르지만, 이와 달리 말하면 마구니의 말이 됩니다.

黃面老子曰 : "不取衆生所言說, 一切有爲虛妄事. 雖復不依言語道, 亦復不著無言說." 來書所說, "旣亡拘滯之情, 亦不作奇特之想." 暗與黃面老子所言契合. 卽是說者名爲佛說, 離是說者卽波旬說.

저는 평소에 '차라리 이 몸으로 모든 중생을 대신하여 지옥의 고통을 받을지언정, 결코 이 입으로 불법(佛法)을 왜곡시켜 중생의 사고방식[276]에 맞게 말함으로써 모든 사람의 안목(眼目)을 흐리게 만들진 않겠다.'는 서원을 세우고 있습니다. 공(公)께서 이미 이러한 곳에 당도하였으니, 이 일이 남으로 말미암아 얻어지는 것이 아님을 알 것입니다. 다만 이전과 다

생(生)·주(住)·이(異)·멸(滅)의 변화를 따르는 허망(虛妄)한 일이다.

275 『대방광불화엄경』제24권 「십회향품(十迴向品)」제25-2에 나오는 금강당보살(金剛幢菩薩)의 게송 가운데 한 구절.

276 인정(人情) : 인지상정(人之常情). 사람의 일반적인 감정이나 생각. 중생에게 익숙한 사고방식인 분별심.

름이 없을 뿐, 또다시 큰 법을 밝히느니 밝히지 못하느니 상황에 따라 막
히느니 막히지 않느니 하고 묻지는 말아야 합니다. 만약 이런 생각을 한
다면 이전과 다르게 됩니다.[277]

山野平昔有大誓願, '寧以此身代一切衆生受地獄苦, 終不以此口將佛法以爲人情
瞎一切人眼.' 公旣到恁麽田地, 自知此事不從人得. 但且仍舊, 更不須問, 大法明未
明, 應機礙不礙. 若作是念, 則不仍舊矣.

편지에 보니 여름이 지나면 다시 성(城)을 나설 것이라 하므로, 저는 매
우 흐뭇합니다.[278] 만약 다시 시끄럽게[279] 찾아다니며[280] 쉬지 못한다면, 이
는 알맞지[281] 않습니다. 지난날에는 공이 크게 기뻐함을 보았기 때문에
감히 말해 주지 않았으니, 지적하는 말이 무시당할까 봐 염려스러웠기[282]

---

277 깨달았더라도 보고 · 듣고 · 느끼고 · 알고 하는 세계는 달라지지 않는다. 단지 망상(妄
想)에 가로막히지 않을 뿐이다. "헛되다고 한다면, 업(業)을 지을 때에도 헛되고, 과보(果
報)를 받을 때에도 헛되고, 깨달을 때에도 헛되고, 어리석게 전도(顚倒)될 때에도 헛되
고, 과거 · 현재 · 미래가 모두 헛됩니다. 오늘 잘못되었음을 알았다면, 헛됨을 약으로 삼
아 다시 헛된 병을 치료해야 합니다. 병이 나아 약을 치우면, 여전히 다만 옛날 그 사람일
뿐입니다. 만약 다른 사람이 있고 다른 법(法)이 있다면, 이것은 삿된 외도(外道)의 견해
입니다."(『대혜서장(大慧書狀)』 '증시랑 천유에 대한 답서(1)')
278 협의(愜意) : 만족하다. 흐뭇하다. 흡족하다. 개운하다. 협(愜)은 협(愜)으로 보아야 한
다.
279 열황(熱荒) : 소란(騷亂). 혼란. 시끄러움.
280 치구(馳求) : 찾아서 다니다. 찾아서 헤매다.
281 상당(相當) : ①적당하다. 알맞다. ②동의하다.
282 공상언어(恐傷言語) : 지적하는 말이 무시당할까 봐 염려하다. 언어(言語)는 '지적하는

때문입니다. 이제 공의 기쁨도 이미 가라앉았으므로 감히 가리켜 보겠습니다. 이 일은 결코 경솔히[283] 해서는 안 되고, 반드시 얻기 어렵다는[284] 생각을 해야 합니다.

흔히 근기가 날카롭고 지혜가 뛰어난 사람이 힘들지 않게 얻고서는 드디어 경솔한 마음을 내어 곧 수행(修行)하지 않음으로써, 쉽사리 눈앞의 경계에 끄달려 주인공 노릇을 하지 못하게 됩니다. 그리하여 날이 가고 달이 갈수록 헤매 다니며 돌아오지 못하면, 도(道)의 힘이 업(業)의 힘을 이기지 못하여 마구니가 기회를 얻게 됩니다. 결정적으로 마구니에게 사로잡혀 버리면, 목숨이 떨어질 때가 되어도 역시 힘을 얻지 못합니다. 반드시 기억해 두십시오.

承過夏後方可復出, 甚陝病僧意. 若更熱荒馳求不歇, 則不相當也. 前日見公歡喜之甚 以故不敢說破, 恐傷言語. 今歡喜旣定, 方敢指出. 此事極不容易, 須生慚愧始得. 往往利根上智者, 得之不費力, 遂生容易心, 便不修行, 多被目前境界奪將去, 作主宰不得. 日久月深, 迷而不返, 道力不能勝業力, 魔得其便. 定爲魔所攝持, 臨命終時亦不得力. 千萬記取.

지난날 하신 말씀에 "이(理)라면 문득 깨달으니 깨달음을 타고서 모두

말', '질책하는 말', '책망하는 말'이라는 뜻.

283 용이(容易) : ①경솔하다. 신중하지 않다. ②등한히 하다. 힘들이지 않다. ③대강대강.

284 참괴(慚愧) : ①감격스러운. 요행인. ②희유한. 얻기 어려운. ③부끄럽다.

가 녹아 버리지만, 사(事)는 문득 없어지지 않고 점차 점차 사라진다."[285]
고 하셨는데, 가고 · 머물고 · 앉고 · 누움에 이것을 절대 잊어서는 안 됩니다. 그 밖에 옛사람들의 여러 가지 다양한 말들도 일절 진실하다고 여겨서는 안 되고, 또한 헛되다고 여겨서도 안 됩니다.[286] 오랫동안 순수하게 익어 가다 보면, 저절로 자기의 본래 마음과 말없이 하나가 될 것이니, 뛰어나고 특별한 것을 따로 찾을 필요는 없습니다.

前日之語:"理則頓悟乘悟倂銷, 事則漸除因次第盡." 行住坐臥切不可忘了. 其餘古人種種差別言句, 皆不可以爲實, 然亦不可以爲虛. 久久純熟, 自然默默契自本心矣, 不必別求殊勝奇特也.

옛날 수료(水潦) 스님은 등나무를 캐는 곳에서 마조(馬祖)에게 물었습니다.
"무엇이 조사가 서쪽에서 오신 뜻입니까?"
마조가 말했습니다.
"가까이 오라. 그대에게 말해 주겠다."
수료가 가까이 오자마자 마조는 앞을 막아서서 발로 차서 넘어뜨렸습니다. 수료는 자기도 모르게 일어나서는 손뼉을 치며 크게 웃었습니다. 마조가 말했습니다.

---

285 『수능엄경』 제10권에 나오는 구절.
286 안목이 생기면 저절로 보인다. 그러므로 생각으로 판별하여 옳다거나 그르다고 해서는 안 된다.

"그대는 무슨 도리(道理)를 보았기에 바로 웃느냐?"

수료가 말했습니다.

"온갖 법문(法門)과 헤아릴 수 없는 묘한 뜻을 오늘 터럭 하나 위에서[287] 근원까지 완전히 다 알았습니다."

마조는 곧 그를 간섭하지 않았습니다.[288]

昔水潦和尙於採藤處問馬祖: "如何是祖師西來意?" 祖云: "近前來, 向爾道." 水潦

纔近前, 馬祖欄胸一踏踏倒. 水潦不覺起來拍手呵呵大笑. 祖曰: "汝見箇甚麽道理

便笑?" 水潦曰: "百千法門無量妙義, 今日於一毛頭上, 盡底識得根源去." 馬祖便

不管他.

설봉(雪峰)은 고산(鼓山)의 인연이 무르익은 것을 알고, 하루는 문득 갑자기 멱살을 쥐어 꼼짝 못하게 하고는 말했습니다.

"무엇이냐?"[289]

---

287 일모두상(一毛頭上) : ①터럭 하나. 터럭 하나 위에서. =향일모두상(向一毛頭上). ②하찮은 일로. 사소한 일로.

288 『오등회원』 제3권 '홍주수료화상(洪州水潦和尙)'. 『사가어록』과 『경덕전등록』에는 홍주수로화상(洪州水老和尙)으로 되어 있고, 『연등회요』와 『오등회원』에는 홍주수료화상(洪州水潦和尙)으로 되어 있다.

289 '是甚麽?' 혹은 '是箇甚麽?'는 흔히 '이뭣고?'(이것이 무엇인가?)라고 번역하지만, 정확한 번역은 '무엇인가?'이다. '시(是)'는 '이것'이라는 대명사가 아니라 '-이다'라는 뜻의 동사(動詞)이다. '심마(甚摩)'는 '무엇'이라는 뜻의 의문사이고, '개(箇)'는 헤아릴 수 있는 명사에 붙는 양사(量詞)이다. 시심마(是甚麽)는 이미 이름은 알고 있으면서 그 내용을 물을 때에 하는 질문으로 "무엇인가?" "어떤 것인가?" 정도의 뜻.

고산은 시원하게 깨닫고는 깨달은 마음조차 곧 없어져서, 다만 미소 지으며 손을 들어 흔들 뿐이었습니다. 설봉이 말했습니다.

"그대가 도리(道理)를 이루었느냐?"

고산은 다시 손을 흔들며 말했습니다.

"스님, 무슨 도리가 있겠습니까?"

설봉은 곧 그만두었습니다.[290]

雪峰知鼓山緣熟, 一日忽然驀胸擒住曰 : "是甚麽?" 鼓山釋然了悟, 了心便亡, 唯微 笑擧手搖曳而已. 雪峰曰 : "子作道理耶?" 鼓山復搖手曰 : "和尚何道理之有?" 雪峰 便休去.

몽산(蒙山)의 도명(道明) 선사(禪師)가 노행자(盧行者)를 쫓아가 대유령(大 庾嶺)에 이르러 의발(衣鉢)을 빼앗으려고 하니, 노행자는 바위 위에 의발 을 던져두고 말했습니다.

"이 옷은 믿음을 나타내는 것이니 힘으로 다툴 수가 있겠는가? 당신 마음대로 가져가시오."

도명이 옷을 집어 들려고 하였으나 옷은 움직이지 않았습니다. 이에 도명이 말했습니다.

"나는 법(法)을 구하러 온 것이지 의발 때문에 온 것이 아닙니다. 행자 께서는 법을 열어 보여 주십시오."

290 『경덕전등록』 제18권 '복주고산흥성국사(福州鼓山興聖國師)'.

노행자가 말했습니다.

"좋다고도 생각하지 말고 나쁘다고도 생각하지 마십시오. 바로 이러한 때에, 무엇이 스님의 본래면목(本來面目)입니까?"

도명은 즉시 크게 깨달았는데, 온몸에 진땀이 솟았습니다. 눈물을 흘리며 절을 하고 말했습니다.

"위로부터 내려온 은밀한 말과 은밀한 뜻 밖에 또다시 무슨 뜻이 있습니까?"

노행자가 말했습니다.

"내가 지금 당신에게 말하는 것은 은밀한 뜻이 아닙니다. 당신이 만약 자기의 면목(面目)을 되돌아본다면, 은밀한 뜻은 도리어 당신에게 있습니다. 내가 말한다면, 은밀하지 않은 것입니다."[291]

蒙山道明禪師, 趁盧行者至大庾嶺奪衣鉢, 盧公擲於石上曰: "此衣表信, 可力爭耶? 任公將去." 明擧之不動. 乃曰: "我求法, 非爲衣鉢也. 願行者開示." 盧公曰: "不思善不思惡正當恁麽時, 那箇是上座本來面目?" 明當時大悟, 通身汗流. 泣淚作禮曰: "上來密語密意外, 還更有意旨否?" 盧公曰: "我今爲汝說者, 卽非密意. 汝若返照自己面目 密却在汝邊. 我若說得, 卽不密也."

이 세 분의 세 가지 인연과 공(公)이 한 번 웃음 속에서 풀려 버린 일을 비교하면 그 낫고 못함이 어떻습니까? 스스로 판단해 보십시오. 다시 다

---

291 『경덕전등록』 제4권 '원주몽산도명선사(袁州蒙山道明禪師)'.

른 특별한 도리(道理)가 있습니까? 만약 다시 다른 것이 있다면, 도리어 일찍이 풀려 버리지 않은 것과 같습니다. 다만 부처 될 줄만 알면 그만이지, 부처가 말할 줄 모를까 봐 근심하지는 마십시오.

以三尊宿三段因緣, 較公於一笑中釋然, 優劣何如? 請自斷看. 還更別有奇特道理麼? 若更別有, 則却似不曾釋然也. 但知作佛, 莫愁佛不解語.

옛날부터 도를 얻은 사람은 자기를 먼저 충족한 뒤에, 자기의 마음에 비추어 나머지를 헤아립니다.[292] 시시각각 사물을 응대함에 마치 밝은 거울이 받침대에 자리 잡고 있는 것 같고, 밝은 구슬이 손바닥에 있는 것 같아서, 오랑캐가 오면 오랑캐가 나타나고 한인(漢人)이 오면 한인이 나타나지만, 일부러 하는[293] 일이 아닙니다. 만약 일부러 한다면, 남에게 줄 진실한 법(法)이 있게 될 것입니다.

공(公)이 대법(大法)에 밝기를 바라고 시시각각 막힘없기를 바란다면, 단지 예전과 다름없을 뿐이고 남에게 물을 필요는 없습니다. 오래오래 지나면 저절로 머리를 끄덕이게 될 것입니다. 출발할 때에[294] 마주하여 드린 말씀을 옆에다 적어 두고 좌우명으로 삼으십시오. 이 밖에 따로 드릴 말씀은 없습니다. 비록 드릴 말씀이 있다고 하더라도, 공의 처지에서

---

292 추기지여(推己之餘) : 자기의 마음으로 미루어 그 나머지를 헤아리다.

293 착의(着意) : 일부러. 고의로. 의식적으로.

294 임행(臨行) : 출발할 때가 되다.

는 모두 쓸데없는 군소리일 것입니다. 말[295]이 너무 많았군요. 우선 이 정도로 해 둡시다.[296]

古來得道之士, 自己旣充足, 推己之餘. 應機接物, 如明鏡當臺明珠在掌, 胡來胡現漢來漢現, 非著意也. 若著意, 則有實法與人矣. 公欲大法明應機無滯, 但且仍舊, 不必問人. 久久自點頭矣. 臨行面稟之語, 請書於座右. 此外別無說. 縱有說, 於公分上, 盡成剩語矣. 葛藤太多. 姑置是事.

---

295 갈등(葛藤) : 칡과 등 넝쿨이 얽혀 있음. 선(禪)에서는 분별망상(分別妄想), 망상번뇌(妄想煩惱), 혹은 분별(分別)된 개념(槪念)인 언어문자(言語文字)를 가리킴. 언어문자는 학인을 지도하는 수단이지만, 동시에 학인을 묶어서 공부를 막는 장애가 되므로 갈등이라고 한다.

296 고치(姑置) : 잠시(잠간) 내버려 두자. 우선 이 정도 해 두자.

10. 이참정(李叅政) 한로(漢老)가 묻는 편지 (2)

　제가 근래 깨우쳐 주시는 답신을 받아 보니 깊은 뜻을 모두 갖추고 있었습니다. 제가 스스로 경험한 셋이 셋이 있으니, 첫째는 일을 함에는 막히거나 순조롭거나에 상관없이 인연을 따라 응하되 마음속에 남겨 두지 않음이요, 둘째는 오래되어서 두터운 습기를 버리거나 물리치지 않아도 저절로 가볍고 작아짐이요, 셋째는 옛사람의 공안(公案)[297]이 전에는 막막하였는데 요사이 다시 살펴보니 이것이 본래 어두운 것이 아니었습니다.

　앞의 편지에서 대법(大法)에 아직 밝지 못하다고 말한 것은 작은 것을

297　공안(公案) : ①공무(公務)에 관한 문안(文案). 관청에서 결재(決裁)되는 안건(案件). 공문서(公文書). ②쟁송(爭訟) 중인 안건. 쟁점이 되고 있는 안건. ③공무를 처리할 때에 사용하던 큰 책상. ④선문(禪門)에서는 부처와 조사가 열어 보인 불법(佛法)의 도리를 가리키는 말을 뜻한다. 공안은 당대(唐代) 선승들의 문답에서 비롯되었는데, 송대(宋代)에 이르자 앞 시대 선승들의 어록(語錄)에 기록된 문답들이 선공부에서 참구(叅究)하는 자료로 활용되면서 많은 공안들이 만들어졌다. 공안은 화두(話頭), 고칙(古則)이라고도 한다. 1,700공안이라는 말은 『경덕전등록』에 대화가 수록된 선승의 숫자가 1,701명이었던 것에서 유래하였다. 최초의 공안집(公案集)은 운문종(雲門宗)의 설두중현(雪竇重顯; 980-1052)이 화두 100칙(則)을 모아 만든 『설두송고(雪竇頌古)』이며, 여기에 원오극근(圜悟克勤; 1063-1135)이 다시 수시(垂示), 착어(著語), 평창(評唱) 등을 붙여서 『벽암록(碧巖錄)』을 만들었다. 무문혜개(無門慧開; 1183-1260)는 고칙공안 48칙을 모아 평창(評唱)과 송(頌)을 붙여 『무문관(無門觀)』을 저술하였다. 『벽암록』과 『무문관』은 임제종(臨濟宗)의 공안집들이다. 한편, 굉지정각(宏智正覺; 1091-1157)이 화두 100칙에 송(頌)한 것에 만송행수(萬松行秀; 1165-1246)가 평창을 붙여 간행한 『종용록(從容錄)』은 조동종(曹洞宗)의 종풍을 거양한 공안집이다. 우리나라의 공안집으로는 고려시대 진각혜심(眞覺慧諶; 1178-1234)이 고칙 1,463칙을 모아 편찬한 『선문염송(禪門拈頌)』이 있다.

얻고 만족할까 봐 두려웠기 때문입니다. 마땅히 더욱 넓고 두텁게 할지언정 어찌 따로 더 뛰어난 이해를 찾겠습니까? 현재 흐르는 번뇌를 깨끗이 제거하는 것도 이치에서라면 없지 않으니, 감히 스님의 은혜를 마음 깊이 새겨 두고 늘 감사하지[298] 않을 수 있겠습니까?

又

邴比蒙誨答, 備悉深旨. 邴自有驗者三, 一事無逆順, 隨緣卽應, 不留胸中, 二宿習濃厚 不加排遣, 自爾輕微, 三古人公案, 舊所茫然, 時復瞥地, 此非自昧者. 前書大法未明之語 蓋恐得少爲足. 當擴而充之, 豈別求勝解耶? 淨除現流, 理則不無, 敢不銘佩?

---

298 명패(銘佩) : 은공을 마음 깊이 새겨 두고 늘 감사하다. 마음속으로 감사히 여기다.

11. 이참정(李參政) 한로(漢老)에 대한 답서 (2)

편지를 받아 보니 우러러보는 마음이 더욱 더합니다. 모르겠습니다만, 요사이[299] 인연 따라 비워 가서 뜻대로 자유롭습니까? 가고·머물고·앉고·눕고 하는 행동거지에서 잡다하고 피곤한 번뇌[300]에 굴복하지는 않습니까? 잠과 깸의 양쪽에서 한결같을 수 있습니까?[301] 이전처럼 생활하

---

299 일래(日來) : 요사이. 요즈음.

300 진로(塵勞) : 번뇌의 다른 이름. 두 가지 뜻이 있다. ①진(塵)은 육진(六塵), 노(勞)는 노권(勞倦). 객관세계인 6진의 경계를 따라 마음의 번뇌가 일어나서 피곤하게 되므로 번뇌를 진로라 함. ②진은 오심(汚心), 노는 근고(勤苦). 번뇌는 마음을 어지럽게 하여 우리로 하여금 괴롭고 애쓰게 하므로 진로라 함. 이것은 종밀(宗密)이 지은 『원각경소초』 제1권에 풀이되어 있다.

301 『수능엄경(首楞嚴經)』 제10권의 첫 부분에 다음의 내용이 있다 : "아난(阿難)아, 저 선남자는 삼매(三昧)를 닦아서 상온(想蘊)이 다 소멸한 자이다. 이 사람은 평상시에 꿈과 생각이 소멸하여 자나 깨나 늘 한결같다. 깨달음은 밝고 텅 비고 고요하여 마치 맑게 갠 하늘과 같아서, 다시는 굵직한 앞서의 티끌 그림자가 없다. 세간의 모든 산하대지(山河大地)를 보면 마치 거울에 밝게 비친 듯하여, 다가와도 붙잡지 않고 지나가도 흔적이 없다. 헛되이 비추고 반응하니 오래된 습기(習氣)가 전혀 없고 오직 하나의 맑고 참됨이 있을 뿐인데, 생겨나고 사라지는 뿌리가 원래 이것에서 나타난다."(阿難, 彼善男子, 修三摩提, 想陰盡是. 是人平常, 夢想銷滅, 寤寐恒一. 覺明虛靜, 猶如晴空, 無復麤重, 前塵影事. 觀諸世間, 大地河山, 如鏡鑑明, 來無所粘, 過無蹤跡, 虛受照應, 了罔陳習, 惟一精眞, 生滅根元, 從此披露.) '꿈과 생각이 소멸하여 자나 깨나 한결같다.' 한 것에서 '소멸'을 '다 사라져 없다'는 단멸(斷滅)한 경계로 이해해서는 안 된다. 불법(佛法)은 단멸도 상주(常住)도 아니다. 단멸과 상주는 한쪽으로 치우친 변견(邊見)이니, 외도의 분별일 뿐이다. 그러므로 『육조단경』에서 육조혜능은 지도 선사에게 『열반경』을 가르치면서 생멸(生滅)이 곧 적멸(寂滅)이어서 생멸과 적멸은 둘이 아니라고 한 것이다. 불법은 불이법(不二法)이다. '꿈과 생각이 소멸하였다'고 하여 '꿈과 생각이 없다'고 이해해서도 안 되고, '자나 깨나 한결같다'고 하여 '자나

는 곳에서 원래의 모습을 바꾸지는[302] 않았습니까? 중생의 분별심[303]을 이어 가지는 않습니까?

信後益增瞻仰. 不識, 日來隨緣放曠如意自在否? 四威儀中不爲塵勞所勝否? 寤寐二邊得一如否? 於仍舊處無走作否? 於生死心不相續否?

다만 세속적인 분별심을 없애면 될 뿐, 따로 성스러운 지식과 이해[304]는 없습니다.[305] 공(公)은 이미 한 번 웃음에서 바른 눈이 활짝 열려서 깨

___

깨나 한결같음이 있다'고 이해해서도 안 된다.

302 주작(走作) : 본래의 규범에서 벗어나다. 원래의 모양을 바꾸다. =조작(造作).

303 생사심(生死心) : 분별과 차별 속에서 취하고 버리고 조작하는 중생의 분별심(分別心). 『사가어록(四家語錄)』「강서마조도일선사어록(江西馬祖道一禪師語錄)」에서 말하기를, "도(道)는 닦을 필요가 없으니, 단지 오염되지만 마라. 무엇이 오염인가? 생사심(生死心)이 있기만 하면 조작하고 좇아다니니, 이들이 모두 오염이다. 만약 곧장 도를 깨닫고자 한다면, 평상심(平常心)이 곧 도이다. 무엇을 일러 평상심이라 하는가? 조작이 없고, 옳고 그름을 따짐이 없고, 취하고 버림이 없고, 단절(斷絶)과 항상(恒常)이 없고, 범부와 성인이 없는 것이다."(道不用脩, 但莫汚染. 何爲汚染? 但有生死心, 造作趣向, 皆是汚染. 若欲直會其道, 平常心是道. 何謂平常心? 無造作, 無是非, 無取捨, 無斷常, 無凡無聖.)라고 하였다. 그러므로 생사심(生死心)은 평상심(平常心)과 상대되는 말이니, 조작하고, 옳고 그름을 따지고, 취하고 버림이 있고, 단절과 항상이 있고, 범부와 성인의 차별이 있는 것이 곧 생사심(生死心)이다. 『선문요략(禪門要略)』에서는 "앞의 아홉이 세간심(世間心)이요, 생사심(生死心)이며, 뒤의 하나가 출세간심(出世間心)이요, 열반심(涅槃心)이요, 성인심(聖人心)이요, 해탈심(解脫心)이다."(前九是世間心, 是生死心, 後一是出世心, 是涅槃心, 是聖人心, 是解脫心.)라고 하였다.

304 지해(知解) : 분별하여 알음알이로 이해하는 것.

305 망상(妄相)에서 깨어나면 될 뿐, 따로 실상(實相)이 없다.

134

달은 소식조차 문득 사라졌으니, 힘을 얻음과 얻지 못함은 마치 사람이
물을 마셔 보아 그 차갑고 따스함을 스스로 아는 것과 같습니다.[306]

但盡凡情, 別無聖解. 公旣一笑, 豁開正眼, 消息頓亡, 得力不得力, 如人飮水冷煖
自知矣.

그러나 일상생활 속에서는 "그 성질 자체[307]를 도려내고, 그 주변의 원

---

306 『달마혈맥론(達摩血脈論)』에 다음 구절이 나온다 : "마치 사람이 물을 마셔서 차갑고
    따뜻함을 스스로 아는 것과 같아서, 남에게 말할 수가 없는 것이다."(如人飮水冷暖自知,
    不可向人說也.)

307 정성(正性) : 바로 그 성질. 그 자체.

308 조인(助因) : 주변에서 돕는 원인. 간접적 원인.

309 현업(現業) : 금생(今生)에 업을 지어 금생에 그 과보를 받는 업. 순현수업(順現受業)의
    준말.

310 『수능엄경』 제8권 초입에 나오는 내용. 앞뒤 문맥은 다음과 같다 : 아난아! 이와 같이
    하나하나의 중생 속에는 각각 12가지 뒤집힘이 갖추어져 있으니, 마치 눈을 비벼서 허공
    에 헛꽃이 생기는 뒤집힘과 같다. 현묘하고 두루하고 참되고 맑고 밝은 마음이 이와 같이
    허망(虛妄)하고 어지러운 망상(妄想)을 갖추고 있다. 너는 지금 부처님의 삼매(三昧)를
    닦아서 깨달아야 하는데, 이처럼 본래 어지러운 망상이 갖추어져 있기 때문에 세 단계를
    세워서 하나하나 없애 가야 하는 것이다. 마치 깨끗한 그릇 속에서 썩은 꿀을 제거함에,
    끓는 물에 여러 가지 향(香)을 태운 재를 섞어 그 그릇을 씻어 낸 뒤에 맑은 물을 담아 두
    는 것과 같다. 어떤 것이 세 단계인가? 첫째는 수습(修習)이니 그 조인(助因)을 제거함이
    요, 둘째는 진수(眞修)이니 그 정성(正性)을 도려냄이요, 셋째는 증진(增進)이니 그 현업
    (現業)을 따르지 않는 것이다.(阿難! 如是衆生一一類中, 亦各各其十二顚倒, 猶如揑目亂花發
    生顚倒. 妙聞眞淨明心, 其足如斯虛妄亂想. 汝今修證佛三摩提, 於是本因元所亂想, 立三漸次方得
    除滅. 如淨器中除去毒蜜, 以諸湯水幷雜灰香, 洗滌其器後貯甘露. 云何名爲三種漸次? 一者修習,
    除其助因, 二者眞修, 剋其正性, 三者增進, 違其現業.)

135

인[308]을 제거하고, 그 현업(現業)[309]에서 벗어난다."[310]라고 하신 석가모니[311]
의 말씀에 의지해야 합니다. 이것이 바로 일 마친 대장부의 방편 없는 가
운데의 참된 방편이며, 닦아 깨달음[312] 없는 가운데의 참된 닦아 깨달음
이며, 취하고 버림 없는 가운데의 참된 취하고 버림입니다.[313]

然日用之間, 當依黃面老子所言:"刳其正性, 除其助因, 違其現業." 此乃了事漢, 無
方便中眞方便, 無修證中眞修證, 無取捨中眞取捨也.

옛 스님은 "피부가 모두 떨어져 나가고 오직 하나의 진실만이 있다."[314]

---

311 황면노자(黃面老子) : 석가모니. 황면(黃面), 황두(黃頭)라고 약칭. 석가의 탄생지인 카
    필라 성의 카필라가 황색(黃色)이라는 뜻이므로, 이와 같이 말한다. 석가의 씨족명인 고
    오타마를 붙여 황면구담(黃面瞿曇)이라고도 한다.
312 수증(修證) : 깨달음을 얻기 위한 노력인 수행(修行)과 수행의 결과 얻어진 깨달음.
313 이치로는 본래 공부할 것도 깨달을 것도 없지만, 공부하여 깨닫지 않으면 역시 망상에
    뒤덮인 중생을 벗어나지 못한다. 본래 공부하는 것도 깨닫는 것도 모두 하나의 법이 뿐이
    지만, 공부하여 깨닫지 않으면 모두가 망상일 뿐이다. 참으로 불이법에 들어맞으면 문득
    깨달아 분별심을 벗어나 텅 비고 가벼워지지만, 습기(習氣)는 시간이 충분히 지나면서
    점차 깨끗해지고 안목도 깊어진다.
314 『오등회원』 제5권 '풍주약산유엄선사(灃州藥山惟儼禪師)'에 다음의 이야기가 있다 : 약
    산유엄(藥山惟儼; 745~828) 선사가 처음 석두(石頭)를 찾아가서는 바로 물었다. "삼승십
    이분교(三乘十二分敎)는 제가 대략 압니다. 그런데 남방(南方)의 직지인심(直指人心)과
    견성성불(見性成佛)을 늘 듣고는 있습니다만, 도무지 알 수가 없습니다. 엎드려 바라건대
    스님께서 자비로써 가리켜 주십시오." 석두가 말했다. "이렇게 해도 안 되고, 이렇게 하
    지 않아도 안 되고, 이렇게 하고 또 이렇게 하지 않아도 모두 안 된다. 그대는 어떻게 하
    겠는가?" 약산이 멍하니 있자, 석두가 말했다. "그대의 인연(因緣)은 이곳에 있지 않으
    니, 마조 대사가 있는 곳으로 가거라." 약산은 석두가 시키는 대로 마조를 찾아가 공손히

라고 하였으니, 마치 전단나무[315]의 무성한 가지가 모두 떨어져 나가면 오직 참 전단만이 있는 것과 같습니다. 이것이 현업(現業)에서 벗어나고 주변의 간접 원인을 제거하고 그 자체를 도려내는 일의 지극함입니다. 공께서도 한번 생각해 보시기 바랍니다.

古德云:"皮膚脫落盡, 唯一眞實在" 又如栴檀繁柯脫落盡唯眞栴檀在. 斯達現業除助因剋正性之極致也. 公試思之.

이와 같은 말도 일 마친 대장부의 입장에서는 섣달의 한 자루 부채와 같이 쓸모없는 것입니다만, 아마 남쪽 지방은 춥고 더움이 일정하지 않

절하고 석두에게 물었던 질문을 다시 꺼내자, 마조가 말했다. "나는 어떤 때에는 그에게 눈썹을 치켜올리고 눈을 깜빡이도록 시키고, 어떤 때에는 그에게 눈썹을 치켜올리고 눈을 깜빡이도록 시키지 않는다. 어떤 때에는 눈썹을 치켜올리고 눈을 깜빡이는 것이 옳고, 어떤 때에는 눈썹을 치켜올리고 눈을 깜빡이는 것이 옳지 않다. 그대는 어떻게 하겠는가?" 약산이 말끝에 깨닫고는 곧 절을 올리니, 마조가 말했다. "그대는 무슨 도리(道理)를 보았기에 절을 하는가?" 약산이 말했다. "제가 석두에서는 마치 모기가 쇠로 만든 소위에 앉은 것과 같았습니다." "그대가 이미 그러하다면, 잘 지켜 가지고 있어라." 약산이 마조를 곁에서 모시고 지내기를 3년이 지났는데, 하루는 마조가 물었다. "그대는 요즈음 견처(見處)가 어떤가?" "피부가 다 떨어져 나가고 오직 하나의 진실이 있을 뿐입니다." "그대가 얻은 것은 마음의 본체에 합하고 사지(四肢)에 두루 퍼졌다고 할 만하다."

315   전단(栴檀) : candana. 전단(栴檀) · 전단나(栴檀娜) · 전탄나(栴彈那)라고 음역. 여약(與藥)이라 번역. 향(香)나무 이름. 상록수로, 보통 20−30피트의 크기, 향기를 머금고 있어서 조각도 하고, 뿌리와 함께 가루를 만들어 향으로 쓰거나, 향유를 만들기도 한다. 1−2 마디 되는 칼끝 모양의 잎이 마주 나고, 꽃은 주머니 모양이며, 씨가 굳고 둥근 열매가 연다. 인도의 남쪽 데칸 고원 지방에서 많이 난다.

으니,[316] 없어서는 안 될[317] 것입니다. 하! 하! 하!

如此說話, 於了事漢分上, 大似一柄臘月扇子, 恐南地寒暄不常也, 少不得. 一笑!

---

316 날씨를 빗대어서 공부를 말한다. 마음이란 언제든 망상분별 속에 떨어져 헤맬 수가 있
   는 것이다.
317 소부득(少不得) : ①빼놓을 수 없다. 없어서는 안 된다. ②~하지 않을 수 없다. ③(부
   사)정녕. 결단코.

12. 강급사(江給事) 소명(少明)에 대한 답서

　사람이 한평생 살아가는데 백 년의 세월이 얼마나 되겠습니까? 공(公)께서는 가난한 집[318]에서 태어나 집안을 일으키고 요직을 두루 거치며 깨끗이 처신하셨으니, 세속에서는 가장 복을 많이 받은 사람입니다. 또, 부끄러운 줄도 잘 알아서 마음을 도(道)를 향하여 돌려 세간(世間)을 벗어나고 삶과 죽음을 뛰어넘을 법(法)을 배우시니, 이 또한 세속에서 가장 이기적인[319] 사람입니다. 모름지기 서둘러 조치를 취해[320] 냉담하게 무시하여[321] 남의 지시[322]를 받지 않고, 스스로 본래면목(本來面目)[323]을 깨달아[324] 곳곳[325]에서 밝아야만, 바로 세간과 출세간에서 할 일을 마친 대장부입니다.

　答江給事(少明)

318　백옥(白屋) : 띳집. 모옥(茅屋). 가난한 초가집.

319　토편의(討便宜) : 자기 이익만을 꾀하다. 이기적인 짓을 하다.

320　착수각(着手脚) : 조치를 취하다. 손을 쓰다. =주수각(做手脚).

321　냉각면피(冷却面皮) : 냉담하다. 냉담해지다. 무시하다.

322　차배(差排) : 명령하다. 지시하다. 시키다. 배치하다. 처리하다. 보내다.

323　본명원진(本命元辰) : 본명(本命)은 태어난 해의 간지(干支). 원진(元辰)은 사람의 운명을 좌우한다는 음양(陰陽)의 두 별. 선가(禪家)에서는 본명원진을 본래의 자기, 본성, 본래면목이라는 뜻으로 사용한다.

324　이회(理會) : ①이해하다. 알아차리다. ②깨닫다. ③따지다. 헤아리다. ④처리하다. 요리하다.

325　거처(去處) : 갈 만한 곳. 곳곳. 도처.

人生一世, 百年光陰, 能有幾許? 公白屋起家, 歷盡淸要, 此是世間第一等受福底
人. 能知慚愧, 回心向道, 學出世間脫生死法, 又是世間第一等討便宜底人. 須是急
著手脚冷却面皮, 不得受人差排, 自家理會本命元辰, 敎去處分明, 便是世間出世
間一箇了事底大丈夫也.

보내 주신 편지에 보니 매일 이참정(李參政)과 이야기를 주고받는다고
[326] 하시니 매우매우 좋습니다. 이분[327]은 찾아다니는 마음을 쉬어서 말의
길이 끊어지고 마음 가는 곳이 없어져서, 차별되는 여러 다른 길[328]에서
옛사람의 행위[329]를 살펴보면서도 옛사람의 방편인 문자(文字)에는 묶이
지 않더군요. 저는 그분이 이러함을 보았기 때문에 다시는 한마디 말도
그에게 해 주지 않았는데, 그를 농락할까 봐[330] 두려웠기 때문입니다. 다
만 그분이 앞으로 스스로 저와 이야기를 나누고자 할 때에는, 비로소 그
분과 서로 눈썹을 맞대고[331] 따져 볼 것이고, 단지 이렇게 곧장 쉬고만 있
지는 않을 것입니다.

---

326 도화(道話) : 이야기를 주고받다.

327 이참정(李參政)을 가리킨다.

328 경론(經論)과 어록(語錄)에 나타나는 여러 가지 방편(方便)의 말씀들.

329 각수(脚手) : 손과 발. 행동. 행위. 배역. 역할.

330 둔치(鈍置) : (심신을) 괴롭히다. 놀리다. 속이다. 조롱하다. 농락하다.

331 미모시결(眉毛廝結) : 직역하면 '눈썹을 서로 잡아매다'는 뜻으로, 가까이 마주하여 있
    음을 가리킨다. 시(廝)는 '서로'라는 뜻의 부사. 착 달라붙어 놓지 않고 한판 겨루다. 한곳
    에 모이다. 한곳에서 합하다. =미모상결(眉毛相結).

承連日去與參政道話, 甚善甚善. 此公歇得馳求心, 得言語道斷心行處滅, 差別異路, 覷見古人脚手, 不被古人方便文字所羅籠. 山僧見渠如此, 所以更不曾與之說一字, 恐鈍置他. 直候渠將來, 自要與山僧說話, 方始共渠眉毛廝結理會在, 不只恁麼便休.

도를 배우는 사람이 찾아다니는 마음을 쉬지 못한다면, 비록 그와 눈썹을 서로 맞대고 따져 보았자 무슨 이익이 있겠습니까? 바로 어리석게 바깥으로 달려 나가는 일일 뿐입니다. 옛사람이 말했습니다.

"선(善)을 가까이 하는 자는 마치 안개 속을 걸어가는 것과 같아서, 비록 바로 옷이 젖지는 않더라도 시간이 지날수록 축축해지는 것과 같다."[332]

그저 자주 이참정과 더불어 이야기를 나누시길 빌고 또 빕니다.

學道人, 若馳求心不歇, 縱與之眉毛廝結理會, 何益之有? 正是癡狂外邊走耳. 古人云 : "親近善者, 如霧露中行, 雖不濕衣, 時時有潤." 但頻與參政說話, 至禱至禱.

옛사람이 내리신 가르침의 말씀을 제멋대로 마구[333] 파고들어서는 안 됩니다. 예컨대 마조(馬祖) 대사에게 남악회양(南嶽義讓) 스님이 설법(說法)

---

332 『위산경책(潙山警策)』에 나오는 구절.

333 호란(胡亂) : ①어지럽다. ②실없이. ③아쉬운 대로 참고 견디다. 그럭저럭 살아가다. ④마음대로 하다. 형편 닿는 대로 하다. 좋을 대로 하다. ⑤자유로이. 함부로. 제멋대로. 마구. 아무렇게나. ⑥소홀하다. 데면데면하다.

하시길 "비유컨대 소가 수레를 끌고 있는데 수레가 움직이지 않으면 수레를 때려야 옳은가? 소를 때려야 옳은가?"[334]라고 하였는데, 마조 스님은 그 말을 듣고서 즉시[335] 돌아갈 곳을 깨달았습니다.[336] 이 몇 구절의 말을 가지고 여러 곳에서 얼마간[337] 설법하는 것이 천둥 같고 번개 같고 구름 같고 비 같습니다만, 깨닫지는 못하고 이름과 언구(言句)를 잘못 알고서[338] 말을 따라 이해할 뿐입니다.

---

334 『사가어록』「마조록」에 나오는 내용인데, 다음과 같다 : 마조도일(馬祖道一)은 당(唐)나라 개원(開元) 연간(年間)에 형악(衡嶽)의 전법원(傳法院)에서 선정(禪定)을 익히다가 회양(懷讓) 화상을 만났다. 회양은 도일이 진리를 담을 만한 그릇이 됨을 알아보고는 물었다. "스님은 좌선(坐禪)하여 무엇을 하려고 하시오?" 도일이 말했다. "부처가 되려고 합니다." 회양은 이에 벽돌 한 개를 가져와 그 암자 앞에서 갈기 시작했다. 이것을 보고 도일이 물었다. "벽돌을 갈아서 무엇을 하려 하십니까?" "갈아서 거울을 만들려 하오." "벽돌을 간다고 어떻게 거울이 되겠습니까?" "벽돌을 갈아 거울이 되지 못한다면, 좌선하여 어떻게 부처가 되겠는가?" 이에 도일이 물었다. "그러면 어떻게 해야 합니까?" "소수레가 가지 않는다면 수레를 때려야 하겠는가? 소를 때려야 하겠는가?" 도일이 대답이 없자, 회양이 다시 말했다. "그대는 좌선을 배우고자 하는가, 좌불(坐佛)을 배우고자 하는가? 만약 좌선을 배우고자 한다면 선(禪)은 앉거나 눕는 것이 아니며, 좌불을 배우고자 한다면 부처는 정해진 모습이 아니다. 머묾 없는 법에서는 취하거나 버리지 말아야 한다. 그대가 좌불을 따른다면 곧 부처를 죽이는 것이니, 만약 앉은 모습에 집착한다면 그 이치에 통하지 못하기 때문이다." 도일은 회양의 가르침을 들으니 마치 제호(醍醐)를 마신 듯이 시원하였다. 마명보살(馬鳴菩薩)이 짓고 구마라집(鳩摩羅什)이 번역한 『대장엄론경(大莊嚴論經)』 제2권에 "예컨대 소가 끄는 수레가 있는데, 수레가 가지 않으면 소를 때려야지 수레를 때려서는 안 된다. 몸은 수레와 같고 마음은 소와 같다."라는 말이 있다.

335 언하(言下) : 말하는 사이에. 바로 그 자리에서. 즉시. 말을 들으며. 말을 듣고서.

336 지귀(知歸) : 돌아갈 곳을 알다. 귀결점을 알다. 낙처(落處)를 알다.

337 다소(多少) : ①(의문사) 얼마? ②(감탄사) 얼마나! ③(부정수량) 얼마간. 얼마쯤. 조금.

338 착하(錯下) : 잘못 알다. 오해하다. 하(下)는 완료를 나타내는 접미어.

不可將古人垂示言敎胡亂穿鑿. 如馬大師遇南嶽[339]和尙, 說法云: "譬牛駕車, 車若

不行, 打車卽是, 打牛卽是?" 馬師聞之, 言下知歸. 這[340]幾句兒言語, 諸方多少說法,

如雷如霆, 如雲如雨底, 理會不得, 錯下名言, 隨語生解.

주봉(舟峯)에게 준 편지의 말미에 있는 제멋대로[341] 풀이한 주석(註釋)을
보십시오. 저는 읽어 보고서 저도 모르게 배를 잡고 웃었습니다.[342] 여래
선(如來禪)이니 조사선(祖師禪)이니 하고 말하는 자들도, 한 장의 소장(訴狀)
으로 같은 죄목을 붙여 함께 처리해야 합니다.[343]

---

339 '남악(南嶽)'은 덕부본에서 '양(讓)'. 양(讓)은 곧 회양(懷讓)이니 남악회양(南嶽懷讓)을
    가리킨다.
340 '저(這)'는 궁내본과 덕부본에서 모두 '차(遮)'로 되어 있다.
341 두찬(杜撰) : 제 나름으로 말하다, 제멋대로 말하다. 본래는 시문(詩文)이나 그 외의 저
    작에서 전고(典故)가 없는 것을 제멋대로 서술하는 것. 송대의 두묵(杜默)이 시를 지으면
    서 율(律)에 맞지 않게 많이 지었는데, 당시의 사람들이 법식에 맞지 않는 것을 '두찬'이
    라고 한 데서 시작되었다고 한다. 일설에는 도가(道家)의 책 5천여 권 중에『도덕경』 2권
    을 제외하고는 모두 두광정(杜光庭)이 지은 것인데, 허황된 이야기가 많은 것을 이른다.
    또 한(漢)의 전하(田何)가 역(易)에 통하여서 두릉(杜陵)을 따라 두전생(杜田生)이라고 일
    컬었지만, 그의 역학의 사승(師承)이 불분명한 것을 기록하여 두전(杜田) 혹은 두원(杜
    園)이라고 말하였는데, 이것이 잘못 전해져서 비롯되었다고도 한다.
342 절도(絶倒) : ①몸이 땅에 넘어지다. ②배를 젖히다. ③배를 잡고 웃다. 배를 잡고 딩굴
    다.
343 일장영과일도행견(一狀領過一道行遣) : =일장영과(一狀領過). 한 장의 결재 서류로 여
    러 사람을 같은 죄로 함께 처리하는 것. 영과(領過)는 죄를 인정하는 것. 일도(一道)는 한
    벌, 한 세트, 함께, 더불어. 행견(行遣)은 처리하는 것.

見與舟峰書尾杜撰解註. 山僧讀之不覺絶倒. 可與說如來禪祖師禪底, 一狀領過一
道行遣也.

보내 주신 게송(偈頌)을 자세히 살펴보니 앞날에 보내 주신 두 게송보
다는 낫습니다. 그러나 이것으로 게송 짓는 것은 그만두는 것이 좋겠습
니다. 게송이나 이리저리 짓고 있어서야, 어떻게 깨달아 이참정과 같아
지기를 기약하겠습니까? 그분이 어찌 게송을 지을 줄 모르겠습니까만,
무슨 까닭에 단 한 글자도 짓지 않는 것일까요? 법을 아는 자를 두려워할
뿐입니다. 간혹 털끝만큼이라도 드러내면, 저절로 저[344]의 가려운 곳을
긁어 줍니다.

예컨대 이참정이 지은 출산상송(出山相頌)[345]에서 "곳곳에서 사람을 만
나 얼굴을 보자마자 속이는구나."라는 구절은 총림(叢林)에서 눈을 뜨게
하는 약이라 할 만합니다. 공(公)께서 뒷날 스스로 볼 수 있게 되시면, 저
의 설명이 필요 없을 것입니다. 제가 요사이 공께서 문득 태도를 바꾸어
이 일에 매우 힘을 쏟는[346] 것을 본 까닭에, 이 글을 쓰다 보니 저도 모르

---

344 소승(小僧) : 승려가 자기를 겸손하게 부르는 말. 소사(小師), 빈도(貧道)라고도 함.
345 출산상송(出山相頌)은 세존(世尊)이 설산(雪山)에서 내려와 법(法)을 말하여 중생(衆
生)을 제도하는 모습을 이참정(李豢政)이 게송(偈頌)으로 말한 것으로서 다음과 같다 :
"눈꺼풀은 삼천대천세계를 다 뒤덮고, 콧구멍 속에 백억(百億)의 몸을 모두 담고 있네.
한 사람 한 사람이 모두 대장부이니 누가 굽히겠는가? 푸른 하늘 밝은 대낮에 사람을 속
이지 마라. 떼끼! 곳곳에서 사람을 만나 얼굴을 보자마자 속이는구나."(眼皮盖盡三千界,
鼻孔盛藏百億身. 箇箇丈夫誰是屈? 青天白日莫謾人. 咄! 到處逢人驀面欺.)
346 심력(甚力) : 매우 힘을 쏟다.

144

게 말이 많아졌습니다.[347]

來頌子細看過, 却勝得前日兩頌. 自此可已之. 頌來頌去, 有甚了期如參政相似? 渠
豈是不會做頌, 何故都無一字? 乃識法者懼耳. 間或露一毛頭, 自然抓著山僧痒處.
如出山相頌云: "到處逢人驀面欺."之語, 可與叢林作點眼藥. 公異日自見矣, 不必
山僧註破也. 某近見公頓然改變爲此事甚力, 故作此書, 不覺縷縷.

---

347 누루(縷縷) : ①잇따르다. 끊임없다. ②섬세하다. 상세하다.

13. 부추밀(富樞密) 계신(季申)에 대한 답서 (1)[348]

보내 주신 편지를 받아 보니, 젊은 시절[349]에 이 도(道)를 알고 믿게 되었지만, 나이가 들어서는 지해(知解)[350]에 가로막혀서 아직 한번 깨달아 들어간 곳이 없으므로, 밤낮으로 도(道)를 실천할[351] 방편을 알고자 한다고 하셨더군요. 지극한 정성을 느끼고 나니 감히 외면할[352] 수 없어서, 바른 법령(法令)에 의거해 판단하여[353] 약간[354] 말씀드리겠습니다.[355]

答富樞密(季申)

示諭, 蚤歲知信向此道, 晚年爲知解所障, 未有一悟入處, 欲知日夕體道方便. 既荷至誠 不敢自外, 據款結案, 葛藤少許.

다만 깨달아 들어감을 구하는 그것이 바로 도(道)를 가로막는 지해(知

---

348 이 편지는 소흥(紹興) 무오(戊午; 1138) 대혜 50세에 임안(臨安)의 경산사(徑山寺)에서 쓴 것이다.

349 조세(蚤歲) : 젊은 시절. =조일(蚤日).

350 지해(知解) : 이해하여 알다. 지식. 이해.

351 체도(體道) : 정도(正道)를 몸소 실천함. 도를 몸소 체득(體得)함.

352 자외(自外) : 일부러 외면하거나 반대하다.

353 거관결안(據款結案) : 법령(法令)의 조항(條項)에 의거하여 판결을 내리다. 관(款)은 법령, 규정, 조약 따위의 조항, 조목. 보통 조(條) 다음이 관(款)이다.

354 소허(少許) : 소량. 얼마간. 약간.

355 갈등(葛藤) : 칡과 등 넝쿨이 얽혀 있다는 뜻이지만, 선(禪)에서는 분별망상(分別妄想), 망상번뇌(妄想煩惱), 혹은 분별(分別)된 개념(槪念)인 언어문자(言語文字)를 가리킴.

解)입니다. 달리 무슨 지해가 있어서 공(公)에게 장애가 되겠습니까? 결국 무엇을 일컬어 지해라 합니까? 지해는 어디에서 나오며, 가로막히는 사람은 또 누구입니까?

只這求悟入底, 便是障道知解了也. 更別有甚麼知解爲公作障? 畢竟喚甚麼作知解? 知解從何而至, 被障者復是阿誰?

이 한마디 말만으로도 뒤집어진 것이 셋이나 있습니다. 지해에 가로막혀 있다고 스스로 말하는 것이 그 하나요, 깨닫지 못하여 어리석은 사람이 될 수밖에 없다고 스스로 말하는 것이 또 하나요, 다시 어리석음 속에서 일부러 깨달음을 기다리는 것이 또 하나입니다. 이 세 가지 뒤집힘[356]이 곧 분별망상[357]의 뿌리입니다.

---

356 전도(顚倒) : 뒤집힘. 뒤바뀜. 세계의 실상을 보지 못하고 망상을 진실이라고 잘못 아는 것. 번뇌의 다른 이름.

357 생사(生死) : 곧 생사심(生死心)이다. 생사심이란 분별과 차별 속에서 취하고 버리고 조작하는 중생의 분별심(分別心). 『사가어록(四家語錄)』「강서마조도일선사어록(江西馬祖道一禪師語錄)」에서 말하기를, "도(道)는 닦을 필요가 없으니, 단지 오염되지만 마라. 무엇이 오염인가? 생사심(生死心)이 있기만 하면 조작하고 좇아다니니, 이들이 모두 오염이다. 만약 곧장 도를 깨닫고자 한다면, 평상심(平常心)이 곧 도이다. 무엇을 일러 평상심이라 하는가? 조작이 없고, 옳고 그름을 따짐이 없고, 취하고 버림이 없고, 단절(斷絶)과 항상(恒常)이 없고, 범부와 성인이 없는 것이다."(道不用脩, 但莫汚染. 何爲汚染? 但有生死心, 造作趣向, 皆是汚染. 若欲直會其道, 平常心是道. 何謂平常心? 無造作, 無是非, 無取捨, 無斷常, 無凡無聖.)라고 하였다.

반드시[358] 한 생각도 일어나지 않아 뒤집힌 마음이 끊어져야, 비로소 부술 어리석음도 없고, 기다릴 깨달음도 없고, 장애될 지혜도 없다는 사실을 알게 될 것입니다. 이것은 마치 사람이 물을 마셔 보아 그 차갑고 따뜻함을 스스로 아는 것과 같습니다. 오래오래 하면 저절로 이런 견해를 짓지 않게 될 것입니다.

只此一句, 顚倒有三. 自言爲知解所障是一, 自言未悟甘作迷人是一, 更在迷中將心待悟是一. 只這三顚倒, 便是生死根本. 直須一念不生顚倒心絶, 方知無迷可破, 無悟可待, 無知解可障. 如人飮水冷煖自知. 久久自然不作這般見解也.

다만 지해(知解)임을 아는 그 마음에서[359] 살펴보십시오. 장애가 있습니까?[360] 지해임을 아는 마음에 여러 가지 많은[361] 일이 있습니까?

但就能知知解底心上看. 還障得也無? 能知知解底心上, 還有如許多般也無?

옛날부터 큰 지혜를 갖춘 보살들은 모두 지해(知解)로써 짝을 삼고, 지해로써 방편을 삼고, 지해 위에서 평등한 자비를 행하고, 지해 위에서 온

---

358 직수(直須) : 반드시. 마땅히 (−해야 한다).

359 취(就)−상(上) : 바로 −에서. −위에서. −속에서. =취(就)−처(處).

360 환(還)−야무(也無) : −인가? −이냐?

361 여허다반(如許多般) : 매우 여러 가지. 꽤 많은 종류. 여허다(如許多)는 '이렇게 많은' '이만큼' '꽤 많은' '상당한 숫자'라는 뜻. 반(般)은 '종류' '방법' '가지'라는 뜻.

갖 불사(佛事)³⁶²를 하지 않음이 없었습니다. 이분들은 마치 용이 물을 얻은 듯하고 호랑이가 산에 의지한 듯하여 끝내 지해를 번뇌로 여기지 아니하였으니, 그것은 다만 그들이 지해가 일어나는 곳을 알고 있었기 때문입니다.

이미 지해가 일어나는 곳을 안다면, 이 지해가 바로 해탈하는 곳이며 삶과 죽음에서 벗어날 곳입니다. 이미 해탈하는 곳이요, 삶과 죽음에서 벗어날 곳이라면, 지(知)와 해(解)의³⁶³ 본체³⁶⁴가 적멸(寂滅)³⁶⁵합니다. 지와 해가 이미 적멸하였다면 지해인 줄 아는 자도 적멸치 않을 수 없으며 보리열반(菩提涅槃)³⁶⁶과 진여불성(眞如佛性)³⁶⁷도 적멸치 않을 수 없으니, 다시 무슨 장애 될 물건이 있으며 또 어디로 깨달아 들어갈 구하겠습니까?

從上大智慧之士, 莫不皆以知解爲儔侶, 以知解爲方便, 於知解上行平等慈, 於知

---

362 불사(佛事) : 일반적으로는 불교에서 하는 재(齋)·법회(法會)·조사(造寺)·조불(造佛) 등을 불사 또는 법사(法事)라 하지만, 선림(禪林)에서는 여러 가지 일에 의탁하여 불법을 열어 보이는 것을 불사라 한다. 예컨대 개당(開堂)·상당(上堂)·입실(入室)·안좌(安座)·염향(焰香) 등과 절을 짓고 불상을 조성하고 경전을 제작하는 것을 모두 불사라 한다.

363 저(底) : 적(的)과 같음. -의. -인 것.

364 당체(當體) : 본체(本體). 그 자체(自體).

365 적멸(寂滅) : 고요히 사라짐. 열반(涅槃; nirvāna)을 번역한 말. 망상인 번뇌가 모두 소멸하여 시끄러움이 없이 고요한 것.

366 보리열반(菩提涅槃) : 보리(菩提)는 깨달음. 열반(涅槃)은 적멸. 보리가 곧 열반이고, 깨달음이 곧 적멸이다.

367 진여불성(眞如佛性) : 진여(眞如)가 곧 불성(佛性)이다. 진여(眞如)는 진실하고 여여(如如)함이고, 불성(佛性)은 깨달음의 본성이다.

149

解上作諸佛事. 如龍得水, 似虎靠山, 終不以此爲惱, 只爲他識得知解起處. 既識得
起處, 卽此知解, 便是解脫之場, 便是出生死處. 既是解脫之場, 出生死處, 則知底
解底當體寂滅. 知底解底既寂滅, 能知知解者不可不寂滅, 菩提涅槃眞如佛性不可
不寂滅, 更有何物可障 更向何處求悟入?

석가세존께서는 말씀하셨습니다.

"모든 업(業)이 마음으로부터 생겨나는 까닭에 마음은 환상과 같다
고 말한다. 만약 이러한 분별을 벗어난다면, 육도윤회[368]는 사라질 것이
다."[369]

釋迦老子曰: "諸業從心生, 故說心如幻. 若離此分別, 則滅諸有趣."

어떤 스님이 대주(大珠) 스님에게 물었습니다.

"어떤 것이 대열반입니까?"

대주 스님이 말했습니다.

"삶과 죽음에 얽매이는 업[370]을 짓지 않는 것이 대열반이다."

---

368 제유취(諸有趣) : 육취(六趣). 육도(六道). 육도윤회(六道輪迴). 제유(諸有)는 '모든'이
    라는 뜻. 취(趣)는 중생이 번뇌로 말미암아 말·행동·생각 등으로 악업을 짓고, 그 업인
    (業因)으로 인하여 가게 되는 국토(國土). 5취·6취의 구별이 있음. 육도(六道)라고도 함.
369 『대방광불화엄경』 제44권 「십인품(十忍品)」 제29에 나오는 보현보살(普賢菩薩)의 게송
    가운데 한 구절.
370 생사업(生死業) : 삶과 죽음이라는 망상 속에서 벗어나지 못하고 얽매여 있는 것. 모든
    망상이 사라진 열반에 상대되는 말.

그 스님이 물었습니다.

"무엇이 삶과 죽음에 얽매이는 업입니까?"

대주 스님이 말했습니다.

"대열반을 구하는 것이 바로 삶과 죽음에 얽매이는 업이다."[371]

僧問大珠和尙："如何是大涅槃?" 珠云："不造生死業, 是大涅槃." 僧云："如何是生死業?" 珠云："求大涅槃, 是生死業."

또 옛 스님은 말했습니다.

"도를 배우는 사람이 한순간이라도 삶과 죽음을 헤아리면 곧 마도(魔道)에 떨어지고, 한순간이라도 여러 견해를 일으키면 곧 외도(外道)에 떨어진다."[372]

又古德云："學道人一念計生死, 卽落魔道, 一念起諸見, 卽落外道."

또 유마거사가 말했습니다.

"여러 마구니는 삶과 죽음을 좋아하지만 보살은 삶과 죽음을 버리지 않으며, 외도는 여러 견해를 좋아하지만 보살은 어떤 견해에도 흔들리지

---

371 『오등회원』 제3권 '월주대주혜해선사(越州大珠慧海禪師)'에 나오는 대화.

372 『사가어록(四家語錄)』 제4권 「홍주황벽산단제선사전심법요(洪州黃檗山斷際禪師傳心法要)」에 나오는 구절.

않는다."[373]

又淨名云: "衆魔者樂生死, 菩薩於生死而不捨, 外道者樂諸見, 菩薩於諸見而不動."

이것이 바로 지식과 이해를 반려자로 삼는 것이며, 지식과 이해를 방편으로 삼는 것이며, 지식과 이해 위에서 평등한 자비(慈悲)를 행하는 것이며, 지식과 이해 위에서 온갖 불사(佛事)를 행하는 모습입니다. 이것은 다만 그들이 무한한 세월이 공(空)이고, 살고 죽음과 열반이 모두 적정(寂靜)[374]임을 깨달았기 때문입니다.

此乃是以知解爲儔侶, 以知解爲方便, 於知解上行平等慈, 於知解上作諸佛事底樣子也. 只爲他了達三祇劫空, 生死涅槃俱寂靜故.

아직 이와 같은 곳에 도달하지 못했다면, 삿된 스승의 무리[375]가 터무

---

373 『유마힐소설경(維摩詰所說經)』 중권(中卷) 「문수사리문질품(文殊師利問疾品)」 제5에 나오는 구절.

374 적정(寂靜) : 적멸(寂滅)과 같음. 모든 번뇌가 다 사라져서 고요한 열반(涅槃)과 같은 말.

375 묵조선(默照禪)을 하는 사람들을 가리킴.

니없이 지껄이는[376] 말에 속아서 귀신굴 속[377]으로 끌려 들어가 눈을 감고 망상을 짓는 일이 절대로 없도록 해야 합니다. 요즈음[378]은 조사(祖師)의 도(道)가 쇠미하여 이러한 무리가 삼대나 조 알맹이처럼 많이 있습니다. 진실로 하나의 눈먼 사람이 여러 눈먼 사람을 이끌고 불구덩이 속으로 들어가는 꼴이어서 매우 불쌍한 일입니다.

既未到這箇田地, 切不可被邪師輩胡說亂道引入鬼窟裏, 閉眉合眼作妄想. 邇來祖道衰微, 此流如麻似粟. 眞是一盲引衆盲, 相牽入火坑, 深可憐愍.

원컨대 공(公)께서는 정신을 바짝 차리고[379] 이런 행동[380]을 하지 마십시오. 이런 행동을 한다면 비록 잠깐 동안은 이 냄새나는 몸뚱이[381]를 붙잡아 멈추어 곧장 마지막 진실로 여기겠지만, 의식(意識)이 어지러이 날아오르는 것은 마치 아지랑이[382]와 같아서 설사 의식이 잠시 안정된다고 하

---

376 호설난도(胡說亂道) : 엉터리로 말하다. 터무니없는 말을 하다. 허튼 소리를 하다. =호설패도(胡說覇道), 호설팔도(胡說八道).

377 귀굴리(鬼窟裏) : 귀신이 사는 굴 속. 죽은 사람이 사는 굴 속. 정식(情識)이 활동하지 않는 공적(空寂)에 빠진 묵조선자(默照禪者)가 머무는 곳. =흑산하귀굴(黑山下鬼窟).

378 이래(邇來) : 근래(近來). 요사이.

379 경착척량골(硬著脊梁骨) : ①결심하다. ②분발하다. ③정신을 바짝 차리다. 척량골(脊梁骨)은 등뼈.

380 거취(去就) : ①행동거지. 태도. ②예의(禮儀). 예모(禮貌).

381 취피대자(臭皮袋子) : 몸뚱이. 냄새나는 더러운 가죽 부대라는 뜻으로 사람의 몸뚱이를 가리킴. =취피대(臭皮袋).

382 야마(野馬) : ①길들이지 않은 야생말. ②담비의 일종. ③아지랑이. 수증기. 『장자(莊

153

더라도 마치 돌로 풀을 눌러 놓는 것과 같으니 모르는 사이에 다시 생겨
나는 것입니다. 그러니 곧바로 위없는 깨달음을 성취하여 마지막 안락한
곳에 도달하려고 하여도 역시 어렵지 않겠습니까?

> 願公硬著脊梁骨, 莫作這般去就. 作這般去就底, 雖暫拘得箇臭皮袋子住, 便以爲
> 究竟, 而心識紛飛, 猶如野馬, 縱然心識暫停, 如石壓草, 不覺又生. 欲直取無上善
> 提到究竟安樂處, 不亦難乎?

　저 역시 일찍이 이런 무리에게 속았습니다.[383] 뒤에 만약 참된 선지식
을 만나지 못하였다면, 아마 일생을 헛되이 보냈을 것입니다. 매번 그것
을 생각할 때마다 정말 견딜 수가 없습니다. 이 까닭에 구업(口業)을 마다
하지 않고 이러한 폐단을 힘써 구제하려는 것입니다. 요사이 와서는 그
것이 잘못임을 아는 사람이 조금씩 있습니다.

> 宗杲亦嘗爲此流所誤. 後來若不遇眞善知識, 幾致空過一生. 每每思量, 直是回耐.
> 以故不惜口業, 力救此弊. 今稍有知非者

子)」「소요유(逍遙遊)」에 "아지랑이나 티끌먼지는 생물이 숨쉬면서 서로 내뿜는 것이
다."(野馬也, 塵埃也, 生物之以息相吹也.)라는 구절이 있는데, 「곽상주(郭象注)」에는 이것에
대하여 "야마는 떠다니는 수증기다."(野馬者, 游氣也.)라고 하였다. ④햇빛을 받아 반짝이
며 날리는 먼지. 당(唐) 한악(韓偓)의 「안빈시(安貧詩)」에 "창문 속의 햇빛에 흩날리는 먼
지."(窗裏日光飛野馬.)라는 구절이 있다. 여기에선 ③번과 ④번 어느 쪽으로든 해석이 가
능하지만, 저절로 날아오른다는 뜻에서 ③번 아지랑이가 더 가까운 뜻이다.

383　위(爲) − 소(所) … : −에 의하여 …당하다. −에 의하여 …가 되다.

만약 재빨리[384] 깨닫고자 한다면, 모름지기 이 한 생각이 한번 폭삭[385] 부서져야 합니다. 그때에야 비로소 삶과 죽음을 밝힌[386] 것이며 바야흐로 깨달아 들어갔다고 말할 수 있습니다. 그러나 일부러 부서지길 기다려서는[387] 절대로 안 됩니다. 만약 부서지는 곳에 마음을 둔다면 영원히 부서질 때가 없을 것입니다.

다만 망상(妄想)으로 뒤집어진 마음과, 사량하고 분별하는 마음과, 삶을 좋아하고 죽음을 싫어하는 마음과, 지식과 견해로 이해하는 마음과, 고요함을 즐기고 시끄러움을 싫어하는 마음을 잠시 눌러 두고,[388] 다만 눌러 둔 곳에서 화두(話頭)를 살펴보십시오.[389] 어떤 승려가 조주(趙州)에게

---

384 경절(徑截) : ①곧장 끊어 버리다. ②빠르다. 민첩하다.

385 박지(嚗地) : (의성어) 문득 끊어지거나 부서지는 소리. 뚝. 폭삭.

386 요득(了得) : 알다. 깨닫다. 밝히다.

387 존심대파(存心待破) : 일부러 부서지기를 기다리다. 마음먹고 일부러 부서지길 기다리다. 존심(存心)은 '어떤 마음을 먹다' '일부러. 고의로'라는 뜻.

388 안하(按下) : ①눌러 두다. 꽉 누르다. ②내버려 두다. 놓아두다. ③붙잡다.

389 간개화두(看箇話頭) : =간화(看話). 간화(看話)란 화두(話頭)를 살펴본다는 말. 대혜가 간화선(看話禪)에서 화두를 취급하는 자세를 말한 단어들은 간(看)과 더불어 거(擧)·거각(擧覺)·제시(提撕)·여지시애(與之廝崖)·애장거(崖將去)·참(參)·처포(覷捕) 등의 용어들이 같은 문맥에서 화두를 공부하는 방식으로서 동시에 언급되고 있다. 이로써 본다면 이들 용어 모두는 간화(看話)라는 동일한 행위를 가리키는 말들이다. 거(擧)와 거각(擧覺)은 '자기에게 화두를 말해 줌'으로써 '화두를 살펴보는' 것이다. 이 경우 때로는 입을 열어 소리 내어 말할 경우도 있을 것이고, 때로는 입을 다물고 마음속으로 말할 경우도 있을 것이다. 제시(提撕)는 '자기에게 화두를 일깨워 주고, 화두에 주의를 환기시켜 줌'으로써 '화두를 살펴보는' 것이다. 여지시애(與之廝崖)와 애장거(崖將去)는 '화두와 맞붙어서 물러남 없이 버팀'으로써 '화두를 살펴보는' 것이다. 이처럼 화두를 자기에게 말해 주고, 화두를 자기에게 일깨워 주고, 화두와 맞붙어 물러나지 않고 버티면서 화두를 살

묻되 "개에게도 불성이 있습니까?" 하니, 조주가 말하기를 "없다."고 하였습니다.

若要徑截理會, 須得這一念子嚗地一破. 方了得生死, 方名悟入. 然切不可存心待破. 若存心在破處, 則永劫無有破時. 但將妄想顚倒底心, 思量分別底心, 好生惡死底心, 知見解會底心, 欣靜厭鬧底心, 一時按下, 只就按下處, 看箇話頭. 僧問趙州 : "狗子還有佛性也無?" 州云 : "無."

"없다."는 이 한 마디는 수많은 잘못된 지식과 잘못된 깨달음을 물리치는 무기[390]입니다. 이 "없다."는 한 마디는 '있음과 없음'이라고 이해해서도 안 되고, 도리(道理)로서 이해해서도 안 되고, 생각으로 사량하고 헤아려서도 안 되고, 눈썹을 찡그리고 눈을 깜박이는 곳에 빠져 있어도[391] 안 되고, 언어 위에서 살아갈 궁리를 해서도 안 되고, 일 없는 곳[392]으로 달려

퍼보는 일이 곧 간화(看話)이다. 참(參)은 '화두를 보는 일에 참여하라'는 뜻이다. 처포(覷捕)는 '화두의 취지를 살펴보며 찾으라'는 뜻이다. 우리나라의 간화선(看話禪)에서는 '화두를 살펴본다'고 하지 않고, '화두를 든다'고 말한다. 여기에서 '든다'는 거(擧)·거각(擧覺)·제시(提撕)를 번역한 것인데 정확한 번역이 아니다. 이 간화(看話) 및 그와 관련된 용어들의 정확한 번역에 관해서는 김태완 『간화선 창시자의 선』 하권(침묵의 향기) 부록 「간화용어의 번역에 관하여」 참조.

390 기장(器仗) : ①무기(武器). ②곤봉(棍棒) 따위의 무기.

391 타근(垜根). =타근(拕根). 진흙에 발이 빠져 나아가지 못하다. 빠져서 붙잡혀 있다.

392 무사갑리(無事甲裏) : 일 없는 곳. 일 없는 껍질 속. 일 없는 소굴 속.

들어가서도[393] 안 되고, 말을 꺼내는[394] 곳에서 바로 받들어 지켜서도[395] 안
되고, 문자 속에서 증거를 끌어와서도 안 됩니다.[396]

　다만 하루 종일 가고 머물고 앉고 눕는 가운데 때때로[397] 자신에게 일
깨워 주시고 때때로 자신에게 말해 주셔서,[398] "개에게도 불성이 있습니

393　양(颺) : ①내던지다. ②던져 넣다. ③달려 들어가다.

394　거기(擧起) : 거(擧)와 같음. 기(起)는 동사의 뒤에 붙어서 동작이 아래에서 위로 행해
　　짐을 나타내는 조사. 말을 꺼내다. 거기화두(擧起話頭)=이야기를 꺼내다.

395　승당(承當) : 맡다. 담당하다. 받들어 지키다.

396　이른바 대혜종고(大慧宗杲)가 말한 무자(無字) 화두공부에서의 열 가지 병통은 다음
　　과 같다 : ①생각을 가지고 헤아리는 것(意根下卜度). ②눈썹을 치켜올리고 눈을 끔벅거리
　　는 데 빠져 있는 것(揚眉瞬目處垜根). ③말 속에서 살림을 사는 것(語路上作活計). ④글 속
　　에서 증거를 끌어오는 것(文字中引證). ⑤말을 꺼내는 곳에서 받들어 지키는 것(擧起處承
　　當). ⑥일 없는 상자 속으로 달려 들어가는 것(颺在無事匣裡). ⑦있니 없니 하고 이해하
　　는 것(作有無會). ⑧진실로 없다고 이해하는 것(作眞無會). ⑨도리(道理)로써 이해하는 것
　　(作道理會). ⑩어리석음을 가지고 깨닫기를 기다리는 것(將迷待悟). 여기에서는 그 중 8
　　가지가 언급되어 있다. 이들을 다음 몇 가지로 분류할 수 있다. 첫째, 분별하고 헤아리는
　　것: ①③④⑦⑧⑨. 둘째, 경계에 머무는 것: ②⑤⑥. 셋째, 일부러 행하는 것: ⑩. 결국 간
　　화(看話)란 어떤 분별도 하지 말고, 어떤 경계에도 머물지 말고, 일부러 행하지도 말고,
　　다만 화두만 살펴보라는 것이다.

397　시시(時時) : ①때때로. 이따끔. ②순간순간 지나가는 시간을 가리킨다.

398　거각(擧覺) : 거(擧)나 거기(擧起)와 같은 뜻으로서, '말하다' '말해 주다' '제시하다' '제
　　기하다'는 뜻이다. 그러나 일부러 거각(擧覺)이라고 쓴 것은 역시 각(覺)의 뜻을 부가하고
　　있다고 보아야 한다. 각(覺)은 '일깨우다' '깨우치다'는 뜻이므로 거각(擧覺)은 '일화 등을
　　말하여 일깨우다' '예를 들어 말하여 깨우쳐 주다' '공안이나 화두를 말하여 일깨워 주다'
　　는 뜻이다. 대혜는 거각(擧覺)을 항상 제시(提撕)와 더불어 사용하고 있는데, 제시는 '언
　　급하다' '끄집어내어 말하다' '제기(提起)하다' '제출하다'는 뜻인 제(提)와, '일깨우다' '깨우
　　치다'는 뜻인 시(撕)가 합성된 말로서 '(무엇을) 끄집어내어 말하여 일깨우다' '(무엇을) 제
　　시하여 깨우쳐 주다'는 뜻이다. 이처럼 거각과 제시는 뜻이 동일하지만, 다수의 사례에서

157

까?" "없다."를 일상의 삶에서 떼어 놓지 마십시오. 한번 이와 같이 공부해 보십시오. 한 달이나 열흘쯤 지나면 문득 스스로 볼 수 있을 것입니다. 그때에는 한 개 군(郡)의 천리(千里)에 걸친 일도 전혀 거리낄 것이 없습니다.

此一字子, 乃是推許多惡知惡覺底器仗也. 不得作有無會, 不得作道理會, 不得向意根下思量卜度, 不得向揚眉瞬目處埃根, 不得向語路上作活計, 不得颺在無事甲裏, 不得向擧起處承當, 不得向文字中引證. 但向十二時中四威儀內, 時時提撕, 時時擧覺, "狗子還有佛性也無?" 云 : "無." 不離日用. 試如此做工夫看. 月十日便自見得也. 一郡千里之事 都不相妨.

옛사람이 말하기를, "나의 여기는 살아 있는 조사의 뜻이다."[399]라고 하였으니, 무슨 물건이 있어 그를 구속하겠습니까?[400] 만약 일상생활을 떠나 따로 갈 곳[401]이 있다면, 이는 물결을 떠나 물을 찾는 꼴이며 그릇을 떠

는 거각(擧覺)은 거(擧)와 동일하게 '말하다' '말해 주다' '언급하다'는 뜻이고, 제시(提撕)는 시(撕)와 동일하게 '일깨우다' '깨우치다' '말해 주어서 일깨우다'는 뜻이다. 김태완 『간화선 창시자의 선』 하권(침묵의 향기) 부록 「간화용어의 번역에 관하여」 참조.

399 누구의 말인지 알 수 없다.

400 구집(拘執) : ①구속(拘束)하다. 구속받다. 구애되다. 장애되다. ②고집하다.

401 취향(趣向) : ①향하여 다가가다. ②하고 싶은 마음이 생기는 방향. 또는 그런 경향. 의향. 지향. ③취미. 흥미. ④행방. 가는 방향. ⑤경로나 수단. ⑥마음이 그쪽으로 기울어지다.

나 금(金)을 찾는 꼴이어서, 찾을수록 더욱 멀어질 것입니다.[402]

古人云 : "我這裏是活底祖師意." 有甚麼物能拘執他? 若離日用別有趣向, 則是離
波求水, 離器求金, 求之愈遠矣.

---

402 꿈과 같은 일상생활 속에서 꿈을 깬 삶을 살아야 한다.

14. 부추밀(富樞密) 계신(季申)에 대한 답서 (2)

저[403]는 공(公)께서 요즘[404] 이 일대사인연(一大事因緣)을 염두에 두고 오로지 게으름 없이 순수하게 나아가며 흐트러짐이 없음을 알고서 기쁨[405]을 억제할 수 없습니다. 밤낮으로 쉼 없이 행동하는 때에 반드시 딱 들어맞을 수 있습니까? 잠잘 때와 깨어 있는 두 때에 한결같을 수 있습니까?

만약[406] 아직 그렇지 못하다면, 오로지 공(空)에만 빠진다든지 고요함으로만 나아가는 짓은 절대로 하지 마십시오. 옛사람은 이것을 일컬어 검은 산 아래 귀신집[407]의 살림살이라고 했습니다. 만약 이렇게 한다면 아무리 오래 하여도 뚫고 벗어날[408] 기약이 없을 것입니다. 지난번 보내 준 편지를 보고서 님께서 필시 정승삼매(靜勝三昧)[409]에 탐착하고 있을 것이라 여겼었는데, 직각공(直閣公)에게 물어보니 과연 예상했던 바와 같더군요.

---

403 절(竊) : 자기의 낮춤말. 자기의 겸칭.

404 일래(日來) : 요사이. 요즈음.

405 희약(喜躍) : 기뻐 날뛰다. 매우 기뻐하다.

406 여(如) : 만약.

407 흑산하귀굴(黑山下鬼窟) : 검은 산 아래의 귀신 소굴. 까마득히 분별심을 잊고 아득한 어둠 속에 빠져 있는 것을 삼매(三昧)니 적멸(寂滅)이니 하고 부르며 공부라고 착각하는 것. 분별심이 활동하지 않는 공적(空寂)에 빠진 묵조선자(默照禪者)가 머무는 곳.

408 투탈(透脫) : 돌파하여 벗어남. 뚫고 지나가다. 깨달음을 가로막는 장애를 뚫고 벗어나 깨달음에 이른다는 말. =투득(透得), 투과(透過), 투출(透出), 투취(透取).

409 정승삼매(靜勝三昧) : 고요함을 뛰어난 공부라 여겨 고요함에 빠져 있는 것.

又

竊知, 日來以此大事因緣爲念, 勇猛精進純一無雜, 不勝喜躍. 能二六時中熾然作爲之際, 必得相應也未? 寤寐二邊, 得一如也未? 如未, 切不可一向沈空趣寂. 古人喚作黑山下鬼家活計. 盡未來際無有透脫之期. 昨接來誨, 私慮左右必已耽著靜勝三昧, 及詢直閣公, 乃知果如所料.

대개 세상에서 산전수전 다 겪은 사람은 오래도록 번다하고 피곤한 세간의 일에 집착해 있다가 문득 누구에게 고요한 곳에서 공부하라는 가르침을 받고서 잠깐이라도 가슴속에 일이 없어지면 곧 이것을 마지막 안락한 곳이라 여기지만, 이것은 돌로 풀을 잠시 눌러 놓는 것과 같은 것임을 전혀 알지 못합니다. 비록 잠시 소식이 끊어짐을 느끼겠지만, 뿌리는 여전히 남아 있으니 어찌하겠습니까?

이래서야 적멸(寂滅)[410]을 철저히 얻을 때가 있겠습니까? 참된 적멸을 실현하고자 한다면, 반드시 활활 타오르는 생멸(生滅) 속에서 문득[411] 한번 뛰쳐나와야 합니다. 그래야 털끝 하나 움직이지 않고서도 긴 강을 저어서 곧장 제호(醍醐)[412]를 만들고, 대지를 변화시켜 황금으로 만들며, 때에

---

410 적멸(寂滅) : 열반(涅槃). 북량(北涼)의 담무참(曇無讖)이 번역한『대반열반경(大般涅槃經)』제14권「성행품(聖行品)」제7-4에 석가모니가 전생에 설산에서 수행할 때, 석제환인(釋提桓因; 제석천)이 나찰(羅刹)로 변하여 들려준 다음의 게송(偈頌)이 적멸을 잘 말해주고 있다 : 모든 행위가 무상(無常)하니, 이것이 곧 생멸(生滅)이다. 생멸이 사라지고 나면, 적멸(寂滅)이 곧 즐거움이다.(諸行無常, 是生滅法. 生滅滅已, 寂滅爲樂.)

411 맥지(驀地) : 갑자기. 돌연. 문득. =맥연(驀然).

412 제호(醍醐) : 우유를 가장 잘 정제하여 만든 맛있는 음식. 깨달음을 비유하여 제호라

따라 놓고 붙잡고 죽이고 살림에 자유로워, 자기와 남을 이롭게 함에 베
풀지 못할 일이 없을 것입니다.

大凡涉世有餘之士, 久膠於塵勞中, 忽然得人指令向靜默處做工夫, 乍得胸中無事,
便認著以爲究竟安樂, 殊不知似石壓草. 雖暫覺絶消息, 奈何根株猶在? 寧有證徹
寂滅之期? 要得眞正寂滅現前, 必須於熾然生滅之中驀地一跳跳出. 不動一絲毫,
便攪長河爲酥酪, 變大地作黃金, 臨機縱奪殺活自由, 利他自利無施不可.

옛 성인(聖人)[413]께서는 이것을 두고 무진장다라니문(無盡藏陀羅尼門)[414]이
라고도 일컫고, 무진장신통유희문(無盡藏神通遊戱門)[415]이라고도 일컫고,
무진장여의해탈문(無盡藏如意解脫門)[416]이라고도 일컬었으니, 어찌 참 대장
부가 할 수 있는 일이 아니겠습니까? 그러나 억지로 그렇게 행하는 것이
아니라, 모두가 내 마음이 본래 타고난 몫[417]일 따름입니다.

함.

413 여기서 옛 성인이란 곧 부처님을 가리킨다.

414 무진장다라니문(無盡藏陀羅尼門) : 무진장(無盡藏)이란 다함없이 가지고 있다는 뜻이
고, 다라니(陀羅尼)는 총지(摠持)라고 번역되는데 모든 것을 다 가지고 있다는 뜻이다.

415 무진장신통유희문(無盡藏神通遊戱門) : 무진장은 다함없이 가지고 있다는 뜻이고, 신
통(神通)은 막힘없이 통한다는 뜻이고, 유희(遊戱)란 부담 없이 안락하게 즐긴다는 뜻이
다.

416 무진장여의해탈문(無盡藏如意解脫門) : 무진장은 다함없이 가지고 있다는 뜻이고, 여
의(如意)는 뜻하는 대로 이루어진다는 뜻이고, 해탈(解脫)은 망상번뇌에서 벗어난다는
뜻이다.

417 상분(常分) : 타고난 운명. 타고난 몫.

님께서는 재빨리[418] 심혈을 기울여[419] 반드시 이것을 기약하시기 바랍니다. 걸림 없이 통하여[420] 크게 깨달으면 가슴속의 밝음이 마치 수십만 개의 해와 달이 하늘에 있는 것 같아서, 시방세계가 한순간에 밝아져 털 끝만큼도 딴 생각이 없을 것입니다. 이러한 때에야 비로소 마지막 진실과 딱 들어맞을 것입니다. 진실로 이와 같을 수 있다면, 어찌 삶과 죽음을 벗어나는 길 위에서만 힘을 얻겠습니까? 훗날 다시 요직[421]을 차지하여 임금을 요순(堯舜)[422]의 위치에 올려놓는 것도 손바닥 위의 물건을 가리키는 것과 같이 손쉬울 것입니다.[423]

先聖喚作無盡藏陀羅尼門, 無盡藏神通遊戲門, 無盡藏如意解脫門, 豈非眞大丈夫之能事也? 然亦非使然, 皆吾心之常分耳. 願左右快著精彩, 決期於此. 廓徹大悟, 胸中皎然 如百千日月, 十方世界一念明了, 無一絲毫頭異想. 始得與究竟相應. 果能如是, 豈獨於生死路上得力? 異日再秉鈞軸, 致君於堯舜之上, 如指諸掌耳.

---

418 쾌(快) : ①좋다. ②영리하다. 날카롭다. ③뛰어나다. ④재빠르다. ⑤편안하다. ⑥즐겁다.

419 착정채(着精彩) : ①마음을 쓰다. 주의를 기울이다. 심혈을 기울이다. ②노력하다. 애쓰다. ③주의하다. 조심하다.

420 확철(廓徹) : 깨끗이 관통하다. 걸림 없이 통하다.

421 균축(鈞軸) : 조직에 있거나 국가 대권을 잡은 사람.

422 요순(堯舜) : 고대 중국의 요(堯)임금과 순(舜)임금을 아울러 이르는 말. 유교적 이상 사회를 만든 위대한 통치자라고 한다.

423 여지제장(如指諸掌) : 손바닥 위에 놓고 가리키는 것과 같다. 아주 쉽다.

15. 부추밀(富樞密) 계신(季申)에 대한 답서 (3)

편지에 말씀하시길, "초보자[424]가 잠시 고요히 앉으니 공부가 저절로 좋아진다."고 하시고 또 말씀하시길 "감히 고요하다는 견해를 망령되이 짓지 않는다."고 하시니, 이는 부처님의 "어떤 사람이 스스로 귀를 막고 큰 소리를 지르면서 다른 사람도 듣지 않기를 바라는 것과 같다."[425]는 말씀처럼 참으로 스스로 가로막는 장애물[426]을 만드는 일일 뿐입니다. 만약 분별심이 부서지지 않으면, 일상 24시간의 한순간 한순간이 어둡고 어리석어서 마치 혼이 흩어지지 않은 시체와 마찬가지입니다. 그러니 다시 무슨 부질없는 공부를 하여 고요함을 깨닫고 시끄러움을 깨닫겠습니까?

又

示諭, "初機得少靜坐, 工夫亦自佳." 又云 : "不敢妄作靜見." 黃面老子所謂. "譬如有人, 自塞其耳, 高聲大叫, 求人不聞." 眞是自作障難耳. 若生死心未破, 日用二六時中, 冥冥蒙蒙地, 如魂不散底死人一般. 更討甚閑工夫, 理會靜理會鬧耶?

『열반경』의 법회에서 광액(廣額)이라는 백정은 소 잡는 칼을 놓자 바로 깨달았다고 하였습니다.[427] 그가 어찌 고요한 가운데에서 공부를 해 왔겠

---

424 초기(初機) : 초학자(初學者). 공부에 들어선 지 얼마 되지 않은 신참.

425 『수능엄경』 제6권에 나오는 구절.

426 장난(障難) : 가로막는 재앙. 장애물.

427 담무참(曇無讖)이 번역한 『대반열반경(大般涅槃經)』 제19권 「범행품(梵行品)」 8-5에는,

으며, 그가 어찌 초보자가 아니겠습니까? 님께서 만약 이것을 보신다면 분명 그런 것이 아니라고 여기고는, 그는 옛 부처님이 모습을 드러낸 것이지 오늘날 사람은 이런 역량이 없다고 여길[428] 것이 틀림없습니다. 만약 그렇게 생각한다면, 스스로의 뛰어남을 믿지 않고 기꺼이 자신을 못난 사람이라고 여기는 짓입니다.

涅槃會上, 廣額屠兒, 放下屠刀, 便成佛. 豈是做靜中工夫來, 渠豈不是初機? 左右見此, 定以爲不然, 須差排渠作古佛示現, 今人無此力量. 若如是見, 乃不信自殊勝, 甘爲下劣人也.

우리 선종(禪宗)에서는 초보자냐 오래 공부한 사람이냐를 따지지 않으며 또한 고참이나 선배를 귀하게 여기지도 않습니다. 만약 참된 고요함

"바라나국에 있는 백정은 이름이 광액(廣額)이었는데, 매일 헤아릴 수 없이 많은 양을 죽였다. 사리불(舍利弗)을 보고는 즉시 팔계(八戒)를 받고, 하룻밤 하루낮이 지나서는 이 인연으로 목숨이 다하여 북방 천왕(天王)인 비사문(毘沙門)의 아들이 되었다."(波羅奈國有屠兒, 名曰廣額, 於日日中, 殺無量羊. 見舍利弗即受八戒, 經一日一夜, 以是因緣命終, 得爲北方天王毘沙門子.)고 하였고, 또 제26권 「광명편조고귀덕왕보살품(光明遍照高貴德王菩薩品)」 제10-6에서는 "백정 집안의 아들은 늘 악업(惡業)을 짓다가 나를 본 까닭에 즉시 악업을 버리고 번뇌에서 벗어났다."(屠家之子常修惡業以見我故即便捨離)고 하였다. 이에 대하여 이통현(李通玄) 장자(長者)가 지은 『신화엄경론(新華嚴經論)』 제2권에서는 "『열반경』에서 천제(闡提)에게는 불성(佛性)이 없다는 주장을 파괴한 까닭에 백정인 광액(廣額)으로 하여금 현겁(賢劫)에 정각(正覺)을 이루도록 하였다."(涅槃經 破闡提之無佛性故 令屠兒廣額 賢劫之中而成正覺)고 하였다.

428 차배(差排) : ①명령하다. 지시하다. 시키다. ②배치하다. ③처리하다. ④보내다.

을 바란다면, 반드시 분별심이 부서져야 합니다. 애써 공부할 필요 없이 [429] 분별심만 부서지면 저절로 고요해집니다. 옛 성현이 말씀하신 고요함이라는 방편은 바로 이렇게 되는 것을 가리키는 것입니다만, 다만[430] 말세의 삿된 스승들이 옛 성현께서 방편으로 하신 말씀을 이해하지 못할 뿐입니다.

我此門中, 不論初機晩學, 亦不問久參先達. 若要眞箇靜, 須是生死心破. 不著做工夫 生死心破, 則自靜也. 先聖所說寂靜方便, 正爲此也, 自是末世邪師輩, 不會先聖方便語耳.

님께서 저를 믿으신다면, 시끄러운 곳에서 한번 "개에게는 불성이 없다."는 화두를 살펴보시되, 아직 깨달았느냐 깨닫지 못했느냐는 말하지 마십시오. 가슴이 어수선한 바로 그때에, 느긋하게[431] 스스로에게 일깨워 주고 스스로에게 말해 줘 보십시오. 고요함을 느낍니까? 힘을 얻음을 느낍니까? 만약 힘을 얻음을 느낀다면 즉시 놓지 말아야 합니다.

左右若信得山僧及, 試向鬧處看狗子無佛性話, 未說悟不悟. 正當方寸擾擾時, 謾

---

429 불착(不著) : -할 필요 없다. -할 수 없다. =불용(不用), 불수(不須).

430 자시(自是) : ①자연히. 원래. 당연히. ②스스로 제멋대로 옳게 여기다. ③이로부터. 이제부터. 지금부터. ④다만. 오직.

431 만(謾) : ①느긋하게. 느릿느릿. ②헛되이. 공연히. ③제멋대로. 되는 대로. 마음대로. 마구. 함부로. ④=막(莫).

166

提撕擧覺看. 還覺靜也無? 還覺得力也無? 若覺得力, 便不須放捨.

고요히 앉고 싶을 때에는 다만 한 자루 향을 태우면서 고요히 앉으십
시오. 앉을 때에는 혼침(昏沈)이나 도거(掉擧)[432]에 빠지게 해서는 안 됩니
다. 혼침과 도거는 옛 성현이 꾸짖은 것입니다. 고요히 앉을 때에 문득
이 두 가지 병이 나타남을 느낀다면, 그저 "개에게는 불성이 없다."는 화
두를 스스로에게 말해 주십시오. 이 두 병을 애써 물리치지 않아도 그 즉
시[433] 가라앉을[434] 것입니다. 그렇게 오래오래 하여 수월함을 느끼기만 하
면 바로 여기가 힘을 얻는 곳이니, 또한 고요함 속의 공부에 애쓸 필요가
없습니다. 다만 이것이 곧 공부입니다.

要靜坐時, 但燒一炷香靜坐, 坐時不得令昏沈, 亦不得掉擧. 昏沈掉擧, 先聖所訶.
靜坐時纔覺此兩種病現前, 但只擧狗子無佛性話. 兩種病不著用力排遣, 當下怗怗
地矣. 日久月深纔覺省力, 便是得力處也, 亦不著做靜中工夫. 只這便是工夫也.

이참정이 지난번 천남(泉南)에서 저와 처음 만났을 때, 제가 묵조사선
(默照邪禪)이 사람의 눈을 어둡게 한다고 힘써 배척하는 것을 보고는, 그

---

432 혼침(昏沈)과 도거(掉擧) : 혼침(昏沈)은 어둡고 답답하게 가라앉은 마음이고, 도거(掉
擧)는 마음이 안정되지 않고 생각을 따라 이리저리 흘러가는 것. 혼침은 고요함에 빠진
것이고, 도거는 시끄러움에 사로잡힌 것.

433 당하(當下) : 즉각. 바로. 그 자리에서.

434 첩첩지(怗怗地) : 조용한. 고요한.

도 처음에는 못마땅하게 여기고서 의심과 분노가 반반이었습니다. 그러다가 "뜰 앞의 측백나무." 화두에 대한 저의 게송을 듣고 홀연 칠통(漆桶)을 부수어[435] 한 번의 웃음 속에 모든 것이 다 알맞게 되고서야,[436] 비로소 제가 입을 열어 숨김없이 다 말한[437] 것이 털끝만큼도 속임이 없으며 또한 남과 나를 따지는 것이 아님을 믿었습니다. 그리하여 바로 저에게 참회하였습니다.

이분이 지금 그곳에 있으니 정말 그런지 한번 물어보십시오. 도겸(道謙) 상좌(上座)가 벌써 복당(福唐)으로 떠났는데 도착했는지 모르겠군요. 이 사람도 참선(參禪)하면서 힘든 일을 많이 겪었습니다. 10여 년을 고선(枯禪)[438]에 들어 있다가 근년에야 비로소 안락한 곳을 얻었습니다. 서로 만나거든 그에게 어떻게 공부했는지를 한번 물어보십시오. 자신이 일찍이 헤맨 경험[439]이 있으므로 손님을 매우[440] 불쌍히 여겨, 분명 정성을 다

---

435 타파칠통(打破漆桶) : 칠통을 때려 부수다. 문득 깨닫는 돈오(頓悟)를 가리킴. 칠통(漆桶)은 가구에 칠하는 새까만 옻나무의 진액을 넣은 통. 아주 까맣고, 또는 아주 캄캄하여 아무것도 알 수 없다는 뜻으로서 앞을 가로막은 은산철벽(銀山鐵壁)이나 사방을 가로막은 금강권(金剛圈)과 같은 말. 타파흑칠통(打破黑漆桶) 혹은 폭파칠통(爆破漆桶)이라고도 함.

436 천료백당(千了百當) : 천 가지에 밝고 백 가지에 합당하다. 모든 것이 다 알맞다. 깨달음이 모자람 없이 확고하다. =백료천당(百了千當).

437 개구현담(開口見膽) : 입을 열어 남김없이 다 말하다.

438 고선(枯禪) : 말라 버린 선(禪). 죽은 선. 깨어 있고 자유롭게 살아 있는 선이 아니라, 격식과 관념에 빠진 죽은 선. 여기에선 고요한 곳에 머물러 있는 선(禪)을 가리킨다.

439 낭자(浪子) : 건달. 망나니. 방탕한 사람. 방탕한 자식.

440 편(偏) : 가장. 매우. (정도 부사)

하여 말해 줄 것입니다.

李參政頃在泉南, 初相見時, 見山僧力排默照邪禪瞎人眼, 渠初不平, 疑怒相半. 驀
聞山僧頌庭前柏樹子話, 忽然打破漆桶, 於一笑中千了百當, 方信山僧開口見膽,
無秋毫相欺 亦不是爭人我. 便對山僧懺悔. 此公現在彼, 請試問之, 還是也無. 道謙
上座已往福唐, 不識已到彼否? 此子參禪喫辛苦更多. 亦嘗十餘年入枯禪, 近年始
得箇安樂處. 相見時試問渠, 如何做工夫. 曾爲浪子偏憐客, 想必至誠吐露也.

16. 이참정(李參政) 한로(漢老)의 별지(別紙)[441]에 대한 답서

부추밀이 지난번 삼구(三衢)에 있을 때 편지를 보내어 도(道)를 물어 온 적이 있는데, 그 때문에 한바탕[442] 따지고 설명하느라[443] 망상[444]이 적지 않았습니다. 일찍이 그가 묵조(默照)하는 곳에 빠져 버린 것은, 삿된 스승을 만나 귀신굴 속[445]으로 끌려 들어가서도 의심치 않았기 때문임이 분명합니다. 이제 다시 편지를 받아 보니 그가 또 고요하게 앉는 것에 집착하여 아름답게 여기고 있습니다. 그가 진흙탕에 빠진 것이 이와 같으니, 어떻게 저의 선(禪)에 참여하겠습니까?

答李參政別紙(漢老)

富樞密頃在三衢時, 嘗有書來問道, 因而打葛藤一上, 落草不少. 尙爾滯在默照處,

---

441 별지(別紙) : 편지(便紙)나 서류(書類) 등에 따로 적어 덧붙이는 종이쪽.

442 일상(一上) : 한 차례. 한 번.

443 갈등(葛藤) : 칡과 등 넝쿨이 얽혀 있음. 선(禪)에서는 분별망상(分別妄想), 망상번뇌 (妄想煩惱), 혹은 분별(分別)된 개념(槪念)인 언어문자(言語文字)를 가리킴. 언어문자는 학인을 지도하는 수단이지만, 동시에 학인을 묶어서 공부를 막는 장애가 되므로 갈등이 라고 한다.

444 낙초(落草) : 양민이 산적(山賊)이 되다. 양민이 천민(賤民)이 되다. 선문(禪門)의 교화 (敎化)에서 종사(宗師)가 자비(慈悲)를 베풀어 어리석은 중생 가운데 자신을 떨어뜨려 그 들이 알아듣는 말을 하여 교화를 행하는 향하문(向下門)의 방법을 이르는 말. 낙초자비 (落草慈悲)라고도 함.

445 귀굴리(鬼窟裏) : 귀신이 사는 굴 속. 죽은 사람이 사는 굴 속. 의식(意識)이 활동하지 않는 공적(空寂)에 빠진 묵조선자(默照禪者)가 머무는 곳. =흑산하귀굴(黑山下鬼窟).

定是遭邪師引入鬼窟裏無疑. 今又得書, 復執靜坐爲佳. 其滯泥如此, 如何參得徑山禪?

이번에 그에게 답한 편지에서 또다시 하나하나 밀하여 구업(口業)[446]을 아끼지 아니하고 병통을 깎아 없앴습니다만, 기꺼이 머리를 돌리고 생각을 바꾸어[447] 일상생활 속에서 화두(話頭)를 살펴보는지 어떤지 알지 못하겠습니다. 옛 성인이 말했습니다.

"차라리 파계(破戒)한 업이 수미산만큼 클 수는 있어도, 삿된 스승의 삿된 생각에는 한 조각도 물들면 안 된다. 겨자씨만큼이라도 물든 삿된 생각이 의식(意識) 속에 있게 되면, 마치 밀가루에 기름이 배어 들어간 것과 같아서 영원히 빼낼 수 없다."[448]

今次答渠書, 又復縷縷葛藤, 不惜口業, 痛與剗除, 又不知肯回頭轉腦, 於日用中看話頭否. 先聖云: "寧可破戒如須彌山, 不可被邪師熏一邪念. 如芥子許在情識中, 如油入麪永不可出."

부추밀이 바로 이렇습니다. 그와 서로 만나거든 그에게 답한 저의 편지글을 얻어 한번 읽어 보시고, 하나의 방편을 만들어 그를 구원해 주십

---

446 구업(口業) : 어업(語業). 3업의 하나. 입으로 짓는 업, 곧 언어(言語)를 말함.
447 회두전뇌(回頭轉腦) : 머리를 돌리고 생각을 바꾸다.
448 누구 말인지 알 수 없다.

시오. 사섭법(四攝法)[449] 가운데 동사섭(同事攝)이 효과가 가장 뛰어납니다. 님께서는 마땅히 이 법문(法門)을 크게 열어서 그로 하여금 믿고 들어오게 하셔야 합니다. 그렇게 하면 저의 짐을 반으로 줄여 줄 뿐만 아니라, 그로 하여금 믿음을 가지고 기꺼이 옛날의 소굴을 벗어나게 만들 것입니다.

此公是也. 如與之相見, 試取答渠底葛藤一觀, 因而作箇方便救取此人. 四攝法中以同事攝爲最彊. 左右當大啓此法門, 令其信入. 不唯省得山僧一半力, 亦使渠信得及, 肯離舊窟也.

---

449 사섭법(四攝法) : 고통 세계의 중생을 구제하려는 보살이 중생을 불도에 이끌어 들이기 위한 네 가지 방법. ①보시섭(布施攝). 상대편이 좋아하는 재물이나 법을 보시하여 친절한 정의(情誼)를 감동케 하여 이끌어 들임. ②애어섭(愛語攝). 부드럽고 온화한 말을 하여 친해서 이끌어 들임. ③이행섭(利行攝). 동작·언어·의념(意念)에 선행(善行)으로 중생을 이익케 하여 이끌어 들임. ④동사섭(同事攝). 상대편의 근성(根性)을 따라 변신(變身)하여 친하며, 행동을 같이하여 이끌어 들임.

17. 진소경(陳少卿) 계임(季任)에 대한 답서 (1)[450]

편지를 받아 보니, 이 일대사인연(一大事因緣)에 뜻을 두고자 하나 근성이 극히 둔하다 하였습니다. 만약 진실로 그렇다면 님을 축하하여야 하겠습니다. 오늘날 사대부들이 흔히 이 일에서 모든 것이 온통 알맞아 곧장 뚫고 벗어나지 못하는 까닭은, 단지 근성이 너무 날카롭고 지견(知見)이 너무 많아서 종사가 입을 열어 혀를 놀리자마자 벌써 일시에 알아차려 버리기 때문입니다.

이 까닭에 도리어 둔한 근기의 사람이 여러 가지 잘못된 지식(知識)이나 잘못된 깨달음이 없어서 문득 하나의 동작이나 하나의 모습을 보거나 한마디 말을 듣거나 한 구절의 글을 읽고서 격발(擊發)되는 것이 더 낫습니다. 이런 사람은 달마 대사가 나타나 온갖 신통을 다 사용하여도 어찌하지 못할 것이니, 그에게는 장애가 될 도리 같은 것이 없기 때문입니다.

答陳少卿(季任)

承諭, 欲留意此段大事因緣, 爲根性極鈍. 若果如此, 當爲左右賀也. 今時士大夫, 多於此事不能百了千當直下透脫者, 只爲根性太利知見太多, 見宗師纔開口動舌, 早一時會了也. 以故返不如鈍根者, 無許多惡知惡覺, 驀地於一機一境上一言一句下撞發. 便是達磨大師出頭來, 用盡百種神通, 也奈何他不得, 只爲他無道理可障.

---

450   소흥(紹興) 9년(1139) 51세에 경산사(徑山寺)에서 쓴 답장.

근기가 날카로운 자는 도리어 그 날카로운 근기에 가로막혀서 문득[451] 잘라 내거나 홀연 부수어 버리지 못합니다. 설사[452] 총명한 지식과 이해 위에서 배워 얻더라도, 자기의 본분사(本分事)[453] 위에서는 더욱더[454] 힘을 얻지 못합니다.

그러므로 남전(南泉) 스님이 말했습니다.

"요사이 선사(禪師)는 대단히 많으나 어리석고 둔한 사람은 찾을 수가 없다."[455]

장경(章敬) 스님은 이렇게 말씀하셨습니다.

"지극한 도리에는 말이 없는데도 오늘날 사람들은 이를 알지 못하고 억지로 그 일을 익혀서 공을 이룬다고 여기니, 자성(自性)이 원래 분별되는 경계[456]가 아니라 미묘한 대해탈문(大解脫門)임을 알지 못하는 것이다. 살펴보고 느끼는[457] 일이 있더라도 물들지 않고 막히지 않으니, 이러한

---

451 쵀지(啐地) : (의성어. 문득 꺾어지거나 부러지는 소리를 형용한 말)뚝딱. 탁. 우지끈.

452 가요(假饒) : 설사 —일지라도. 설령 —라 하더라도.

453 본분사(本分事) : 본래부터 부여 받아 갖추고 있는 것. 본래면목(本來面目)이니 본지풍광(本地風光)이니 본심(本心)이니 본성(本性)이니 하는 등의 말과 같은 의미이다.

454 전(轉) : 더욱더. 한층 더.

455 『경덕전등록』 제28권 '지주남전보원화상(池州南泉普願和尙)'의 상당법어(上堂法語)에 나오는 구절.

456 진경(塵境) : 대상. 객관. 육진(六塵)은 육근(六根)의 상대가 된다는 뜻으로 진경이라 함.

457 감각(鑑覺) : ①살펴보고 느끼다. 감(鑑)은 살펴보는 것이고, 각(覺)은 느끼는 것. ②비추어 보다.

174

밝음은 사라진 적이 없고 무한한 예부터[458] 지금까지 전혀 바뀌지 않았다. 마치 태양이 멀고 가까운 곳을 두루 비추어 온갖 색깔을 드러내지만, 어떤 사물과도 화합(和合)하지 않는 것과 같다. 신령스러운 빛의 묘한 밝음은 수련(修鍊)에 의하여 만들어지는 것이 아님에도 이것을 알지 못하는 까닭에 사물의 모습에 집착하니, 마치 눈을 비벼 망령되이 헛꽃[459]을 만들 듯이 스스로를 헛되이 피로하게 만들며 쓸데없이 세월만 보낸다. 만약 눈길을 내면으로 돌려 두 번째 사람[460]이 없음을 볼[461] 수 있다면, 평소에 말하고 행동함[462]에 실상(實相)을 어그러뜨리지 않을 것이다."[463]

利根者返被利根所障, 不能得啐地便折, 嚗地便破. 假饒於聰明知解上學得, 於自

---

458 낭겁(曩劫) : 무한한 옛날.

459 헛꽃 : 공화(空華), 허화(虛華), 허공화(虛空華), 안중화(眼中華). 허공 속의 꽃이라고 하여 허공꽃이라고도 한다. 눈병이 났을 경우 혹은, 눈을 세게 비비거나 눈에 충격이 주어지면 눈앞에서 한순간 꽃 모양의 환상이 나타났다 사라지는 것이 보이는데, 이렇게 헛되이 나타났다 사라지는 모습을 헛꽃이라고 한다. 우리가 분별하여 집착하는 삼라만상을 가리키는 말이다. 허공 속에는 본래 헛꽃이 없고 우리 눈이 병이 들어 헛꽃이 나타나듯이, 분별망상도 본래 세계에 있는 것이 아니라 우리의 참된 깨달음의 마음에서 망령되이 나타난다.

460 제이인(第二人) : 제이의문(第二義門)인 세속제(世俗諦)의 차별문(差別門)에 있는 사람. 방편문(方便門)에 있는 사람. 제일의문(第一義門)인 진제(眞諦)에 있는 사람인 제일인(第一人)에 상대하여 이르는 말.

461 반조(返照) : ①눈길을 돌려 내면을 비추어 본다는 반시내조(返視內照)의 준말. 자기 마음을 되돌아보다. 자기의 본성을 되돌아보다. ②해질녘에 되비치는 석양을 가리킴.

462 거조시위(擧措施爲) : 거조(擧措)도 시위(施爲)도 행동거지(行動擧止)를 가리킴.

463 『오등회원』 제3권 '경조부장경사회휘선사(京兆府章敬寺懷暉禪師)'에 나오는 상당 법어.

己本分事上, 轉不得力. 所以南泉和尙云 : "近日禪師太多, 覓箇癡鈍人不可得." 章
敬和尙曰 : "至理亡言, 時人不悉, 彊習他事, 以爲功能, 不知自性元非塵境, 是箇微
妙大解脫門. 所有鑑覺不染不礙, 如是光明未曾休廢, 曩劫至今固無變易. 猶如日
輪遠近斯照雖及衆色, 不與一切和合. 靈燭妙明非假鍛鍊, 爲不了故取於物象, 但
如捏目妄起空華, 徒自疲勞枉經劫數. 若能返照無第二人, 擧措施爲不虧實相."

님께서는 스스로 근기가 둔하다고 하시니 한번 이와 같이 돌이켜 보십
시오. 둔함을 아는 자도 둔합니까? 만약 이와 같이 돌이켜 보지 아니하
고 단지 근기가 둔함에 머물러 다시 번뇌를 일으킨다면, 헛된 환상 위에
다시 환상을 더하는 것이며 헛꽃 위에 또 헛꽃을 더하는 짓입니다. 잘 들
어 보십시오. 근성이 둔함을 아는 이것은 결코 둔하지 않습니다. 이 둔한
것을 지키고 있어도 안 되지만, 또한 이 둔한 것을 버려서도 안 됩니다.
취하고 버리고 날카롭고 둔함은 사람에게 있지 마음에 있지 않습니다.

左右自言根鈍, 試如此返照看. 能知鈍者還鈍也無? 若不回光返照, 只守鈍根更生
煩惱, 乃是向幻妄上重增幻妄, 空華上更添空華也. 但相聽. 能知根性鈍者, 決定不
鈍. 雖不得守著這箇鈍底, 然亦不得捨却這箇鈍底. 參取捨利鈍, 在人不在心.

이 마음은 과거 · 현재 · 미래의 모든 부처와 한 몸으로서 둘이 아닙니
다. 만약 둘이 있다면 법(法)은 평등하지 않을 것입니다. 그러므로 가르침
을 주고 마음을 전하는 것이 단지 허망할 뿐이며, 진실을 찾을수록 더욱

더 어긋나게[464] 됩니다. 다만 하나로서 둘 아닌 마음은 결코 날카로움과 둔함, 취하고 버림의 속에 있지 않음을 알기만 하면, 곧 달을 보고 손가락은 잊어서 즉시 한칼에 끝장을 낼 것입니다. 그러나 만약 다시 머뭇거리며 의심하여 앞을 생각하고 뒤를 계산한다면, 빈주먹의 손가락 위에서 진실이라는 알음알이를 낼 것이고, 주관이니 객관이니 하는 속에서 헛되

---

464 참차(參差) : 들쑥날쑥하다. 가지런하지 못하다. 차이가 있다.

465 이 두 구절은 영가현각(永嘉玄覺)의 『증도가(證道歌)』에 나오는 구절이다. 본래는 다음과 같이 되어 있다 : 이승(二乘)은 정진(精進)하나 도심(道心)이 없고, /외도(外道)는 총명하나 지혜가 없다. /어리석고 또 어리석어서, /빈주먹의 손가락 위에서 진실하다는 견해를 낸다. /손가락을 붙잡고 달이라고 여겨 잘못 애를 쓰니, /육근(六根)과 육경(六境)속에서 헛되이 괴상한 짓만 한다.(二乘精進沒道心, 外道聰明無智慧. 亦愚癡亦小駭, 空拳指上生實解. 執指爲月枉施功, 根境法中虛捏怪.) 공권(空拳) 즉 빈주먹이란 무언가를 쥐고 있는 듯이 쥐고 있는 빈주먹을 가리킨다. 이 빈주먹은 불교의 가르침을 믿지 않는 어리석은 범부에게 불도(佛道)라는 무엇인가 중요한 진리가 있는 듯이 보여 주는 것으로서 불교를 믿고 공부하게 만드는 방편설(方便說)을 가리킨다. 어리석은 범부에게는 처음에 불도니 불법(佛法)이니 마음이니 하는 물건이 있는 것처럼 말하여 범부가 불교의 가르침을 믿어서 그 물건을 찾도록 이끌어 들이는 방편이 곧 빈주먹이다. 확고한 믿음을 갖추고 진실하게 공부에 임하게 되면 결국 그런 이름에 해당하는 물건이 따로 있지 않다는 사실을 깨닫게 되니 불교의 모든 가르침의 말씀은 빈주먹인 것이다. 『금강경』에서 법(法)이라는 이름에 해당하는 물건을 따로 얻을 수 없다고 말하는 것이 곧 이것을 가리킨다. 『열반경』에서 우는 아이를 달래기 위하여 누른 낙엽을 돈이라고 속여 쥐어 준다는 황엽(黃葉)의 비유와 함께 공권(空拳)은 경전(經典)이라는 방편(方便)의 말씀을 가리킨다. 그러므로 빈주먹의 손가락 위에서 진실하다는 견해를 낸다는 것은 곧 방편의 말씀인 경전의 언구(言句)에 무슨 진리가 있는 듯이 헤아리고 찾는 것을 가리킨다.

466 오온(五蘊) : 5취온(取蘊)·5음(陰)·5중(衆)·5취(聚)라고도 함. 온(蘊)은 모아 쌓은 것. 곧 화합하여 모인 것. 무릇 생멸하고 변화하는 것을 종류대로 모아서 5종으로 구별. 경험세계를 5가지로 분류한 것. ①색온(色蘊) ; 스스로 변화하고 또 다른 것을 장애하는 지수화풍(地水火風)의 사대(四大). ②수온(受蘊) ; 고(苦)·락(樂)·불고불락(不苦不樂)을

177

이 조작해 낼 것이며[465], 오온(五蘊)[466]과 십팔계(十八界)[467] 속에 헛되이 사로잡혀서 끝마칠 때가 없을 것입니다.

此心與三世諸佛一體無二. 若有二則法不平等矣. 受敎傳心但爲虛妄, 求眞覓實轉見參差. 但知得一體無二之心, 決定不在利鈍取捨之間, 則便當見月亡指, 直下一刀兩段. 若更遲疑思前算後, 則乃是空拳指上生實解, 根境法中虛捏怪, 於陰界中妄自囚執, 無有了時.

몇 년 전부터 한 부류의 삿된 스승들이 묵조선(默照禪)을 말하면서, 사람들에게 하루 종일 이 일을 관여치 말고 쉬고 또 쉬며 말을 하지[468] 말아야 하고, 금시(今時)[469]에 떨어질 것을 두려워하라고 가르칩니다. 흔히 사

느끼는 마음의 작용. ③상온(想蘊); 외계(外界)의 사물을 마음속에 받아들이고, 그것을 생각해 보는 마음의 작용. ④행온(行蘊); 의지에 따라 실행하는 것. ⑤식온(識蘊); 의식(意識)하고 분별하는 것.

467 십팔계(十八界) : 십팔계란 우리가 경험하는 세계를 설명하기 위하여 만든 이름. 지각기관인 안이비설신의(眼耳鼻舌身意)의 육근(六根)과 각 지각기관의 지각대상인 색성향미촉법(色聲香味觸法)의 육경(六境)과 각각의 지각기관과 지각대상의 접촉에 의하여 생기는 안식(眼識)·이식(耳識)·비식(鼻識)·설식(舌識)·신식(身識)·의식(意識)의 육식(六識)으로 구성되어 있다. 보통 육근이라는 지각기관과, 육경이라는 지각대상의 접촉에 의하여 육식이 생긴다고 하지만, 사실은 반대로 육식이라는 지각작용이 있으므로 육근과 육경이라는 경계가 나타난다고 해야 타당하다. 즉, 육식이라는 지각작용이 바탕이 되어 육근과 육경이라는 경계가 건립된다.

468 주성(做聲) : ①소리를 내다. ②말을 하다. 입을 떼다.

469 금시(今時) : 바로 지금 현재 눈앞에 펼쳐지는 온갖 경험세계. 망상(妄相) 혹은 생멸문(生滅門)이라 하며, 시간과 공간이 분별되는 세계. 금시(今時)의 상대어는 본분(本分)인

대부가 총명하고 날카로운 근기에 부림을 당하여 시끄러운 곳을 싫어하다가, 문득[470] 저 삿된 스승들에게 고요히 앉으라는 가르침을 받고서 수월해짐을 경험하면, 곧 이것을 옳다고 여기고 다시는 묘한 깨달음을 찾지 않고서 다만 말없이 고요히 있는 것을 지극한 법칙으로 삼습니다. 저는 구업(口業) 짓는 것을 아까워하지 않고 힘써 이러한 폐단을 바로잡으려 합니다. 그리하여 요즈음은 이것이 잘못된 것인 줄 아는 사람이 조금씩 생겨나고 있습니다.

近年以來有一種邪師, 說默照禪, 敎人十二時中是事莫管, 休去歇去[471], 不得做聲恐落今時. 往往士大夫, 爲聰明利根所使者, 多是厭惡鬧處, 乍被邪師輩指令靜坐, 却見省力, 便以爲是, 更不求妙悟, 只以默然爲極則. 某不惜口業, 力救此弊. 今稍有知非者.

원컨대 공은 다만 궁금한 심정[472]이 해소되지 못한 곳에서 참(參)하시되, 가고 머물고 앉고 눕는 일상생활 속에서 놓아 버려서는 안 됩니다. 어떤 스님이 조주 스님에게 묻되 "개에게도 불성이 있습니까?" 하니 조주 스님은 "없다."고 말했습니다. 이 한 마디는 곧 삶과 죽음에 대한 의심

데. 본분(本分)은 본래부터 부여 받아 타고난 본성(本性)으로서 실상(實相) 혹은 진여문(眞如門)이라 하며, 시간과 공간이 없는 불이(不二)의 세계.

470 사(乍) : 문득. 갑자기.

471 云 : '去'의 오기(誤記).

472 의정(疑情) : 의문(疑問). 궁금함. 궁금한 심정(心情). 의단(疑團)과 같음.

을 부수어 버리는 칼입니다. 이 칼의 자루는 다만 자기의 손아귀에 있을 뿐이니, 다른 사람에게 손을 대게 할 수는 없습니다. 모름지기 자신이 직접 손을 대야만 합니다.[473]

만약 목숨을 버렸다면 비로소 스스로 즐겨 손을 댈 것입니다. 만약 아직 목숨을 버리지 못했다면 우선 다만[474] 궁금한 심정이 해소되지 못한 곳에서 버티고 계십시오. 문득 스스로 기꺼이 목숨을 한번 놓아 버리면 곧장 끝납니다. 그때에야 비로소 고요한 때가 곧 시끄러운 때이며 시끄러운 때가 곧 고요한 때이고, 말하는 때가 곧 침묵하는 때이며 침묵하는 때가 곧 말하는 때라는 것을 믿을 것입니다. 그리하여 남에게 물을 필요 없이 저절로 삿된 스승의 터무니없는 말을 듣지 않게 됩니다. 간절히 빌고 빕니다.

願公只向疑情不破處參, 行住坐臥不得放捨. 僧問趙州: "狗子還有佛性也無?" 州云: "無." 這一字子, 便是箇破生死疑心底刀子也. 這刀子欄柄, 只在當人手中, 教別人下手不得. 須是自家下手始得. 若捨得性命, 方肯自下手. 若捨性命不得, 且只管在疑不破處崖將去. 驀然自肯捨命一下便了. 那時方信靜時便是鬧時底, 鬧時便是靜時底, 語時便是默時底, 默時便是語時底. 不著問人, 亦自然不受邪師胡說亂道也. 至禱至禱.

---

473 수시(須是) – 시득(始得): –해야만 한다. –해야 비로소 일이 된 것이다.
474 지관(只管): 단지. 오로지. 다만.

180

예전에 주세영(朱世英)이 편지로 운암진정(雲庵眞淨)[475] 스님에게 물었습니다.

"불법(佛法)은 지극히 묘한데, 일상생활에서 어떻게 마음을 쓰고 어떻게 탐구해야 합니까? 자비로써 가리켜 주시옵소서."

진정 스님이 말했습니다.

"불법은 지극히 묘하여 둘이 없다. 다만 아직 묘한 곳에 이르지 못했다면 서로 길고 짧음이 있다. 진실로 묘한 곳에 이르면 마음을 깨달은 사람이니, 자신의 마음이 마지막 진실이고 본래부터 깨달아 있음을 진실하게 알 것이고, 진실하게 자재(自在)할 것이고, 진실하게 안락할 것이고, 진실하게 해탈할 것이고, 진실하게 깨끗할 것이다. 일상생활에서 오직 자기의 마음을 쓸 뿐이니, 자기 마음의 변화를 붙잡았으면 바로 쓸 뿐, 옳고 그름은 묻지 마라.

마음으로 헤아리고[476] 사량하면 바로 옳지 않게 된다. 마음으로 헤아리지 아니하면, 하나하나가 진실하며, 하나하나가 밝고 묘하며, 하나하나가 연꽃이 물에 젖지 않는 것과 같지만, 마음의 깨끗함은 그 이상(以上)이다. 그러므로 자기의 마음에 어두운 까닭에 중생이 되고 자기의 마음을

---

475 운암진정극문(雲庵眞淨克文) : 1025~1102. 섬부(陝府) 민향(閩鄉, 河南省) 사람으로, 속성은 정씨(鄭氏)이다. 호는 운암(雲庵)인데, 그가 머문 곳에 따라 늑담극문(泐潭克文), 보봉극문(寶峰克文) 등으로도 불린다. 어떤 중이 운문문언(雲門文偃)의 말을 외우는 걸 듣고 크게 깨쳤고, 적취(積翠)의 황룡혜남(黃龍慧南)에게 가서 배우고 그 법을 이었다. 『고존숙어록』에 어록(語錄)이 실려 있다.

476 의심(擬心) : 마음으로 헤아리다. 마음을 내어 ―하려 하다.

181

깨닫는 까닭에 부처가 된다. 중생이 바로 부처이고 부처가 바로 중생이지만, 미혹함과 깨달음으로 말미암아 중생이 있고 부처가 있는 것이다.

요즘 도를 배우는 사람들은 흔히 자기의 마음을 믿지 아니하고, 자기의 마음을 깨닫지 아니하고, 자기 마음의 밝고 묘함을 누리지[477] 아니하고, 자기 마음의 안락한 해탈을 얻지 아니하고, 마음 밖에 헛되이 선(禪)의 길이 있다고 여겨서 헛되이 기이하고 특이한 일을 세우고 헛되이 취하고 버린다. 그러므로 비록 수행하더라도 외도(外道)와 이승(二乘)[478]의 선적단견(禪寂斷見)[479]의 경계에 떨어져 버린다.

수행에서는 단견(斷見)과 상견(常見)이라는 구덩이에 떨어지는 것이 두려운 것이다. 단견(斷見)은 자기 마음의 본래 묘하고 밝은 본성을 끊어 없애 버리고 오로지 마음 밖에서 공(空)에 집착하여 선적(禪寂)에 머무는 것이요, 상견(常見)은 일체법이 공(空)임을 깨닫지 못하고 세간의 온갖 유위

---

477 수용(受用) : 누리다, 향유하다. 법을 얻어서 그 법을 누리고 향유한다는 말.

478 이승(二乘) : 성문승(聲聞乘)·연각승(緣覺乘). 소승(小乘)을 가리킴.

479 선적단견(禪寂斷見) : 선적(禪寂)은 모든 분별을 쉬고 고요한 선정(禪定)에 들어 있는 것. 단견(斷見)은 만법은 무상(無常)하게 생멸변화하고 사람도 죽으면 몸과 마음이 모두 없어져 버린다고 주장하는 견해(見解). 선적과 단견은 모두 치우친 곳에 머무는 잘못된 공부.

480 유위법(有爲法) : saṃskṛta. 위(爲)는 위작(爲作)·조작(造作)의 뜻. 분별하여 의도적으로 행하고 조작하는 모든 일을 가리킨다. 이렇게 분별하여 행하고 조작하는 모든 일들은 반드시 생(生)·주(住)·이(異)·멸(滅)의 변화를 따르는 허망(虛妄)한 일이다. 구사(俱舍)의 75법 중 72법, 유식의 백법(百法) 중 94법이 곧 유위법(有爲法)이다. 분별되는 온갖 법의 총칭.

182

법(有爲法)[480]에 집착하여 그것을 궁극으로 삼는 것이다."[481]

昔朱世英, 嘗以書問雲菴眞淨和尚云: "佛法至妙, 日用如何用心, 如何體究? 望慈悲指示." 眞淨曰: "佛法至妙無二. 但未至於妙, 則互有長短. 苟至於妙, 則悟心之人, 如實知自心究竟本來成佛, 如實自在, 如實安樂, 如實解脫, 如實淸淨. 而日用唯用自心, 自心變化把得便用, 莫問是之與非. 擬心思量早不是也. 不擬心, 一一天眞, 一一明妙, 一如蓮華不著水, 心淸淨超於彼. 所以迷自心故作衆生, 悟自心故成佛. 而衆生卽佛, 佛卽衆生, 由迷悟故有彼此也. 如今學道人, 多不信自心, 不悟自心, 不得自心明妙受用, 不得自心安樂解脫, 心外妄有禪道, 妄立奇特, 妄生取捨. 縱修行落外道二乘禪寂斷見境界. 所謂修行恐落斷常坑. 其斷見者, 斷滅[482]自心本妙明性, 一向心外著空滯禪寂, 常見者 不悟一切法空, 執著世間諸有爲法, 以爲究竟也."

삿된 스승의 무리는 사대부들에게 마음을 거두고 고요히 앉아서 어떤 일에도 관여하지 말고 쉬고 또 쉬라고 가르칩니다. 그러나 이것이 어찌 일부러 마음을 쉬려는 것이 아니겠으며, 일부러 마음을 비우려는 것이 아니겠으며, 일부러 마음을 쓰려는 것이 아니겠습니까? 만약 이와 같이 수행한다면, 어떻게 외도와 이승의 선적단견(禪寂斷見) 경계에 떨어지지

---

481 대혜종고가 지은 『정법안장(正法眼藏)』 제2권 하(下)에도 이 문답한 편지가 인용되어 있고, 『거사분등록(居士分燈錄)』 하권(下卷)의 '현모주세영(顯謨朱世英)'에도 역시 이 편지 글이 인용되어 있다.

482 '멸(滅)'은 덕부본에서 '멸각(滅却)'으로 되어 있다.

않겠으며, 어떻게 자기 마음의 밝고 묘함을 드러내어 완전한 안락과 있는 그대로의 깨끗한 해탈과 변화하는 묘함을 누릴 수 있겠습니까?

邪師輩, 敎士大夫攝心靜坐, 事事莫管, 休去歇去. 豈不是將心休心, 將心歇心, 將心用心? 若如此修行, 如何不落外道二乘禪寂斷見境界, 如何顯得自心明妙, 受用究竟安樂如實淸淨解脫變化之妙?

모름지기 자기 자신이 스스로 보고 스스로 깨달아야만, 저절로 옛사람의 말에 휘둘리지 않고 오히려 옛사람의 말을 휘두를 수 있습니다. 깨끗한 마니주(摩尼珠)[483]가 진흙탕 속에 아무리 오래 놓여 있더라도 때가 낄 수 없는 것은 그 바탕이 본래 깨끗하기 때문입니다. 이 마음도 그와 같아서 어리석을 때에는 잡다하고 피곤한 경계에 속아서 물들지만, 이 마음의 바탕은 마치 연꽃이 물에 젖지 않듯이 본래 물들지 않는 것입니다.

만약 문득 자기의 마음을 깨닫게 되면, 이 마음이 본래 깨달아 있음과 완전히 자유로움과 있는 그대로 안락함과 온갖 종류의 묘한 작용들 역시

---

483 마니주(摩尼珠) : maṇi. 마니(摩尼)·말니(末尼)로 음역. 주(珠)·보(寶)·무구(無垢)· 여의(如意)로 번역. 마니주(摩尼珠)·마니보주(摩尼寶珠)·보주(寶珠)·여의주(如意珠) 라고 한다. 투명한 구슬. 이 구슬은 용왕의 뇌 속에서 나온 것이라 하며, 사람이 이 구슬 을 가지면 독이 해칠 수 없고, 불에 들어가도 타지 않는 공덕이 있다고 한다. 혹은 제석천 왕이 금강저(金剛杵)를 가지고 아수라와 싸울 때에 부서진 금강저가 남섬부주에 떨어진 것이 변하여 이 구슬이 되었다고도 한다. 또는 지나간 세상의 모든 부처님의 사리가 불법 (佛法)이 멸할 때에 모두 변하여 이 구슬이 되어 중생을 이롭게 한다고도 한다. 불법(佛 法)을 상징하는 물건이다.

밖에서 오는 것이 아니니, 본래 스스로 갖추고 있기 때문입니다. 부처님 께서 말씀하셨습니다.

"위없는 평등하고 바른 깨달음이라고 부를 정해진 법(法)은 없고, 또 여래께서 말씀하실 만한 정해신 법은 없다."[484]

만약 본바탕을 확실히 한다면, 실제로 이런 일이 있다는 것도 도리어 옳지 않습니다.

須是當人自見得自悟得, 自然不被古人言句轉, 而能轉得古人言句. 如淸淨摩尼寶珠置泥潦之中, 經百千歲亦不能染汚, 以本體自淸淨故. 此心亦然, 正迷時爲塵勞所惑, 而此心體本不曾惑, 所謂如蓮華不著水也. 忽若悟得, 此心本來成佛, 究竟自在, 如實安樂, 種種妙用, 亦不從外來, 爲本自具足故. 黃面老子曰 : "無有定法名阿耨多羅三藐三菩提, 亦無有定法如來可說." 若確定本體, 實有恁麼事, 又却不是也.

어리석으니 깨달으니 취하니 버리니 하기 때문에 어쩔 수 없이 도리(道理)를 약간 말했지만, 이는 아직 묘함에 이르지 못한 이를 위한 방편의 말일 뿐이고, 그 진실한 본바탕에는 어떤 것도 없습니다. 그러므로 공(公)께서는 다만 이렇게 마음을 쓸 뿐, 일상 24시간 속에서 삶과 죽음의 윤회와 불도(佛道)가 있다고도 집착하지 말고 삶과 죽음의 윤회와 불도를 없음으

---

484 구마라집(鳩摩羅什)이 번역한 『금강경』에 있는 다음 구절이다 : 수보리가 말했다. "제가 부처님이 하신 말씀을 이해한 바에 따르면, 무상등정각(無上等正覺)이라고 부를 정해진 법은 없고, 또 여래께서 말씀하실 만한 정해진 법은 없습니다."(須菩提言, "如我解佛所說義 無有定法名阿耨多羅三藐三菩提 亦無有定法如來可說.")

로 돌리지도 마십시오.

다만 "개에게도 불성이 있습니까?" "없다."만 살펴보시되, 절대로 생각으로 헤아려서는 안 되고, 말로써 설명하려고 해서도 안 되고, 입을 여는 곳에서 받아들여서도 안 되고, 번개처럼 번쩍 스치는 곳에서 이해해서도 안 됩니다. "개에게도 불성이 있습니까?" "없다."를 다만 이렇게 참(參)할 뿐, 일부러 깨달음을 기다리거나 쉬기를 기다려서는 안 됩니다. 만약 일부러 깨달음을 기다리거나 쉬기를 기다린다면, 더욱더 이 일과는 상관이 없을 것입니다.

事不獲已, 因迷悟取捨故, 說道理有若干, 爲未至於妙者, 方便語耳, 其實本體亦無若干. 請公只恁麼用心, 日用二六時中, 不得執生死佛道是有, 不得撥生死佛道歸無. 但只看 "狗子還有佛性也無?" 趙州云 : "無." 切不可向意根下卜度, 不可向言語上作活計, 又不得向開口處承當, 又不得向擊石火閃電光處會. "狗子還有佛性也無?" "無." 但只如此參, 亦不得將心待悟待休歇. 若將心待悟待休歇, 則轉沒交涉矣.

18. 진소경(陳少卿) 계임(季任)에 대한 답서 (2)

    편지에 말씀하시길, 제가 보내 드린 지난번 편지를 받으신 이후로 시끄러운 가운데 피할[485] 수 없는 곳을 만날 때마다 늘 스스로 점검하지만, 아직 공부에 힘을 쓰지 못하고 있다고 하셨습니다. 다만 이 피할 수 없는 곳이 바로 공부가 끝나는 곳입니다. 만약 다시 힘을 써 점검한다면 도리어 멀어질 것입니다.

又

示諭, 自得山野向來書之後, 每遇鬧中韠避不得處常自點檢, 而未有著力工夫. 只這韠避不得處, 便是工夫了也. 若更著力點檢, 則又却遠矣.

    옛날 위부(魏府)의 노화엄(老華嚴)이 말했습니다.

    "불법(佛法)은 매일 생활하는 곳과, 가고 머물고 앉고 눕는 곳과, 차 마시고 밥 먹는 곳과, 이야기하고 묻는 곳과, 행동하고 행위하는 곳에 있으니, 마음을 일으키고 생각을 움직이면 도리어 옳지 않다."[486]

昔魏府老華嚴云 : "佛法, 在日用處, 行住坐臥處, 喫茶喫飯處, 語言相問處, 所作所爲處, 擧心動念, 又却不是也."

---

485 타피(韠避) : =타피(躲避). 피하다.
486 『경덕전등록』 제30권 '위부화엄장로시중(魏府華嚴長老示衆)'의 첫 부분.

피할 수 없는 곳을 딱 마주치면, 절대로 마음을 일으키고 생각을 움직여 점검(點檢)하려는 생각을 해서는 안 됩니다.

正當彈避不得處, 切忌起心動念作點檢想.

조사(祖師)께서 말씀하셨습니다.
"분별이 생기지 않으면 텅 비고 밝아서 저절로 비춘다."[487]

祖師云 : "分別不生, 虛明自照."

또 방거사(龐居士)도 송(頌)하였습니다.

"매일의 생활에 다른 일이 없고
오직 나 스스로 내키는 대로 어울린다.[488]
한 물건도 취하거나 버리지 않고
곳곳에서 어긋남[489]이 없다.
붉은빛과 보랏빛을 누가 이름 지었는가?
언덕과 산에는 티끌 한 점 없구나.

---

487 『고존숙어록』 제42권 「보봉운암진정선사주균주성수어록 1(寶峰雲庵眞淨禪師住筠州聖壽語錄 一)」에 나오는 상당법어(上堂法語)에 나오는 구절.

488 우해(偶諧) : 내키는 대로 어울리다.

489 장괴(張乖) : 어긋남.

신통(神通)과 묘용(妙用)이

물 긷고 나무 나르는 것이로다."[490]

又龐居士云 : "日用事無別, 唯吾自偶諧. 頭頭非取捨, 處處勿張乖. 朱紫誰爲號? 丘山絶點埃. 神通幷妙用, 運水及搬柴."

또 선성(先聖)이 말했습니다.

"마음을 가지고 분별하고 헤아리기만 하면, 자기 마음에 드러나는 것들[491]이 모두 꿈이다."[492]

又先聖云 : "但有心分別計較, 自心見量者, 悉皆是夢."

---

490 『경덕전등록』 제8권 '양주거사방온(襄州居士龐蘊)'에 나오는 방거사의 게송. 석두희천이 "그대가 노승을 만난 이래 매일 하는 일이 어떤가?" 하고 물은 데 대하여, "만약 매일 하는 일을 묻는다면 입을 열 곳이 없습니다."라 하고는 읊은 게송이다.

491 현량(見量) : 현량(現量)과 같음. 인명(因明) 3량인 현량(現量) · 비량(比量) · 비량(非量)의 하나. 심식(心識) 3량의 하나. 드러난 그대로 아는 것. 비판하고 분별함을 떠나서 경계의 사상(事象)을 그대로 각지(覺知)하는 것. 예를 들면, 맑은 거울에 어떤 형상이든 그대로 비치듯, 꽃은 꽃으로 보고, 노래는 노래로 듣고, 냄새는 냄새로 맡고, 매운 것은 매운 대로 맛보고, 굳은 것은 굳은 대로 느껴서, 조금도 분별하고 미루어 구하는 생각이 없는 것.

492 『대정신수대장경』 제85권에 수록된 『소실육문(小室六門)』의 「제4문안심법문(第四門安心法門)」에 나오는 구절.

189

회피할 수 없을 때에 다시 마음으로 헤아리지[493] 말아야 함을 잘 기억하십시오.[494] 마음으로 헤아리지 않을 때에는 모든 것이 이루어져 있으니,[495] 이해가 날카로울 필요도 없고 이해가 무딜 필요도 없습니다. 날카롭고 무딘 일과도 전혀 상관이 없고, 고요하고 시끄러운 일과도 전혀 상관이 없습니다. 회피할 수 없는 바로 그때에 문득 가로막고 있던 장애가 사라져 버리면,[496] 자기도 모르게 손뼉을 치며 크게 웃을 것입니다. 부디 잊지 마시기 바랍니다.

切記取, 彈避不得時, 不得更擬心. 不擬心時一切現成, 亦不用理會利, 亦不用理會鈍. 總不干他利鈍之事, 亦不干他靜亂之事. 正當彈避不得時, 忽然打失布袋, 不覺拊掌大笑矣. 記取記取.

이 일을 만약 털끝만큼이라도 애써 노력하여 증명하려고 한다면, 마치 사람이 손으로 허공을 붙잡아 어루만지려 하는 것과 같아서, 다만 스스로 더욱 피로할 뿐입니다. 인연에 응할 때에는 다만 응하기만 하고, 고요

---

493 의심(擬心) : ①마음으로 헤아리다. ②마음을 내어 −하려 하다.

494 기취(記取) : 명심하다. 확실히 기억하다. 기억해 두고 참고로 삼다.

495 현성(現成) : ①마침 그 자리에 있다. 현재 이루어지다. ②원래부터 있었다. 이미 갖추어져 있다. 이미 만들어져 있다. ③간단하다. 용이하다. 힘이 들지 않다. 현성(見成)이라고도 씀.

496 타실포대(打失布袋) : 타실(打失)은 '잃어버리다', 포대(布袋)는 '무능함, 문제, 장애'를 뜻함. 무능함을 벗어나다. 문제를 해결하다. 장애가 사라지다. 이 문맥에서는 앞을 가로막고 있던 분별망상의 포대를 벗어 버렸다는 뜻이다.

히 앉고 싶으면 다만 고요히 앉을 뿐이로되, 앉을 때에 앉는 것에 집착하여 마지막 진실이라 여겨서는 안 됩니다. 오늘날 삿된 스승의 무리가 흔히 고요히 앉아 묵묵히 비추는[497] 것을 마지막 진실로 삼아 후진[498]들을 잘못된 곳으로 이끌고[499] 있습니다. 저는 원한 맺는 것을 두려워하지 않고 저들을 힘써 꾸짖어서, 부처님의 은혜에 보답하고 말법(末法)[500]의 폐단을 구제하려 합니다.

此事若用一毫毛工夫取證, 則如人以手撮摩虛空, 只益自勞耳. 應接時但應接, 要得靜坐但靜坐, 坐時不得執著坐底爲究竟. 今時邪師輩, 多以默照靜坐爲究竟法, 疑誤後昆. 山野不怕結怨, 力詆之, 以報佛恩, 救末法之弊也.

---

497 묵조정좌(默照靜坐) : 고요히 앉아 묵묵히 비추는 것은 곧 묵조선(默照禪)을 가리킨다.

498 후곤(後昆) : 후손(後孫). 자손.

499 의오(疑誤) : ①현혹하여 그르치다. ②오해. ③불분명하거나 잘못된 곳.

500 말법(末法) : 3시(時)의 하나. 부처님이 세상을 떠난 지 오래되어 교법이 쇠퇴된 시기. 삼시(三時)란 부처님 열반한 뒤에 교법이 유행하는 시대를 3단으로 나누어, 정법시(正法時)·상법시(像法時)·말법시(末法時)로 한 것. ①정법시란 교법·수행·깨달음의 3법이 완전하게 있는 시대이고, ②상법시란 깨닫는 이는 없으나, 교법·수행이 아직 남은 시대이고, ③말법시란 교법만 있고, 수행·깨달음이 없는 시대라고 한다. 이 세 시대가 지나면, 교법까지 없어지는 시기가 되니, 이때를 법멸(法滅) 시대라 한다. 말법을 만 년이라 함은 모두 동일하지만, 정법과 상법의 시기에 대해서는, 정법 5백 년과 상법 1천 년 설(說), 정법 1천 년과 상법 5백 년 설, 정법 1천 년과 상법 1천 년 설 등이 있다.

19. 조대제(趙待制) 도부(道夫)에 대한 답서[501]

보내 주신 편지를 하나하나 다 살펴보았습니다. 부처님께서 말씀하셨습니다.

"마음이 있는 자는 모두 부처가 될 수 있다."[502]

이 마음은 세간(世間)의 잡다하고 피곤한 망상(妄想)하는 마음이 아니라, 위없는 큰 깨달음을 이루는 마음을 일컫습니다. 만약 이 마음이 있으면, 깨달음을 이루지 못할 사람이 없습니다.

答趙待制(道夫)

示諭, 一一備悉. 佛言: "有心者皆得作佛." 此心非世間塵勞妄想心, 謂發無上大菩提心. 若有是心, 無不成佛者.

사대부(士大夫)가 도(道)를 배우되 흔히 스스로 장애물을 만드는 것은

---

501 1139년(51세)에 쓴 글.

502 『자비도량참법(慈悲道場懺法)』 제5권 「해원석결(解怨釋結) 제3」에 "경전에서 말하길 '모든 중생에게는 전부 마음이 있고, 마음이 있는 자는 모두 부처가 될 수 있다.'고 하였다."(經言 : '一切衆生悉皆有心, 有心者皆得作佛.')라는 구절이 있다. 경전의 경우에는 『대반열반경(大般涅槃經)』 제25권 「사자후보살품(師子吼菩薩品)」 제23-1에 "중생도 그러하여 모두 마음을 가지고 있다. 무릇 마음을 가지고 있는 자는 반드시 위없이 바르고 평등한 깨달음을 얻을 수 있다."(衆生亦爾, 悉皆有心. 凡有心者定當得成阿耨多羅三藐三菩提.)라는 구절이 있다.

결정적인 믿음이 없기 때문입니다. 부처님이 말씀하셨습니다.[503]

"믿음은 도(道)의 근원이며 공덕의 어머니이니, 모든 선법(善法)을 기르고, 의심의 그물을 끊고 갈애(渴愛)의 흐름을 벗어나게 하여, 열반의 위없는 도(道)를 열어 보인다."

또 말씀하셨습니다.

"믿음은 지혜의 공덕을 키울 수 있고, 믿음은 반드시 여래의 지위에 도달케 할 수 있다."

士大夫學道, 多自作障難, 爲無決定信故也. 佛又言. "信爲道元功德母, 長養一切諸善法, 斷除疑網出愛流, 開示涅槃無上道." 又云 : "信能增長智功德, 信能必到如來地."

보내 주신 편지에 "근기(根機)가 둔한 사람이 아직 철저히 깨닫지 못했다면 우선 깨달음의 씨앗을 마음 밭에 심어야 한다."고 하셨는데, 이 말은 비록 흔한 말이긴 하나 또한 대단히 깊은 뜻을 지니고 있습니다. 단지 긍정하는 마음만 갖추면 속는 일은 결코 없을 것입니다.

示諭. "鈍根未能悟徹, 且種佛種子於心田." 此語雖淺近, 然亦深遠. 但辦肯心, 必不相賺.

---

503 두 구절이 모두 실차난타(實叉難陀)가 번역한 80권 화엄인 『대방광불화엄경』 제14권 「현수품(賢首品)」 제12-1에 있는 현수보살(賢首菩薩)의 게송에 나오는 구절이다.

요즈음 도를 배우는 선비는 흔히 느리게 해야 할 곳에서는 도리어 급하게 하고 급하게 해야 할 곳에서는 도리어 게으름을 부리며 늦춥니다. 방거사(龐居士)가 말하였습니다.

"어느 날 문득 독사(毒蛇)가 베잠방이 속으로 들어오면, 이것이 어떤 때인지 종사(宗師)에게 한번 물어보아라."[504]

어제의 일도 오늘 오히려 기억하지 못하는데, 하물며 전생 후생으로 멀리 떨어진 일[505]을 어떻게 잊어버리지 않을 수 있겠습니까? 반드시 금생에 밝게 통하도록 하고자[506] 한다면, 부처도 의심하지 말고 조사도 의심하지 말고 삶도 의심하지 말고 죽음도 의심하지 말고, 모름지기 결정적인 믿음을 가지고 결정적인 뜻을 갖추어, 순간순간 머리에 붙은 불을 끄듯이 해야만 합니다. 이와 같이 지속해 가고도[507] 아직 밝게 통하지 못할 때에야, 비로소 근기가 둔하다고 말할 수 있을 것입니다.

---

504 이 구절은 방거사의 말이라고 하나, 『대혜어록』 이외의 다른 문헌에서는 발견되지 않는다. 안진호의 주석에서는 뱀이 죽음을 가리키고, 베잠방이는 오온(五蘊)을 가리킨다고 해석하고 있다. 그러나 『화엄경』에는 "사대(四大)라는 독사(毒蛇)의 습격을 받아 괴롭다."(爲四大毒蛇之所侵惱) 혹은 "사대라는 독사를 근심할 줄도 두려워할 줄도 모른다."(不知憂畏四大毒蛇)는 등의 구절이 있듯이, 독사(毒蛇)는 사대(四大) 즉 죽음의 원인이 되는 육신(肉身)을 가리키는 말이다. 그러므로 이 문장은 "어느 날 문득 베잠방이 속에 있는 육신이 죽음의 원인이 됨을 알았다면, 종사를 찾아가 살 길을 물어보아라."는 뜻이다.

505 격음사(隔陰事) : 저승을 사이에 둔 일. 저승 저쪽의 일. 전생(前生)의 일. 음(陰)은 저승을 가리킴.

506 타교철(打敎徹) : 밝게 통하도록 하다. 철저히 밝히도록 만들다. 타(打)는 행위동작을 행함을 나타내고, 교(敎)는 사역(使役)을 나타냄.

507 주장거(做將去) : 지속하다. 지속해 가다.

今時學道之士, 往往緩處却急, 急處却放緩. 龐公云 : "一朝蛇入布褌襠, 試問宗師甚時節." 昨日事今日尙有記不得者, 况隔陰事豈容無忘失耶? 決欲今生打敎徹, 不疑佛不疑祖, 不疑生不疑死, 須有決定信具決定志, 念念如救頭然. 如此做將去, 打未徹時, 方始可說根鈍耳.

만약 지금 곧[508] 스스로 생각하기를, '나는 둔근기라서 금생(今生)에는 끝마칠 수 없으니, 우선 부처의 종자를 심어 인연이나 맺어 놓아야겠다.'라고 한다면, 이것은 곧 나아가지도 않으면서 도달하기를 바라는 짓이니 있을 수 없는 일입니다. 저는 매번 이 도(道)를 믿는 사람들에게 말합니다.

"매일 24시간 가운데 수월함을 조금씩 느끼는 것이 바로 불법(佛法)을 배워서 힘을 얻는 것이다."

스스로 힘을 얻는 것은 남이 알 수가 없으며 또한 집어내어 남에게 보여 줄 수도 없습니다. 그러므로 노행자(盧行者)가 도명상좌(道明上座)에게 "그대가 만약 자기의 본래면목(本來面目)을 되돌아본다면, 비밀한 뜻은 전부 그대 자신에게 있다."[509]고 한 말이 바로 이것입니다. 비밀한 뜻은 곧 일상생활 속에서 힘을 얻는 것이며, 힘을 얻는 것은 곧 수월해지는 것입니다.

---

508 당하(當下) : 즉각. 바로. 그 자리에서.
509 『경덕전등록』 제4권 '원주몽산도명선사(袁州蒙山道明禪師)'에 나오는 혜능의 말.

若當下便自謂："我根鈍不能今生打得徹, 且種佛種結緣." 乃是不行欲到, 無有是

處. 呆[510]每爲信此道者說. "漸覺得日用二六時中省力處, 便是學佛得力處也." 自家

得力處 他人知不得, 亦拈出與人看不得. 盧行者謂道明上座曰："汝若返照自己本

來面目, 密意盡在汝邊." 是也. 密意者, 便是日用得力處也, 得力處, 便是省力處也.

세간의 잡다하고 피곤한[511] 일들을 들었다 놓았다 끝없이 반복하면서
가고 · 머물고 · 앉고 · 눕는 평소의 생활 가운데 아직 버리지 못하고 있
는 것은, 아득한 옛날부터 그것들과 맺은 인연이 깊기 때문입니다. 반면
에 반야(般若)의 지혜와는 아득한 옛날부터 맺은 인연이 얕기 때문에, 잠
시 선지식의 말씀을 들어도 이해하기가 하나같이 어렵게만 느껴지는 것
입니다.

만약 아득한 옛날부터 세간의 번다한 일들과 맺은 인연이 얕고 반야와
맺은 인연이 깊다면, 이해하기에 무슨 어려움이 있겠습니까? 그러므로
다만 깊은 것은 얕게 하시고[512] 얕은 것은 깊게 하시며, 낯선 것은 익숙하
게 하시고 익숙한 것은 낯설게 하십시오.

---

510 '고(呆)'는 궁내본에선 '종고(宗呆)'로 되어 있고, 덕부본에선 '모(某)'로 되어 있다. 뜻
   차이는 없다.

511 진로(塵勞) : 번뇌의 다른 이름. 두 가지 뜻이 있다. ①진(塵)은 육진(六塵), 노(勞)는
   노권(勞倦). 객관세계인 6진의 경계를 따라 마음의 번뇌가 일어나서 피곤해지므로 번뇌
   를 진로라 함. ②진은 오심(汚心), 노는 근고(勤苦). 번뇌는 마음을 어지럽게 하여 우리들
   로 하여금 괴롭고 애쓰게 하므로 진로라 함.

512 방교(放敎) : 시키다. −하게 하다. =사(使), 령(令).

世間塵勞事, 拈一放一, 無窮無盡, 四威儀內, 未嘗相捨, 爲無始時來與之結得緣深
故也. 般若智慧無始時來與之結得緣淺故也, 乍聞知識說著, 覺得一似難會. 若是
無始時來塵勞緣淺般若緣深者, 有甚難會處? 但深處放敎淺, 淺處放敎深, 生處放
敎熟, 熟處放敎生.

세간의 잡다한 일들에 생각을 빼앗길 때마다 애써[513] 배척할 필요는 없
습니다. 다만 생각하는 곳으로부터 화두(話頭)로 살짝[514] 방향을 돌리십시
오.[515] 그러면 무한한 힘을 덜게 될 것이며 또한 무한한 힘을 얻게 될 것입
니다. 청컨대 공(公)께서는 다만 이와 같이 버티고 계시되, 일부러 깨달음
을 기다리지는[516] 마십시오. 그러면 문득 저절로 깨달을 것입니다.

纔覺思量塵勞事時, 不用著力排遣. 只就思量處, 輕輕撥轉話頭. 省無限力, 亦得無
限力. 請公只如此崖將去, 莫存心等悟. 忽地自悟去.

이참정(李恭政)이 추측하기를 매일 서로 만날 것이라고 하였는데, 바둑
을 두는 일 이외에 그분과 더불어 이 일도 말하여 본 적이 있습니까? 만
약 그저 바둑만 두고 이 일을 말한 적이 없다면, 다만 흰 돌과 검은 돌이

---

513 착력(著力) : 힘을 쓰다. 힘을 내다.

514 경경(輕輕) : 살짝. 가볍게. 살살.

515 발전(撥轉) : ①돌리다. 방향을 바꾸다. ②조종하다. 놀리다.

516 존심등오(存心等悟) : 일부러 깨달음을 기다리다. 마음먹고 깨달음을 기다리다. 존심
    (存心)은 '어떤 마음을 먹다' 혹은 '일부러, 고의로'라는 뜻.

아직 나누어지지 않은 곳에서 바둑판을 치켜들어 바둑알을 쓸어버리고, 도리어 그를 독촉하여 저 한 수[517]를 받아 내십시오.[518] 만약 받아 내지 못한다면, 참으로 근기가 둔한 사람입니다. 일단 이 정도로 말씀드리겠습니다.[519]

參政公想日日相會, 除圍碁外, 還曾與說著這般事否? 若只圍碁, 不曾說著這般事, 只就黑白未分處, 掀了盤撒了子, 却問他索取那一著. 若索不得, 是眞箇鈍根漢. 姑置是事.

---

517 일착(一著) : =일착자(一著子). (바둑에서) 한 수 두다. 손을 한번 쓰다. 한번 행동하다.
518 색취(索取) : 독촉하여 받아 내다.
519 고치(姑置) : 잠시(잠깐) 내버려 두자. 우선 이 정도 해 두자.

20. 허사리(許司理) 수원(壽源)에 대한 답서 (1)[520]

부처님[521]께서 말씀하셨습니다.

"믿음은 도(道)의 근원이고 공덕의 어머니로서, 모든 선법(善法)을 길러
준다."

또 말씀하셨습니다.

"믿음은 지혜의 공덕을 잘 키워 주며, 믿음은 반드시 여래의 지위에 도
달케 한다."[522]

答許司理(壽源)

黃面老子曰:"信爲道元功德母, 長養一切諸善法." 又云:"信能增長智功德, 信能
必到如來地."

천리 길을 가려고 하면 한 걸음이 시작입니다. 십지보살(十地菩薩)이 장
애를 끊고 진리를 깨닫는 것은 처음에 십신(十信)으로 들어간 뒤에 법운
지(法雲地)에 올라서 바른 깨달음을 이루니, 처음 환희지(歡喜地)에서 믿음

---

520   1140년(52세)에 쓴 글.

521   황면노자(黃面老子) : 석가모니. 황면(黃面), 황두(黃頭)라고 약칭. 석가의 탄생지인 카
       필라 성의 카필라가 황색(黃色)이라는 뜻이므로, 이와 같이 말한다. 석가의 씨족명인 고
       오타마를 붙여 황면구담(黃面瞿曇)이라고도 한다.

522   두 구절이 모두 실차난타(實叉難陀)가 번역한 80권 화엄인『대방광불화엄경』제14권
      「현수품(賢首品)」제12-1에 있는 현수보살(賢首菩薩)의 게송에 있는 구절이다.

으로 말미암아 환희가 생기기 때문입니다.[523]

---

523 『화엄경(華嚴經)』에서 말하는 보살이 수행해 나아가는 52계위의 순서는 ①십신(十信), ②십주(十住), ③십행(十行), ④십회향(十廻向), ⑤십지(十地), ⑥등각(等覺), ⑦묘각(妙覺)의 순서이다. 십회향까지는 범부의 수행이고 십지부터가 성인(聖人)이라고 한다. 십신(十信)은 보살이 수행하는 계위(階位) 52위 중에 처음의 10위로서 부처님의 교법을 믿어 의심이 없는 지위이다. 십신(十信)은 ①신심(信心), ②염심(念心), ③정진심(精進心), ④혜심(慧心), ⑤정심(定心), ⑥불퇴심(不退心), ⑦호법심(護法心), ⑧회향심(廻向心), ⑨계심(戒心), ⑩원심(願心) 등이다. 십지(十地)는 보살수행의 52위 가운데서 제41위에서 제50위까지를 가리키는데, '십주(十住)'라고도 한다. 이 십지는 『화엄경』「십지품(十地品)」에 설해져 있는 것으로, ①환희지(歡喜地), ②이구지(離垢地), ③발광지(發光地), ④염혜지(焰慧地), ⑤극난승지(極難勝地), ⑥현전지(現前地), ⑦원행지(遠行地), ⑧부동지(不動地), ⑨선혜지(善慧地), ⑩법운지(法雲地) 등이 그것이다. 십지(十地)는 불지(佛智)를 생성하고 능히 주지(住持)하여 움직이지 아니하며 온갖 중생을 짊어지고 교화하는 것이 마치 대지가 만물을 싣고 이를 기름지게 하는 것과 같으므로 지(地)라 이름한다. 십지의 내용을 간략히 보면 다음과 같다. ①환희지(歡喜地): 처음으로 참다운 중도지(中道智)를 내어 불성의 이치를 보고 견혹(見惑)을 끊으며 능히 자리이타(自利利他)하여 진실한 희열에 가득찬 지위. ②이구지(離垢地): 수혹(修惑)을 끊고 범계(犯戒)의 더러움을 제거하여 몸을 깨끗하게 하는 지위. ③발광지(發光地): 수혹을 끊어 지혜의 광명이 나타나는 지위. ④염혜지(焰慧地): 수혹을 끊어 지혜가 더욱 치성하는 지위. ⑤난승지(難勝地): 수혹을 끊고 진지(眞智)·속지(俗智)를 조화하는 지위. ⑥현전지(現前地): 수혹을 끊고 최승지(最勝智)를 내어 무위진여(無爲眞如)의 모양이 나타나는 지위. ⑦원행지(遠行地): 수혹을 끊고 대비심을 일으켜 이승(二乘)의 깨달음을 초월하여 광대무변한 진리 세계에 이르는 지위. ⑧부동지(不動地): 수혹을 끊고 이미 온전한 진여를 얻었으므로 다시는 동요되지 않는 지위. ⑨선혜지(善慧地): 수혹을 끊어 부처님의 10력(力)을 얻고 여러 종류의 근기에 대하여 교화의 가부(可否)를 알아 오묘하게 설법하는 지위. ⑩법운지(法雲地): 수혹을 끊고 끝없는 공덕을 구비하고서 사람을 이롭게 하는 일을 행하여 대자운(大慈雲)이 되는 지위.

만약 정말로 정신을 차려[524] 세간과 출세간에서 헤아릴 수 없는 사람[525]
이 되고자 한다면, 모름지기 무쇠로 만든 사람이라야 비로소 끝낼 수 있
습니다.[526] 만약 반은 밝고 반은 어두우며 반은 믿고 반은 믿지 않는다면,
결코 끝낼 수 없습니다.

欲行千里一步爲初. 十地菩薩斷障證法門, 初從十信而入, 然後登法雲地, 而成正
覺, 初歡喜地因信而生歡喜故也. 若決定堅起脊梁骨, 要做世出世間沒量漢, 須是
箇生鐵鑄就底方了得. 若半明半暗半信半不信, 決定了不得.

이 일에는 사람의 분별심으로 이해할 수 있는 것이 없어서 전해 줄 수
가 없으니, 모름지기 스스로 깨달아야만 비로소 나아갈 곳이 있습니다.
만약 다른 사람의 말을 따라서 판단한다면, 영원히 쉴 날이 없을 것입니
다. 하루 24시간을 절대로 헛되이 보내지 마십시오. 날마다 잠자리에서
일어나 이용하는[527] 곳은 둥글둥글 모자람이 없어[528] 석가나 달마와 조금
도 다름이 없습니다. 다만[529] 자기가 철저히 보지 못하고 철저히 통하지

---

524 수기척량골(堅起脊梁骨) : ①등을 곧추세우다. 등을 반듯하게 펴다. ②정신을 차려 큰
     일을 떠맡다.

525 몰량한(沒量漢) : 헤아릴 수 없이 큰 사람이라는 말이니, 철저하게 깨달아서 범부의 분
     별이나 헤아림을 넘어선 사람을 가리킨다. =몰량대인(沒量大人).

526 요득(了得) : 잘 처리함. 완성함. 완결함.

527 응용(應用) : 사용하다. 쓰다. 이용하다.

528 원타타지(圓陀陀地) : 둥글둥글한 모습. 둥글고 아름다운 모습.

529 자시(自是) : 다만. 오직.

못하기 때문에, 온몸으로 소리와 색의 경계 속으로 뛰어들어 가 도리어 그 속[530]에서 벗어날[531] 길을 찾지만, 더욱 어긋나기만 할 뿐입니다.

此事無人情, 不可傳授, 須是自家省發, 始有趣向分. 若取他人口頭辨, 永劫無有歇時. 千萬十二時中, 莫令空過. 逐日起來應用處圓陀陀地, 與釋迦達磨無少異. 自是當人見不徹透不過, 全身跳在聲色裏, 却向裏許求出頭, 轉沒交涉矣.

이 일은 또한 오래도록 선지식을 찾아다니고 총림(叢林)을 두루 돌아다닌 이후에야 끝낼 수 있는 그런 일이 아닙니다. 오늘날 총림에서 머리가 하얗게 세고 이빨이 누렇게 되도록 있어도 끝내지 못한 사람이 얼마나[532] 많이 있으며, 또 총림에 들어오자마자 한 번의 가르침에 곧장 깨달아[533] 모든 것이 다 알맞게 된[534] 사람은 얼마나 많이 있습니까? 공부하겠다고 마음을 내는 것은 앞뒤가 있으나, 깨달을 때에는 앞뒤가 없습니다.

此事亦不在久參知識遍歷叢林而後了得. 而今有多少在叢林頭白齒黃了不得底, 又有多少乍入叢林 撥便轉千了百當底? 發心有先後, 悟時無先後.

---

530 리허(裏許) : 안. 속. 가운데. 허(許)는 장소를 뜻한다.

531 출두(出頭) : 곤경에서 빠져나오다.

532 다소(多少) : (의문사) 얼마나?

533 일발변전(一撥便轉) : 일발(一撥)은 조금 알려 주다, 한 번 깨우쳐 주다는 뜻. 한 번의 깨우침에 곧장 깨닫다. 한 번 깨우쳐 주자 곧장 깨닫다.

534 천료백당(千了百當) : 천 가지에 밝고 백 가지에 합당하다. 모든 것이 다 알맞다. 깨달음이 모자람 없이 확고하다. =백료천당(百了千當).

옛날에 이문화(李文和) 도위(都尉)가 석문자조(石門慈照)[535] 스님을 찾아뵈었을 때, 한마디 말을 듣고 깨달아[536] 즉시 모든 일이 다 알맞게 되었는데, 그가 일찍이 다음과 같은 게송을 지어서 자조 스님에게 보였습니다.

"도를 배우려면 모름지기 무쇠로 만든 사나이라야,
손을 대는 마음에서 바로 판가름이 난다.
곧장 위없는 깨달음만을 취할 뿐
어떠한 시비(是非)에도 관여치 마라."[537]

---

535 석문자조(石門慈照) : 965–1032. 석문온총(石門蘊聰), 곡은온총(谷隱蘊聰)이라고도 함. 임제종. 수산성념(首山省念)의 지도로 크게 깨달았다. 경덕(景德) 3년(1006) 양주의 석문산(石門山)에 머물렀다. 천희(天禧) 4년(1020) 곡은산(谷隱山)에 있는 태평흥국선사(太平興國禪寺)로 옮겼다. 두 산에 있을 때 따르는 무리가 천여 명이 되었다. 한림(翰林) 양문억(楊文億), 중산(中山) 유균(劉均) 등과 방외(方外)의 친교를 맺었고, 도위(都尉) 이준욱(李遵勗)을 지도하여 깨우쳤다. 시호는 자조선사(慈照禪師)이고, 부마도위(駙馬都尉) 이준욱(李遵勗)이 비문을 지었다.

536 승당(承當) : 맡다. 담당하다. 받들어 지키다. 수긍하고 인정하다. 불조(佛祖)에게서 전해져 온 정법(正法)을 받아 지킨다는 뜻으로서, 종지(宗旨)를 깨달아 체득하는 것을 가리키는 말.

537 부마도위(駙馬都尉)인 이준욱(李遵勗)이 곡은온총(谷隱蘊聰)을 찾아가 출가하는 일에 관하여 물었는데, 온총은 최공(崔公)과 조공(趙公)이 경산도흠(徑山道欽)에게 "저희들이 지금 출가하고 싶은데 되겠습니까?" 하고 묻자, 도흠(道欽)이 "출가는 대장부가 하는 일이지 장군과 재상이 할 수 있는 일이 아닙니다."라고 답한 일을 들려주었다. 이 말을 듣고서 이준욱은 크게 깨닫고 이 게송을 지었던 것이다. 『오등회원』 제12권 '부마도위이준욱거사(駙馬都尉李遵勗居士)'에 실려 있다.

昔李文和都尉參石門慈照, 一句下承當, 便千了百當, 嘗有偈呈慈照云 : "學道須是
鐵漢, 著手心頭便判. 直取無上菩提, 一切是非莫管."

다만 지금 당장[538] 버티고 있다가 죽으면 곧장 쉬게 됩니다. 앞뒤를 생
각하지도 마시고, 또 번뇌를 일으키지도 마십시오. 번뇌는 도(道)에 장애
가 됩니다. 빌고 빕니다.

但從脚下崖將去, 死便休. 不要念後思前, 亦不要生煩惱. 煩惱則障道也. 祝祝.

538　종각하(從脚下) : 그 자리에서. 당장. 바로. 지금. 목하(目下). 종(從)은 재(在), 우(于)
　　와 같은 개사(介詞).

21. 허사리(許司理) 수원(壽源)에 대한 답서 (2)

님께서는 바른 믿음을 갖추시고 바른 뜻을 세우셨으니, 이것은 곧 부처가 되고 조사가 되는 바탕입니다. 저는 그 때문에 공(公)의 도호(道號)를 담연(湛然)[539]이라고 지었습니다. 마치 물이 맑아(담연(湛然)) 흔들림이 없으면 텅 비고 밝아서 저절로 비추는 것처럼, 마음을 수고롭게 할 것이 없습니다. 세간법과 출세간법이 모두 담연을 벗어나지 않아서 털끝만큼의 어긋남[540]도 없습니다. 다만 이 담연의 도장으로 모든 곳에 도장을 찍으면, 옳음도 없고 옳지 않음도 없어서 하나하나가 해탈이며 하나하나가 밝고 묘하며 하나하나가 진실하여, 쓸 때에도 담연하고 쓰지 않을 때에도 담연할 것입니다.

又

左右具正信立正志, 此乃成佛作祖基本也. 山野因以湛然名公道號. 如水之湛然不動, 則虛明自照, 不勞心力. 世間出世間法, 不離湛然, 無纖毫透漏. 只以此印, 於一切處印定 無是無不是, 一一解脫一一明妙一一實頭, 用時亦湛然, 不用時亦湛然.

조사(祖師)께서 말씀하셨습니다.

"마음을 가지고 분별하고 헤아리기만 하면, 자기 마음에 나타나는 것

---

539 담연(湛然) : 물이 맑다.

540 투루(透漏) : ①뚫고 새어 나가다. 드러나다. 폭로되다. 허점이 드러나다. ②허점(虛點). 허물. 어긋남.

들이 모두 꿈이다."[541]

祖師云 : "但有心分別計較, 自心見量者, 悉皆是夢."

만약 마음과 의식이 사라져서 생각을 움직일 곳이 하나도 없으면, 이
것을 일컬어 바른 깨달음이라 합니다. 깨달음이 이미 바르면 매일 24시
간 속에 색을 보고 소리를 듣고 냄새를 맡고 맛을 보고 촉감을 느끼고
생각으로 아는 것과, 가고 · 머물고 · 앉고 · 눕는 것과, 말하고 · 침묵하
고 · 움직이고 · 고요한 것들이 모두 담연치 않음이 없으며, 또 스스로 헛
된 망상[542]을 만들지 않아서 생각이 있거나 생각이 없거나 모두 깨끗합니
다. 이미 깨끗하다면 움직일 때에는 담연의 작용을 드러내고 움직이지
않을 때에는 담연의 바탕으로 돌아가니, 바탕과 작용이 비록 다르지만
담연은 하나입니다. 마치 전단나무[543]를 쪼개도 조각조각이 모두 전단나
무인 것과 같습니다.

공(公)은 다만 이와 같이 공부하십시오. 제가 비록 이와 같이 공에게
가리켜 드리지만, 이것은 참으로 마지못하여 이러는 것입니다. 만약 진
실로 이와 같이 공부할 일이 있다면, 이것은 곧 공을 오염시키는 것입니

---

541 『대정신수대장경』 제85권에 수록된 『소실육문(小室六門)』의 「제4문안심법문(第四門安
心法門)」에 나오는 구절.

542 전도몽상(顚倒夢想) : 꿈처럼 허망한 세계를 진실이라고 여기는 뒤집어진 마음. 깨달
음을 얻지 못한 중생들의 분별에 집착한 어리석음을 가리키는 말.

543 전단나무 : 인도 지역에서 많이 나는 향나무의 일종.

다.[544]

若心識寂滅無一動念處, 是名正覺. 覺旣正, 則於日用二六時中, 見色聞聲, 嗅香了味 覺觸知法, 行住坐臥, 語默動靜, 無不湛然, 小自不作顚倒想, 有想無想悉皆淸淨. 旣得淸淨, 動時顯湛然之用, 不動時歸湛然之體, 體用雖殊, 而湛然則一也. 如析栴檀片片皆栴檀. 此輩名爲眞可憐愍. 請公只恁麽做工夫. 山野雖然如此指示公, 眞不得已耳. 若實有恁麽做工夫底事, 卽是汚染公矣.

오늘날 한 부류의 제멋대로 말하는[545] 자들은 자기가 서 있는 곳[546]도 진실하지 않으면서, 사람들로 하여금 마음을 거두어들여 고요히 앉으라고 가르치고, 앉아서는 숨결[547]을 끊으라고 가르칩니다. 이런 무리는 참으로 불쌍합니다.

이 마음은 실체(實體)가 없는데, 어떻게 억지로 거두어들여 머물 것이며, 거두어들이려고 하여도 어디에 놓아두겠습니까?[548] 이미 놓아둘 곳이 없다면, 시간도 없고, 계절도 없고, 옛날도 없고, 지금도 없고, 범부도 없고, 성인도 없고, 얻음도 없고, 잃음도 없고, 고요함도 없고, 시끄러움도

---

544 이 문단은 원문에서 다음 문단 뒤에 위치하지만, 문맥으로 보아 여기에 위치하는 것이 알맞아서 위치를 여기로 바꾸었다.

545 두찬(杜撰) : 제 나름으로 말하다. 제멋대로 말하다. 본래는 시문(詩文)이나 그 외의 저작에서 전고(典故)가 없는 것을 제멋대로 서술하는 것.

546 각근하(脚跟下) : =각하(脚下). 발밑. 서 있는 곳. 본바탕. 본래면목.

547 기식(氣息) : ①호흡. 숨결. ②냄새. 향기. ③기운. 기백.

548 안착(安著) : 안치(安置)하다.

없고, 삶도 없고, 죽음도 없습니다. 또한 담연(湛然)이라는 이름도 없고, 담연의 바탕도 없고, 담연의 작용도 없고, 이렇게 담연이라고 말하는 자도 없고, 이렇게 담연이라는 말을 듣는 자도 없습니다.

만약 이와 같이 꿰뚫어 본다면, 저도 헛되이 이 도호를 지어 드린 것이 아니며, 님 역시 헛되이 이 도호를 받은 것이 아닙니다. 어떻습니까?

今時有一種杜撰漢, 自己脚跟下不實, 只管敎人攝心靜坐, 坐敎絶氣息. 此心無有實體, 如何硬收攝得住, 擬收攝向甚處安著? 旣無安著處, 則無時無節, 無古無今, 無凡無聖, 無得無失, 無靜無亂, 無生無死. 亦無湛然之名, 亦無湛然之體, 亦無湛然之用, 亦無恁麼說湛然者, 亦無恁麼受湛然說者. 若如是見得徹去, 徑山亦不虛作此號, 左右亦不虛受此號. 如何如何?[549]

---

549 덕부본에선 제26권과 제27권이 나누어져 있지 않다.

22. 유보학(劉寶學)[550] 언수(彦修)에 대한 답서[551]

오늘은 찌는 듯 무덥습니다. 편안한 곳에서 여유 있게[552] 비우고 마음 내로 사재(自在)하게[553] 지내면서 여러 가지 마(魔)에게 휘둘리지는 않습니까? 일상생활의 여러 가지 행위 속에서 "개에게는 불성이 없다."라는 화두(話頭)와 하나가 됩니까?[554] 움직임과 고요함의 양쪽에서 분별치 않을 수 있습니까? 꿈꿀 때와 깨어 있을 때가 같습니까? 이치(이(理))와 사실(사(事))이 일치합니까? 마음과 경계가 모두 한결같습니까?

答劉寶學(彦脩)

卽日炎溽. 不審燕處悠然, 放曠自如, 無諸魔撓否? 日用四威儀內, 與'狗子無佛性話'一如否? 於動靜二邊能不分別否? 夢與覺合否? 理與事會否? 心與境皆如否?

방거사(龐居士)가 말했습니다.

"마음도 한결같고 경계도 한결같으며

---

550 유보학(劉寶學) : 성(姓)은 유(劉) 씨, 이름은 자우(子羽), 자(字)는 언수(彦修), 보학(寶學)은 국사(國史) 편찬을 담당했던 보문각(寶文閣)의 학사(學士)였던 관계로 붙은 직명(職名). 숭안(崇安) 사람.

551 1139년(紹興 9년) 대혜(大慧)가 51세 때 경산사(徑山寺)에서 보낸 편지.

552 유연(悠然) : 침착하고 여유가 있다.

553 자여(自如) : 마음대로. 자유자재하게.

554 일여(一如) : 일(一)은 하나, 여(如)는 꼭 같다는 뜻. 하나로서 같다. 차별 없이 평등하다. 법계의 실상(實相)을 가리키는 말. 여여(如如)와 같음.

참됨도 없고 헛됨도 없다.

있음에도 상관치 않고 없음에도 매이지 않으며

성인(聖人) 현자(賢者)가 아니라 일 마친 범부이다."555

老龐云：“心如境亦如, 無實亦無虛. 有亦不管無亦不拘, 不是聖賢了事凡夫.”

진실로 일 마친 범부가 되었다면, 석가와 달마는 무엇입니까? 진흙뭉치요, 흙덩이입니다.556 삼승(三乘)557과 12분교(十二分敎)558는 무엇입니까? 뜨거운 그릇에 찬물 붓는 소리입니다.559

공(公)께서 이미 이 문중(門中)560에서 스스로 믿고 의심치 않으니, 작은 일이 아닙니다. 모름지기 낯선 곳은 익숙해지게 하고561 익숙한 곳은 낯설게 하여야562, 비로소 이 일과 조금이나마 들어맞을 것입니다.

555 『오등회원』제3권 '양주거사방온(襄州居士龐蘊)'에 나오는 방거사의 게송.

556 부질없이 사람을 속이는 경계(境界)일 뿐이다.

557 삼승(三乘) : 세 가지 탈것, 세 가지 길. 깨달음으로 이끄는 세 가지 방편(方便)을 일컫는다. 승(乘)은 사람을 태워 깨달음에 이르게 하는 방편을 가리킨다. 성문승(聲聞乘)과 연각승(緣覺乘)은 소승(小乘)이고, 보살승(菩薩乘)은 불승(佛乘)으로도 불리며 대승(大乘)이다.

558 12분교(十二分敎) : 십이분경(十二分經)과 같은 말로, 불교 경전을 서술 형식이나 내용에 따라 12가지로 분류한 것을 이른다. 경전을 총칭하는 말.

559 열완명성(熱盌鳴聲) : 뜨거운 그릇에 찬물을 부어서 나는 소리. 인연에 따라 당연히 나타나는 별 의미 없는 소리.

560 조사(祖師)의 문중(門中).

561 방교(放敎) : 시키다. —하게 하다. =사(使), 령(令).

562 이제 이 문 속으로 들어와 참된 자기를 찾았으면, 여태까지 익혀 온 모든 의식 경계가

210

若眞箇作得箇了事凡夫, 釋迦達磨是甚麼? 泥團土塊. 三乘十二分敎是甚麼? 熱盌

鳴聲. 公旣於此箇門中, 自信不疑, 不是小事. 要須生處放敎熟, 熟處放敎生, 始與

此事少分相應耳.

흔히 사대부들은 뜻대로 되지 않을 때에는 이곳을 흘끗 보다가도[563] 도
리어 뜻대로 될 때에는 잃어버리니, 공께 알려 드리지 않을 수 없습니다.
뜻대로 될 때에도 모름지기 늘 뜻대로 되지 않을 때를 염두에 두고 잠시
라도 잊어서는 안 됩니다.

　오로지 근본을 얻을 뿐, 말단을 근심하지는 마십시오. 오로지 부처 되
는 것을 알면 될 뿐, 부처가 말할 줄 모를까 봐 걱정하지는 마십시오. 이
한 수[564]는 얻기는 쉬우나 지키기는 어려우니 결코 소홀해서는 안 됩니
다. 모름지기 머리도 바르게 하고 꼬리도 바르게 하여 넓히고 채운 다음
에야, 자기의 마음으로 미루어[565] 남에까지 미치는 것입니다.

往往士大夫, 多於不意中, 得箇瞥地處, 却於如意中打失了, 不可不使公知. 在如意

中須時時以不如意中時節在念, 切不可暫忘也. 但得本, 莫愁末. 但知作佛, 莫愁佛

떨어져 나가고, 이제 막 얻은 참된 자기가 성숙해져 간다. 이러한 때, 이제 막 얻은 참된
자기에서 떠나지 않고 믿음을 가지고 계속 정진해 가는 노력이 있어야 하는데, 이것이 보
임(保任)이다.

563　별지처(瞥地處) : 언뜻 본 곳. 얼핏 본 곳. 힐끗 본 곳.

564　일착자(一著子) : (바둑에서) 한 수 두다. 손을 한 번 쓰다. 한 번 행동하다.

565　추기지여(推己之餘) : 자기의 마음으로 미루어 그 나머지를 헤아리다.

211

不解語. 這⁵⁶⁶一著子, 得易守難, 切不可忽. 須教頭正尾正, 擴而充之, 然後推己之
餘以及物.

님께서 얻으신 것은 이미 한쪽 구석에 머물러 있는 것이 아니니, 생각
건대 일상생활 속에서 마음을 일으켜 꽉 붙잡고 있거나⁵⁶⁷ 마음을 죽여
잊어버릴⁵⁶⁸ 필요는 없을 것입니다.

左右所得, 旣不滯在一隅, 想於日用中, 不著起心管⁵⁶⁹帶, 枯心忘懷也.

근년(近年)에 들어서 선도(禪道)와 불법(佛法)이 매우 쇠락합니다. 어떤
부류의 엉터리 장로(長老)는 근본적으로 스스로 깨달음이 없고 업(業)을
짓는 의식(意識)만 끝없이 가득하여 기댈 만한 바탕이 없고 확실한⁵⁷⁰ 솜씨
가 없으면서도, 배우는 사람들을 불러들여⁵⁷¹ 모든 사람에게 자기와 같이

---

566 '저(這)'는 궁내본과 덕부본에서 모두 '차(遮)'로 되어 있다.

567 기심관대(起心管帶) : 마음을 일으켜 붙잡고 있다. ↔고심망회(枯心忘懷).

568 고심망회(枯心忘懷) : 마음을 죽여 잊어버리고 있다. 마음을 일으켜 꽉 붙잡고 있다는
     뜻인 기심관대(起心管帶)와 상대되는 말. 기심관대와 고심망회는 모두 유무(有無) 양쪽에
     치우친 삿된 공부를 가리킨다. 선병(禪病)으로 말하면 기심관대는 도거(掉擧)와 유사하
     고, 고심망회는 혼침(昏沈)과 유사한 경우에 해당한다.

569 '話'는 '管'의 오기(誤記). 『영락북장(永樂北藏)』에는 '管'으로 되어 있다.

570 실두(實頭) : ①(형용사)확고하다. 견고하다. ②(부사)진실로. 틀림없이. 확실히.

571 수섭(收攝) : ①붙잡다. 체포하다. ②통제하다. 단속하다. ③소환하다. 불러들이다. ④
     마음을 가다듬다. 정신을 차리다.

칠흑처럼 어둡게 눈을 꽉 감도록 시키고는, "고요히 하여 늘 비춘다."[572] 하고 말합니다.

언충(彦沖)[573]이 이런 무리의 가르침을 받아 타락했으니, 괴롭고 괴롭습니다. 만약 님께서 "개에게는 불성이 없다."를 깨닫지 못했다면, 저도 이 이야기를 하지 못할 것입니다. 부디 체면을 두지 말고[574] 있는 힘을 다하여[575] 솜씨를 발휘하여 언충을 구해 내십시오. 간절히 부탁드립니다.

近年已來, 禪道佛法, 衰弊之甚. 有般杜撰長老, 根本自無所悟, 業識茫茫, 無本可據. 無實頭伎倆, 收攝學者, 教一切人如渠相似, 黑漆漆地緊閉却眼, 喚 "作默而常照." 彦沖被此輩教壞了, 苦哉苦哉. 這箇話, 若不是左右悟得, "狗子無佛性." 徑山亦無說處. 千萬捋下面皮, 痛與手段救取這箇人. 至懇至禱.

그러나 이 사실도 알아야 합니다. 이분(언충)은 스스로 깨끗하게 지내면서 세상일에 욕심내지 않고 살아온 것이 오래되었으므로, 분명히 이렇

---

572 묵조선(默照禪)을 가리킨다. 굉지정각(宏智正覺)의 「묵조명(默照銘)」 첫머리는 이렇게 시작한다 : 묵묵히 말을 잊으면, 밝고 밝게 앞에 나타난다. /비추어 볼 때에는 텅 비었지만, 체험하는 곳은 신령스럽다. /신령스럽게 홀로 비추니, 비추는 속에 다시 묘함이 있다.(默默忘言, 昭昭現前, 鑒時廓爾, 體處靈然. 靈然獨照, 照中還妙.)(『굉지선사광록(宏智禪師廣錄)』 제8권)

573 이 편지를 받는 유보학(劉寶學) 언수(彦修)의 동생.

574 날하면피(捋下面皮) : 날하(捋下)는 벗기다, 떼내다는 뜻. 면피(面皮)는 체면, 안면, 정실(情實)이라는 뜻. 체면을 차리지 않다. 체면을 팽개치다.

575 통(痛) : 철저히. 깊이. 간절하게. 엄격하게. 힘을 다하여.

게 살아가는 것에 집착하여 좋게 여길 것입니다. 그러므로 그를 구하려 한다면, 마땅히 그와 더불어 같은 처지에 서서[576] 그를 기쁘게 하여야, 그가 마음에 의심을 내지 않고 점차 믿음을 더하여 기꺼이 이쪽으로 머리를 돌릴 것입니다. 『유마경』에서 말하는, "먼저 바라는 것으로써 이끈 다음에 부처님의 지혜에 들어가게 한다."[577]가 바로 이것입니다.

부처님께서 말씀하셨습니다.

"법(法)의 앞뒤를 살펴서 지혜로써 분별하며, 옳고 그름을 살펴 정하여 법의 도장[578]에서 어긋나지 않고, 차례로 가없는 실행의 문[579]을 세워서 모든 중생으로 하여금 모든 의심을 끊어 버리게 한다."[580]

이것이 곧 중생의 모범이 되는[581] 영원한 본보기[582]입니다.

然有一事, 亦不可不知. 此公淸淨自居, 世味澹薄, 積有年矣, 定執此爲奇特. 若欲

---

576 동사섭(同事攝) : 4섭(攝)의 하나. 불보살이 중생의 근기에 따라 몸을 나타내되, 그들과 사업이익을 같이하면서, 고락을 같이하고 화복을 함께함으로써 진리의 길로 이끌어 들이는 것을 말함.

577 『유마힐소설경(維摩詰所說經)』「불도품(佛道品)」제8에 나오는 유마힐의 게송 가운데 한 구절.

578 법인(法印) : Dharma-mudrā. 교법의 표시. 인(印)은 인신(印信)·표상(標章)이란 뜻. 세상의 공문에 인장을 찍어야 비로소 정식으로 효과를 발생하는 것과 같다. 3법인·4법인 등이 있어, 외도(外道)의 법과 다른 것을 나타냄.

579 행문(行門) : 실행의 방면. 신구의(身口意)의 계행(戒行)을 실행하는 것.

580 실차난타가 번역한 『대방광불화엄경』(80권 화엄경) 제18권 「명법품(明法品)」제18에 나오는 내용.

581 위물작칙(爲物作則) : 사물의 모범이 되다. 중생의 모범이 되다.

582 해모(楷模) : 본보기. 모범.

救之 當與之同事令其歡喜, 心不生疑, 庶幾信得及, 肯轉頭來. 淨名所謂. "先以欲
鈎牽, 後令入佛智." 是也. 黃面老子云 : "觀法先後以智分別, 是非審定不違法印, 次
第建立無邊行門, 令諸衆生斷一切疑." 此乃爲物作則, 萬世楷模也.

하물며 언충은 그 타고난 성품이 님과는 전혀 다르니, "천상(天上)에 태
어나는 것은 분명 사령운(謝靈運)보다 앞서겠지만 불도를 이루는 것은 분
명히 사령운보다 늦을 것이다."[583]라는 것과 같습니다. 분명히 언충을 지
혜로써 끌어들일 수는 없을 것이니, 마땅히 그가 좋아하는 것을 따라서
그를 끌어들여야 할 것입니다. 그리하여 날이 가고 달이 가도록 꾸준히
하다 보면, 어쩌면 스스로 자신의 잘못을 알아서 (그때까지 해 왔던 잘못된
공부를) 문득 기꺼이 버릴지도 모를 일입니다. 만약 기꺼이 이쪽으로 머리
를 돌린다면 도리어 언충은 역량 있는 사람이니, 님께선 한 걸음 물러나

583 　북송 문제(北宋 文帝, 424-453) 때의 사람인 사령운(謝靈運)은 영가군(永嘉郡) 태수(太
守)로서 선문(禪門)에 입문하여 있었는데, 당시 회계군수(會稽郡守)인 맹의(孟顗)도 불교
에 귀의하여 예불과 재물 보시에 열심이었다. 어느 때 사령운은 맹의를 보고, "그대가 아
무리 예불과 보시를 부지런히 하여도 유위(有爲)의 복을 닦을 뿐이니, 천상에 태어나는
것은 나(사령운)보다 앞서겠지만, 견성(見性)하여 부처가 되는 것은 반드시 나보다 늦을
것이다."라고 말하며 놀렸다. 이에 맹의는 앙심을 품고 복수하려고 마음먹고 있었는데,
마침 문제(文帝)가 사령운을 영전시켜 비서감(秘書監)으로 불렀다. 그러나 사령운은 병
을 핑계로 벼슬을 사양하고 고향으로 돌아가, 옛 집을 수리하여 큰 잔치를 베풀었다. 맹
의는 이 기회를 이용하여 사령운이 고향에서 반역을 꾀한다고 모함하였고, 사령운은 결
국 사형을 당하고 말았다. 대혜 스님은 여기서 이 일화를 빌려 유보학으로 하여금 유언충
을 인도함에 조심할 것을 당부하고 있다.

215

양보하시어 언충이 스스로 한번 벗어나도록[584] 하셔야 할 것입니다.

況此公根性, 與左右逈不同, "生天定在靈運前, 成佛定在靈運後."者也. 此公決定
不可以智慧攝, 當隨所好攝. 以日月磨之, 恐自知非, 忽然肯捨, 亦不可定. 若肯轉
頭來, 却是箇有力量底漢, 左右亦須退步, 讓渠出一頭, 始得.

얼마 전 위(暐) 수좌가 돌아올 때 언충이 자암(紫巖) 노인에게 보낸 답장
하나를 베껴서 가지고 왔기에, 제가 기꺼이[585] 한번 읽어 보고는 여러 날
을 찬탄하고 즐거워했으니, 바로 멋진 한 무리의 문장이 또한 한 편의 대
의(大義)처럼 보였기 때문입니다.[586] (제가) 끝부분에 근대(謹對)[587]를 적었는
데, 님께선 어떻게 생각하실지 모르겠습니다.[588]

比暐禪歸, 錄得渠答紫巖老子一書, 山僧隨喜讀一遍, 讚歎歡喜累日, 直是好一段
文章 又似一篇大義. 末後與之下箇謹對, 不識左右以謂如何.

옛날에 달마가 이조(二祖)에게 말했습니다.

---

584 출두(出頭) : ①곤경에서 빠져나오다. ②얼굴을 내밀다. ③책임을 지다.
585 수희(隨喜) : 기쁨을 같이 하다. 선행을 같이 하다.
586 아래 달마(達磨)와 이조(二祖)의 인용문 뒤에 인용한 유언충의 말을 가리킨다.
587 근대(謹對) : '삼가 답을 올린다'는 뜻으로, 답서(答書)의 끝부분에 썼던 말.
588 이 문단은 앞뒤의 문맥으로 보아 잘 연결이 되지 않는 어색한 내용이다. 어쩌면 잘못
   끼워 넣은 것인지도 모르겠다.

"다만 밖으로 모든 인연을 쉬고 안으로 마음에 헐떡임이 없어서, 마음이 장벽(牆壁) 같아야 도(道)에 들어갈 수 있다."

이조(二祖)는 여러 가지로 마음을 말하고 성품을 말하였지만 모두 계합하지 못하다가, 하루는 문득 달마가 보인 요점을 깨닫고는[589] 급히 달마에게 여쭈었습니다.

"제가 이번에 비로소 모든 인연을 쉬었습니다."

달마는 그가 이미 깨달았음을 알고는 더 이상 추궁하지 않고, 다만 이렇게 물었습니다.

"딱 끊어져 없어진 것은 아니냐?"

"아닙니다."

달마가 다시 물었습니다.

"네가 어떠하냐?"

"또렷이 늘 알고 있는 까닭에, 말할 수는 없습니다."[590]

이에 마침내 달마가 말했습니다.

"이것이 곧 예로부터 모든 부처와 모든 조사가 전한 마음바탕이다. 네가 이제 이미 얻었으니 다시는 의심하지 마라."[591]

---

589 성(省) : ①알다. 이해하다. ②깨닫다.

590 또렷이 늘 알고 있는 까닭에 딱 끊어져 없어진 것은 아닙니다만, 말로써 설명할 수는 없습니다.

591 『경덕전등록』 제3권, '제28조보리달마(第二十八祖菩提達磨)'에 작은 글씨로 별기(別記)에서 말하는 것이라고 소개되어 있는 내용이다.

昔達磨謂二祖曰: "汝但外息諸緣, 內心無喘, 心如牆壁, 可以入道." 二祖種種說心
說性俱不契, 一日忽然省得達磨所示要門, 遂白達磨曰: "弟子此回始息諸緣也."
達磨知其已悟, 更不窮詰, 只曰: "莫成斷滅去否?" 曰: "無." 達磨曰: "子作麼生?"
曰: "了了常知故, 言之不可及." 達磨曰: "此乃從上諸佛諸祖所傳心體. 汝今既得
更勿疑也."

유언충은 편지에서 이르기를, "밤에는 꿈꾸고 낮에는 생각하는 것을
10년이 지나도록 완전히 이겨 내지 못했습니다. 그러나 때로 단정히 앉
아 고요히 침묵하며 한결같이 마음을 비워 나가서 생각이 붙을 곳을 없
게 하고 경계592에 의지함을 없게 하니, 제법 가볍고 편안함을 느낍니다."
라고 하였는데, 여기까지 읽어 나가다 저도 모르게 웃고 말았습니다. 왜
냐하면, 이미 생각이 붙을 곳이 없는데 어찌 달마가 말한 "안으로 마음에
헐떡임이 없다."라는 것이 아니겠으며, 경계에 의지함이 없는데 어찌 달
마가 말한 "밖으로 모든 인연을 쉰다."라는 것이 아니겠습니까?

彦沖云: "夜夢晝思十年之間, 未能全克. 或端坐靜默一空其心, 使慮無所緣, 事無
所託, 頗覺輕安." 讀至此不覺失笑. 何故? 既慮無所緣, 豈非達磨所謂. "內心無喘."
乎? 事無所託, 豈非達磨所謂: "外息諸緣."乎?

이조는 처음에 달마가 보인 방편(方便)을 알지 못하고, "밖으로 모든 인

---

592 사(事): 이(理)에 상대하여 말하는 사(事). 곧, 분별되는 경계를 가리킨다.

연을 쉬고 안으로 마음에 헐떡임이 없다."라는 말을 오해하여, 마음과 본
성과 도(道)와 이치를 말할 수 있다고 여겨서, 문자를 증거로 끌어들여 인
가(印可)를 구하려 하였습니다. 그 때문에 달마가 하나하나 물리쳐서 마
음 쓸 곳이 없게 되어서야 비로소 물러나, "마음이 장벽과 같다."라는 말
이 달마의 진실한 법(法)이 아니라고 생각하고, 문득 장벽 위에서 모든 인
연을 쉬고서 즉시 달은 보되 손가락은 잊어버리고 "또렷이 늘 알고 있는
까닭에, 말할 수는 없습니다."라고 곧장 말했습니다. 그러나 이 말도 때
가 되어 달마가 몰아붙여 나온 소식(消息)이지, 이조(二祖)의 진실한 법은
아닙니다.

二祖初不識達磨所示方便, 將謂"外息諸緣內心無喘." 可以說心說性說道說理, 引
文字證據, 欲求印可. 所以達磨一一列下, 無處用心, 方始退步思量, "心如牆壁"之
語, 非達磨實法, 忽然於牆壁上, 頓息諸緣, 卽時見月亡指, 便道 : "了了常知故, 言
之不可及." 此語亦是臨時被達磨挼出底消息, 亦非二祖實法也.

제멋대로 말하는 엉터리 장로(長老)⁵⁹³의 무리는 스스로 깨달음이 없으
면서도 곧장 점차 점차⁵⁹⁴ 날조(捏造)⁵⁹⁵하여, 비록 남에게는 쉬라고 가르치

---

593 두찬장로(杜撰長老) : 제멋대로 말하는 노승려. 제 나름대로 생각하고 말하는 엉터리.
    두찬(杜撰)은 '제 나름으로 말하다', '제멋대로 말하다'는 뜻.

594 축선(逐旋) : 점점. 점차.

595 날합(捏合) : ①날조(捏造)하다. ②임시변통하다. ③달라붙다. ④사통(私通)하다. ⑤굵
    어모으다.

지만 자기 스스로는 마음의 불이 활활 타올라 밤낮으로 꺼지지 않는 것이 마치 두 번이나 세금을 못 낸 백성과 같습니다.

杜撰長老輩, 旣自無所證, 便逐旋捏合, 雖敎他人歇, 渠自心火熠熠, 晝夜不停, 如缺二稅百姓相似.

언충은 오히려 여러 가지 시끄러운 번뇌[596]를 가지고 있지는 않습니다. 다만 사견(邪見)에 빠져 익힌 독(毒)이 깊어서 바깥으로만 어지러이 내달리며, 움직임과 고요함을 말하고, 말과 침묵을 말하고, 얻음과 잃음을 말하고, 나아가 주역(周易)[597]을 끌어들여 불경(佛經)[598]과 억지로 짜 맞추어 회통(會通)시키니, 참으로 부질없는 일을 하며 무명(無明)을 기르고 있습니다.

삶과 죽음을 끊어 버릴 하나의 공안(公案)을 아직 끝내지[599] 못했음을 전혀 생각지 않으니, 죽을 때가 되면 어떻게 대처하겠습니까?[600] 목숨이 떨

---

596 노양(勞攘) : 번뇌하다. 번민하다. 시끄럽다.

597 주역(周易) : 유교(儒敎)의 경전인 삼경(三經)의 하나. 글자 그대로 주(周)나라 시대에 나온 역(易)이라는 말인데, 천지만물이 끊임없이 변화하는 자연 현상의 원리를 설명하고 풀이한 것이다. 본디 점서(占書)로, 세상 만물을 음양(陰陽)의 이원론(二元論)으로 설명하여 그 으뜸을 태극(太極)이라 하였고 거기에서 육십사괘를 만들었는데, 이에 맞추어 철학, 윤리, 정치상의 해석을 덧붙였다.

598 내전(內典) : 불교에서 불경을 내전이라 부르고, 불교가 아닌 종교의 경전을 외전(外典)이라 부른다.

599 결절(結絶) : 결말이 나다. 끝나다. 종결하다.

600 절합(折合) : 대응(對應)하다.

어질락 말락 할[601] 때에 염라대왕에게, "내가 정신을 맑게 하고 생각을 안정시킨 다음 잠시 뒤[602] 다시 가서 뵈어도 되겠습니까?"라고 말할 수는 없을 것입니다. 이때에 이르러서는 종횡으로 막힘없이 말한다 해도 소용이 없으며,[603] 마음을 나무나 돌과 같이 하더라도 소용이 없고, 반드시 자기의 분별심이 부서져야 합니다.

만약 분별심이 부서졌다면, 다시 무엇하러 마음을 맑게 하고 생각을 안정시킨다는 말을 할 것이며, 무슨 종횡으로 막힘없는 말을 할 것이며, 무슨 불경(佛經)과 외도(外道)의 경전을 말하겠습니까?

> 彦沖却無許多勞攘. 只是中得毒深, 只管外邊亂走, 說動說靜, 說語說默, 說得說失, 更引周易內典, 硬差排和會, 眞是爲他閑事長無明. 殊不思量一段生死公案, 未曾結絕, 臘月三十日, 作麽生折合去? 不可眼光欲落未落時, 且向閤家老子道 : "待我澄神定慮少時却去相見得麽?" 當此之時, 縱橫無礙之說亦使不著, 心如木石亦使不著, 須是當人生心破始得. 若得生死心破, 更說甚麽澄神定慮, 更說甚麽縱橫放蕩, 更說甚麽內典外典?

한 번 마침에 모두를 마치는 것이며, 한 번 깨달음에 모두를 깨닫는 것이며, 한 번 밝힘[604]에 모두를 밝히는 것입니다. 마치 한 타래의 실을 끊음

---

601 안광낙지(眼光落地) : 죽음을 가리킴. =안광낙(眼光落). 안광입지(眼光入地).

602 소시(少時) : 잠시. 잠깐. 잠시 후.

603 사불착(使不着) : 소용없다. 쓸모없다. 필요 없다. 소용되지 않다. 필요치 않다.

604 증(證) : 깨닫다. 증험(證驗)하다. 증명(證明)하다. 깨달음을 확실히 얻다. 진실을 밝히

에 한 번 끊으면 한꺼번에 끊어지는 것처럼, 가없는 법문을 깨달음에도 단계란 없습니다. 님께선 이미 "개에게는 불성이 없다."라는 화두를 깨달으셨으니, 이와 같습니까? 만약 아직 이와 같지 않다면, 반드시 이러한 경지에 도달해야 합니다.

만약 이미 이와 같은 경지에 도달하였다면, 마땅히 이 법문(法門)으로 큰 자비심을 일으켜 순조롭거나 거슬리는 경계(境界) 속에서 진흙탕과 물속으로 들어가,[605] 목숨을 아끼지 말고 구업(口業) 짓는 것도 두려워 말고 모두를 건져내어서 부처님의 은혜에 보답하여야, 바야흐로 대장부의 할 일을 하는 것입니다. 만약 이와 같지 않다면, 옳지 않습니다.[606]

一了一切了, 一悟一切悟, 一證一切證. 如斬一結絲, 一斬一時斷, 證無邊法門亦然,

更無次第. 左右旣悟"狗子無佛性."話, 還得如此也未? 若未得如此, 直須到恁麽田

다.

605 화니합수(和泥合水) : =타니대수(拖泥帶水). 진흙을 묻히고 물에 젖는다는 뜻인 타니대수(拖泥帶水)는 선가(禪家)에서 가르침을 펼 때, 방편(方便)의 언어(言語)를 만들어 가르침을 펼침을 가리키는 말이다. 진흙에 들어가고 물에 들어간다는 뜻인 입니입수(入泥入水)라 하기도 하고, 진흙과 섞이고 물과 섞인다는 뜻인 화니화수(和泥和水)라 하기도 한다. 도는 본래 분별할 수 없고 말할 수 없는데, 방편으로 어쩔 수 없이 말을 사용할 수밖에 없다는 것. 물에 빠진 사람을 건지려면 자기도 물에 들어가야 하고, 진흙탕에 빠진 사람을 구하려면 자기도 진흙을 묻힐 수밖에 없다. 그러므로 타니대수는 중생을 구제하려는 자비를 가리키는 말이기는 하지만, 또한 언어문자의 방편을 사용하기 때문에 자기가 맞을 몽둥이를 짊어지고 나서는 일이라고도 하는 것이다. 타니섭수(拖泥涉水)라고도 한다.

606 무유시처(無有是處) : 이런 경우는 없다. 이런 경우는 없어야 한다.

地始得. 若已到恁麼田地, 當以此法門興起大悲心, 於逆順境中和泥合水, 不惜身

命不怕口業, 拯拔一切以報佛恩, 方是大丈夫所爲. 若不如是, 無有是處.

　언충은 공자(孔子)가 말한 "역(易)의 도(道) 됨은 끊임없이 옮겨가는 것이

다."[607]라는 말을 끌어와 불경(佛經)의 "머무는 바 없이 그 마음을 내야 한

다."[608]라는 말과 하나로 회통(會通)시키고, 또 "고요하여 움직이지 않는

다."[609]라는 말을 끌어와 흙이나 나무와 다름이 없다고 하니, 정말 우스운

일입니다. 그에게 말하십시오. 무간지옥(無間地獄)[610]에 갈 업(業)을 초래하

고 싶지 않거든 여래의 바른 가르침[611]을 훼손하지 말라고!

　彦沖引孔子稱, "易之爲道也屢遷." 和會佛書中, "應無所住而生其心." 爲一貫, 又引

"寂然不動." 與土木無殊, 此尤可笑也. 向渠道. 欲得不招無間業, 莫謗如來正法輪!

607　『주역(周易)』「계사하전(繫辭下傳)」에 나오는 구절. 계사전(繫辭傳)은 공자의 저술이라
　　한다.

608　구마라집(鳩摩羅什)이 번역한『금강반야바라밀경(金剛般若波羅密經)』장엄정토분제십
　　(莊嚴淨土分第十)에 나오는 구절.

609　『주역』「계사상전(繫辭上傳)」에 나오는 구절.

610　무간지옥(無間地獄) : 8열지옥(熱地獄)의 하나. 범어 아비(阿鼻)·아비지(阿鼻旨, Avici)
　　의 번역. 남섬부주 아래 2만 유순 되는 곳에 있는 몹시 괴롭다는 지옥. 괴로움을 받는 것
　　이 끊임없으므로 이같이 이름. 5역죄의 하나를 범하거나 인과를 무시하고 절이나 탑을
　　무너뜨리거나 성중(聖衆)을 비방하거나, 까닭 없이 시주물을 먹는 이는 이 지옥에 떨어
　　진다고 한다.

611　여래정법륜(如來正法輪) : 여래의 바른 법바퀴. 여래의 바른 가르침.

그러므로 경(經)에 이르기를, "색깔에 머물러서 마음을 내지 말아야 하며, 소리 · 냄새 · 맛 · 감촉 · 법(法)에 머물러서 마음을 내지 말아야 한다."[612]고 하는 것입니다. 이 말은 이 광대한 적멸묘심(寂滅妙心)[613]은 색으로 보거나 소리로 찾을 수 없다는 뜻입니다. "머무는 바 없어야 한다."라는 것은 '이 마음에는 참된 바탕이 없다'는 말이요, "그 마음을 낸다."라는 것은 '이 마음은 참됨을 벗어나 있는 것이 아니니, 있는 곳이 바로 참된 곳'이라는 말입니다.

故經云 : "不應住色生心, 不應住聲香味觸法生心." 謂此廣大寂滅妙心, 不可以色見聲求. "應無所住." 謂此心無實體也, "而生其心." 謂此心非離眞而立處, 立處卽眞也.

공자가 말한 "역(易)의 도(道) 됨은 끊임없이 옮겨가는 것이다."라는 말은 이러한 뜻이 아닙니다. "끊임없다."라는 것은 '연이어 중첩한다'는 말이요, "옮겨간다."라는 것은 '바뀐다'는 말입니다. 길(吉)함 · 흉(凶)함 · 흉했다 길해짐 · 길했다 흉해짐이 움직임 속에서 생겨나므로, "끊임없이 옮겨간다."라는 것은 '항상됨으로 돌아가 도에 합한다.'는 뜻입니다. 그러니 이것이 어떻게 "머무는 바 없이 그 마음을 내야 한다."라는 말과 하나가

---

612 구마라집(鳩摩羅什)이 번역한 『금강반야바라밀경(金剛般若波羅密經)』 장엄정토분제십(莊嚴淨土分第十)에 나오는 구절.

613 적멸묘심(寂滅妙心) : 본래 마음은 어떤 물건이 아니어서 적멸(寂滅)이지만, 언제나 활발히 활동하고 있으므로 묘심(妙心)이라 한다. 진공묘유(眞空妙有)와 비슷한 말.

될 수 있겠습니까? 언충은 부처님의 뜻을 모를 뿐만 아니라 공자의 뜻도 모르는 것입니다.

孔子稱 "易之爲道也屢遷." 非謂此也. 屢者荐也, 遷者革也. 吉凶悔吝生乎動, 屢遷之旨, 返常合道也. 如何與 "應無所住而生其心." 合得成一塊? 彦沖非但不識佛意, 亦不識孔子意.

님께서는 공자의 가르침에 대해선 마치 동산이나 누각에서 노니는 것처럼 거침이 없으시며, 저의 가르침에 대해서도 방 안 깊숙이 들어오셨습니다. 제가 이처럼 마구 지껄인 말이 옳지 않습니까? 그러므로 규봉종밀(圭峰宗密)[614]이 말했습니다.

"원형이정(元亨利貞)[615]은 하늘의 덕(德)이니 일기(一氣)에서 비롯하고, 상

---

614 규봉종밀(圭峯宗密) : 780~841. 중국 당(唐)나라 승려. 청량징관에게 화엄학을 배웠다. 과주(果州 ; 四川省) 서충(西充) 출신. 화엄종(華嚴宗) 제5조(第五祖)로, 규봉종밀(圭峰宗密) · 초당선사(草堂禪師) · 규산대사(圭山大師) 등으로 불렸다. 속성(俗姓)은 하씨(何氏)로, 소년시절에 유학(儒學)을 배웠고 유교와 도교 등에 정통하여 『원인론(原人論)』을 저술했다. 『원각경(圓覺經)』을 읽고 여러 주석서(註釋書)를 저술해서 『원각경』의 연구를 완성했으며, 또 하택신회(荷澤神會)를 파조(派祖)로 삼는 하택종(荷澤宗)에 속한다고 주장함으로써, 선종 내의 북종(北宗)과 우두종(牛頭宗) · 홍주종(洪州宗)의 구별을 분명하게 했으며, 『선원제전집도서(禪源諸詮集都序)』, 『배휴습유문(裴休拾遺問)』을 저술했다. 징관(澄觀 ; 華嚴宗 第四祖)에게 화엄교학(華嚴敎學)을 배우고 선과 화엄을 통합하여 교선일치설(敎禪一致說)을 만들어 냈다. 시호는 정혜선사(定慧禪師).

615 원형이정(元亨利貞) : 하늘이 갖추고 있는 4가지 덕 또는 사물의 근본 원리를 말한다. 『주역(周易)』의 〈건괘(乾卦)〉에서 유래되었다. 『주역』의 〈건괘〉에 "건은 원형이정이다."(乾, 元亨利貞.)라고 하였다. 「문언전(文言傳)」에선 이에 대하여 다음과 같이 풀이하였

락아정(常樂我淨)[616]은 부처의 덕이니 일심(一心)에 근본한다. 일기(一氣)를 오로지하여 부드러움에 도달하고, 일심(一心)을 닦아서 도를 이룬다."[617]

종밀처럼 이렇게 회통(會通)시켜야 비로소 유교와 불교, 어느 쪽에도 치우치지 않고 여한(餘恨)도 남기지 않을 것입니다.

左右於孔子之敎出沒如遊園觀, 又於吾敎深入閫域. 山野如此杜撰, 還是也無? 故圭峰云: "元亨利貞乾之德也, 始於一氣, 常樂我淨佛之德也, 本乎一心. 專一氣而致柔, 修一心而成道." 此老如此和會, 始於儒釋二敎, 無偏枯無遺恨.

유언충이 "머무는 바 없이 그 마음을 내야 한다."라는 말과 "역(易)의 도 (道) 됨은 끊임없이 옮겨가는 것이다."라는 말의 뜻을 하나로 관통시킨 것은 찬성할 수 없습니다. 만약 유언충처럼 짜 맞춘다면 공자와 석가에게

다. "원은 착함이 자라는 것이요, 형은 아름다움이 모인 것이요, 이는 의로움이 조화를 이룬 것이요, 정은 사물의 근간이다. 군자는 인을 체득하여 사람을 자라게 할 수 있고, 아름다움을 모아 예에 합치시킬 수 있고, 사물을 이롭게 하여 의로움과 조화를 이루게 할 수 있고, 곧음을 굳건히 하여 사물의 근간이 되게 할 수 있다. 군자는 이 4가지 덕을 행하는 고로 건은 원형이정이라고 하는 것이다"(元者, 善之長也. 亨者, 嘉之會也, 利者, 義之和也. 貞者, 事之幹也. 君子體仁足以長人, 嘉會足以合禮, 利物足以和義, 貞固足以幹事. 君子行此四德, 故曰, 乾, 元亨利貞)

616 상락아정(常樂我淨) : 열반의 4덕(德). ①상(常). 열반의 경지는 생멸 변천함이 없음. ②낙(樂). 생사의 고통을 여의어 무위(無爲) 안락함. ③아(我). 망집(妄執)의 아(我)를 여의고 8대자재(大自在)가 있는 진아(眞我). ④정(淨). 번뇌의 더러움을 여의어 맑고 깨끗함.

617 규봉종밀의 『대방광원각경대소(본서)(大方廣圓覺經大疏(本序))』의 첫 구절.

신속히[618] 짚신을 사 신겨야[619] 할 것입니다. 왜냐하면 한 사람은 끊임없이 옮겨 다니고, 또 한 사람은 머무는 바가 없기 때문입니다. 여기까지 읽으면 반드시 배를 잡고 웃을 것이라 생각됩니다.

彦沖以"應無所住而生其心" 與"易之屢遷" 大旨同貫, 未敢相許. 若依彦沖差排, 則孔夫子與釋迦老子, 殺[620]著買草鞋, 始得. 何故? 一人屢遷, 一人無所住. 想讀至此, 必絶倒也.

---

618 살(殺) : 빠르다. 재빨리. 살(煞)과 같음.

619 착(著) : ①-하게 하다. ②-해야 한다.

620 '殺'은 『영락북장』에서는 '煞'로 되어 있음. 동일한 뜻.

23. 유통판(劉通判)[621] 언충(彦沖)에 대한 답서 ⑴[622]

　당신의 형 보학공(寶學公)은 애초에 마음을 일으켜 꽉 붙잡고 있거나 마음을 죽여 잊어버리는[623] 일을 알지 못했습니다. 손길 닿는 대로[624] 코[625]를

621　유통판(劉通判) : 1101-1147. 이름은 자휘(子翬), 자(字)는 언충(彦沖), 호(號)는 병산 거사(屛山居士). 통판(通判)은 벼슬 이름. 주자(朱子)의 어릴 적 스승이다. 형인 언수(彦 修)는 일찍이 대혜에게 도를 물었는데, 대혜가 '뜰 앞의 측백나무.' 화두를 참구하게 하여 깨달은 바가 있었지만, 말없이 자기 수련에만 힘을 쏟았다. 동생인 언충(彦沖)은 도리어 묵조선(默照禪)을 수행하고, 문장(文章)에 정신이 빠져서 불경(佛經)과 유서(儒書)에 두루 통달하였다. 뒤에는 불교를 버리고 주역(周易) 연구에 몰두하였다. 주자(朱子)는 늘 언충을 따라 묵조선을 배우고 불경(佛經)의 문자를 공부하였는데, 유교(儒敎)의 성리학 (性理學)을 세움에는 안으로는 불교에서 배운 바를 응용하면서도 겉으로는 불교를 배척 하는 모습을 취하였다.

622　1139년(51세)에 쓴 글.

623　관대망회(管帶忘懷) : 마음을 일으켜 붙잡고 있는 기심관대(起心管帶)와 마음을 쉬어 잊고 있는 고심망회(枯心忘懷). 삿된 공부의 두 가지 종류. 무엇을 꾸준히 지니고 있거나, 모든 것을 싹 잊어버리고 텅텅 비우는 것은 모두 유무(有無) 양변에 치우친 삿된 공부이 다. 바른 공부는 유(有)와 무(無), 색(色)과 공(空)을 나누지 않고, 다만 이렇게 나누는 분 별심(分別心)이 부서지는 것이다.

624　신수(信手) : 손 가는 대로 맡기다. 손길 닿는 대로 하다.

625　비공(鼻孔) : 코. 콧구멍. 비공(鼻孔)은 글자 그대로는 콧구멍이라는 뜻이지만, 콧구멍 을 포함한 코 전체를 가리키는 말이다. 파비(把鼻)라는 말이 손잡이를 붙잡는다는 뜻이 듯이 코는 손잡이를 뜻하거나, 혹은 비조(鼻祖)라고 하듯이 근원이나 시초를 가리키는 뜻이 있다. 선승들의 어록에서 비공(鼻孔)이라는 말은 근원이나 시초라는 뜻으로서 우리 의 본래면목을 가리킨다. 예컨대,『경덕전등록』에 나오는 "부모가 아직 낳지 않았을 때 코 는 어디에 있는가?(父母未生時鼻孔在什麼處)" 혹은 "납승이라면 모름지기 바로 납승의 코 를 밝혀 내야 한다.(衲僧直須明取衲僧鼻孔)" 등의 말에서 코(鼻孔)는 본래면목을 가리킨 다.

더듬어 보고는,[626] 비록 아직 제방(諸方)의 삿됨과 바름을 모두 알지는 못해도 기본이 견실하여져 삿된 독이 침범하지 못하니, 마음을 잊어버리거나 마음을 꽉 붙잡고 있는 일에도 물론 침범당하지 않습니다.[627] 만약 오로지 마음을 잊어버리거나 마음을 꽉 붙잡고 있기만 하고 분별심이 부서지지 않으면, 오온(五蘊)[628]의 마(魔)가 그 틈을 이용하여[629] 허공을 붙잡아 두 쪽으로 갈라 놓게 됨을 면치 못할 것입니다. 그리하면 고요한 때에는 한없이 즐겁다가도 시끄러운 때에는 한없이 괴롭습니다.

答劉通判(彦沖)

令兄寶學公, 初未嘗知管帶忘懷之事. 信手摸著鼻孔, 雖未盡識得諸方邪正, 而基本堅實, 邪毒不能侵, 忘懷管帶在其中矣. 若一向忘懷管帶, 生死心不破, 陰魔得其便, 未免把虛空隔截作兩處. 處靜時受無量樂, 處鬧時受無量苦.

---

626 모착(摸着) : 짚어 보다. 더듬어 보다. 어루만지다.

627 '그 속에 있다'(在其中)는 것은 곧 '삿된 독이 침범하지 못함'(邪毒不能侵) 속에 있다는 말.

628 오온(五蘊) : 5취온(取蘊)·5음(陰)·5중(衆)·5취(聚)라고도 함. 온(蘊)은 모아 쌓은 것. 곧 화합하여 모인 것. 무릇 생멸하고 변화하는 것을 종류대로 모아서 5종으로 구별. 경험세계를 5가지로 분류한 것. ①색온(色蘊); 스스로 변화하고 또 다른 것을 장애하는 지수화풍(地水火風)의 사대(四大). ②수온(受蘊); 고(苦)·락(樂)·불고불락(不苦不樂)을 느끼는 마음의 작용. ③상온(想蘊); 외계(外界)의 사물을 마음속에 받아들이고, 그것을 생각해 보는 마음의 작용. ④행온(行蘊); 의지에 따라 실행하는 것. ⑤식온(識蘊); 의식(意識)하고 분별하는 것.

629 득편(得便) : 기회를 얻다. 형편이 되다.

만약 즐거움과 괴로움을 균등하게 하고자 한다면, 다만 일부러 붙잡고 있거나[630] 일부러[631] 잊어버리려 하지 말고, 하루 24시간 언제나 탁 놓아서 막힘없게 하십시오. 혹 그대의 오래된 습기(習氣)가 언뜻언뜻 일어날 때에도 또한 마음을 써서 억누를[632] 필요 없이, 다만 언뜻 일어난 곳에서 "개에게도 불성이 있습니까?" "없다."라는 화두만 살펴보십시오. 바로 그러한 때에는 마치 붉은 화로 위의 한 점 눈송이와 같을 것입니다.

要得苦樂均平, 但莫起心管帶, 將心忘懷, 十二時中放敎蕩蕩地. 忽爾舊習瞥起, 亦不著用心按捺, 只就瞥起處, 看箇話頭, "狗子還有佛性也無?" "無." 正恁麼時, 如紅鑪[633]上一點雪相似.

눈이 밝고 손이 빠른[634] 자가 한번 멀리 벗어나야[635] 비로소 우두법융(牛

630　기심관대(起心管帶) : 일부러 마음을 내어 지니고 있다. 마음을 내어 지니고 있다. 일부러 애써 지니고 있다. 장심관대(將心管帶), 존심관대(存心管帶)와 같음. 기심(起心)은 장심(將心), 존심(存心)과 같이 '일부러' '마음먹고' '의도적으로'라는 뜻.

631　장심(將心) : 일부러. 고의로. 마음먹고. 의도적으로. 존심(存心)과 같음.

632　안날(按捺) : 참다. 억누르다. 견디다.

633　'鑪'는 덕부본에선 '爐'로 되어 있고, 궁내본에서는 '驢'로 되어 있다. 로(爐)와 로(鑪)는 화로(火爐)라는 뜻이고, 려(驢)는 당나귀라는 뜻이니 오자(誤字)이다.

634　안판수친(眼辨手親) : ①눈빛. ②눈이 밝고 손이 빠르다. ③동작이 정확하고 신속하다. =안친수변(眼親手辨), 수변안친(手辨眼親), 수질안변(手疾眼辨), 수친안변(手親眼便), 안변수친(眼辨手親).

635　탁탁(逴逴) : 아득히 멀다. 아득히 먼.

頭法融)[636] 선사의 이 말이 사람을 속이는 말이 아님을 알게 됩니다.

"알맞게 마음을 쓸 때에는

알맞게 쓸 마음이 없다.

굽은 말은 명칭과 모양을 따라다녀 수고롭지만

곧은 말은 번거롭거나 중첩됨이 없다.

마음은 없으나 알맞게 쓰고

늘 쓰지만 알맞게 없다.

지금 마음 없음을 말하지만

마음 있음과 다르지 않다."[637]

眼辨手親者, 一遠遠得, 方知懶融道 : "恰恰用心時, 恰恰無心用. 曲談名相勞, 直說

猶[638]繁重. 無心恰恰用, 常用恰恰無. 今說無心處, 不與有心殊." 不是誑人語.

---

636   우두법융(牛頭法融) : 594~658. 우두선(牛頭禪)의 개조(開祖). 『대반야경』을 읽다가 진
      공(眞空)의 이치를 통달. 뒤에 모산(茅山)의 경법사(炅法師)에게 출가하여 수학(受學)함.
      643년(정관 17) 건강 우두산(牛頭山) 유서사(幽棲寺) 북쪽 바위 아래에 선실(禪室)을 짓고
      있었다. 하루는 사조(四祖) 도신(道信)이 와서 일러 줌을 받고 심요(心要)를 깨달았다. 이
      로부터 사방에서 도속(道俗)들이 모여 와 교화를 받게 되니 문인(門人)이 100인을 넘었
      다. 652년(영휘 3) 그 고을 수령인 소원선(蕭元善)의 청으로 건초사(建初寺)에서 『대품경』
      을 강설. 그를 이은 법계(法系)를 우두선(牛頭禪)이라 한다.
637   『경덕전등록』 제4권 '제일세법융선사(第一世法融禪師)'에 나오는 법융의 게송.
638   '猶'는 '無'의 오자(誤字). 『경덕전등록』 제4권 '제일세법융선사(第一世法融禪師)'와 『오등
      회원』 제2권 '우두산법융선사(牛頭山法融禪師)'의 게송과 『영락북장』 제156책 「대혜보각선
      사어록」 등에는 모두 '無'로 되어 있다.

231

옛날에 바수반두(婆修般頭)[639]가 늘 한 끼만을 먹고 눕지도 않고 육시(六時)[640]에 예불(禮佛)하며 깨끗하고 욕심이 없어서 대중의 귀의를 받았는데, 20조 사야다(闍夜多)[641] 존자가 그를 제도하고자 하여 그를 따르는 무리에게 물었습니다.

"이렇게 두루 두타행(頭陀行)[642]을 실천하고 범행(梵行)[643]을 잘 닦아서 불도(佛道)를 얻을 수 있을까?"

그 무리가 말했습니다.

"우리 스승님의 정진(精進)[644]이 이와 같은데 무슨 까닭에 얻지 못하겠습니까?"

사야다 존자가 말했습니다.

"너희 스승은 도(道)와는 멀리 떨어져 있다. 설사 고행(苦行)을 무수한 세월 동안 행하더라도 모두가 헛됨과 망령됨의 뿌리가 될 뿐이다."

그러자 그 무리가 분을 이기지 못하여 모두 안색을 바꾸고 성난 목소리로 사야다 존자에게 따졌습니다.

---

639 바수반두(婆修般頭) : 인도 28조 가운데 제21조인 바수반두 존자(尊者).

640 육시(六時) : 하루를 낮 3시·밤 3시로 구분. 합하여 6시. 아침(晨朝)·낮(日中)·해질녘(日沒)·초저녁(初夜)·밤중(中夜)·새벽(後夜).

641 사야다(闍夜多) : 인도 28조 가운데 제20조. 바수반두에게 법을 물려주었다.

642 두타행(頭陀行) : 무소유와 청빈을 행하는 수행. 의식주에 탐착하지 않으며, 청정하게 불도를 수행하는 것.

643 범행(梵行) : 범(brahmacara)은 청정(淸淨)·적정(寂靜)의 뜻. 맑고 깨끗한 행실. 정행(淨行)과 같음.

644 정진(精進) : 수행(修行)을 게을리하지 않고 항상 용맹하게 나아가는 것.

"존자께서는 어떤 덕을 쌓았기에 우리 스승을 나무라십니까?"

사야다 존자가 말했습니다.

"나는 도를 찾지도 않지만 또한 망상 속에 있지도 않다. 나는 부처를 예경하지도 않지만 또한 업신여기지도 않는다. 나는 눕지 않고 늘 앉아 있지도 않지만 또한 게으르지도 않다. 나는 하루에 한 끼 먹는 것은 아니지만 또한 이것저것 마구 먹지도 않는다. 나는 족함을 알지도 못하지만 또한 탐욕스럽지도 않다. 마음에 바라는 바가 없음을 일컬어 도(道)라고 한다."

바수반두가 이 말을 듣고서 무루지(無漏智)[645]를 일으키니,[646] 이른바 "먼저 선정(禪定)으로써 움직이고 다음에 지혜(智慧)로써 뽑아낸다."[647]고 하는 것입니다.

昔婆修盤頭, 常一食不臥, 六時禮佛, 淸淨無欲, 爲衆所歸, 二十祖闍夜多, 將欲度之 問其徒曰: "此遍行頭陀, 能修梵行, 可得佛道乎?" 其徒曰: "我師精進如此, 何故不可?" 闍夜多曰: "汝師與道遠矣. 設苦行歷於塵劫, 皆虛妄之本也." 其徒不勝其憤[648]皆作色厲聲, 謂闍夜多曰: "尊者蘊何德行, 而譏我師?" 闍[649]夜多曰: "我不

---

645 무루지(無漏智): 진리를 깨닫고 모든 번뇌의 허물을 여읜 청정한 지혜.

646 『경덕전등록』 제2권 '제20조사야다(第二十祖闍夜多)'에 나오는 내용.

647 『대반열반경』 제31권 「사자후보살품(師子吼菩薩品)」 제11-5에 나오는 구절.

648 온문(蘊聞)의 판본에는 '其徒不憤(그 무리가 성을 내지 않고)'라고 되어 있으나 뜻이 통하지 않아서, 황문창이 중편한 판본의 '其徒不勝其憤(그 무리가 성을 이기지 못하고)'라는 구절로 바꾸었다.

649 '闇'은 '闍'(사)의 오기(誤記).

233

求道, 亦不顚倒. 我不禮佛, 亦不輕慢. 我不長坐, 亦不懈怠. 我不一食, 亦不雜食. 我不知足, 亦不貪欲. 心無所希, 名之曰道." 婆修聞已發無漏智, 所謂先以定動, 後以智拔也.

제멋대로 말하는 엉터리 장로의 무리가 님에게 고요히 앉아서 부처 되기를 기다리라고[650] 가르치니, 이 어찌 헛됨과 망령됨의 뿌리가 아니겠습니까? 또 말하기를 "고요한 곳에서는 잃지 않지만 시끄러운 곳에서는 잃는다."고 하니, 이 어찌 세간(世間)의 모습을 부수어 진실한 모습을 찾는 것이 아니겠습니까? 만약 이와 같이 수행한다면, 어떻게 우두법융이 말한 "지금 마음 없음을 말하지만 마음 있음과 다르지 않다."라는 것과 들어맞을 수 있겠습니까? 청컨대 공께서는 여기에서 합당함을 잘 살펴[651] 생각해 보십시오. 바수반두도 처음에는 장좌불와(長坐不臥)하면 성불(成佛)할 수 있다고 오해했다가, 사야다 존자에게 지적을 받자마자 말을 듣고서 곧장 돌아갈 곳을 알아차리고 무루지를 내었으니, 과연 좋은 말은 채찍의 그림자만 보고도 달리는 것과 같습니다.

杜撰長老輩, 敎左右靜坐等作佛, 豈非虛妄之本乎? 又言. "靜處無失, 鬧處有失." 豈非壞世間相而求實相乎? 若如此修行, 如何契得懶融所謂今說無心處不與有心殊? 請公於此諦當思量看. 婆修初亦將謂長坐不臥可以成佛, 纔被闍夜多點破, 便於言

---

650 등(等) : 기다리다. = 대(待).
651 체당(諦當) : 합당함을 살피다. 적합함을 살피다.

234

下知歸, 發無漏智, 眞是良馬見鞭影而行也.

　중생에게는 광란(狂亂)이 병이므로 부처님이 적정바라밀(寂靜波羅蜜)[652]
이라는 약으로써 그것을 치료히는 것입니다. 병이 사라졌는데도 약을 그
대로 쓴다면, 그러한 병은 더 큰 병입니다. 하나는 집어 들고 하나는 내
려놓으니 어느 때에 끝마치겠습니까? 삶과 죽음의 문제가 다가오면 고
요함과 시끄러움이라는 양쪽은 전혀 쓸모가 없습니다. 시끄러운 곳에서
는 잃는 것이 많고 고요한 곳에서는 잃는 것이 적다고 말하지 마십시오.
적음과 많음 · 얻음과 잃음 · 고요함과 시끄러움은 한 꾸러미로 묶어서
다른 세계로 보내 버리는 것이 낫습니다. 일상생활 속에서 많음도 아니
고 적음도 아니며 고요함도 아니고 시끄러움도 아니며 얻음도 아니고 잃
음도 아닌 바로 그[653]곳에서[654] "무엇인가?" 하고 잠시[655] 자신에게 일깨워
보십시오.

衆生狂亂是病, 佛以寂靜波羅蜜藥治之. 病去藥存, 其病愈甚. 拈一放一, 何時是
了? 生死到來, 靜鬧兩邊都用一點不得. 莫道鬧處失者多, 靜處失者少. 不如少與多
得與失靜與鬧, 縛作一束, 送放他方世界. 却好就日用非多非少, 非靜非鬧, 非得非

652　적정바라밀(寂靜波羅蜜) : 대승 육바라밀(六波羅蜜) 가운데 선나바라밀(禪那波羅蜜)을
　　　가리킨다. 마음을 고요하게 안정시켜 통일한다는 뜻이다.
653　각호(却好) : 때마침. 공교롭게도. 막.
654　취(就)-처(處) : 바로 -에서. =취(就)-상(上).
655　약(略) : ①모두. 온전히. 전부. ②전혀(부정문). ③잠시. 우연히.

失處, 略提撕看. "是箇甚麼?"

무상(無常)한 세월은 빨라서 일생[656]이 손가락 한 번 튕기는 사이에 지나가 버립니다. 다시 무슨 쓸데없는 공부로써 얻음을 이해하고 잃음을 이해하며, 고요함을 이해하고 시끄러움을 이해하며, 많음을 이해하고 적음을 이해하며, 생각 잊어버림을 이해하고 마음 잡고 있음을 이해하겠습니까?

석두(石頭) 스님이 말했습니다.

"현묘함을 참구하는 사람에게 삼가 이르노니, 세월을 헛되이 보내지 마라."[657]

이 한마디 말을 눈을 뜰 때에도 놓지 말고,[658] 눈을 감을 때에도 놓지 말고, 생각을 잊을 때에도 놓지 말고, 마음을 붙잡고 있을 때에도 놓지 말고, 시끄러울 때에도 놓지 말고, 고요할 때에도 놓지 마십시오. 이것은 내가 이와 같이 조치한 것입니다. 아마 제멋대로 말하는 장로의 무리는 달리 조치를 취할 것입니다. 쯧쯧![659] 우선 이 정도로 해 둡시다.

---

656 백년(百年) : 사람의 일생.

657 『경덕전등록』제24권 '승주청량원문익선사(昇州淸涼院文益禪師)'에서 청량문익이 석두 희천의 말을 인용하는 구절로 나오는 말.

658 착(着) : 놓지 않다. 가지다. 붙잡다.

659 돌(咄) : ①떽! 떼끼! 어흠! 꾸짖는 소리. 호통 치는 소리. ②허! 어허! 쯧쯧! 탄식 또는 놀람을 나타내는 소리.

無常迅速, 百歲光陰, 一彈指頃便過也. 更有甚麽閑工夫, 理會得理會失, 理會靜理

會鬧, 理會多理會少, 理會忘懷理會管帶? 石頭和尙云 : "謹白參玄人, 光陰莫虛度."

這一句子, 開眼也著, 合眼也著, 忘懷也著, 管帶也著, 狂亂也著, 寂靜也著. 此是徑

山如此差排. 想杜撰長老輩, 別有差排處也. 咄! 且置是事.

24. 유통판(劉通判) 언충(彥沖)에 대한 답서 ⑵

님께서는 고요함을 위주로 하는 공부를 수년 동안 하셨습니다. 이제는 눈을 뜨고 사물에 응하는 곳에서 마음이 안락하고 한가한지 모르겠습니다. 만약 아직 안락하고 한가롭지 못하다면, 이것은 고요함을 위주로 하는 공부가 힘을 얻지 못한 것입니다. 오랫동안[660] 하였는데도 여전히 힘을 얻지 못하고 있다면, 마땅히 빠르게[661] 힘을 얻는 곳을 찾아야 비로소 평소의 많은 공부를 저버리지 않을 것입니다. 평소에 고요함을 위주로 하는 공부를 하는 것은 오직 시끄러움에 맞서기[662] 위한 것이니, 시끄러운 때를 만나서 도리어 스스로의 마음[663]이 시끄러움에 어지럽혀진다면 평소에 고요함을 위주로 하는 공부를 하지 않은 것과 같습니다.

又

左右做靜勝工夫, 積有年矣. 不識於開眼應物處, 得心地安閑否? 若未得安閑, 是靜勝工夫未得力也. 若許久猶未得力, 當求簡徑截得力處, 方始不辜負平昔許多工夫也. 平昔做靜勝工夫, 只爲要支遣箇鬧底, 正鬧時却被鬧底玷擾自家方寸, 却似平昔不曾做靜勝工夫一般耳.

---

660 허구(許久) : 시간이 매우 오래다.

661 경절(徑截) : ①곧장 끊어 버리다. ②빠르다. 민첩하다.

662 지견(支遣) : 대응하다. 대처하다. 다루다. 맞서다.

663 방촌(方寸) : 마음. 본래 사방 1촌(寸)의 가슴을 가리키는 데 비유하여 마음이라는 뜻.

이 도리(道理)는 매우 가까이 있습니다. 멀다 하여도 자기 눈[664] 속을 벗어나지 않습니다. 눈을 열면 바로 보고 눈을 감아도 없어지거나 모자라지 않으며, 입을 열면 바로 말하고 입을 다물어도 스스로 이루어져 있습니다. 그러나 마음을 일으키고 생각을 움직여서 받들어 지키려 한다면, 벌써 십만 팔천 리나 어긋나 버립니다. 님이 마음 쓸 곳이 전혀[665] 없다면, 여기가 가장 수월한 곳입니다.

這箇道理, 只爲太近. 遠不出自家眼睛裏. 開眼便刺著, 合眼處亦不缺少, 開口便道著 合口處亦自現成. 擬欲起心動念承當, 渠早已蹉過十萬八千了也. 直是無爾用心處, 這箇最是省力.

그러나 요즈음 이 도를 배우는 자들은 흔히 힘을 써서 찾고자 하니, 찾을수록 더욱 잃게 되고 향할수록 더욱 멀어집니다. 얻고 잃음을 나누는 길[666] 위에 떨어져서, 시끄러운 곳에서는 잃는 것이 많고 고요한 곳에서는 잃는 것이 적다고 어찌 감히 말하겠습니까? 님께서는 고요함을 위주로 하는 곳에 머문 지 20여 년이 지났습니다. 시험 삼아 조금이라도 힘

---

664 안정(眼睛) : 눈. 안정(眼睛)은 글자 그대로는 눈동자를 뜻하지만, 눈 전체를 가리키는 말이다.

665 직시(直是) : 그야말로. 전혀. 정말. 실로.

666 득실해로(得失解路) : 얻고 잃음을 나누는 길. 해(解)는 '나누다'는 뜻.

667 즉개(則箇) : -뿐이다. (-하면) 그만이다. 그 정도로 좋다. (보통 문장 끝에 쓰여, 그 정도로 목적이 달성되는 것으로 좋다는 뜻을 나타냄.) =자개(子箇), 지개(之箇), 지개(只箇).

얻은 것을 가져와 본다면 좋지만,[667] 만약 이것저것 모두[668]를 고요하게만 하는 가운데 힘을 얻는다면, 무슨 까닭에 시끄러운 곳에서는 도리어 잃어 버립니까?

而今學此道者, 多是要用力求, 求之轉失, 向之愈背. 那堪墮在得失解路上, 謂鬧處失者多, 靜處失者少? 左右在靜勝處住了二十餘年. 試將些子得力底來看則箇, 若將椿椿地底 做靜中得力處, 何故却向鬧處失却?

이제 힘들이지 않고[669] 고요함과 시끄러움에서 한결같고자 한다면, 다만 조주의 "없다."를 뚫고 나가십시오.[670] 문득 뚫고 나가면 비로소 고요함과 시끄러움 둘이 방해하지 않음을 알게 될 것이며, 또 힘들여 지탱할 필요도 없을 것이며, 지탱할 것이 없다는 생각도 하지 않을 것입니다.

而今要得省力靜鬧一如, 但只透取趙州無字. 忽然透得, 方知靜鬧兩不相妨, 亦不著用力支撐, 亦不作無支撐解矣.

---

668 장장지(椿椿地): 하나하나. 이것저것 모두. 연달아. 계속하여. 장(椿)은 건(件)과 같이 수량을 헤아리는 뜻.

669 생력(省力): 힘을 덜다. 수월하다. 수고롭지 않다.

670 투취(透取): 돌파하여 벗어남. 뚫고 지나가다. 깨달음을 가로막는 장애를 뚫고 나아가 깨달음에 이른다는 말. =투득(透得), 투과(透過), 투출(透出), 투탈(透脫).

25. 진국태부인(秦國太夫人)[671]에 대한 답서

---

671 진국태부인(秦國太夫人) : 부인의 성은 계(計) 씨이고, 법명(法名)은 법진(法眞)이며,
태사(太師) 장공(張公)의 부인이다. 두 아들을 두었는데, 맏아들은 자(字)가 소원(昭遠)이
고 자사(刺史)를 지냈으며, 둘째는 자(字)가 덕원(德遠)이고 승상(丞相)의 자리에까지 올
랐다. 두 아들 모두 원오극근에 의지해 공부하여 깨달은 바가 있었으나, 부인은 30에 과
부가 된 이래 40여 년을 재가(在家)에서 수행해 왔으나 아직 깨닫지 못하고 있었다. 도겸
(道謙) 상좌(上座)가 일찍이 그 집을 방문한 적이 있었는데, 장승상(張丞相)이 "스님께선
경산(徑山; 대혜종고) 화상을 오래도록 모셨으니 보고 들은 것이 많을 것입니다. 스님께
서는 저희 집에 오래 머무르셔서 함께 이야기를 나누기를 바랍니다."라고 말하고는, 드
디어 안에 들어가 어머니인 부인에게 알렸다. "경산(徑山) 스님 회하에 계신 스님이 오셨
습니다." 부인은 도겸 상좌를 내정(內庭)으로 불러 물었다. "경산 화상은 어떻게 사람들
을 가르칩니까?" 도겸이 말했다. "스님은 다만 사람들에게 무자(無字) 화두를 시키시되,
왼쪽도 안 되고 오른쪽도 안 된다고 하십니다." 부인은 이 말을 듣고서 밤낮으로 무자(無
字)를 참구(參究)하였으나, 반드시 경전도 읽고 예불(禮佛)도 하였다. 이에 도겸이 말했
다. "스님은 늘 말씀하시기를 '이 일을 하고자 한다면 간경(看經)과 예불(禮佛)을 그만두
고 마음을 다하여 참구해야 한다. 한순간 상응(相應)한 뒤에는 옛날처럼 경전을 읽고 예
불을 하여도 모두가 묘한 작용이 된다'고 하셨습니다." 부인이 이 말을 듣고는 일시에 간
경과 예불을 놓아 버리고 마음을 다하여 참구하였는데, 어느 날 밤 늦게까지 앉아 있다가
문득 계합되어 막힌 것들이 모두 사라졌다. 드디어 게송을 지었다. "꿈속에 봉황을 타고
푸른 하늘로 날아올라, 비로소 몸과 세상이 한때 머무는 주막인 줄 알았네. 돌아와 한단
(邯鄲)의 길을 잘못 알았는데, 산새가 한 번 울었으니 봄비 내릴 일이 남았구나." 또 날마
다 경문(經文)을 보는데 마치 옛날 알고 있었던 사람을 만나는 것 같아서, 매번 막힘이 없
음은 말할 것도 없고 한 마디 한 구절이 새로웠다. 이에 직접 몇 편의 게송을 지어 도겸에
게 주어 경산의 대혜에게 보냈던 것이다. 『대혜어록』 제14권 진국태부인이 청한 보설(普
說)에 부인이 깨달은 인연에 관한 자세한 이야기가 나온다.

도겸(道謙)[672] 수좌가 돌아옴에 보내 주신 서신[673]과 더불어 친히 쓰신 몇 수의 게송을 받았습니다. 처음에는 그 내용을 심히 의심스러워하였으나, 도겸 수좌에게 자세히 묻고 나서야 비로소 자기 자신을 속이지 않았음을 알았습니다.

"아득한 세월 동안 밝히지 못한 일이 환히 눈앞에 나타나니, 남에게서 얻은 것이 아닙니다. 이제 비로소 법(法)의 기쁨과 선(禪)의 즐거움이, 세간의 즐거움에 비할 바가 아님을 알았습니다."라고 하시니, 저는 국태부인(國太夫人)의 이 말씀을 보고 기쁜 나머지 며칠 동안 자고 먹는 것을 잊었습니다.

아드님은 재상이 되고 스스로는 국태부인이 되신 것이 귀하게 된 것이 아니라, 쓰레기 더미[674] 가에서 값을 매길 수 없는 보석을 얻어 무한한 세월 동안 써도 써도 고갈되지 않아야, 비로소 진실로 귀하게 되는 것입니다. 그러나 절대로 이 귀함에 집착하지는 마십시오. 만약 집착한다면 존귀(尊貴)라는 변견(邊見)[675]에 떨어져서, 다시는 자비심과 지혜를 내어서 중생을 가엾게 여기지 않게 될 것입니다. 잘 기억하여 잊지 마십시오.

672　도겸(道謙) : 대혜의 법제자인 개선밀암(開善密庵).

673　사교(賜敎) : 남의 가르침이나 편지를 높여 이르는 말.

674　분소퇴(糞掃堆) : 쓰레기 더미. 망상 속에서 번뇌하는 중생의 마음을 가리킨다.

675　존귀(尊貴)라는 변견(邊見) : 변견(邊見)은 중도(中道)에 있지 못하고 어느 한쪽으로 치우친 견해. 유(有) · 무(無), 단(斷) · 상(常) 등의 변견이 있다. 존귀(尊貴)는 깨달음과 깨달은 자는 존귀하다는 지견(知見). 존귀는 분별이요 지견이기 때문에 변견(邊見)이다.

答泰[676]國太夫人

謙禪歸, 領所賜敎, 幷親書數頌. 初亦甚疑之, 及詢謙子細, 方知不自欺. "曠劫未明之事, 豁爾現前不從人得. 始知法喜禪悅之樂, 非世間之樂可比." 山野爲國太歡喜, 累日寢食俱忘. 兒子作宰相, 身作國夫人, 未足爲貴, 糞掃堆頭收得無價之寶, 百劫千生受用不盡, 方始爲眞貴耳. 然切不得執著此貴. 若執著則墮在尊貴中, 不復興悲起智, 憐愍有情耳. 記取記取.

---

676 '태(泰)'는 덕부본에서 '진(秦)'. 태(泰)가 진(秦)의 오기(誤記).

26. 장승상(張丞相)[677] 덕원(德遠)에 대한 답서

삼가 생각해 보니, 승상께서는 한가한 곳[678]에서 편안히 머물며, 저 부처님[679]과 한곳에서 만나 법신불(法身佛)의 무한한 바다[680]에서 노닐며 마음대로[681] 불사(佛事)[682]를 하되, 질병도 없고 번뇌도 없습니다. 이러한 승상의 행동거지를 살펴보니[683] 복이 가득하십니다. 예부터 모든 성인이 그렇지 않음이 없었습니다.

答張丞相(德遠)

---

677 장승상(張丞相) : 1097-1164. 앞 편지의 주인공인 진국태부인(秦國太夫人)의 아들로서, 송(宋) 고종(高宗) 소흥(紹興)때에 재상(宰相)에 임명되고 위국공(魏國公)으로 봉해졌다. 이름은 준(浚), 자(字)는 덕원(德遠), 호(號)는 자암(紫巖)이다.

678 아련야(阿練若) : aranya. 음역은 아란야(阿蘭若), 아란나(阿蘭那)라고도 함. 의역은 무쟁성(無諍聲), 한적(閑寂), 원리처(遠離處). 비구가 머무는 장소로서, 시끄러움이 없는 한적한 곳으로 수행하기에 적당한 삼림(森林)·넓은 들·모래사장 등을 가리키는 말. 깨달아 해탈한 사람의 한가한 마음을 가리키기도 함. 여기에선 그런 뜻.

679 상인(上人) : ①부처님. ②뛰어난 덕을 갖춘 훌륭한 사람. ③부처님의 제자. ④지혜와 덕을 겸비한 승려를 높여 부르는 말. 여기선 부처님을 가리킨다.

680 비로장해(毘盧藏海) : 비로(毘盧)는 비로자나(毘盧遮那) 즉 법신불(法身佛). 장해(藏海)는 모든 것을 품고 있는 바다. 법신불의 무한함을 바다에 비유하여 말한 것.

681 수의(隨宜) : 마음대로. 좋을 대로. 자유로이. 함부로. 제멋대로(하다).

682 불사(佛事) : 깨달음의 일, 곧 깨달음. 혹은 깨달은 자인 부처님이 잘하는 일인 교화(教化)를 가리키니, 여러 가지 일을 통하여 불법을 열어 보이는 것.

683 균후(鈞候) : 균(鈞)은 (윗사람이나 상급에 대하여) 상대방과 관계 있는 사물이나 행동에 존경의 뜻을 나타내는 말. 후(候)는 진맥(診脈)하는 동작. 균후동지(鈞候動止)는 상대방의 행동거지를 살펴본다는 말.

恭惟, 燕居阿練若, 與彼上人同會一處, 娛戲毘盧藏海, 隨宜作佛事, 少病少惱. 鈞
候動止萬福. 從上諸聖莫不皆然.

그러므로 "순간순간 언제나 모든 법이 사라진 삼매(三昧)[684] 속으로 들
어가, 보살의 길에서 물러나지 않으며, 보살의 일을 버리지 않으며, 큰
자비심(慈悲心)을 버리지 않으며, 바라밀(波羅蜜)[685]을 닦아 익히되 쉬는 일
이 없으며, 모든 불국토(佛國土)를 관찰하되 싫어하거나 게으름을 피우지
않으며, 중생을 제도하겠다는 서원을 버리지 않으며, 법바퀴를 굴리는
일을 중단하지 않으며, 중생을 교화(敎化)하는 사업을 중단하지 않으며,
가지고 있는 뛰어난 서원(誓願)을 모두 원만히 성취하며, 모든 국토의 차
별을 뚜렷이 알아차려서 불종성(佛種性)[686]에 들어가 저 언덕에 도달합니
다."[687]

---

684 멸진정(滅盡定) : 마음에서 모든 분별된 모습을 다 없애고 고요하기를 바라며 닦는 선
    정. 소승에서는 불환과(不還果)와 아라한과의 성자가 닦는 유루정(有漏定)으로, 육식(六
    識)과 인집(人執)을 일으키는 말나(末那)만을 없애는 것. 대승의 보살이 닦는 멸진정은
    무루정(無漏定)으로, 법집(法執)을 일으키는 말나까지도 없앤다.
685 바라밀(波羅蜜) : pāramitā . 바라밀다(波羅蜜多) · 파라미다(播囉弭多)라고도 음역하고,
    도피안(到彼岸) · 도무극(度無極) · 사구경(事究竟) · 도(度)라 번역. 피안(彼岸) 곧 이상
    (理想)의 경지에 이름. 구제(救濟)됨. 해탈함. 열반함. 깨달음.
686 불종성(佛種性) : 일체 중생에게 본래 갖추어 있는 부처 될 성품. 곧 불성(佛性).
687 실차난타(實叉難陀)가 한역(漢譯)한 『대방광불화엄경』 제44권 「십통품(十通品)」 제28에
    나오는 내용.

245

所以⁶⁸⁸於念念中, 入一切法滅盡三昧, 不退菩薩道, 不捨菩薩事, 不捨大慈悲心, 修習波羅蜜未嘗休息, 觀察一切佛國土無有厭倦, 不捨度衆生願, 不斷轉法輪事, 不廢教化衆生業, 乃至所有勝願, 皆得圓滿, 了知一切國土差別, 入佛種性到於彼岸.

이것은 대장부가 일상생활의 모든 행동 가운데 마음껏 향유하는⁶⁸⁹ 물건⁶⁹⁰일 뿐입니다. 거사(居士)께서 이것을 힘써 행하여 게으르지 아니하시면, 소승도 이것에 대하여 보주인(普州人)의 노릇을 할 것입니다만,⁶⁹¹ 남이 끼어드는⁶⁹² 것을 허락하실지 어떨지는 모르겠군요.

此大丈夫四威儀中受用家事耳. 大居士於此力行無倦, 而妙喜於此亦作普州人, 又不識 還許外人揷手否.

장사(長沙)에 도착하여서는⁶⁹³ 유마거사처럼 입을 다물고 둘 아닌 곳으

---

688 '이(以)'는 덕부본에서 '위(謂)'. 소이(所以)는 '그 까닭에'라는 뜻이고, 소위(所謂)는 '이른바'라는 뜻. 두 경우 모두 문맥에서 뜻은 통한다.

689 수용(受用) : 누리다. 향유하다. 법을 얻어서 그 법을 누리고 향유한다는 말.

690 가사(家事) : 기구. 물품. 물건.

691 보주(普州)는 지금의 사천성(四川省) 안악현(安岳縣)에 있었는데, 예부터 도둑들이 소굴로 삼았던 곳이다. 따라서 보주인(普州人)이라면 곧 도둑을 가리키는 말이다. 여기에서는 장승상이 공부를 잘하면, 대혜는 그것을 보는 즐거움을 함께 누리겠다는 말을 은유적으로 표현하고 있다.

692 삽수(揷手) : ①끼어들다. 간섭하다. 개입하다. ②손을 쓰다. 착수하다.

693 장승상은 장사(長沙)에 유배되어 있었다.

246

로 깊이 들어가셨다고 들었습니다.[694] 이것 역시 분수 바깥의 일이 아니니, 법이 본래 이러하기 때문입니다. 원컨대 거사(居士)께서 이렇게 마음껏 누리신다면, 모든 마구니와 외도(外道)[695]가 반드시[696] 법(法)을 수호하는 착한 신(神)이 될 것입니다. 그 나머지 여러 가지로 차별되는 다른 뜻들도 모두 자기 마음이 나타내는 경계이지 딴 물건이 아닙니다. 거사(居士)께서는 어떻게 생각하시는지 모르겠군요.

聞到長沙郞杜口毘耶深入不二. 此亦非分外, 法如是故. 願居士如是受用, 則諸魔外道 定來作護法善神也. 其餘種種差別異旨, 皆自心現量境界, 亦非他物也. 不識居士以爲何如[697].

---

694 『유마경(維摩經)』「입불이법문품(入不二法門品)」에 나오는 내용. 유마는 문수(文殊)가 불이법문(不二法門)을 묻자 묵묵히 침묵하였다.

695 마구니 즉 마귀(魔鬼)와 외도(外道)는 모두 정법을 훼손하고 정법에 어긋나는 자를 일컫는 말이다.

696 정래(定來) : 반드시. 꼭. 래(來)는 태도를 나타내는 조사.

697 '하여(何如)'는 덕부본에서 '여하(如何)'. 하여(何如)와 여하(如何)는 통용.

27. 장제형(張提刑) 양숙(暘叔)에 대한 답서[698]

　　노거사(老居士)의 행위는 도(道)와 그윽히 합하지만, 다만 아직 단번에 확 깨닫지[699] 못하고 있을 뿐입니다. 만약 일상생활 속에 인연에 응하면서 변함이 없다면,[700] 비록 아직 단번에 확 깨닫지는 못했더라도, 죽음에 이르러서는[701] 염라대왕도 어찌해 볼 도리가 없어서[702] 항복할 것입니다. 하물며 한순간 도와 들어맞는다면 어떻겠습니까? 제가 아직 직접 그 행

698　1140년(52세)에 쓴 글.

699　화지일하(㘞地一下) : 깨달음을 체험하는 순간을 표현하는 말. 단번에 확 깨닫다. 확하고 단번에 통하다. 확 한번 뚫리다. 앗 하고 한번 열리다. 사용되는 형태는 분지일하(噴地一下), 분지일발(噴地一發), 화지일하(㘞地一下), 화지일성(㘞地一聲), 폭지일성(爆地一聲) 등이 있다. 분(噴)은 '뿜다' '뿜어내다'는 뜻이고, 화(㘞)는 '놀라서 별안간 소리를 내지르다'는 뜻으로서 돌(咄)과 같고, 폭(爆)은 '폭발하다.' '터지다'는 뜻이다. 모두 어떤 상황을 나타내는 말이다. 접미사 시(地)는 어떤 성황을 나다내는 단어에 붙어 동사, 형용사를 수식하는 부사를 만든다. 그러므로 분지(噴地)는 '확 뿜어내듯이', 화지(㘞地)는 '앗 소리 지르듯이', 폭지(爆地)는 '펑 터지듯이' 정도의 뜻이 된다. 한편 일하(一下)는 '단번에 내려놓다', 일발(一發)은 '단번에 쏘다', 일성(一聲)은 '단번에 소리 지르다'는 뜻으로서, 문득 일이 이루어진다는 뜻이다. 따라서 분지일하(噴地一下)는 '확 뿜어내듯이 단번에 내려놓다', 분지일발(噴地一發)은 '확 뿜어내듯이 단번에 쏘다', 화지일하(㘞地一下)는 '앗 소리 지르듯이 단번에 내려놓다', 화지일성(㘞地一聲)은 '앗 하고 고함치듯이 단번에 소리 지르다', 폭지일성(爆地一聲)은 '펑 하고 터지듯이 단번에 소리 지르다' 정도의 뜻이 되겠지만, 이 모두는 깨달음의 체험이 별안간 단번에 이루어짐을 나타내는 말이다.

700　불실고보(不失故步) : 옛 관습을 잃지 않다. 변함이 없다.

701　납월삼십일(臘月三十日) : 납월(臘月)은 섣달. 납월 30일은 일년의 마지막 날인 섣달 그믐날이니, 곧 생의 마지막 날을 가리킨다.

702　공수(拱手) : ①가슴께에서 두 손을 맞잡되, 오른손을 주먹 쥐고 왼손을 그 위에 감싸 쥐어, 공손히 인사하는 것. ②팔짱을 끼고 가만히 있음. ③어찌해 볼 도리가 없음.

위[703]를 보지는 못했지만, 크고 작은 것을 잘라서 중도(中道)를 취하여 지나치거나 모자람이 없다면, 다만 이것이 곧 도와 합하는 것입니다.

答張提刑(暘叔)

老居士, 所作所爲, 冥與道合, 但未能得䓤地一下耳. 若日用應緣, 不失故步, 雖未得䓤地一下, 臘月三十日, 閤家老子亦須拱手歸降. 況一念相應耶? 妙喜老漢, 雖未目擊, 觀其行事, 小大折中無過不及, 只此便是道所合處.

이 속에 이르러서는 번뇌도 생각할 필요가 없고, 불법(佛法)도 생각할 필요가 없습니다. 불법과 번뇌가 모두 바깥의 일입니다. 그러나 또 바깥의 일이라는 생각을 해서도 안 됩니다. 다만 돌이켜 자신을 살펴보십시오.[704] 이렇게 생각하는 것은 어디로부터 옵니까? 행위할 때에는 무슨 모양[705]이 있습니까? 행위가 갖추어지면 나의 의식을 따라 상세하고 빠짐이 없으며[706] 모자라거나 지나침이 없으니, 바로 이러한 때에는 누구의 은덕을 입어서 이와 같이 공부합니까? 오래오래 하다 보면 마치 활쏘기를 배우는 경우처럼 저절로 과녁에 들어맞게 될 것입니다.

---

703 행사(行事) : 행위(行爲).

704 회광반조(迴光反照) : 돌이켜 자신을 살펴보다.

705 형단(形段) : 모양. 형태.

706 주선(周旋) : ①빈틈없이 준비하다. 상세하고 빠짐없다. ②시봉하다. 모시다. 응접하다.

到這裏不用作塵勞想, 亦不用作佛法想. 佛法塵勞都是外事. 然亦不得作外事想. 但回光返照. 作如是想者從甚麼處得來? 所作所爲時有何形段? 所作旣辦, 隨我心 意無不周旋 無有少剩, 正[707]恁麼時, 承誰恩力, 如此做工夫? 日久月深, 如人學射 自然中的矣.

중생은 거꾸로 되어서 자신을 잃어버리고 사물을 좇아서, 조그만 것을 탐내고 단맛을 바라다가는 마음에 헤아릴 수 없는 고통을 받습니다. 매일 아침 눈을 뜨기도 전에 아직 침상에서 내려오지도 않고 잠이 반쯤 깼을 때에, 벌써 의식(意識)이 어지럽게 날아서 망상(妄想)을 따라 도도히 흐릅니다. 선한 행위를 하는 것과 악한 행위를 하는 것이 아직 드러나지 않았는데도, 침상에서 내려오기도 전에 천당과 지옥이 마음속에서는 이미 몽땅 이루어져 있습니다. 그러다 행동으로 드러나면 이미 업(業)의 씨앗을 아뢰야식에 심은 것입니다.

衆生顚倒, 迷已逐物, 耽少欲味甘, 心受無量苦. 逐日未開眼時, 未下床時, 半惺[708] 半覺時, 心識已紛飛, 隨妄想流蕩矣. 作善作惡, 雖未發露, 未下床時, 天堂地獄在 方寸中已一時成就矣. 及待發時, 已落在第八.

부처님께서 말씀하시지 않았습니까?

707 '정(正)'은 덕부본에서 '정당(正當)'. 뜻에 차이는 없다.
708 '惺'은 '惺'의 오기(誤記). 가흥장본과 북장본에는 모두 성(惺)으로 되어 있다.

"눈·귀·코·혀·몸뚱이·의식은 모두 자기 마음이 드러난 것이며, 기세간(器世間)[709]과 몸 등은 장식(藏識)[710]이 스스로 망상(妄想)하는 모습이 베풀어져 드러나는 것이다. 강물 같고 씨앗 같고 등불 같고 바람 같고 구름 같아서 찰나 사이에 이리지리 바뀌되, 성급하게 움직이는 것은 원숭이 같고, 더러운 곳을 좋아함은 똥파리 같고, 만족함이 없는 것은 바람 앞의 불 같고, 시작도 없는 때로부터 헛되고 거짓된 습기(習氣)[711]가 원인이 되어 육도(六道)[712]를 따라 흘러 돌고 돌며 멈추지 않는 것은 우물의 물 긷는 도르래와 같다."[713]

---

709 기세간(器世間) : 중생들이 의지하고 있는 물질적인 세계를 말한다.

710 장식(藏識) : 제8아뢰야식(阿賴耶識). 아뢰야식(阿賴耶識)은 범어 alaya—vijñana의 번역이다. 무몰식(無沒識)·장식(藏識)이라 번역하고, 제8식·본식(本識)·택식(宅識) 등의 명칭이 있다. 진제삼장(眞諦三藏)은 이 식이 중생의 근본 심식(心識)으로 결코 없어지거나 잃어버릴 수 있는 것이 아니라는 뜻에서 무몰식(無沒識)이라 번역하고, 현장(玄奘)은 능장(能藏)·소장(所藏)·집장(執藏)의 세 뜻이 있으므로 장식(藏識)이라 번역하였다.

711 습기(習氣) : 번뇌의 체(體)를 정사(正使)라 함에 대하여, 습관(習慣)의 기분(氣分)으로 남아 있는 것을 습기라 함. 비유하면, 향 담았던 그릇은 향을 비웠어도 여전히 향기가 남아 있는 것과 같다. 버릇. 유식학(唯識學)에서 습기는 종자(種子)의 다른 이름. 모든 식(識)이 나타날 때에 그 기분(氣分)을 제8식에 훈습(熏習)시키는 것이 종자이므로 이렇게 말함.

712 육도(六道) : 중생의 업인(業因)에 따라 윤회하는 길을 6으로 나눈 것. 지옥도(地獄道)·아귀도(餓鬼道)·축생도(畜生道)·아수라도(阿修羅道)·인간도(人間道)·천상도(天上道).

713 실차난타가 번역한 『대승입능가경(大乘入楞伽經)』 제2권 「집일체법품(集一切法品)」 제2—2에 나오는 구절인데, 인용문에서는 몇몇 글자가 빠져 있다. 경전의 내용은 다음과 같다 : 눈 등 육근(六根)이 생기면 안식(眼識) 등 육식(六識)이 생기고, 색(色) 등 육경(六境)을 취하면 헤아림과 집착이 생긴다. 또 자기 마음이 나타내는 몸과 기세간(器世間)은 모

佛不云乎? "一切諸根自心現, 器身等藏自妄想相施設顯示. 如河流如種子, 如燈如
風如雲, 利那展轉壞, 躁動如猿猴, 樂不淨處如飛蠅, 無厭足如風火, 無始虛僞習氣
因, 如汲水輪等事."

이것을 알고 나면 곧 사람도 없고 자기 자신도 없다고 합니다.[714] 천당
과 지옥이 딴 곳에 있는 것이 아니라, 다만 자신이 반쯤 잠을 깨어 아직
침상에서 내려오지 않았을 때의 마음속에 있으니 밖으로부터 오는 것이
결코 아님을 아십시오. 선악(善惡)의 마음이 드러나려고 하면서도 아직
다 드러나지 않고 잠에서 깨어나려고 하면서도 아직 다 깨어나지 않았을
때에 반드시 관심을 두되,[715] 관심을 둘 때에도 또한 애써 억지로 해서는
안 됩니다.[716] 억지로 하면 힘만 낭비할 뿐입니다. "움직임을 그쳐서 그침
으로 돌아가면, 그침이 다시 더욱 움직인다."[717]고 조사(祖師)께서 말씀하

두 장식(藏識)이 드러내는 것인데, 순간순간 이어지면서도 생멸변화하며 머물지 않는 것
은 마치 흐르는 강물이나 씨앗이나 등불이나 바람이나 구름과 같으며, 언제나 움직이며
안정되지 않는 것은 마치 원숭이와 같으며, 깨끗하지 못한 곳을 좋아하는 것은 마치 파리
와 같으며, 만족을 모르는 것은 마치 맹렬한 불꽃과 같으며, 오래전부터의 헛되고 거짓
된 습기(習氣)가 원인이 되어 육도(六道) 속을 흘러 돌고 돌며 쉬지 못하는 것은 마치 물
긷는 도르래와 같다.(所生起眼等識生, 取於色等而生計著. 又自心所見身器世間, 皆是藏心之所
顯現, 利那相續變壞不停, 如河流如種子如燈焰, 如迅風如浮雲, 躁動不安如猿猴, 樂不淨處如飛蠅,
不知厭足如猛火, 無始虛僞習氣爲因, 諸有趣中流轉不息如汲水輪.)

714 환작(喚作) : −라 여기다. −라 부르다. =환주(喚做).

715 조고(照顧) : ①조심하다. 주의하다. ②관심을 두다. 돌보다. ③처리하다. 뒷바라지하
다. ④비추어 보다.

716 '不得與之用力爭.'의 직역은 '그와 애써 다투어서는 안 된다.'이다.

717 삼조승찬(三祖僧璨)의 『신심명(信心銘)』에 나오는 구절.

지 않았습니까?

於此識得破, 便喚作無人無我. 知天堂地獄不在別處, 只在當人半惺半覺未下床時
方寸中, 並不從外來. 發未發覺未覺時, 切須照顧, 照顧時亦不得與之用力爭. 爭著
則費力矣. 祖不云乎? "止動歸止, 止更彌動."

일상생활의 잡다한 번뇌 속에서 점차 수월해지는 것을 조금이라도 느
낄 때가 바로 본인이 힘을 얻는 곳이며, 바로 본인이 부처가 되고 조사가
되는 곳이며, 바로 본인이 지옥을 바꾸어 천당으로 만드는 곳이며, 바로
본인이 편안히 앉는 곳이며, 바로 본인이 삶과 죽음에서 벗어나는 곳이
며, 바로 본인이 임금을 요순(堯舜)[718]보다 위에 있게 하는 곳이며, 바로 본
인이 도탄에 빠진 백성을 일으켜 세우는 곳이며, 바로 본인이 자손에게
음덕(陰德)을 끼치는 곳입니다. 여기에 이르면 부처를 말하고 조사를 말
하고 마음을 말하고 본성을 말하고 현묘함을 말하고 이(理)를 말하고 사
(事)를 말하고 좋음을 말하고 싫음을 말하더라도, 역시 바깥의 일입니다.
이와 같은 일들도 오히려 바깥에 속하는데, 하물며 잡다한 번뇌 가운데
성인이 꾸짖은 일이야 오죽하겠습니까? 좋은 일을 하는 것도 오히려 긍
정하지 않는데, 좋지 못한 일을 하는 것을 어찌 긍정하겠습니까?

---

718   요순(堯舜) : 중국에서 말하는 고대 이상사회를 다스린 모범이 되는 임금인 요임금과
      순임금.

纔覺日用塵勞中漸漸省力時, 便是當人得力之處, 便是當人成佛作祖之處, 便是當人變地獄作天堂之處, 便是當人穩坐之處, 便是當人出生死之處, 便是當人致君於堯舜之上之處, 便是當人起疲氓於凋瘵之際之處, 便是當人覆蔭子孫之處. 到這裏, 說佛說祖, 說心說性, 說玄說妙, 說理說事, 說好說惡, 亦是外邊事. 如是[719]等事, 尙屬外矣, 況更作塵勞中先聖所訶之事耶? 作好事尙不肯, 豈肯作不好事耶?

만약 이 말을 믿는다면 영가(永嘉) 스님이 말한, "가는 것도 선이요, 앉는 것도 선이니, 말하고 침묵하고 움직이고 고요함에 바탕이 편안하다."[720]가 헛된 말이 아닐 것입니다. 청컨대 이러한 삶에 의지하십시오.[721] 처음과 끝이 한결같아 변함이 없으면, 비록 아직 철저히 자기의 본지풍광(本地風光)[722]을 깨닫지는 못하고 자기의 본래면목(本來面目)[723]을 밝게 보지는 못한다고 하더라도, 낯선 곳이 이미 낯익어지고 낯익은 곳은 이미 낯설어질 것입니다.[724] 꼭 기억하십시오. 수월한 곳을 느끼기만 하면 곧

---

719 '시(是)'는 덕부본에서 '차(此)'. 뜻은 같다.

720 영가현각(永嘉玄覺)이 지은『증도가(證道歌)』의 한 구절.

721 행리(行履) : 행리(行李). 행(行)은 궁행(躬行)을, 리(履)는 실천을 의미한다. 행주좌와(行住坐臥)・어묵동정(語默動靜)・끽다끽반(喫茶喫飯) 등으로 기거동작(起居動作)하는 일체의 행위를 가리키거나, 행위가 남긴 실적(實績)이나 자취를 가리킨다. 행적(行蹟). 삶. 생활.

722 본지풍광(本地風光) : 본분사(本分事), 본래면목(本來面目)과 같은 말로서 곧 견성처(見性處)를 가리키고, 본성(本性), 자성(自性), 불성(佛性), 본심(本心) 등과도 같은 말이다.

723 본래면목(本來面目) : 본래 타고난 얼굴. 본래 타고난 모습. 본래 타고난 본성.

724 생처이숙숙처이생(生處已熟熟處已生) : 낯선 것은 익숙해졌고, 익숙한 것은 낯설어졌

힘을 얻는 곳입니다.

若信得此說及, 永嘉所謂 : "行亦禪坐亦禪, 語默動靜體安然." 不是虛語. 請依此行

履. 始終不變易, 則雖未徹證自己本地風光, 雖未明見自己本來面目, 生處已熟, 熟

處已生矣. 切切記取. 纔覺省力處, 便是得力處也.

저는 매번 공부하는 이들[725]에게 이 이야기를 해 주지만, 흔히 말을 들으면 재빨리 이해해 버리고는 대개 소홀히 여기고 기꺼이 일삼으려[726] 들지는 않습니다. 거사께서는 시험 삼아 이와 같이 공부해 보십시오. 열흘 정도만 지나면 곧 수월한지 수월하지 못한지, 힘을 얻었는지 힘을 얻지 못했는지를 스스로 볼 수 있을 것입니다. 마치 사람이 물을 마셔서 차고 따뜻함을 스스로 아는 것과 같습니다. 남에게 말해 줄 수도 없고, 남에게

다. 선공부(禪功夫)가 무엇인지를 나타내는 말. 『대혜서(大慧書)』 '영시랑(榮侍郎) 무실(茂
實)에 대한 답서(1)'에서 이렇게 말하고 있다. "무엇이 익숙한 것일까요? 5온(蘊)과 6근
(根)과 12처(處)와 18계(界)와 25유(有) 위에 무명(無明)의 업식(業識)으로 사량하고 헤아
리는 의식(意識)이 밤낮으로 활활 타올라서 마치 아지랑이가 잠시의 틈도 없이 피어오르
듯 하는 것이 바로 익숙한 것입니다. 이 한 가닥 엉킨 줄이 사람을 삶과 죽음에 흘러 다니
게 하고 사람으로 하여금 좋지 않은 일을 하게 합니다. 이 한 가닥 엉킨 줄이 이미 생소해
졌다면, 보리열반(菩提涅槃)과 진여불성(眞如佛性)이 곧 앞에 나타날 것입니다." 그러므
로 익숙한 것은 중생이 경계에 얽매여 경계를 분별하여 만드는 망상이요, 낯선 것은 깨달
음과 해탈이다.

725 개중인(箇中人) : 그 속의 사람. 관계자. 여기에선 선공부(禪功夫)하는 사람.
726 장위(將爲) : ―라고 여기다. ―라고 알다. ―라고 인정하다.

드러내 보일[727] 수도 없습니다.

옛날 덕 높은 스님이 말했습니다.

"깨달음을 말한다면 남에게 보여 줄 수 없고, 이치를 설명한다면 깨닫지 않으면 분명하지 않다."[728]

스스로 경험하고 스스로 얻으며, 스스로 믿고 스스로 깨달은 곳은 오로지[729] 이미 경험했고 얻었고 믿었고 깨달은 사람이라야 바야흐로 말없이 서로 들어맞습니다. 아직 경험하지 못했고 얻지 못했고 믿지 못했고 깨닫지 못한 사람이라면 스스로도 믿지 못할 뿐만 아니라 남에게 이와 같은 경계가 있음도 믿지 못합니다.

妙喜老漢, 每與箇中人說此話, 往往見得說得頻了多忽之, 不肯將爲事. 居士試如此做工夫看. 只十餘日便自見得, 省力不省力, 得力不得力矣. 如人飮水冷煖自知. 說與人不得, 呈似人不得. 先德云: "語證則不可示人, 說理則非證不了." 自證自得自信自悟處, 除曾證曾得已信已悟者, 方默默相契. 未證未得未信未悟者, 不唯自不信, 亦不信他人有如此境界.

노거사(老居士)께선 타고난 자질이 도(道)에 가까워서 행하는 바를 바로

727　정사(呈似): 말해 주다. 드러내 보이다.

728　청량문익(淸涼文益) 국사(國師)의 「심요(心要)」에 등장하는 구절이다. 청량의 「심요(心要)」는 『역대편년석씨통감(歷代編年釋氏通鑑)』 제10권 '당(唐) 순제(順帝) 을유(乙酉)'에 소개되어 있다.

729　제(除): 다만 −함으로써만 비로소. 오직 −해야 비로소.

256

바로 안정시키니 다시 바꿀 필요는 없습니다. 다른 사람과 비교해 보면, 만에 구천구백구십구를 이미 덜어 냈습니다. 다만 단번에 확 깨달아[730] 바로 끝내는 것이 아직 모자랄 뿐입니다.

老居士天資近道, 現定所作所爲, 不著更易. 以他人較之, 萬分中已省得九千九百九十九分. 只欠嘖地一發便了.

사대부들은 도를 배우더라도 대개 확실히[731] 깨닫지는 않습니다. 입으로 도를 논하고 마음으로 도를 생각하는 것을 없애 버리면 곧 아득하여 어찌할[732] 바를 모릅니다. 어찌할 수 없는 이곳이 바로 좋은 곳임을 믿지 않고, 다만 마음속에서 생각하고 헤아려 도달하려고 하며 입 속에서 분명하게[733] 말하려고 할 뿐, 그것이 잘못인 줄은 전혀 알지 못합니다.

부처님께서 말씀하셨습니다.

"여래는 온갖 비유로써 여러 가지 일을 설명하지만, 이 법을 설명할 수 있는 비유는 없다. 왜냐하면 이 법은 마음으로 아는 길이 끊어져서 생각으로 헤아리거나 말하지 못하기 때문이다."[734]

---

730 분지일발(嘖地一發) : 분지일하(嘖地一下), 화지일하(㘞地一下), 화지일성(㘞地一聲), 폭지일성(爆地一聲)과 마찬가지로 갑자기 단번에 확 깨닫는 체험을 가리킨다.

731 착실(著實) : 확실히. 참으로. 단단히.

732 조수족(措手足) : 손을 쓰다. 조처하다. 대처하다. =조수(措手).

733 분효(分曉) : ①또렷하다. 분명하다. ②똑똑히 알다.

734 실차난타가 번역한 『대방광불화엄경』 제52권 「여래출현품(如來出現品)」 37-3에 나오는 구절.

사량분별이 도(道)를 가로막는 것이 틀림없음을 참으로 알아야 합니다.

士大夫學道, 多不著實理會. 除却口議心思, 便茫然無所措手足. 不信無措手足處
正是好處, 只管心裏要思量得到, 口裏要說得分曉, 殊不知錯了也. 佛言："如來以
一切譬喩, 說種種事, 無有譬喩能說此法. 何以故? 心智路絶不思議故." 信知思量
分別障道必矣.

앞뒤의 시간이 끊어지면,[735] 마음속 알음알이의 길은 저절로 끊어집니다. 만약 마음속 알음알이의 길이 끊어지면, 어떤 일을 말하더라도 모두가 이 법(法)입니다. 이 법이 이미 분명하면, 이 분명한 곳이 바로 불가사의한 대해탈의 경계입니다. 다만 이 대해탈의 경계도 역시 불가사의하고, 이 경계가 이미 불가사의하다면 온갖 비유도 역시 불가사의하고, 여러 가지 일도 역시 불가사의하며, 이 불가사의한 것도 역시 불가사의하여, 지금 이 말도 붙일 곳이 없고, 이 붙일 곳 없는 것도 역시 불가사의합니다. 이와 같이 펼쳐 나아가 마지막까지 따져 가면, 사실이든 진리든 비유든 경계든 마치 고리가 끝이 없듯이 시작하는 곳도 없고 끝나는 곳도 없이 모두가 불가사의한 법입니다.

若得前後際斷, 心智路自絶矣. 若得心智路絶, 說種種事, 皆此法也. 此法旣明, 卽
此明處便是不思議大解脫境界. 只此境界亦不可思議, 境界旣不可思議, 一切譬喩

---

735 분별심에서 벗어나면.

258

亦不可思議, 種種事亦不可思議, 只這不可思議底, 亦不可思議, 此語亦無著處, 只
這無著處底, 亦不可思議. 如是展轉窮詰, 若事若法, 若譬喩若境界, 如環之無端,
無起處無盡處, 皆不可思議之法也.

그러므로 말했습니다.

"보살이 머무는 것은 불가사의(不可思議)하나, 그 가운데 사의(思議)함이
끝이 없다. 이 불가사의한 곳에 들어가면 사의(思議)함과 사의(思議)하지
않음이 모두 적멸한다."[736]

그러나 또 적멸한 곳에 머물러서도 안 됩니다.[737] 만약 적멸한 곳에 머
문다면, 법계(法界)의 테두리에 갇히게 되니,[738] 교(敎)에서 법진번뇌(法塵煩
惱)[739]라고 부르는 것이 바로 그것입니다.

所以云 : "菩薩住是不思議, 於中思議不可盡. 入此不可思議處, 思與非思皆寂滅."
然亦不得住在寂滅處. 若住在寂滅處, 則被法界量之所管攝, 敎中謂之法塵煩惱.

법계의 테두리를 없애고 온갖 뛰어난 것들을 일시에 쓸어버리면, 비로

---

736 실차난타가 번역한 『대방광불화엄경』 제30권 「십회향품(十廻向品)」 25-8에 나오는 게
  송의 구절. 사의(思議)함과 사의하지 않음의 차별이 없다.
737 적멸(寂滅)이 하나의 경계가 되면 안 된다. 적멸은 방편의 말일 뿐인데, 적멸이라는 진
  실한 경계가 있다고 여기면, 적멸은 도리어 집착이 된다.
738 관섭(管攝) : 통괄함. 통제함. 단속함.
739 법진번뇌(法塵煩惱) : 법을 경계로 삼아 집착하여 법이 도리어 번뇌가 되는 것. 법에
  집착하는 것. 얻을 법이 따로 있다고 여겨서 법에 집착하면 법이 도리어 번뇌가 된다.

소 "뜰 앞의 측백나무." "삼 서 근." "똥 닦는 막대기."[740] "개에게는 불성이 없다." "한입에 서강의 물을 다 마신다." "동산이 물 위로 간다." 등의 부류를 살펴보기 좋게 됩니다. 문득 한마디 말에서 뚫고 지나가면, 비로소 테두리 없는 법계를 깨달음으로 돌린다[741]고 할 수 있습니다.

滅却法界量, 種種殊勝一時蕩盡了, 方始好看, "庭前柏樹子." "麻三斤." "乾屎橛." "狗子無佛性." "一口吸盡西江水." "東山水上行."之類. 忽然一句下透得, 方始謂之 法界無量回向.

여실(如實)[742]하게 보고 여실하게 행하고 여실하게 사용하니, 곧 하나의 털끝에서 부처님[743]의 국토[744]를 드러낼 수 있으며, 미세한 티끌 속에 앉아서 진리의 큰 바퀴를 굴릴 수 있습니다. 온갖 법을 성취하고 온갖 법을 파괴하는 것이 모두 나에게서 말미암습니다. 마치 힘센 장사가 팔을 펼침에 남의 힘을 빌리지 않고 사자가 돌아다님에 짝을 필요로 하지 않는 것과 같아서, 온갖 뛰어나고 묘한 경계가 앞에 나타나더라도 마음이 놀

---

740 간시궐(乾屎橛) : 똥 닦는 막대기. 작은 대나무 조각으로서, 변소에 두고 똥을 닦는 데 사용하는 물건.

741 회향(回向) : =회향(廻向). 회전취향(廻轉趣向)의 약자. (깨달음으로) 향하여 돌린다는 뜻. 자기가 닦은 선근(善根) 공덕을 다른 중생이나 깨달음으로 향하여 돌림.

742 여실(如實) : ①진실한 도리에 들어맞는 것. 깨달음을 얻어 법의 참모습을 보는 것. ② 진여(眞如)의 다른 이름.

743 보왕(寶王) : 부처님.

744 보왕찰(寶王刹) : 부처님의 국토, 즉 불국토(佛國土).

라거나 이상하게 여기지 않으며, 온갖 악업(惡業)의 경계가 앞에 나타나더라도 마음에 두려움이 없습니다. 그리하여 매일 살아가면서 인연따라 놓아서 비우며 본성따라 자유롭게 즐깁니다.[745] 이러한 곳에 도달하여야 비로소 천당도 없고 지옥도 없다는 등의 일을 말할 수 있습니다.

如實而見, 如實而行, 如實而用, 便能於一毛端現寶王刹, 坐微塵裏轉大法輪. 成就種種法, 破壞種種法, 一切由我. 如壯士展臂, 不借他力, 師子遊行, 不求伴侶, 種種勝妙境界現前, 心不驚異, 種種惡業境界現前, 心不怕怖. 日用四威儀中, 隨緣放曠, 任性逍遙. 到得這箇田地, 方可說無天堂無地獄等事.

영가(永嘉) 스님이 말했습니다.

"사람도 없고 부처도 없다. 삼천대천세계는 바다의 물거품이요, 모든 성인과 현인은 번개가 치는 것과 같다."[746]

이 노인이 만약 이러한 곳에 도달하지 못했다면, 어떻게 이러한 말을 할 수 있겠습니까? 이 말을 잘못 이해하는 사람들이 매우 많습니다. 근원을 철저히 통달하지 못하면 말에 의지하여 이해함을 벗어나지 못하여, 곧장 모든 것이 전혀 없다고 말하며 인과(因果)도 없다 하고 모든 부처와 조사가 말씀하신 가르침을 전부 허망하다고 여깁니다. 이런 자를 가리켜 속이는 사람이라고 합니다. 이 병을 없애지 못하면, 곧 아득하고 어두워

---

745 소요(逍遙) : 자유롭게 거닐다. 유유자적하다. 아무 구속도 받지 않다. 자유롭게 즐기다.

746 영가현각의 『증도가(證道歌)』 가운데 한 구절.

서[747] 재앙을 불러들일 것입니다.

永嘉云：“亦無人亦無佛. 大千沙界海中漚, 一切聖賢如電拂.” 此老若不到這箇田

地 如何說得出來? 此語錯會者甚多. 苟未徹根源, 不免依語生解, 便道, 一切皆無,

撥無因果, 將諸佛諸祖所說言教, 盡以爲虛. 謂之誑惑人. 此病不除, 乃莽莽蕩蕩招

殃禍者也.

부처님께서 말씀하셨습니다.

“허망하게 떠다니는 마음이 쉽사리 여러 가지 교묘한 견해를 낸다.”[748]

있음에 집착하지 않으면 곧 없음에 집착하고, 있음과 없음 둘에 집착

하지 않으면 곧 있음과 없음의 사이에서 사량하고 헤아리며, 설사 이 병

을 알아차린다 하더라도 반드시 있지도 않고 없지도 않은 곳에 머물러

있습니다.[749] 그러므로 옛 성인이 사구(四句)[750]를 떠나고 백비(百非)[751]도 끊

어 버리고 즉시[752] 단칼에 두 동강을 내어, 다시는 뒤도 생각하지 말고 앞

747　망망탕탕(莽莽蕩蕩) : ①끝없이 넓다. 넓고 황량하다. ②아득하다. 아득하고 막연하다.

　　③사리에 어둡고 실정에 맞지 않다. ④행동이 거칠다.

748　『대방광원각수다라요의경(大方廣圓覺修多羅了義經)』에 나오는 구절.

749　착도(著到) : -에 도달한 채로 있다. -에 머물러 있다.

750　사구(四句) : 분별이 나타나는 4가지 형태. ①A이다, ②A가 아니다, ③A이기도 하고 A

　　가 아니기도 하다, ④A도 아니고 A 아닌 것도 아니다. 분별은 기본적으로 이 4가지 형태

　　를 따라 이루어진다. 그러므로 사구(四句)란 곧 분별을 가리킨다.

751　백비(百非) : 사구(四句)에 과거 · 현재 · 미래의 시간 등을 적용하여 더욱 세분하게 분

　　별한 것. 온갖 종류의 분별을 가리키는 말.

752　직하(直下) : 바로. 즉시.

262

도 생각하지 않고 온갖 성인(聖人)의 머리[753]를 끊어 버리라고[754] 입이 아프도록 신신당부한[755] 것입니다.

佛言. "虛妄浮心多諸巧見." 若不著有便著無, 若不著此二種, 便[756]於有無之間搏量卜度, 縱識得此病, 定在非有非無處著到. 故先聖苦口叮嚀, 令離四句絶百非, 直下一刀兩段, 更不念後思前, 坐斷千聖頂顆.

사구(四句)는 '있음'과 '없음'과 '있음도 아니고 없음도 아님'과 '있음이기도 하고 없음이기도 함'입니다. 만약 이 사구(四句)를 꿰뚫고 지나가면, 일체의 모든 법(法)이 진실로 있다고 말하는 것을 듣고[757] 나 역시 그를 따라 있다고 말하더라도 이 진실로 있음에 가로막히지 않으며, 일체의 모든 법(法)이 진실로 없다는 말을 듣고 나 역시 그를 따라 없다고 말하더라도 세간이 텅 비어서 아무것도 없는 것이 아니며, 일체의 모든 법이 있기도 하고 없기도 하다는 말을 듣고서 나 역시 그를 따라 있기도 하고 없기도 하다고 말하더라도 헛된 말이 아니며, 일체의 모든 법이 있는 것도 아니고 없는 것도 아니라는 말을 듣고서 나 역시 그를 따라 있는 것도 아니고

---

753 정녕(頂顆) : 정수리와 이마. 고인(古人)이나 불조(佛祖)의 진면목(眞面目)을 비유함.

754 좌단(坐斷) : =좌단(挫斷), 좌단(剉斷). 꺾다. 꺾어 끊다. 쪼개다. 꺼꾸러뜨리다.

755 정녕(叮嚀) : =정녕(丁寧). 재삼 부탁하다. 신신당부하다.

756 '種'은 '便'의 오기(誤記).

757 견설(見說) : 들은 바에 의하면. ―라고 듣고 있다. ―라고 말하는 것을 듣다. =견도(見道).

263

없는 것도 아니라고 말하더라도 서로 어긋나는 것이 아닙니다.

유마거사가 말했습니다.

"외도(外道)인 육사(六師)[758]가 떨어진 곳에 그대 역시 따라서 떨어지는 것이 옳다."[759]

四句者, 乃有無, 非有非無, 亦有亦無是也. 若透得此四句了, 見說一切諸法實有, 我亦隨順與之說有, 且不被此實有所礙, 見說一切諸法實無, 我亦隨順與之說無, 且非世間虛豁之無, 見說一切諸法亦有亦無, 我亦隨順與之說亦有亦無, 且非戲論, 見說一切諸法非有非無, 我亦隨順與之說非有非無, 且非相違. 淨名云:"外道六師所墮, 汝亦隨墮是也."

사대부(士大夫)들은 도(道)를 배우더라도 대개 기꺼이 마음을 비우려고

---

758 육사(六師): 곧 육사외도(六師外道). 고대 인도의 대표적인 자유 사상가였던 여섯 명을 가리켜 불교에서 부르는 이름. 석가모니는 6사 외도와 그들의 추종자들을 논쟁을 통해서 설복시킴으로써 당대 최고 스승의 자리에 올랐다. 불교 경전에는 석가모니가 그들과 대론하고, 논박을 통해서 불교가 우위를 차지하는 정황이 상세히 기록되어 있다. ①푸라나 카쉬야파(Purana Kasyapa)는 무작용설(無作用說)과 도덕 부정설을 주장하였다. ②막칼리 고샬라(Makkhali Gosala)는 영혼, 지(地), 수(水), 화(火), 풍(風), 허공(虛空), 득(得), 실(失), 고통, 쾌락, 태어남, 죽음 등의 12요소설과 결정론을 주장하였다. ③아지타 케샤 캄발린(Ajita Kesakambalin)은 지, 수, 화, 풍 등의 4요소설과 유물론을 주장하였다. ④파쿠다 캇차야나(Pakudha Kaccayana)는 무인무연설(無因無緣說)과 지, 수, 화, 풍, 고통, 쾌락, 영혼 등의 7요소설을 주장하였다. ⑤니르그란타 갸티푸트라(Nirgrantha Jnatiputra)는 나중에 자이나교의 교조가 되었으며, 영혼, 운동, 정지, 허공, 시간, 물질 등의 6요소설을 주장했다. ⑥산자야 벨랏티풋타(Sanjaya Belathiputta)는 회의론과 불가지론을 주장했다.

759 『유마힐소설경』「제자품(弟子品)」에 나오는 내용.

하지는 않습니다. 선지식(善知識)이 가리켜 보이는 것을 듣더라도, 선지식이 입을 열자마자 그는 벌써 말하는 앞에서[760] 일시에 이해합니다.[761] 그러나 그에게 이해한 것을 솔직히 말해 보라고 하면, 모두 일시에 잘못된 이해를 나타냅니다. 말하는 앞에서 이해하는[762] 것을 참으로 좋아하지만, 도리어 언어 위에서 막혀 버리고 마는 것입니다.

또 어떤 부류는 한결같이 총명하게 도리를 설명하며 세간의 여러 가지 일들과 기술이나 예술은 알지 못하는 것이 없지만, 다만 선(禪) 하나는 아직 알지 못합니다. 부임하고 있는 곳에 몇몇 제멋대로 말하는 엉터리 장로(長老)를 불러서 한번 식사를 같이 하고는, 그에게 마음대로 이리저리 말하도록 하여 그가 제멋대로 하는 말을 곧장 분별심을 가지고 기억해 두었다가 도리어 사람을 시험해 본답시고 한 구절씩 주고받고 하는데, 그것을 일러 시선(厮禪)[763]이라고 합니다. 말을 주고받다가 마지막에 자기는 쉽게 한마디 하는데 상대가 말이 없을 때에는 곧 자기가 이익[764]을 얻었다고 여깁니다.

그러나 참으로 눈 밝은 사람을 만나게 되면 도리어 알아보지 못합니다. 비록 알아본다고 하더라도 또한 결정적인 믿음이 없기 때문에 기꺼

760　재언전(在言前) : '말하기에 앞서'라고 번역하기보다는 여기에서는 '입을 열어 말을 하면 곧 말하는 앞에서'라고 번역하는 것이 적절하다.

761　영략(領略) : =영회(領會). 깨닫다. 이해하다. 파악하다. 납득하다.

762　영략(領略) : (체험으로) 이해하다. 깨닫다. 감지하다. 음미하다.

763　시선(厮禪) : 시(厮)는 '서로'라는 뜻. 서로 문답(問答)을 주고 받으면서 선(禪)을 이해하는 것. 문답선(問答禪), 설선(說禪)과 같음.

764　편의(便宜) : 이익. 좋은 것.

이 완전히 손을 놓아 버리지는[765] 못하고, 종사(宗師)[766]를 따라 이해한 것에 의지하여[767] 이전 버릇대로 인가(印可)해 달라고 요구합니다. 그러나 종사가 거스르거나 순조로운 경계 속에서 본분(本分)의 수단[768]을 보여 주면, 도리어 두려워하면서 감히 가까이 가지 못합니다. 이들은 이름하여 가련하고 불쌍한 자들입니다.

士大夫學道, 多不肯虛却心. 聽善知識指示, 善知識纔開口, 渠已在言前, 一時領會了也, 及至敎渠吐露, 盡一時錯會. 正好在言前領略底, 又却滯在言語上. 又有一種, 一向作聰明說道理, 世間種種事藝, 我無不會者, 只有禪一般我未會. 在當官處, 呼幾枚杜撰長老來, 與一頓飯喫却了, 敎渠恣意亂說, 便將心意識, 記取這杜撰說底, 却去勘人, 一句來一句去, 謂之廝禪. 末後我多一句, 爾無語時, 便是我得便宜了也. 及至撞著箇眞實明眼漢, 又却不識. 縱然識得, 又無決定信, 不肯四楞塌地放下, 就師家理會, 依舊要求印可. 及至師家於逆順境中, 示以本分鉗鎚, 又却怕懼不敢親近. 此等名爲可憐愍者.

---

765 사릉탑지(四楞塌地) : 네 활개를 땅에 던지고, 두 손을 땅에 짚고 꿇어 엎드려. 붙잡거나 의지함이 전혀 없이. 완전히 손을 놓고. =사릉착지(四楞着地).

766 사가(師家) : =종사(宗師).

767 취(就) : ①—에 의하다. —를 기반으로 하다. ②올라타다. 타다.

768 겸추(鉗鎚) : 겸(鉗)은 모루, 추(鎚)는 쇠망치. 모두 쇠를 단련하는 도구. 쇠를 두드려 단련하고 모양을 내어 쓸모 있는 연장으로 만드는 도구이다. 능력 있는 스승을 비유함. =본분겸추(本分鉗鎚).

769 묘년(妙年) : =묘령(妙齡). 꽃다운 나이. 스물 안팎의 나이.

266

노거사께서는 꽃다운 나이[769] 에 뛰어난 성적으로 과거에 급제하여[770] 가정을 일으켜 세우고, 머무는 곳에서는 늘[771] 이로운 일을 하고, 문장(文章)과 사업(事業)이 모두 보통 사람을 넘어섭니다. 그러나 스스로를 자랑한 적 없이 한마음 한뜻으로 다만 물러나 이 일대사인연(一大事因緣)을 확실히 알려 하고 있습니다. 그 지극한 정성을 보고 저도 모르게 시시콜콜[772] 말이 많아졌습니다만,[773] 이것은 거사께서 이런 병통들을 아시도록 하려는 것뿐만 아니라, 또한 보살이 도에 들어가는 양식(糧食)인 초발심(初發心)을 내도록 권하고자 하는 것입니다.

老居士妙年登高第起家, 所在之處隨時作利益事, 文章事業皆過人. 而未嘗自矜, 一心一意, 只要退步, 著實理會, 此段大事因緣. 見其至誠, 不覺切怛如許, 非獨要居士識得這般病痛, 亦作勸發初心, 菩薩入道之資糧也.

---

770 등고제(登高第) : 과거(科擧)에 좋은 성적으로 합격하다. 고제(高第)는 고중(高中)이라고도 하는데 뛰어난 성적을 가리킨다.

771 수시(隨時) : ①언제나. 때를 가리지 않고. ②제때에. 그때그때. 즉각즉각.

772 도달(忉怛) : =도도달달(忉忉怛怛), 도도(忉忉), 도달(刀咀). 번거롭다. 말이 많다. 수다스럽다. 시시콜콜하다. 귀찮다. 지겹다. 싫증나다.

773 여허(如許) : ①이와 같다. ②상당한 숫자의. 꽤 많은.

28. 왕내한(汪內翰)[774] 언장(彦章)에 대한 답서 (1)[775]

편지를 받아 보니 문을 걸어 잠그고 벽관(壁觀)[776]을 한다고 하시는데, 이는 마음을 쉬는 좋은 약입니다. 만약 다시 경전이나 옛사람의 말씀을 파고든다면,[777] 제8식 속에 아득한 옛날부터 심어 놓은 삶과 죽음을 윤회

---

774 왕내한(汪內翰) : 내한(內翰)은 벼슬 이름, 이름은 조(藻), 자(字)는 언장(彦章)이다.

775 1143년(55세)에 귀양지 형주(衡州)에서 쓴 글.

776 벽관(壁觀) : 본래 보리달마(菩提達摩)의 선법(禪法)을 가리키는 말로서, 보리달마의 선법을 계승한 중국 선종(禪宗)의 선법을 통칭하는 말이기도 하다. 보리달마의 제자 담림(曇林)이 기록한 『약변대승입도사행론서(略弁大乘入道四行論序)』에서 제시하고 있는 달마의 선법(禪法)은 이입사행(二入四行)의 법이다. 달마는 도(道)에 들어가는 길에는 이(理)를 통하여 들어가는 이입(理入)과 행(行)을 통하여 들어가는 행입(行入)의 두 가지 길이 있다고 한다. 이입(理入)이란 곧 벽관법(壁觀法)으로서 다음과 같다 : "이입(理入)이란 교(敎; 문자로 된 가르침)에 의지하여 종(宗; 참 자성)을 깨닫는 것이니, 중생(衆生)은 모두 같은 하나의 참 성품〔一眞性〕이지만 개진망상(客塵妄想)에 덮여 있기 때문에 분명하게 알 수가 없다고 깊이 믿는 것이다. 그리하여 망상(妄想)을 버리고 진성(眞性)으로 돌아가 벽관(壁觀)에 굳게 머물면, 자타(自他)가 없고 범성(凡聖)이 같다. (벽관에) 굳게 머물러 움직이지 않고 다시는 문자로 된 가르침을 따르지 않는다면, 곧 이(理)와 그윽히 부합하여 분별이 없고 고요하고 무위(無爲)하다. 이것을 이입(理入)이라 한다."(理入者, 謂籍敎悟宗, 深信含生, 同一眞性, 但爲客塵妄想所覆, 不能顯了. 若也捨妄歸眞, 凝住壁觀, 無自無他, 凡聖等一. 堅住不移, 更不隨於文敎, 此卽與理冥符, 無有分別, 寂然無爲. 名之理入.)(담림 『약변대승입도사행론서(略弁大乘入道四行論序)』) 이로써 보면 자타(自他)가 없고 범부와 성인이 같고 분별이 없고 무위(無爲)한 것이 벽관이므로, 벽관은 곧 불이중도(不二中道)이다.

777 찬고지(鑽故紙) : '낡은 종이를 파고든다'는 뜻. 복주(福州)의 고령신찬(古靈神贊) 선사가 자신의 은사 스님을 깨우치기 위하여 한 말 가운데 나오는 구절이다. 『경덕전등록』 제9권 및 『오등회원(五燈會元)』 제4권에 의하면, 신찬(神贊)은 고향에 있는 대중사(大中寺)로 출가하였다가 뒤에 백장회해(百丈懷海)를 찾아가 공부하여 깨달음을 얻고는 다시 본래의 절로 돌아와 대중 속에 섞여 있었다. 어느 날 은사 스님이 창문 아래에서 경전을 읽

하는 씨앗을 싹틔워서 선근(善根)을 어렵게 만들고 도(道)에 장애물을 만들 것이 틀림없습니다. 마음을 쉴 수 있다면 마음을 쉴 뿐입니다. 지나간 일은 선이든 악이든 맞든 틀리든 전혀 생각하지 말고, 현재의 일은 줄일 수 있다면 바로 줄여서 한칼에 두 동강을 내어 버리되 머뭇거리며 의심하진 마십시오. 그러면 미래의 일은 저절로 이어지지 않을 것입니다.

석가모니가 말했습니다.

"마음이 망령되이 과거의 법을 취하지 않고

또 미래의 일도 탐내지 않고

현재에도 머물지 않으면

과거 · 현재 · 미래가 모두 텅 비고 고요함을 깨닫는다."[778]

答汪內翰(彦章)

承, 杜門壁觀, 此息心良藥也. 若更鑽故紙, 定引起藏識中無始時來生死根苗, 作善

고 있을 때에 마침 벌 한 마리가 그 창문의 창호지(窓戶紙)를 뚫고서 밖으로 나가려고 몇 번씩이나 창호지를 머리로 들이박고 있었다. 신찬이 곁에서 그 광경을 보고는 말하기를 "세계가 이렇게 넓은데 기꺼이 나가려고 하지 않고 도리어 저 낡은 종이를 뚫고 있으니 나귀해에나 나가려나?"(世界如許廣闊不肯出, 鑽他故紙驢年去?) 하고는 드디어 시를 읊었다. "열린 문으로는 나가려 하지 않고, 창호지에 부딪히니 참으로 어리석구나. 백 년을 낡은 종이를 뚫더라도, 어느 날에 나갈 때가 있겠는가?"(空門不肯出, 投窓也大癡. 百年鑽故紙, 何日出頭時.) 은사 스님은 이 말을 듣고는 비로소 신찬을 알아보고서 바른 공부의 길로 갔다고 한다.

778 『대방광불화엄경(大方廣佛華嚴經)』(80권 화엄) 제28권 「십회향품(十迴向品)」 제25-6에 나오는 게송의 구절.

根難 作障道難無疑. 得息心且息心已. 過去底事, 或善或惡, 或逆或順, 都莫思量, 現在事得省便省, 一刀兩段不要遲疑. 未來事自然不相續矣. 釋迦老子云："心不妄取過去法, 亦不貪著未來事, 不於現在有所住, 了達三世悉空寂."

어떤 스님이 조주 스님에게 묻되 "개에게도 불성이 있습니까?" 하니 조주가 대답한 "없다."라는 이야기를 살펴보시기만 하십시오. 그리고 쓸데없이 헤아리는 마음을 붙잡아 "없다." 위에 돌려놓고 한번 헤아려 보십시오. 헤아림이 미치지 못하는 곳에서 이 한 생각이 문득 부서진다면, 곧 과거·현재·미래를 깨닫는 곳입니다. 깨달았을 때에는 적당히 배치할 수도 없고 생각으로 헤아릴 수도 없고 사례를 끌어들여 입증할[779] 수도 없습니다. 왜 그럴까요? 깨달은 곳은 배치함도 허용치 않으며 헤아림도 허용치 않으며 입증함도 허용치 않기 때문입니다.

만약 끌어들여 입증할 수 있고 생각으로 헤아릴 수 있고 적당히 배치할 수 있다면, 이것은 깨달은 것과는 전혀 상관이 없습니다.[780] 다만 막힘없이 텅 비게[781] 할[782] 뿐, 좋음과 나쁨을 전혀 헤아리지도 말고 생각하지도 말고 잊어버리지도[783] 마십시오. 생각하면 생각 따라 이리저리 흘러

---

779 인증(引證) : 과거의 예를 인용하여 증명하다.

780 요몰교섭(了沒交涉) : 전혀 상관이 없다. 아무런 관계가 없다. =요도몰교섭(料掉沒交涉), 요도무교섭(料掉无交涉), 요도료무교섭(料掉了无交涉).

781 탕탕지(蕩蕩地) : 거침없이. 막힘없이. 텅 비게.

782 방교(放敎) : 시키다. ―하게 하다. =사(使), 령(令).

783 착의(著意)와 망회(忘懷) : 주의를 쏟아 의식하고 있거나 잊어버리고 있음. 이 둘은 양변에 떨어진 것으로서 바른 공부의 길이 아니다. 착의(著意)는 마음을 일으켜 붙잡고 있

다닐 것이고, 잊어버리면 깜깜하고 멍청한 곳에 빠지게 됩니다. 생각하지도 않고 잊지도 않는다면, 선이 선이 아니요, 악이 악이 아닙니다. 만약 이와 같이 깨닫는다면, 삶과 죽음이라는 마귀가 어느 곳에서 님을 찾아내겠습니까?[784]

但看, 僧問趙州 : "狗子還有佛性也無?" 州云 : "無." 請只把閑思量底心, 回在無字上 試思量看. 忽然向思量不及處, 得這一念破, 便是了達三世處也. 了達時安排不得, 計較不得, 引證不得. 何以故? 了達處不容安排, 不容計較, 不容引證. 縱然引證得, 計較得 安排得, 與了達底, 了沒交涉. 但放敎蕩蕩地, 善惡都莫思量, 亦莫著意, 亦莫忘懷. 著意則流蕩, 忘懷則昏沈. 不著意不忘懷, 善不是善, 惡不是惡. 若如此了達, 生死魔何處摸捼.

한 사람 왕언장의 명성이 천하에 가득하나, 평생에 나누어 배치할 수 있고 생각으로 헤아릴 수 있고 끌어들여 입증할 수 있는 것은 곧 문장(文章)이며 명예며 관직이지만, 만년에 뿌린 것을 거두어들여 열매를 맺을 때에는 어느 것이 진실한 것이겠습니까? 쓸모없고 케케묵은 지식[785]만 끝

다는 기심관대(起心管帶)와 같은 뜻이고, 망회(忘懷)는 마음을 죽이고 생각을 잊는다는 고심망회(枯心忘懷)이다.

784 모색(摸捼) : 찾다. 더듬어 찾다.

785 지호자야(之乎者也) : 지호자야의언재(之乎者也矣焉哉)의 준말. 지호자야의언재(之乎者也矣焉哉)는 문어(文語)의 어조사(語助辭)들인데, 곧 옛날 말투나 케케묵은 지식을 자랑하는 경우를 가리킨다.

없이 파고든다면, 어느 문장의 한 구절에서 힘을 얻겠습니까? 명예가 이미 드러났지만, 이 명예가 덕(德)을 숨기고 빛을 감추는 것[786]과 얼마나 다르겠습니까? 관직이 이미 대량제(大兩制)[787]에 이르렀으나 수재(秀才)[788]이던 때와는 서로 얼마나 다릅니까? 이제 이미 70세가 가까웠으니 공(公)의 할 일은 다 한 셈인데, 더 기다려 무엇을 하려 하십니까? 섣달 그믐날[789]에는 어떻게 대응할[790] 것입니까? 무상한 세월은 한순간도 멈추지 않습니다.

一箇汪彦章, 聲名滿天下, 平生安排得, 計較得, 引證得底, 是文章, 是名譽, 是官職, 晚年收因結果處, 那箇是實? 做了無限之乎者也, 那一句得力? 名譽旣彰, 與匿德藏光者 相去幾何? 官職已做到大兩制, 與作秀才時, 相去多少? 而今已近七十歲, 儘公伎倆, 待要如何? 臘月三十日, 作麼生折合去? 無常殺鬼念念不停.

설봉진각(雪峯眞覺)[791]이 말했습니다.

786 아직 명예가 드러나지 않고 초야(草野)에 묻혀 있을 때를 가리킴.

787 대량제(大兩制) : 송대(宋代)에 한림학사(翰林學士)를 내제(內制)라 하고, 중서사인(中書舍人)을 외제(外制)라 하고, 두 벼슬을 겸직하는 것을 양제(兩制)라 하였다. '대(大)'는 존칭(尊稱)으로 붙인 말이다.

788 수재(秀才) : 아직 과거에 급제하기 이전의 공부하는 학생.

789 납월삼십일(臘月三十日) : 납월(臘月)은 섣달. 납월 30일은 일년의 마지막 날인 섣달 그믐날이니, 곧 생의 마지막 날을 가리킨다.

790 절합(折合) : 대응(對應)하다.

791 설봉진각(雪峰眞覺) : 설봉의존(雪峰義存; 822-908)이다. 진각(眞覺)은 당(唐) 희종(僖宗)이 882년에 내린 호(號)이다.

"세월이 재빨라서 잠시 동안에 지나가니,

뜬구름 같은 세상에 누가 오래 머물 수 있으랴?

비원령(飛猿嶺)[792]을 넘어갈 때에는 서른둘을 바라보았는데,

민(閩) 땅으로 되돌아오니 벌써 사십이 넘었구나.

남의 잘못은 자주 들추어낼 필요가 없고,

자기의 허물은 부지런히 없애야 한다.

성안을 가득 메운 벼슬아치들[793]에게 말하노니,

염라대왕은 금빛 물고기의 패찰[794]을 겁내지 않는다오."[795]

雪峰眞覺云: "光陰倏忽暫須臾, 浮世那能得久居? 出嶺年登三十二, 入閩早是四旬餘. 他非不用頻頻擧, 己過還須旋旋除. 爲報滿城朱紫道, 閻王不怕佩金魚."

옛사람이 이렇게 간곡히 말씀하심이 무엇 때문이겠습니까? 세간의 어리석고 못난 사람은 배고픔과 추위에 내몰려서 일상의 삶에 다른 생각이

---

792 비원령(飛猿嶺): 강서성(江西省) 여천현(黎川縣) 동쪽 60리에 있는 고개. 설봉은 본래
복건성(福建省) 곧 민(閩) 지역 출신인데 비원령을 넘어 서쪽 강서성과 호남성(湖南城)으
로 공부하러 갔다가 뒤에 다시 민(閩)의 상수산(象首山)으로 돌아와 이 게송을 지었다.

793 주자(朱紫): 옛날 고급 관원의 복장. 고관대작(高官大爵). 주자도(朱紫道)에서 도(道)
는 '무리, 부류'라는 뜻으로 폄하하는 뜻이 들어 있음.

794 금어(金魚): 금어부(金魚符). 금빛 물고기 모양의 패찰(牌札). 물고기 모양에다 도금
(塗金)을 한 부절(符節). 당대(唐代) 이후 3품 혹은 5품 이상의 벼슬아치들이 찼다.

795 민중(閩中)의 득산거사(得山居士) 임홍연(林弘衍)이 편찬한 『설봉진각대사어록(雪峰眞
覺大師語錄)』하권(下卷)에 나오는 게송.

273

없습니다. 다만 몸이 조금 따뜻하고 뱃속이 비지 않으면 그것으로 되는 것입니다. 이들에게는 다만 이 두 가지 일이 있을 뿐이니, 삶과 죽음은 도리어 이들에게 번뇌가 되질 않습니다.

그러나 부귀한 자는 이들에 비하여 가벼이 여기고 무겁게 여기는 것이 크게 다릅니다. 부귀한 사람은 늘 따뜻하게 지내고 배불리 먹을 수 있기 때문에 이미 이 두 가지 일에 내몰리지는 않습니다. 그런데도 대다수는 말할 만한 한 가지의 공덕(功德)도 없습니다.[796] 그 때문에 늘 삶과 죽음이라는 마귀(魔鬼)의 손아귀에서 벗어나지 못하고 있습니다. 오직 오래도록 공부해 온 영리한 사람[797]이라야 비로소[798] 철저히 보고 철저히[799] 알아차릴 것입니다.

古人苦口叮嚀爲甚麽事? 世間愚庸之人, 飢寒所迫, 日用無他念. 只得身上稍煖肚裏不飢便了. 只是這兩事, 生死魔却不能爲惱. 以受富貴者較之, 輕重大不等. 受富貴底, 身上旣常煖, 肚裏又常飽, 旣不被這兩事所迫. 又却多一件不可說底無狀. 以故常在生死魔網中, 無由出離. 除宿有靈骨, 方見得徹, 識得破.

---

796 무장(無狀) : ①모습이 없다. ②공적(功績)이 없다. 선행(善行)이 없다. ③예의가 없다. 난폭하다.

797 숙유영골(宿有靈骨, 夙有靈骨) : 영골(靈骨)은 영리하고 뛰어난 자질을 갖춘 사람. 전생부터 오랫동안 반야의 선근(善根)을 심은 결과로 영리하고 근기가 뛰어난 사람을 가리킨다.

798 제(除)-방(方)- : 오직 -이어야 비로소 -. 오직 -해야 비로소 -.

799 철(徹)과 파(破)는 '철저하고 확실하다'는 뜻의 접미어.

옛 성인이 말했습니다.

"갑자기 일어나는 것이 병이요, 지속되지 않는 것이 약이다."[800]

"생각 일어나는 것을 겁내지 말고, 오로지 깨달음이 늦어지는 것을 두려워하라."[801]

先聖云 : "瞥起是病, 不續是藥." "不怕念起, 唯恐覺遲."

부처님(불(佛))이란 깨달음입니다. 부처님은 늘 깨달아 있는 까닭에 큰 깨달음이라고도 하며 깨달음의 왕이라고도 합니다. 그러나 이 모두가 범부 속에서 이루어져 나왔으니, 부처님이 대장부라면 나도 어찌 대장부가 아니겠습니까? 백 년 세월이 얼마나 되겠습니까? 순간순간 머리에 붙은 불을 끄듯이 해야 합니다. 좋은 일을 하는 데에도 오히려 제대로 하지 못할까 봐 두려워하는데, 하물며 순간순간 번뇌 속에서 힘들어하면서도 깨닫지 못하고 있다면 어떻겠습니까? 두려워해야 하고 두려워해야 합니다.

800　『조당집(祖堂集)』제6권 '동상화상(洞山和尚)'에 나오는 동산양개의 대화 속에 이런 구절이 있다 : 어떤 승려가 물었다. "무엇이 병입니까?" 동산이 말했다. "문득 일어나는 것이 병이다." 그 승려가 다시 물었다. "무엇이 약입니까?" 동산이 말했다. "상속되지 않는 것이 약이다."(問 : "如何是病?" 師曰 : "瞥起是病." 進曰 : "如何是藥?" 師曰 : "不續是藥.")

801　백운수단(白雲守端)의 어록인『백운수단선사광록(白雲守端禪師廣錄)』가운데「서주용문산건명선원어록(舒州龍門山乾明禪院語錄)」에 나오는 상당 설법의 구절.

佛者覺也. 爲其常覺故, 謂之大覺, 亦謂之覺王. 然皆從凡夫中做得出來, 彼旣丈夫, 我寧不爾? 百年光景能得幾時? 念念如救頭然. 做好事尙恐做不辦, 況念念在塵勞中而不覺也? 可畏可畏.

여거인(呂居仁)이 사월 초에 보낸 편지를 최근에 받았는데, 증숙하(曾叔夏)와 유언례(劉彦禮)가 죽었다 하였습니다. 여거인은 말하였습니다. "사귀던 친구가 이번에 다시 둘이나 사라지니 진실로 두렵습니다." 그는 요사이 이 일에 매우 간절하지만, 문득 머리를 돌리는 것이 늦어짐을 한스럽게 여긴다고 하였습니다. 최근 그에게 쓴 답장에서 이렇게 말했습니다.

"다만 마지막에 잘못임을 아는 한순간[802]을 바르게 여길 뿐, 더디고 빠름을 묻지는 마십시오. 잘못임을 아는 한순간이 바로 부처 되고 조사 되는 기본이며, 마구니의 그물을 절단 내는 날카로운 무기이며, 삶과 죽음을 벗어나는 길입니다."

近收呂居仁四月初書, 報曾叔夏劉彦禮死. 居仁云: "交遊中, 時復抽了一兩人, 直是可畏." 渠邇來爲此事甚切, 亦以驀地回頭稍遲爲恨. 比已作書答之云: "只以未

---

802 일념(一念) : 한순간. 한 생각. 극히 짧은 시간. 머리카락 한 올을 세로로 열 등분 내지는 백 등분, 천 등분으로 가른다. 그리고 그 가른 것 하나를 옥판(玉板) 위에다 놓고, 날카로운 칼날을 갖다 대어서 자른다. 그 날카로운 칼날이 옥판에 도달할 때까지의 시간이 일념(一念)이다.(竪析一髮爲十分乃至白分千分. 以其一分置玉板上, 擧利刀斷. 約其利刃至板時爲一念也.)(『화엄일승법계도총수록(華嚴一乘法界圖叢髓錄)』)

276

後知非底一念爲正, 不問遲速也. 知非底一念, 便是成佛作祖底基本, 破魔網底利器, 出生死底路頭也."

공께서도 역시 다만 이와 같이 공부하십시오. 공부가 점차 익어 가면 매일 24시간 속에서 바로 수월함[803]을 느낄 것입니다. 수월함을 느낄 때 공부를 느슨하게 놓지 마십시오. 다만 수월한 곳에서 버티고 계십시오. 버티고 또 버티어서 이 수월한 곳과 잘 어울리게 되면, 또한 때를 알지도[804] 못하고 꼬치꼬치 따지지도[805] 않을 것입니다. 다만 "없다."는 한 마디를 살펴보시되[806] 공부가 되는지 되지 않는지에는 상관하지 마십시오. 지극히 빌고 빕니다.

願公亦只如此做工夫. 做得工夫漸熟, 則日用二六時中便覺省力矣. 覺得省力時,

---

803 생력(省力) : 힘을 덜어 수월해지는 것. 공부를 할수록 힘이 덜어져 편안하고 수월해지는데, 이렇게 하여 힘쓸 수도 없고 힘쓸 일도 없는 곳에 이르러 문득 손을 완전히 놓으면 힘쓰지 않고도 무엇이든 할 수 있게 된다.

804 지유(知有) : 알다. 깨닫다. =지(知), 지도(知道).

805 쟁다(爭多) : 쟁다경소(爭多競少). 쟁다논소(爭多論少). 많으니 적으니 하고 옥신각신 다투다. 사소한 일로 옥신각신하다. 하나하나 따지다. 꼬치꼬치 따지다.

806 간(看) : 살펴보다. 대혜가 간화선(看話禪)에서 화두를 취급하는 자세를 말한 단어들 가운데 가장 많은 숫자가 등장하는 간(看)은 화두를 대하는 기본적인 자세를 가리킨다. 간(看)은 본래 '이마에 손을 얹고 바라본다'는 뜻이지만, 대혜가 말하는 문맥에서 간화(看話)는 '무슨 도리인지를 본다' '무슨 까닭인지를 본다' '무엇인지를 본다' '같은지 다른지를 본다'라고 표현되므로 우리말로 번역하면 '살펴본다'는 것이 가장 알맞다. 간화(看話) 참조.

不要放緩. 只就省力處崖將去. 崖來崖去, 和這省力處, 亦不知有時, 不爭多也. 但只看箇無字[807], 莫管得不得. 至禱至禱.

---

807 '字'는 '字'의 오기(誤記).

29. 왕내한(汪內翰) 언장(彦章)에 대한 답서 (2)

편지를 받아 보니, 대문을 닫고 사람들과의 교유를 쉬며 세상사를 모두 간략하게 하고, 아침저녁으로 오직 제가 지난번에 말씀드린 화두만 (자신에게) 일깨워 주고 계신다 하니 매우매우 좋습니다. 이미 이러한 마음을 갖추었다면, 마땅히 깨달음을 모범으로 삼아야 합니다. 만약 스스로 굴복하여 물러나려는 생각을 내어 근성(根性)이 열등하다고 하면서 다시 깨달아 들어갈[808] 곳을 찾는다면, 이것은 바로 함원전(含元殿)[809] 속에서 장안(長安)[810]이 어디냐고 묻는 것과 같을 뿐입니다.[811]

又

伏承, 杜門息交, 世事一切闊略, 唯朝夕以某向所擧話頭提撕, 甚善甚善. 旣辦此心, 當以悟爲則. 若自生退屈, 謂根性陋劣, 更求入頭處, 正是含元殿裏問, 長安在甚處爾.

808 　입두(入頭) : 입문(入門). 깨달아 들어가는 첫걸음.

809 　함원전(含元殿) : 당(唐) 태종(太宗) 정관(貞觀) 8년(634)에 장안(長安) 대명궁(大明宮)의 전전(前殿)으로 건립된 궁전(宮殿). 당대(唐代)에 황제의 조회(朝會)가 여기에서 많이 열렸다. 진(秦)의 아방궁(阿房宮), 한(漢)의 미앙궁(未央宮)과 더불어 최고의 궁전으로 불린다.

810 　장안(長安) : 전한(前漢) · 수(隋) · 당(唐)의 수도였다. 지금의 서안시(西安市) 부근에 있었다.

811 　이(爾) : -일 뿐이다. -일 따름이다. =이(耳), 이이(而已).

바로 화두를 일깨워 줄 때, 일깨워 주는 사람은 누구입니까? 근성이 못났다고 아는 것은 또 누구이며, 들어갈 곳을 찾는 것은 또 누구입니까? 제가 구업(口業)[812]을 무릅쓰고 거사(居士)를 위하여 분명히 말하겠습니다. 이것은 다만 한 사람 왕언장(汪彦章)일 뿐, 다시 둘이 없습니다. 단지 한 사람 왕언장이 있을 뿐이니, 다시 어느 곳에서 화두를 일깨워 주는 사람을 얻겠으며, 근성이 열등함을 아는 사람을 얻겠으며, 들어갈 곳을 찾는 사람을 얻겠습니까? 이들은 모두 왕언장의 그림자로서 저 왕언장의 일에는 전혀 상관이 없다는 것을 알아야 합니다. 만약 진짜 왕언장이라면 근성이 결코 못나지도 않고, 들어갈 곳을 결코 찾지도 않습니다. 다만 자기가 주인공임을 믿을 수만 있다면, 여러 가지로 번민할[813] 필요가 전혀 없습니다.[814]

正提撕時是阿誰? 能知根性陋劣底又是阿誰? 求入頭處底又是阿誰? 妙喜不避口業, 分明爲居士說破. 只是箇汪彦章, 更無兩箇. 只有一箇汪彦章, 更那裏得箇提撕底, 知根性陋劣底, 求入頭處底來? 當知皆是汪彦章影子, 並不干他汪彦章事. 若是眞箇汪彦章, 根性必不陋劣, 必不求入頭處. 但只信得自家主人公及, 並不消得許多勞攘.

---

812 구업(口業) : 삼업(三業)의 하나. 말함으로써 짓는 업. 말하는 행위. 자기의 말에 얽매여서 벗어나지 못하는 것. =어업(語業).

813 노양(勞攘) : 번뇌하다. 번민하다. 시끄럽다.

814 불소(不消) : 필요치 않다. ―할 필요가 없다. 견딜 수 없다.

옛날에 어떤 스님[815]이 앙산 스님에게 물었습니다.

"선종(禪宗)은 문득 깨닫는다고 하는데, 결국 깨달음에 들어가는[816] 뜻이 어떤 것입니까?"

앙산 스님이 말했습니다.

"이 뜻은 극히 어렵다. 만약 조사(祖師) 문하[817]의 상근기로서 지혜가 뛰어난 자라면 한마디 듣고서 천 가지를 깨달아 대총지(大總持)[818]를 얻겠지만, 이러한 근기의 사람은 찾기가 매우 어렵다. 근기가 미약하고 지혜가 뒤떨어지기 때문에 옛 스님은 말하길, '만약 선정(禪定)에 들어 생각을 고요히 하지 않으면, 여기에 이르러 모두 어쩔 줄 모른다.'[819]라고 하였던 것이다."

이에 그 스님이 말했습니다.

"이러한 격식(格式) 밖에 또 학인으로 하여금 깨달음에 들어가게 할 수 있는 방편은 따로 없습니까?"

앙산 스님이 말했습니다.

---

815 어떤 스님은 사애(思隘) 스님이다. 이 인용은 『경덕전등록(景德傳燈錄)』 제11권 '원주(袁州) 앙산(仰山) 혜적(惠寂) 선사'를 따르고 있는데, 『오등회원(五燈會元)』 제9권과 『오가어록(五家語錄)』 「위앙록(潙仰錄)」과는 구절에 약간의 차이가 보인다.

816 입문(入門) : 선문(禪門)에 들어가다. 선(禪)의 깨달음에 들어가다. 깨달음을 얻다.

817 조종문하(祖宗門下) : 조사(祖師)의 문하. 조사선(祖師禪)을 공부하는 사람. 조종(祖宗)은 조사가 전한 종지(宗旨)라는 뜻.

818 대총지(大總持) : =총지(總持). 총지(總持)는 다라니(陀羅尼)라 음역하는데, 한량없는 뜻을 포함하여 잃지 않게 하는 것. 또는 선법(善法)을 잃지 않고 악법(惡法)이 일어나지 않게 하는 것.

819 망연(茫然) : 어쩔 줄 모르다. 멍청하다. 막연하다.

"따로 있니 따로 없니 하는 것이 그대의 마음을 불안하게 만든다. 내가 이제 그대에게 묻겠다. 그대는 어느 곳 사람인가?"

"유주(幽州) 사람입니다."

"그대는 그곳을 생각하는가?"

"늘 생각합니다."

"그곳의 누대(樓臺)와 정원에 사람과 말들이 가득 늘어서 있다. 이제 그대가 돌이켜 생각한다면, 생각 속에도 그런 여러 가지 것들이 있는가?"

"생각 속에서는 아무것도 볼[820] 수 없습니다."

"그대의 이해는 여전히 경계(境界)에 있으니,[821] 신위(信位)에는 해당되지만 인위(人位)[822]에는 해당되지 않는다."

昔有僧問仰山:"禪宗頓悟, 畢竟入門的意如何?" 山曰:"此意極難. 若是祖宗門下 上根上智, 一聞千悟, 得大總持, 此根人難得. 其有根微智劣, 所以古德道:'若不安 禪靜慮, 到這裏總須茫然.'" 僧曰:"除此格外, 還別有方便令學人得入也無?" 山曰

---

820 견유(見有): =견(見). 보다.

821 『오등회원』과 『오가어록(五家語錄)』「위앙록(潙仰錄)」에서는 "그대의 이해가 여전히 마음에 있으니"(汝解猶在心)라고 되어 있다.

822 신위(信位)와 인위(人位): 앙산(仰山)의 96종 원상(圓相) 가운데 3위인 신위(信位)·인위(人位)·무위(無位) 중의 둘. 『선문염송염송설화회본(禪門拈頌拈頌說話會本)』 제5권의 설화574에 따르면, 신위(信位)는 향상(向上)으로서 깨달음의 순수하고 절대적인 지위를 가리키고, 인위(人位)는 향하(向下)로서 중생을 구제하는 지위를 가리킨다. 그러나 여기에서 대혜는, 인위는 왕언장의 본래면목이요, 신위는 본래면목을 믿고 찾으려 발심하는 것이라 하여, 인위와 신위를 조금 달리 해석하고 있다.

: "別有別無 令汝心不安. 我今問汝. 汝是甚處人?"曰: "幽州人." 山曰: "汝還思彼

處否?"曰: "常思." 山曰: "彼處樓臺林苑人馬騈闐. 汝返思, 思底還有許多般也無?"

曰: "某甲到這裏一切不見有." 山曰: "汝解猶在境, 信位卽是, 人位卽不是."

저는 원래 노파심이 간절한 사람이어서 다시 주석을 붙여야 하겠습니다. 인위는 곧 왕언장이요, 신위는 곧 근성이 열등함을 알고서 들어갈 곳을 찾는 것입니다. 만약 화두를 자신에게 일깨워 주는 바로 그때에 일깨워 주는 사람을 돌이켜 생각해 본다면, 왕언장이 아닙니까? 여기에 이르면 털끝만 한 틈도 용납하지 않습니다. 만약 우두커니 생각하면서 꼼짝않고 있다면[823] 그림자에 속습니다. 부디 영리하게 주의하시고,[824] 결코 소홀히 하지 마십시오.

妙喜已是老婆心切, 須著更下箇注脚. 人位卽是汪彦章, 信位卽是知根性陋劣, 求

入頭處底. 若於正提撕話頭時, 返思能提撕底, 還是汪彦章否? 到這裏間不容髮. 若

佇思停機, 則被影子惑矣. 請快著精彩, 不可忽不可忽.

지난번 편지에 이렇게 쓴 기억이 나는군요.

---

823 저사정기(佇思停機) : 저사(佇思)는 우두커니 생각에 잠기는 것. 정기(停機)는 움직이지 않고 가만히 있는 것.

824 쾌착정채(快着精彩) : 쾌(快)는 '좋다. 영리하다. 날카롭다. 뛰어나다. 재빠르다. 즐겁다.'는 뜻이고, 착정채(着精彩)는 '마음을 쓰다. 주의를 기울이다. 심혈을 기울이다. 노력하다. 애쓰다. 주의하다. 조심하다.'는 뜻이다.

"마음을 쉴 수 있다면 마음을 쉴 뿐입니다. 지나간 일은 선이든 악이든 맞든 틀리든 전혀 생각하지 말고, 현재의 일은 줄일 수 있다면 바로 줄여서 한칼에 두 동강을 내어 버리되 머뭇거리며 의심하진 마십시오. 그러면 미래의 일은 저절로 이어지지 않을 것입니다."

일찍이 이와 같이 살펴보며 찾았는지[825] 모르겠군요. 이것이 바로 가장 수월하게 공부하는 곳입니다. 지극히 빌고 빕니다.

記得前書中嘗寫去. "得息心, 且息心已, 過去底事, 或善或惡, 或逆或順, 都莫理會. 現在事, 得省便省, 一刀兩段, 不要遲疑, 未來事, 自然不相續矣." 不識曾如此覷捕否? 這箇便是第一省力做工夫處也. 至禱至禱.

---

825 처포(覷捕) : 엿보며 찾다. 자세히 살펴보며 찾다.

30. 왕내한(汪內翰) 언장(彦章)에 대한 답서 (3)

삼가 편지를 받아 보니 다섯째 아드님이 병으로 죽었다고 하셨더군요. 부자(父子)의 정은 천 번이나 윤회하는 장구한 세월 동안에 은혜롭고 자애로운 습기(習氣)가 흘러든 것입니다. 이런 경계에 맞닥뜨리는 일은 없어야 한다고 생각합니다만,[826] 오탁악세(五濁惡世)[827] 속의 여러 가지 헛된 환상들은 하나도 진실한 것이 없습니다. 부디 가고 · 머물고 · 앉고 · 눕는 가운데 늘 이와 같이 보십시오. 그러면 날이 가고 달이 갈수록 점점 녹아서 떨어져 나갈 것입니다.

又

伏承, 第五令嗣, 以疾不起. 父子之情, 千生百劫恩愛習氣之所流注. 想當此境界, 無有是處, 五濁世中, 種種虛幻, 無一眞實. 請行住坐臥常作是觀. 則日久月深, 漸漸消磨矣.

---

826 무유시처(無有是處) : 이런 경우는 없다. 이런 경우는 없어야 한다.

827 오탁악세(五濁惡世) : 오탁(五濁)의 모양이 나타나 나쁜 일이 많은 세상. 오탁(五濁)이란 오재(五滓) · 오혼(五渾)이라고도 하는데, 나쁜 세상의 5종류 더러움. ①겁탁(劫濁). 사람의 수명이 차제로 감하여 30 · 20 · 10세로 됨을 따라, 각기 기근(饑饉) · 질병(疾病) · 전쟁(戰爭)이 일어나 흐려짐을 따라 입는 재액. ②견탁(見濁). 말법(末法)시대에 이르러 사견(邪見) · 사법(邪法)이 다투어 일어나 부정한 사상(思想)의 탁함이 넘쳐흐름. ③번뇌탁(煩惱濁). 또는 혹탁(惑濁). 사람의 마음이 번뇌에 가득하여 흐려짐. ④중생탁(衆生濁). 또는 유정탁(有情濁). 사람이 악한 행위만을 행하여 인륜 도덕을 돌아보지 않고, 나쁜 결과를 두려워하지 않는 것. ⑤명탁(命濁). 또는 수탁(壽濁). 인간의 수명이 차례로 단축되는 것.

그러나 번뇌할 바로 그때에 이 번뇌가 어디에서 일어나는지 자세하고 철저히 따져서 찾아보십시오. 만약 번뇌가 일어나는 곳을 찾을 수 없다면, 지금의 이 번뇌는 도리어 어느 곳에서 올 수가 있겠습니까? 번뇌하는 바로 그때에, 번뇌가 있는가 없는가, 번뇌는 헛된 것인가 진실한 것인가, 하고 거듭거듭 탐구해 보면 마음은 갈 곳이 없습니다. 생각하고자 하면 다만 생각하기만 하시고, 울고자 하면 다만 울기만 하십시오. 울고 또 울고 생각하고 또 생각하여 마음속의 수많은 은혜롭고 자애로운 습기를 모두 털어 버리면,[828] 자연히 물이 물로 돌아가듯이 나의 번뇌 없고 생각함 없고 근심 없고 기쁨 없는 본래면목을 회복할 것입니다.

然正煩惱時, 子細揣摩窮詰, 從甚麼處起. 若窮起處不得, 現今煩惱底, 却從甚麼處得來? 正煩惱時, 是有是無, 是虛是實, 窮來窮去, 心無所之. 要思量但思量, 要哭但哭. 哭來哭去, 思量來思量去, 抖擻得藏識中許多恩愛習氣盡時, 自然如水歸水, 還我箇本來無煩惱無思量無憂無喜底去耳.

"세간에 들어가면 출세간이 따로 남아 있지 않습니다."[829] 세간법이 곧 불법(佛法)이요, 불법이 곧 세간법입니다. 부자(父子)는 천성(天性)이 하나입니다. 그러므로 자식이 죽었는데도 아버지가 번뇌하지 않고 생각하지

---

828 두수(抖擻) : 두수(斗擻), 두수(斗藪)라고도 쓴다. ①떨다. 바르르 떨다. ②털다. 손에 들고 먼지를 털다. ③떨쳐 버리다. 털어 버리다. 벗어나다. 빠져나오다.

829 『고존숙어록』 제40권 「운봉열선사차주법륜어록(雲峰悅禪師次住法輪語錄)」에 나오는 구절.

않을 수가 있겠으며, 아버지가 죽었는데도 자식이 번뇌하지 않고 생각하지 않을 수가 있겠습니까? 만약 억지로 멈추고 막아서 울고 싶을 때에 울지 않고 생각하고 싶을 때에 생각하지 않는다면, 이것은 일부러 천리(天理)에 거스르고 천성(天性)을 소멸시키려 하는 것으로서, 마치 목소리를 더 높여서 소리를 죽이고자 하거나 기름을 끼얹어서 불을 끄고자 하는 것처럼 무모한 짓일 뿐입니다. 번뇌할 바로 그때도 전혀 다른 일이 아닙니다. 그러므로 다른 일이라는 생각은 절대로 하지 마십시오.

"入得世間, 出世無餘." 世間法則佛法, 佛法則世間法也. 父子天性一而已. 若子喪而父不煩惱不思量, 如父喪而子不煩惱不思量, 還得也無? 若硬止遏哭時又不敢哭, 思量時又不敢思量, 是特欲逆天理滅天性, 揚聲止響潑油救火耳. 正當煩惱時, 總不是外事. 且不得作外邊想.

영가현각(永嘉玄覺)이 말했습니다.

"무명(無明)의 실성(實性)이 곧 불성(佛性)이고
허깨비 같이 텅 빈 몸이 곧 법신(法身)이다."[830]

이것은 진실한 말이지 사람을 속이는 헛된 말이 결코 아닙니다. 이와 같이 볼 수 있다면, 생각하고자 하거나 번뇌하고자 하여도 그렇게 할 수

---

830 『증도가(證道歌)』의 구절.

없습니다. 이렇게 보는 것을 일러 바로 본다고 하고, 이와 달리 보는 것을 일러 잘못 본다고 합니다. 그러나 잘못됨과 바름이 아직 나누어지지 않은 때가 힘을 내기[831]에 꼭 알맞습니다.[832] 이것이 바로 저의 분명한 뜻이니, 지혜가 모자라는 사람 앞에서는 말하지 마십시오.[833]

永嘉云: "無明實性卽佛性, 幻化空身卽法身." 是眞語實語不誑不妄等語. 恁麼見得了, 要思量要煩惱, 亦不可得. 作是觀者名爲正觀, 若他觀者名爲邪觀. 邪正未分, 正好著力. 此是妙喜決定義, 無智人前莫說.[834]

---

831 착력(著力) : 힘을 쓰다. 힘을 내다.

832 정호(正好) : ①(시간, 위치, 수량, 정도가) 꼭 알맞다. 딱 좋다. ②(부사) 마침. 때마침. 공교롭게도.

833 지혜가 부족한 사람에게 "무명(無明)의 실성(實性)이 곧 불성(佛性)이고, 허깨비 같이 텅 빈 몸이 곧 법신(法身)이다."라고 말한다면, 그는 말 그대로 이해할 것이므로 마침내 불교의 바른 가르침을 왜곡하여 받아들이게 되기 때문이다.

834 여기가 덕부본에서는 '대혜보각선사서상(大慧普覺禪師書上)'의 끝이다.

31. 하운사(夏運使)[835]에 대한 답서[836]

편지에 말씀하시길, 도(道)에 계합하면 하늘과 땅이 같은 곳이요, 뜻하는 바가 다르면 얼굴을 마주 보아도 초나라와 월나라만큼이나 떨어져 있는 것이라고[837] 말씀하셨는데, 진실로 그렇습니다. 이것이 바로 전하지 못하는 묘(妙)함입니다. 이 전하지 못하는 묘함은 님께서 뜻을 내어 저에게 편지를 쓰고자 하실 때, 붓을 잡고 종이를 펼치기도 전에 이미 양손으로 다 주셨습니다.[838] 그러니 또 무엇 때문에 견인위(堅忍位)와 구경위(究竟位)[839]를 기대하며 뒷날을 기다리겠습니까? 이 도리(道理)는 오직 깨달아 경험해 본 자라야 바야흐로 묵묵히 서로 들어맞을 뿐, 속인들에게 말하기는 어렵습니다.

---

835 하운사(夏運使) : 자(字)는 지굉(志宏), 운사(運使)는 곡물을 운반하는 관리.

836 1143년(55세)에 귀양지 형주(衡州)에서 쓴 글.

837 초나라는 중국 서쪽 변방에 있고, 월나라는 중국 동쪽 끝에 있다.

838 분부(分付) : ①맡기다. 당부하다. ②주다. 공급하다.

839 견인위(堅忍位)와 구경위(究竟位) : 『인왕호국반야바라밀다경(仁王護國般若波羅蜜多
    經)』제7 「봉지품(奉持品)」에 "중품(中品)은 8만 4천 바라밀다를 닦아 익힘에 2아승기겁
    동안 모든 뛰어난 행(行)을 행하여 견인위(堅忍位)를 얻는다."라는 구절이 있다. 구경위
    (究竟位)는 양분(良賁)이 지은 『인왕호국반야바라밀다경소(仁王護國般若波羅蜜多經疏)』
    상권(上卷)에 의하면, "보살이 여러 겁(劫) 동안 장엄(莊嚴)을 거듭 행하여 그로 말미암아
    원만한 결과가 나타나는 것을 일러 구경위(究竟位)라 한다."라고 한다. 아마도 견인위(堅
    忍位)는 불퇴전(不退轉)의 지위를 가리키고, 구경위(究竟位)는 마지막 깨달음을 가리킨다
    고 할 수 있을 것이다.

答夏運使⁸⁴⁰

示諭, 道契則霄壤共處, 趣異則覿面楚越, 誠哉是言. 卽此乃不傳之妙. 左右發意,

欲作妙喜書, 未操觚拂紙, 已兩手分付了也. 又何待堅忍究竟, 以俟他日耶? 此簡道

理, 唯證者方默默相契, 難與俗子言.

　연평(延平)은 민령(閩嶺)의 아름다운 곳입니다. 님께서는 스스로를 잘
조복(調伏)할 수 있어서 이리저리 돌아가는 마음⁸⁴¹에게 조종⁸⁴²당하지 않
으시니, 바로 대해탈인(大解脫人)입니다. 이런 사람은 능히 모든 마음을
부릴 수 있어서 일상생활이 생기발랄하니,⁸⁴³ 그를 비끄러매어 끌고 다닐
수는 없습니다. 진실로 곧장 이렇게 받들어 지킨다면,⁸⁴⁴ 나를 가로막을
것은 털끝 하나도 없습니다.

840　덕부본에서는 '답하운사(答夏運使)'가 '대혜보각선사서하(大慧普覺禪師書下)'의 첫머리
　　이다. 이 앞에 '大慧普覺禪師書下 參學惠然錄'이라는 글이 들어가 있다.

841　관려자(關捩子) : 마음의 회전축. ①기관의 회전축. 스스로 이리저리 돌아가는 기관
　　(機關)의 회전축. 실상도 보고 망상도 보며 다양하게 움직이는 마음을 가리킴. ②관건(關
　　鍵). 문의 빗장. 요처(要處). 이리저리 돌아가므로 역순(逆順)의 관려자라 한다. 관려자
　　(關棙子)라고도 쓴다.

842　전(轉) : 다루다. 조종하다. 부리다.

843　활발발지(活鱍鱍地) : 활발발지(活潑潑地)라고도 씀. 물고기 물을 튀기면서 펄떡이는
　　모습처럼 생기발랄한 모습을 가리킴. 활발하게. 생기발랄하게.

844　승당(承當) : 맡다. 담당하다. 받들어 지키다. 불조(佛祖)에게서 전해져 온 정법(正法)
　　을 받아 지킨다는 뜻으로서, 종지(宗旨)를 깨달아 체득하는 것을 가리키는 말. 수긍하고
　　인정한다는 말.

延平乃閩嶺佳處. 左右能自調伏, 不爲逆順關棣子[845]所轉, 便是大解脫人. 此人能轉一切關棣子, 日用活鱍鱍地, 拘牽惹絆他不得. 苟若直下便恁麼承當, 自然無一毫毛於我作障.

옛 스님이 말하였습니다.

"부처님이 모든 법을 말씀하신 것은
모든 마음을 제도(濟度)하기 위함이다.
나에게는 아무런 마음이 없으니
모든 법이 무슨 소용 있으랴?"[846]

古德有言 : "佛說一切法, 爲度一切心. 我無一切心, 何用一切法?"

또 라융(懶融)[847]은 말했습니다.

"알맞게[848] 마음을 쓸 때에는

---

845 '관려자(關棣子)'가 궁내본과 덕부본에서는 모두 '관려자(關捩子)'로 되어 있다. 뜻은 동일.

846 이 구절은『경덕전등록(景德傳燈錄)』제9권「황벽희운선사전심법요(黃蘗希運禪師傳心法要)」에 인용되어 나오는 것인데, 옛 스님이 누구인지는 알 수 없다.

847 라융(懶融) : 우두산(牛頭山) 법융(法融) 선사. 아래의 인용문은『경덕전등록』제4권에 나오는 우두법융(牛頭法融)의 말이다.

848 흡흡(恰恰) : ①마음을 쓰는 모양. ②서로 잘 어울리는 모양. ③꼭. 바로. 때마침. ④빽

알맞게 '없는 마음'을 쓴다.

굽은 말은 이름과 모습이라 피곤하지만

곧은 말은 번다함이 없다.

'없는 마음'을 알맞게 사용하면

늘 사용하여도 알맞게 없다.

지금 말하는 '없는 마음'은

'있는 마음'과 다르지 않다."

비단 라융만 이와 같은 것이 아니라 저와 님 역시 그 속에 있습니다만, 그 속의 일을 집어내어 사람들에게 보여 주기는 어렵습니다. 앞서 말한 것처럼 묵묵히 서로 들어맞을 따름입니다.

又懶融云: "恰恰用心時, 恰恰無心用. 曲談名相勞, 直說無繁重. 無心恰恰用, 常用恰恰無. 今說無心處, 不與有心殊." 非特懶融如是, 妙喜與左右亦在其中, 其中事難拈出似人. 前所謂默默相契是也.[849]

빽한 모습. 두루한 모습.

849 덕부본에서는 제27권과 제28권을 나누지 않았다.

32. 여사인(呂舍人)[850] 거인(居仁)에 대한 답서[851]

천 가지 만 가지 의문(疑問)이 다만 하나의 의문일 뿐입니다. 그러므로 화두 위에서 의문이 부서지면 천 가지 만 가지 의문이 일시에 부서집니다. 화두가 부서지지 않았으면 우선 바로 그 화두에서[852] 화두와 서로 맞붙어 버티고 계십시오.[853] 만약 화두를 버리고 다시 다른 문자 위에서 의문을 일으키거나, 경전의 가르침 위에서 의문을 일으키거나, 옛사람의 공안(公案) 위에서 의문을 일으키거나, 매일 상대하는 피곤한 경계 속에서 의문을 일으킨다면, 이것은 모두 삿된 마구니의 권속들입니다.

무엇보다도 조심할 것은, 말을 꺼내는 곳에서 곧장 (이것이구나 하고) 받아들여 지키고 있지[854] 말아야 하며, 생각으로 헤아리지도 말아야 하는

---

850 여사인(呂舍人) : 사인(舍人)은 관직 이름, 이름은 본중(本中), 자(字)는 거인(居仁).

851 1143년(55세)에 귀양지 형주(衡州)에서 쓴 글.

852 취(就)-상(上) : 바로 −에서. −위에서. −속에서. =취(就)-처(處).

853 여지시애(與之廝崖) : 『한한대사전(漢韓大辭典)』, 『중한대사전(中韓大辭典)』, 『주해어록총람(註解語錄總覽)』 등에 의하면, 애(崖)·애(捱)·애(挨)는 '버티다' '저항하다' '지탱하다'는 뜻으로 서로 바꾸어 쓰이는 글자이고, 시(廝)와 시(廝)도 같은 글자로서 '서로'라는 뜻이다. 그러므로 여지시애(與之廝崖)는 '−와 서로 버티다' '−와 서로 지탱하다' '−와 서로 겨루어서 순순히 끌려가지 않는다'는 뜻이다. 여지시애(與之廝崖)는 여지시애(與之廝捱)나 여지시애(與之廝挨)로 쓸 수 있고, 여지시애(與之廝崖)라고도 쓸 수 있다. 김태완 지음 『간화선 창시자의 선』(침묵의 향기 간행) 하권 「간화용어의 번역에 관하여」 참조.

854 거기처승당(擧起處承當) : 말을 끄집어내는 곳에서 곧장 받아들이다. 말을 끄집어내는 곳에서 곧장 인정하고 수긍하다. =향거기처승당(向擧起處承當), 거거기처승당(去擧起處承當). 거기(擧起)는 거(擧)와 같은 뜻으로서 '말하다'는 뜻이고, 기(起)는 동사의 뒤에 붙어서 동작이 아래에서 위로 행해짐을 나타내는 조사이니, 거기(擧起)는 '말을 꺼내다'는

293

것입니다. 다만 생각할 수 없는 곳에서 일부러[855] 생각하게 되면, 마음은 갈 곳이 없어서 마치 쥐가 쇠뿔 속으로 들어가 곧장 꼼짝도 못하는[856] 것과 같을 것입니다.

答呂舍人(居仁)

千疑萬疑, 只是一疑. 話頭上疑破, 則千疑萬疑一時破. 話頭不破, 則且就上面與之厮崖. 若棄了話頭, 却去別文字上起疑, 經敎上起疑, 古人公案上起疑, 日用塵勞中起疑, 皆是邪魔眷屬. 第一不得向擧起處承當, 又不得思量卜度. 但著意就不可思量處思量, 心無所之, 老鼠入牛角便見倒斷也.

다시 마음이 시끄러우면, 다만 "개에게는 불성이 없다."는 화두를 자신에게 말해 주기만 하십시오. 부처님의 말씀과 조사 스님들의 말씀과 여러 곳의 노스님들의 말씀이 천차만별로 다른 것 같지만, "없다."는 글자

뜻. 승당(承當)은 '받아들여 지키다. 수긍하다. 떠맡다'는 뜻.

855 착의(著意) : ①일부러. 고의로. 의식적으로. ②생각을 하다. ③주의를 기울이다. 신경쓰다.

856 노서입우각변견도단(老鼠入牛角便見倒斷) : 쥐가 쇠뿔 속으로 들어가 곧장 꼼짝도 못하다. 쥐가 쇠뿔을 깎아 만든 쥐덫 속으로 기어 들어가 꼼짝 못하게 갇히다. 선공부(禪功夫)하는 사람의 마음이 갈 곳이 없어서 어찌할 바를 모른다는 것. 분별하고자 하나 분별할 수 없고, 붙잡고자 하나 붙잡을 것이 없어서, 더 이상 분별심이 작동하지 못하는 곳에 도달한 것을 가리킨다. 마음이 갈 곳이 없고, 머물 곳이 없는 상태. 여기에서 문득 깨달음의 체험이 일어난다. 금강권(金剛圈)이나 율극봉(栗棘蓬)과 같은 뜻. 노서(老鼠)는 쥐, 도단(倒斷)은 '멈추다. 그치다. 끊다'는 뜻.

를 뚫고 지나가기만[857] 하면 일시에 모두 뚫고 지나가 남에게 묻지 않게
될 것입니다. 만약 부처님의 말씀은 어떠하며 조사의 말씀은 어떠하며
여러 노스님들의 말씀은 어떤가 하고 줄곧[858] 남에게 묻기만 한다면, 영
원히 깨달을 때가 없을 것입니다.

又方寸若閙, 但只擧"狗子無佛性."話. 佛語祖語諸方老宿語, 千差萬別, 若透得箇
無字, 一時透過, 不著問人. 若一向問人, 佛語又如何, 祖語又如何, 諸方老宿語又
如何, 永劫無有悟時也.

---

857 투득(透得) : 돌파하여 벗어남. 뚫고 지나가다. 깨달음을 가로막는 장애를 뚫고 벗어나
깨달음에 이른다는 말. =투탈(透脫), 투과(透過), 투출(透出), 투취(透取).
858 일향(一向) : (이전부터 오늘까지) 줄곧. 내내.

33. 여랑중(呂郎中)[859] 융례(隆禮)에 대한 답서[860]

당신의 형 여거인(呂居仁)의 두 편지를 보니 이 일 때문에 마음이 매우 조급하다고 하더군요. 그렇지만 응당 마음이 조급해져야[861] 합니다. 나이가 이미 60이요, 벼슬에서도 물러났으니 다시 무엇을 기다리겠습니까? 만약 일찍이 마음이 조급하지 않다면 섣달 그믐날[862]이 되어 어떻게 정리하고 처리할 수 있겠습니까? 듣기에 님께서도 요즈음 역시 마음이 조급하다고 하시니, 다만 이 조급한 것이 바로 섣달 그믐날의 소식입니다. "무엇이 부처입니까?" "똥 닦는 막대기다." 여기에서 뚫고 지나가지 못했다면, 섣달 그믐날과 어떻게 다르겠습니까?

答呂郎中(隆禮)

令兄居仁, 兩得書, 爲此事甚忙. 然亦當著忙. 年已六十從官又做了, 更待如何? 若不早著忙, 臘月三十日如何打疊得辦? 聞左右邇來亦忙, 只這[863]著忙底, 便是臘月三十日消息也. "如何是佛?" "乾屎橛." 這裏不透, 與臘月三十日何異?

---

859 여랑중(呂郎中) : 낭중(郎中)은 벼슬 이름, 자(字)는 융례(隆禮).

860 1143년(55세)에 귀양지 형주(衡州)에서 쓴 글.

861 착망(著忙) : 마음이 조급해지다.

862 납월삼십일(臘月三十日) : 납월(臘月)은 섣달. 납월 30일은 일년의 마지막 날인 섣달 그믐날이니, 곧 생의 마지막 날을 가리킨다.

863 '저(這)'는 궁내본과 덕부본에서 모두 '차(遮)'로 되어 있다.

조대가(措大家)[864]는 일생 낡은 종이만 파고들면서 이 일을 알고자 하여 온갖 책들을 두루 섭렵하고 고담준론(高談峻論)을 일삼습니다. 공자(孔子)는 어떠니, 맹자(孟子)는 어떠니, 장자(莊子)는 어떠니, 주역(周易)은 어떠니, 고금(古今)의 치세(治世)와 난세(亂世)는 어떠니 하면서, 이 보잘것없는 말에 부림을 당하여 뒤죽박죽이 되어[865] 버립니다. 제자백가(諸子百家)의 가르침을 남이 말하는 한 글자라도 듣기만 하면 곧 한 권을 모두 기억해 내어서는 하나라도 모르는 것이 있으면 부끄러워하지만, 자기 집안의 일을 질문 받으면 아는 자가 한 사람도 없으니, "종일 남의 돈을 헤아리지만 스스로에게는 반푼의 돈도 없다."[866]고 할 만합니다. 공연히 세상에 나

---

864 조대가(措大家) : 조대(措大)라고도 하는데, 조대란 '큰일을 처리하다'란 뜻이니 조대가(措大家)는 '큰일을 처리할 수 있는 사람'이란 뜻이 된다. 이 말의 유래를 보면, 한무제(漢武帝)가 반고(班固)에게 명하여 한나라의 역사를 쓰게 했는데, 반고는 이 저작을 완성하지 못하고 죽었고, 그 뒤 반고의 딸인 조수(曹壽)의 처(妻)가 문장에 능하고 배운 것이 많다는 사실을 알고 무제(武帝)가 그 딸에게 명하여 아버지의 작업을 완성하도록 하고는 그 딸을 일러 '큰일을 할 만한 사람' 즉 조대가(措大家)라 하였다. 그 뒤로 문장에 능하고 배운 것이 많은 사대부(士大夫)를 조대 혹은 조대가라 일컬었다. 조대가에 이처럼 긍정적인 뜻이 있지만, 한편으로는 '생각만 크고 실제 행동은 따르지 못하는 사람' 혹은 '글만 읽고 세상 경험이 없는 서생(書生)'을 조롱하거나 스스로 겸손의 뜻으로 사용하기도 한다.
865 칠전팔도(七顚八倒) : 뒤죽박죽이 되다. 뒤범벅이 되다. 뒤얽혀 혼란스럽다.
866 『화엄경(華嚴經)』에 다음의 구절이 나온다 : "마치 사람이 남의 보물을 헤아리면서 스스로에게는 반푼의 돈도 없는 것처럼, 법을 수행하지 않고 많이 듣기만 하는 것 역시 이와 같다."(如人數他寶, 自無半錢分, 於法不修行, 多聞亦如是.)(『대방광불화엄경(大方廣佛華嚴經)』제13권 「보살문명품(菩薩問明品)」 제10. 실차난타(實叉難陀) 역.)

와서 한평생을 살고[867] 이 오물 새는 가죽 부대[868]를 벗어 버릴 때에는, 천당으로 올라갈지도 알지 못하고 지옥으로 떨어질지도 알지 못하고, 그업(業)의 힘을 따라서 육도(六道)[869]로 흘러들어 가는 것 역시 전혀 알지 못하면서도, 다른 사람[870]의 일에 대해서는 작거나 크거나 모르는 것이 없습니다.

措大家一生鑽故紙, 是事要知, 博覽群書高談闊論. 孔子又如何, 孟子又如何, 莊子又如何, 周易又如何, 古今治亂又如何, 被這些言語使得來, 七顚八倒. 諸子百家纔聞人擧著一字, 便成卷念將去, 以一事不知爲恥, 及乎問著他自家屋裏事, 並無一人知者, 可謂. "終日數他寶自無半錢分." 空來世上打一遭, 脫却這殼漏子, 上天堂也不知, 入地獄也不知, 隨其業力流入諸趣並不知, 若是別人家裏事, 細大無有不知者.

사대부(士大夫) 가운데 읽은 책이 많은 자는 무명(無明)이 많고 읽은 책이 적은 자는 무명이 적으며, 관직이 낮은 자는 아상(我相)이 낮고 관직이

---

867 타일조(打一遭) : 한번 건너가다. 한번 지나가다.

868 각루자(殼漏子) : 또는 가루자(可漏子). 4대(大)가 화합한 색신(色身). 각(殼)은 껍질, 누(漏)는 새어 나오는 오물, 자(子)는 어조사. 육신(肉身)은 그 속에 온갖 오물을 담고 다니는 가죽 부대라는 뜻.

869 제취(諸趣) : 육도(六道). 모든 윤회하는 길. 취(趣)는 중생이 번뇌로 말미암아 말·행동·생각 등으로 악업을 짓고, 그 업인(業因)으로 인하여 가게 되는 국토(國土). 5취·6취의 구별이 있음. 도(道)라고도 함.

870 인가(人家) : ①사람. ②타인. =인(人).

298

높은 자는 아상이 높습니다. 스스로 "나는 총명하고 영리하다."고 말하다 가도 털끝만큼이라도 이해(利害)가 걸린 일에 맞닥뜨리게 되면, 총명함도 볼 수 없고 영리함도 볼 수 없으며 평생 동안 읽은 책을 단 한 글자도 써먹지 못합니다. 이것은 대개 글을 처음 배울 때[871]부터 곧장 잘못되어서 다만 부귀(富貴)만 잡으려고 하기 때문입니다. 부귀를 얻은 사람 가운데 몇 명이나 기꺼이 머리를 돌려[872] 자기의 발밑[873]을 향하여, '내가 얻은 이 부귀는 어디에서 왔으며 지금 얻은 이 부귀는 뒷날 다시 어디로 가는가?' 하고 끝까지 찾아보겠습니까?[874]

士大夫讀得書多底無明多, 讀得書少底無明少, 做得官小底人我小, 做得官大底人我大. 自道: "我聰明靈利." 及乎臨秋毫利害, 聰明也不見, 靈利也不見, 平生所讀底書一字也使不著. 蓋從上大人丘乙己[875]時, 便錯了也, 只欲取富貴耳. 取得富貴底, 又能有幾人, 肯回頭轉腦, 向自己脚跟下推窮?'我這取富貴底, 從何處來, 即今受富貴底, 異日却向何處去?'

---

871 상대인구을기(上大人丘乙己) : 옛날 중국에서 어린아이들이 붓글씨를 처음 배울 때 사용한 습자첩(習字牒)인 홍모자(紅模子)의 처음에 나오는 글자들이 "上大人 丘乙己 化 三千 七十四……"(훌륭하신 대인 공자께서 삼천 명을 교화하시니, 74명의 뛰어난 제자가……)이다. '上大人 丘乙己'로 글자를 연습할 때부터이니, 곧 어린 시절에 글을 배울 때로부터이다.

872 회두전뇌(回頭轉腦) : 머리를 돌리고 생각을 바꾸다.

873 각근하(脚跟下) : =각하(脚下). ①발밑. ②서 있는 곳. ③본바탕. ④본래면목.

874 추궁(推窮) : 궁극(窮極)을 찾다. 마지막 진실을 찾다. 끝까지 찾아보다.

875 '己'가 아니라 '己'이다.

이미 오는 곳을 알지 못하고 또 가는 곳을 알지 못하니 곧 마음이 어리석고 어둡다는 것을 알게 됩니다만, 바로 어리석고 어두울 때라도 역시 다른 물건은 아닙니다. 다만 여기에서 화두를 살펴보십시오. 어떤 스님이 운문 스님에게 묻되 "무엇이 부처입니까?" 하니 운문 스님이 말하길, "똥 닦는 막대기다."라고 하였습니다. 이 화두를 스스로에게 말해 주기만 하면, 문득 재주가 다할 때에 곧 깨달을 것입니다.

既不知來處, 又不知去處, 便覺心頭迷悶, 正迷悶時亦非他物. 只就這裏看箇話頭. 僧問雲門: "如何是佛?" 門云: "乾屎橛." 但擧此話, 忽然伎倆盡時便悟也.

문자를 찾고 과거의 사례를 끌어와 증명하거나[876] 제멋대로[877] 추측하고 헤아려서 주석(註釋)하고 해설하는 일은 절대로 하지 마십시오. 비록 그렇게 주석하고 해설한 것이 분명하며 설명에 귀결점[878]이 갖추어져 있다고 하더라도, 모두가 귀신집의 살림살이일 뿐입니다. 의문(疑問)[879]이 부서지지 않으면 삶과 죽음이 뒤엉켜 시끄럽지만,[880] 의문이 부서지면 분별심[881]이 끊어집니다. 분별심이 끊어지면 부처라는 견해(見解)와 법이라는

---

876 인증(引證) : 과거의 예를 인용하여 증명하다.

877 호란(胡亂) : 자유로이. 함부로. 제멋대로. 마구. 아무렇게나.

878 하락(下落) : 결말. 행방. 간 곳. 귀결점.

879 의정(疑情) : 의문(疑問). 궁금함. 궁금한 심정(心情).

880 교가(交加) : =교착(交錯). 뒤얽히다. 서로 뒤섞여 엇갈리다. 엉망이다. 시끄럽다.

881 생사심(生死心) : 분별과 차별 속에서 취하고 버리고 조작하는 중생의 분별심(分別心). 『사가어록(四家語錄)』「강서마조도일선사어록(江西馬祖道一禪師語錄)」에서 말하기를, "도

300

견해가 없어집니다. 부처라는 견해와 법이라는 견해도 오히려 없는데,
하물며 다시 중생이라는 견해와 번뇌라는 견해를 일으키겠습니까?

切忌尋文字引證, 胡亂搏量註解. 縱然註解得分明說得有下落, 盡是鬼家活計. 疑
情不破, 生死交加, 疑情若破, 則生死心絶矣. 生死心絶, 則佛見法見亡矣. 佛見法
見尙亡, 況復更起衆生煩惱見耶?

다만 어리석고 어두운 마음을 "똥 닦는 막대기." 위로 가져와 한번 막
아서서 버티게[882] 되면, 삶과 죽음을 두려워하는 마음과 어리석고 어두운
마음과 생각으로 헤아리는 마음과 총명한 마음이 저절로 일어나지 않습
니다. 이러한 마음이 일어나지 않음을 느낄 때에 공(空)에 떨어질까 봐 두
려워하지 마십시오. 문득 버티는 곳에서 소식이 끊어지면, 일평생 유쾌

(道)는 닦을 필요가 없으니, 단지 오염되지만 마라. 무엇이 오염인가? 생사심(生死心)이
있기만 하면 조작하고 좇아다니니, 이들이 모두 오염이다. 만약 곧장 도를 깨닫고자 한다
면, 평상심(平常心)이 곧 도이다. 무엇을 일러 평상심이라 하는가? 조작이 없고, 옳고 그
름을 따짐이 없고, 취하고 버림이 없고, 단절(斷絶)과 항상(恒常)이 없고, 범부와 성인이
없는 것이다."(道不用脩, 但莫汚染. 何爲汚染? 但有生死心, 造作趣向, 皆是汚染. 若欲直會其道,
平常心是道. 何謂平常心? 無造作, 無是非, 無取捨, 無斷常, 無凡無聖.)라고 하였다. 그러므로
생사심(生死心)은 평상심(平常心)과 상대되는 말이니, 조작하고, 옳고 그름을 따지고, 취
하고 버림이 있고, 단절과 항상이 있고, 범부와 성인의 차별이 있는 것이 곧 생사심(生死
心)이다. 『선문요략(禪門要略)』에서는 "앞의 아홉이 세간심(世間心)이요, 생사심(生死心)
이며, 뒤의 하나가 출세간심(出世心)이요, 열반심(涅槃心)이요, 성인심(聖人心)이요, 해
탈심(解脫心)이다."(前九是世間心, 是生死心, 後一是出世心, 是涅槃心, 是聖人心, 是解脫心.)라
고 하였다.

882 저주(抵住) : 버티다. 팽팽히 서로 맞서다. 시애(厮崖), 애장거(崖將去)와 같은 뜻.

하기가 말할 수 없을 것입니다. 소식이 끊어지면, 부처라는 견해와 법이라는 견해와 중생이라는 견해를 일으켜서 생각하고 분별하고 총명하게 도리를 말하더라도, 전혀 상관없을 것입니다.

但將迷悶底心, 移來"乾屎橛"上, 一抵抵住, 怖生死底心, 迷悶底心, 思量分別底心, 作聰明底心, 自然不行也. 覺得不行時, 莫怕落空. 忽然向抵住處絶消息, 不勝慶快平生得. 消息絶了, 起佛見法見衆生見, 思量分別, 作聰明說道理, 都不相妨.

일상생활의 여러 가지 행동 속에서 다만 막힘없게[883] 하며,[884] 고요한 곳과 시끄러운 곳에서 늘 "똥 닦는 막대기."를 자신에게 일깨워 주십시오.[885]

---

883 탕탕지(蕩蕩地) : 거침없이. 막힘없이. 깨끗하게.

884 방교(放敎) : 시키다. —하게 하다. =사(使), 령(令).

885 제시(提撕) : 한문 전적(典籍)에서 제시(提撕)의 사례를 보면 다음과 같다. ①일깨워 주다.(『詩經, 大雅, 抑』匪面命之, 言提其耳.『鄭玄箋』親提撕其耳.) ②교도(敎導)하다. 깨우쳐 주다.(北齊 顏之推『顏氏家訓, 序致篇』業以整齊門內, 提撕子孫.) ③떨쳐 일으키다. 진작(振作)하다.(唐 韓愈『南內朝賀歸呈同官詩』所職事無多, 又不自提撕.) 이처럼 제시(提撕)는 '(마음을) 일깨우다' '(양심을) 일깨우다' '깨우쳐 주다' '주의를 환기시키다'는 뜻이다. 간화선(看話禪)에서 '화두(話頭)를 제시(提撕)한다'고 하는 것은 '화두를 일깨우다' '화두에 주의를 돌리다'는 뜻이다. 그러나 거각(擧覺)의 경우처럼 제시(提撕)도 제(提)와 시(撕)의 합성어로서 의미가 있다고 보아야 한다. '말을 꺼내다' '끄집어내어 말하다' '언급하다' '제시(提示)하다' '제출하다'는 뜻인 제(提)와 '일깨우다' '깨우치다'는 뜻인 시(撕)가 합성된 말이다. 그러므로 제시(提撕)는 '(무슨 말을) 끄집어내어 말하여 일깨우다' '(무슨 말을) 제시하여 깨우쳐 주다' '(무슨 말을) 언급하여 일깨우다'는 뜻이다. 『대혜어록』에서 대혜가 화두(話頭)를 취급하는 말로서 언급하는 용어는 간(看) · 거(擧) · 거기(擧起) · 제철(提撥) · 거각(擧覺) · 제시(提撕) 등이다. 이 가운데 거(擧) · 거기(擧起) · 제철(提撥)은 모두 화두

날이 가고 달이 가면 물소[886]가 저절로 더욱 익숙해질 것입니다.

를 '말하다' '말해 주다' '제기하다' '제출하다' '언급하다'라는 뜻이고, 거각(擧覺)과 제시(提撕)는 이러한 뜻에 '일깨우다' '깨우치다'라는 뜻이 부가된 것이지만, 이들은 기본적으로 동일한 행위를 가리키고 있다. 이 책에서는 거(擧)·거기(擧起)·제철(提掇)은 문맥에 따라서 화두를 '끄집어내다' '말해 주다' '제기하다' '제출하다' '기억해 내다'라고 번역한다. 거각(擧覺)과 제시(提撕)는 둘 다 '말해 주어 일깨우다'는 뜻이지만, 거각(擧覺)은 거(擧)에 초점을 두어 '말해 주다' '제시하다'로 주로 번역하고, 제시(提撕)는 시(撕)에 초점을 두어 '일깨우다'로 번역한다. 그러나 문맥에 따라 거각(擧覺)과 제시(提撕)를 모두 '말해 주어 일깨우다' '기억해 내어 일깨우다' '제시하여 일깨우다' 등 적절한 번역어를 찾아서 번역하였다. 김태완 『간화선 창시자의 선』 하권(침묵의 향기) 부록 「간화용어의 번역에 관하여」 참조.

886 수고우(水牯牛) : 본래는 물소의 일종으로 암컷 또는 거세된 소를 가리키는 말이지만, 선사들은 중생의 마음이나 본래면목을 가리키는 말로 사용하였다. 다만 물을 마시고 풀을 뜯을 줄만 알 뿐이고 지혜가 없이 어리석다는 면에서는 중생의 마음을 가리키고, 다만 물을 마시고 풀을 뜯을 줄만 알 뿐이고 잡다한 망상이 없다는 면에서는 본래의 마음을 가리킨다. 『조당집』 제16권 '남전보원(南泉普願)'에서 물소와 관련된 대화를 보면 다음과 같다 : 남전(南泉)에게 도리어 물었다. "스님은 돌아가신 뒤에 어디로 가십니까?" "산 아래 단월 집에서 한 마리 물소가 될 것이다." 제일좌(第一座)가 말했다. "저도 스님을 따라가려 하는데, 되겠습니까?" "네가 나를 따라오려 한다면, 한 줄기 풀을 입에 물어라."(却問 : "和尚百年後向什摩處去?" 師云 : "向山下檀越家作一頭水牯牛去." 第一座云 : "某甲隨和尚去, 還許也無?" 師云 : "你若隨我, 銜一莖草來.") 조주(趙州)가 물었다. "깨달은 사람은 어디에서 쉽니까?" 남전이 말했다. "산 아래에서 한 마리 물소가 된다."(趙州問 : "知有底人向什摩處休歇去?" 師云 : "向山下作一頭水牯牛去.") 물소에 대한 조산의 언급도 같은 곳에 소개되어 있다 : 다시 물었다. "범부를 벗어나 성인이 되는 것은 묻지 않습니다. 성인을 벗어나 범부가 될 때에는 어떻습니까?" 조산이 말했다. "한 마리 물소가 된다." 승려 : "어떤 것이 물소입니까?" 조산 : "흐리멍덩한 것이다." 승려 : "이것은 무슨 뜻입니까?" 조산 : "단지 물과 풀만 생각하고, 나머지는 아는 것이 없다." 승려 : "어느 쪽의 일을 이룬 것입니까?" 조산 : "물을 만나면 물을 마실 뿐이고, 풀을 보면 풀을 먹을 뿐이다."(又問 : "從凡入聖則不問, 從聖入凡時如何?" 曹山云 : "成得个一頭水牯牛." "如何是水牯牛?" 曹山云 : "朦朦朧朧地." 僧云 : "此

무엇보다 중요한 것은 밖을 향하여 따로 의문을 일으키지 않는 것입니다. "똥 닦는 막대기." 위에서 의문이 부서지면, 갠지스 강의 모래알만큼 많은 의문도 일시에 부서집니다.

日用四威儀中, 但常放敎蕩蕩地, 靜處鬧處常以"乾屎橛."提撕, 日往月來水牯牛自純熟矣. 第一不得向外面別起疑也.'乾屎橛'上疑破, 則恒河沙數疑一時破矣.

앞서도 이와 같이 여거인(呂居仁)에게 적어 보냈는데 근래 조경명(趙景明)이 가져온 여거인의 편지에 다음과 같이 다시 한 번 더 물었습니다.

"모르겠습니다. 이것을 떠나 따로 공부할 곳이 있는지요? 또 예컨대 손을 올리고 발을 움직이며 옷을 입고 밥을 먹음에 마땅히 어떻게 탐구해야 합니까? 단지 화두를 살펴보기만 합니까? 아니면 따로 탐구할 것이 있습니까? 평생 한 번 크게 의심한 일을 아직까지 끝마치지 못했습니다. 그런데[887] 죽은 뒤에 끊어져 없어지는지 아닌지를 어떻게 분명히 알 수 있습니까? 또 경론(經論)에서 말한 것을 끌어들이지 말고[888] 옛사람의 공안(公案)도 가리키지 말고, 다만 눈앞의 직접적이고[889] 분명한 것에 의거하

意如何?"曹山云 : "但念水草, 餘無所知."僧云 : "成得个什摩邊事?"曹山云 : "只是逢水喫水, 逢草喫草.")

887 지여(只如) : =지우(至于), 약부(若夫), 지여(秪如). ①-에 대하여는. -과 같은 것은. ②예컨대. ③그런데.

888 불요(不要) : ①-할 필요 없다. =불수(不須), 불필(不必). ②-하지 마라.

889 직절(直截) : 곧장. 단도직입적으로. 단순 명쾌하게. 시원시원하게.

여 죽은 뒤에 끊어져 없어지는지 없어지지 않는지에 대한 진실을 가려내어[890] 가리켜 주십시오."

前此亦嘗如此寫與居仁, 比趙景明來得書, 書中再來問云 : "不知. 離此別有下工夫
處也無? 又如擧手動足著衣喫飯, 當如何體究? 爲復只看話頭? 爲復別有體究? 又
平生一大疑事, 至今未了. 只如死後斷滅不斷滅, 如何決定見得? 又不要引經論所
說, 不要指古人公案, 只據目前直截分明, 指示剖判斷滅不斷滅實處."

그가 이와 같이 말하는 것을 보니, 촌구석의 한가한 사내[891]에게 도리어 온갖[892] 하찮은 물건[893]들이 없어서, 죽더라도 죽음으로써 문득 벗어날 수 있는 것이 더 낫습니다. 분명히 그에게 말해 주었습니다.

"천 가지 만 가지 의문(疑問)이 다만 하나의 의문일 뿐입니다. 그러므로 화두 위에서 의문이 부서지면 천 가지 만 가지 의문이 일시에 부서집니다. 화두가 부서지지 않았으면 우선 바로 그 화두에서 화두와 서로 맞붙어 버티고 계십시오. 만약 화두를 버리고 다시 다른 문자 위에서 의문을

890　부판(剖判) : 분석 판단하다. 시비를 가리다.

891　삼가촌리성사한(三家村裏省事漢) : 촌구석의 일 없는 사내. 집이 세 채 뿐인 시골에 살아서 세상물정에 어둡고 배운 것 없는 어리석은 촌놈이지만 탐욕과 집착을 줄여 일 없이 한가한 사람. 많이 배우고 세상물정에 밝은 사대부 지식인을 비판할 때에 지식인과 대비되는 사람을 가리킨다.

892　여허다(如許多) : 이렇게 많은. 이만큼. 꽤 많은. 상당한 숫자의.

893　분양(糞壤) : ①더러운 흙. 썩은 흙. ②이미 죽은 사람. ③쓸모없는 사람. ④하찮은 물건.

일으키거나, 경전의 가르침 위에서 의문을 일으키거나, 옛사람의 공안(公案) 위에서 의문을 일으키거나, 매일 상대하는 피곤한 경계 속에서 의문을 일으킨다면, 이것은 모두 삿된 마구니의 권속들입니다. 무엇보다도 조심할 것은, 말을 꺼내는 곳에서 곧장 (이것이구나 하고) 받아들여 지키고 있지 말아야 하며, 생각으로 헤아리지도 말아야 하는 것입니다. 다만 생각할 수 없는 곳에서 일부러 생각하게 되면, 마음은 갈 곳이 없어서 마치 쥐가 쇠뿔 속으로 들어가 곧장 꼼짝도 못하는 것과 같을 것입니다.”[894]

觀渠如此說話, 返不如三家村裏省事漢, 却無如許多糞壤, 死也死得瞥脫. 分明向他道 : "千疑萬疑只是一疑, 話頭上疑破, 則千疑萬疑一時破. 話頭不破, 則且就話頭上與之厮崖. 若棄了話頭, 却去別文字上起疑, 經敎上起疑, 古人公案上起疑, 日用塵勞中起疑, 皆是邪魔眷屬. 又不得向擧起處承當, 又不得思量卜度. 但只著意就不可思量處思量, 心無所之, 老鼠入牛角便見倒斷也."

이와 같이 분명히 써 주었는데도 또다시 이러쿵저러쿵[895] 물어 오니, 그렇게 많은 총명한 지견(知見)은 어디로 가 버렸는지 모르겠군요. “평생 읽은 책이 여기에 이르러서는 한 글자도 써먹지 못하는구나.”라는 말을 믿지 않습니까? 지금 어쩔 수 없이 다시 그를 위하여 약간의 더러운 냄새

---

894 앞 '32. 여사인 거인에 대한 답서'에 나온 내용.
895 도도달달(叨叨怛怛) : =도도(叨叨). =도달(叨怛). =도달(刀咄). 번거롭다. 말이 많다. 수다스럽다. 시시콜콜하다. 귀찮다. 지겹다. 싫증나다.

[896]를 풍깁니다. 만약 다만 이렇게 그만둔다면, 도리어 제가 그의 물음에 다시는 답할 수 없을 것입니다. 이 편지가 도착하자마자 바로 그에게 보내서 한번 보게 하십시오.

寫得如此分曉了, 又却更來忉忉怛怛地問, 不知許多聰明知見向甚處去也. 不信道? "平生讀底書, 到這裏一字也使不著." 而今不得已, 更爲他放些惡氣息. 若只恁麽休去, 却是妙喜被渠問了, 更答不得也. 此書纔到, 便送與渠一看.

여거인이 스스로 말하되 "나이가 육십인데도 아직 이 일을 끝마치지 못했다."고 하니, 그에게 묻습니다. "아직 끝마치지 못한 것은, 손을 들고 발을 움직이고 옷을 입고 밥을 먹는 것을 끝마치지 못한 것입니까? 만약 손을 들고 발을 움직이고 옷을 입고 밥을 먹는 것이라면, 다시 어떻게 끝마치려 하십니까?" 그는 죽은 뒤에 끊어져 없어지는지 아닌지 확실히 알 수 있는가를 분명히 알고자 하지만, 이것이 바로 염라대왕 앞에서 쇠몽둥이 맛을 보는 일임을 전혀 알지 못하고 있습니다. 이 의문이 부서지지 않으면, 삶과 죽음 속을 흘러 다니면서 끝날 기약이 없을 것입니다.

居仁自言:"行年六十歲, 此事未了." 問渠:"未了底, 爲復是擧手動足著衣喫飯底未了? 若是擧手動足著衣喫飯底, 又要如何了他?" 殊不知, 只這欲了知決定見得死後斷滅不斷滅底, 便是閻家老子面前喫鐵棒底. 此疑不破, 流浪生死, 未有了期.

---

896 악기식(惡氣息) : 더러운 냄새. 기식(氣息)은 냄새.

그에게 말합니다.

"천 가지 의문과 만 가지 의문이 다만 하나의 의문이니, 화두가 부서지면 죽은 뒤에 끊어져 없어지는지 아닌지 하는 의문도 그 자리에서 얼음이 녹고 기와가 박살나듯이 사라질[897] 것입니다. 그런데도 다시 끊어져 없어지는지 아닌지를 가려내어 직접적이고 분명하게 보여 달라고 하시니, 이와 같은 식견(識見)은 외도(外道)와 무엇이 다르겠습니까? 평생 익힌 온갖 케케묵은 지식들이 어떤 쓸모가 있겠습니까?"

向渠道：“千疑萬疑只是一疑, 話頭若破, 死後斷滅不斷滅之疑, 當下冰銷瓦解矣. 更教直截分明指示, 剖判斷滅不斷滅, 如此見識與外道何異? 平生做許多之乎者也, 要作何用?"

그는 이미 여러 번 이러한 더러운 냄새를 멀리 있는 이 사람에게까지 풍겨 왔기 때문에, 저도 이렇게 쉬지를 못하고 역시 약간의 더러운 냄새를 도리어 그에게 풍길 뿐입니다.[898] 그는 경전의 가르침과 옛사람의 공안(公案)을 끌어들이지 말고 다만 눈앞의 단순명쾌하고 분명한 것에 의지하여 끊어져 없어지는지 없어지지 않는지 그 진실한 곳을 가려내어 가리켜 달라고 요구하였습니다.

---

897 빙소와해(冰銷瓦解) : ①계획이나 조직 따위가 산산히 무너지다. 와해되다. ②(의혹, 오해, 고통 따위가)사라지다. 해소되다.

898 즉개(則箇) : ~뿐이다. (~하면) 그만이다. 그 정도로 좋다. (보통 문장 끝에 쓰여, 그 정도로 목적이 달성되는 것으로 좋다는 뜻을 나타냄.) =자개(子箇), 지개(之箇), 지개(只箇).

渠旣許多遠地, 放這般惡氣息來熏人, 妙喜不可只恁麼休去, 亦放些惡氣息, 却去
熏他則箇. 渠敎不要引經敎及古人公案, 只據目前直截分明, 指示斷滅不斷滅實處.

옛날에 지도(志道) 선사(禪師)가 육조(六祖)에게 물었습니다.

"저는 출가한 이래 『열반경』을 본 지가 거의 10여 년이 되었습니다만,
아직 그 대의(大意)를 밝히지 못하고 있습니다. 스님께서 가르침을 내려
주시기 바랍니다."

육조께서 말씀하셨습니다.

"어느 곳을 밝히지 못했느냐?"

"'모든 행위가 무상(無常)함이 곧 생멸법(生滅法)이라, 생멸이 사라지면
적멸(寂滅)이 곧 즐거움이다.'[899]라는 이 구절에 의문이 있습니다."

"무엇이 의문이냐?"

"모든 중생에게는 전부 두 몸이 있으니, 색신(色身)[900]과 법신(法身)[901]이
라 하는 것입니다.(거인(居仁)도 같은 말을 합니다.) 색신은 무상(無常)하여 생
멸이 있지만 법신은 항상(恒常)하여 앎도 없고 느낌도 없는데, 경(經)에서
말한 '생멸이 사라지면 적멸(寂滅)이 곧 즐거움'이라는 것을 알 수가 없습
니다. 어떤 몸이 적멸하는 몸이며, 어떤 몸이 즐거움을 받는 몸입니까?

---

899 석가모니가 전생에 설산에서 수행할 때, 석제환인(釋提桓因; 제석천)이 나찰(羅刹)로
    변하여 들려준 게송(偈頌). 북량(北涼)의 담무참(曇無讖)이 번역한 『대반열반경(大般涅槃
    經)』제14권 「성행품(聖行品)」제7-4에 나온다.

900 색신은 육체를 가리킴.

901 법신은 마음을 가리킴.

만약 색신이라면 색신이 멸할 때에는 사대(四大)[902]가 흩어져 모두가 고통이니 즐거움이라고 말할 수가 없고, 만약 법신이 적멸한다면 곧 풀, 나무, 기와, 돌과 같으니 누가 즐거움을 받겠습니까?

또 법성(法性)은 생멸의 본체(本體)요, 오온(五蘊)은 생멸의 작용(作用)이니, 하나의 본체에 다섯의 작용이어서 생멸이 늘 있되, 생(生)은 본체로부터 작용이 일어나는 것이요, 멸(滅)은 작용을 거두어 본체로 돌아가는 것입니다. 만약 거듭 생(生)함을 인정한다면 중생의 무리는 끊어지지도 않고 사라지지도 않는 것이요, 거듭 생함을 인정하지 않는다면 영원히 적멸로 돌아가 무정물(無情物)과 같아질 것입니다. 이와 같다면 모든 법(法)이 열반(涅槃)에 구속되어서 도리어 생(生)할 수 없을 것이니, 무슨 즐거움이 있겠습니까?"(거인(居仁)과 더불어 동일한 고소장으로 죄를 물을[903] 만합니다.)

조사(祖師)께서는 이에 이르러 임제(臨濟)나 덕산(德山)이 쓴 일[904]을 행하지는 않으시고, 드디어 조금 부드러운 말투로 그에게 답하였습니다.

"너는 불제자이면서도 어찌하여 외도(外道)의 단상사견(斷常邪見)[905]을

---

902 사대(四大) : 색신을 구성하는 요소인 지(地), 수(水), 화(火), 풍(風).

903 일장영과(一狀領過) : 한 장의 결재 서류로 여러 사람을 같은 죄로 처리하는 것. 영과(領過)는 죄를 인정하는 것. 일장영과일도행견(一狀領過一道行遣)의 준말.

904 임제 스님의 할(喝＝고함)과 덕산 스님의 방(棒＝매질).

905 단상사견(斷常邪見) : 만법은 무상(無常)하게 생멸변화하고 사람도 죽으면 몸과 마음이 모두 없어져 버린다고 주장하는 단견(斷見)과, 만법의 실상은 영원히 변치 않아서 이 몸도 죽었다가는 다시 태어나서 끝없이 지속된다고 주장하는 상견(常見)을 말함. 이러한 견해는 곧 분별(分別)에서 생겨난 허망한 견해이다. 단상이견(斷常二見)이라고도 한다.

익혀서 최상승법(最上乘法)⁹⁰⁶을 논하려 하느냐? 너의 견해(見解)에 의하면, 색신 밖에 따로 법신이 있으며 생멸을 떠나 적멸을 찾는 것이다. 또 열반이 늘 즐겁다는 말을 미루어 그 즐거움을 받는 몸이 있다고 말한다면, 이것은 곧 삶과 죽음⁹⁰⁷에 집착하여 삶과 죽음을 아까워하면서 세간의 즐거움을 탐하는 것이다.

너는 이제 알아야 한다. 모든 어리석은 사람이 오온의 화합(和合)을 보고는 자신의 모습으로 여기고, 모든 법을 분별하여 바깥 삼라만상의 모습으로 여겨 삶을 좋아하고 죽음을 싫어하여 순간순간 흘러가며, 꿈과 같고 환상과 같은 허망한 가짜를 알지 못하고 헛되이 윤회(輪回)를 받으며, 늘 즐거운 열반을 도리어 괴로운 모습으로 여겨 종일토록 치달려 구하기만 할 뿐이기 때문에, 부처님께서 이를 불쌍히 여기시고는 이에 열반의 참된 즐거움을 보여 주신 것이다.

찰나에도 생겨나는 모습이 없고 찰나에도 사라지는 모습이 없어서 다시 없앨 만한 생멸이 없으니,(이곳을 눈여겨보시기⁹⁰⁸ 바랍니다.) 이것이 곧 적멸(寂滅)이 눈앞에 드러나는 것이다. 적멸이 눈앞에 드러날 때에도 눈앞에 드러난다는 헤아림이 없으니, 늘 즐겁다(상락(常樂))고 하는 것이다. 이 즐거움은 받는 사람도 없고 받지 않는 사람도 없다.(이제 겨우 조금 좋

---

906 최상승법(最上乘法) : 최고의 가르침. 여기서는 달마(達磨)가 전해 주고 육조(六祖)가 이어받은 조사선(祖師禪)을 가리킨다.

907 삶과 죽음으로 분별되는 세간(世間).

908 착안정(著眼睛) : =착안(著眼). 눈여겨보다. 눈을 크게 뜨다. 눈을 들어 바라보다. 눈길을 보내다.

군요.[909] 어찌 하나의 본체니 다섯의 작용이니 하는 이름이 있을 수 있으며, 어찌 또 열반이 모든 법을 구속하여 영원히 생겨나지 못하게 한다고 말할 수 있겠느냐? 이것은 곧 부처님을 비방하고 법(法)에 상처를 입히는 짓이다.(거인에게도 이런 면이 있습니다.) 나의 게송을 들어라.(변명할 수 없습니다.[910])

위없는 대열반은 두루 밝고 늘 고요히 비추거늘,

범부는 어리석어 죽음이라 말하고, 외도는 끊어졌다고 집착하고,

이승(二乘)을 찾는 사람들은 이름하여 조작이 없다고 여긴다.

이들은 모두 다 생각으로 헤아린 바에 속하니 62견(見)[911]이 본래 그렇다.

망령되이 헛된 거짓 이름을 세워 놓고 어찌하여 진실한 뜻이라 여기는

---

909 유교사자(猶較些子) : 우선은 되었지만 아직 조금 부족하다. 우선 조금 되었다. 그나마 괜찮다.(불만족한 긍정) 본분(本分)에 관해서 말하는 것은 언제나 방편의 말이므로, 최대한 모순 없이 말한다고 하여도 '일단 이 맥락에서는 방편으로 그렇게 말할 수도 있지만, 결코 이 방편의 말을 진실이라고 인정해서는 안 된다'고 하는 뜻.

910 분소불하(分疏不下) : 변명(해명)할 수 없다. 불하(不下)는 뒤에 붙어 부득(不得)과 같이 '-할 수 없다'는 뜻을 나타낸다.

911 62견(見) : 62가지 잘못된 견해. 불교의 가르침에 반하는 자아 및 세계에 관한 그릇된 견해의 총칭. 원래는 부처님 재세시의 인도 사상계의 견해를 총망라한 것이라고 하지만, 여러 경론의 해석이 제각기 다르다. 『대품반야경』에는 색은 상(常)이다, 무상이다, 상이기도 하고 무상이기도 하다, 상도 아니요 무상도 아니다 하는 것이 네 가지요, 색에서와 같이 수·상·행·식에도 그와 같이 억측하여 20이 되고, 또 유변(有邊)이다, 무변이다, 유변이기도 하고 무변이기도 하다, 유변도 아니요 무변도 아니다 하여 20이 되고, 또 여거(如去)다, 여거 아니다, 여거이기도 하고 여거 아니기도 하다, 여거도 아니요 여거 아닌 것도 아니다 하여 20이 되니 모두 60이고, 몸과 정신이 하나다 다르다의 두 소견을 더하면 62견이 된다고 하였다.

가?(거인이 진실한 곳을 보려고 한다면, 다만 이 한 구절을 살펴보아야 합니다.)

오직 헤아림을 넘어선 사람이어야(아직 이런 사람을 만나 보지 못했습니다.) 취하고 버림 없음에 통달하여,(거인이라면 다시 30년은 더 의심하여야 할 것입니다.)

오온법(五蘊法)과 오온 속에 있는 나(我)와,(거인도 이 속에 있어서 빼내고 싶지만 문이 없습니다.)

밖으로 드러나는 여러 가지 색(色)의 모습(눈에 헛꽃912을 만들지 마십시오.)과 하나하나의 음성은,(사람을 잘 속입니다.)

한결같이 꿈이나 환상과 같음을 알아서(절반쯤 구원할 수 있습니다.) 범부니 성인이니 하는 견해를 일으키지 않고,

열반이라는 견해도 만들지 않으며(역시 아직 이런 사람은 만나 보지 못했습니다.) 항상하다느니 무상(無常)하다느니 하는 양쪽과 과거 · 현재 · 미래라는 시간이 끊어져서,

늘 온갖 경계에 응하여 행위하면서도 행위한다는 생각은 일으키지 않으며,

모든 법을 분별하면서도 분별한다는 생각은 일으키지 않는다면,

겁화(劫火)913가 바다 밑바닥까지 태우고 바람이 산을 때리더라도,

---

912 공화(空華) : 허공화(虛空華)의 준말로서, 허공 속의 꽃이란 뜻. 헛꽃이라고 번역. 눈병이 났을 경우 혹은, 눈을 세게 비비거나 눈에 충격이 주어지면 눈앞에서 한순간 꽃 모양의 환상이 번쩍번쩍 나타났다 사라지는 것이 보이는데, 이렇게 헛되이 나타났다 사라지는 모습을 허공꽃이라고 한다. 이것은 곧 유식에서 말하는 변계소집성(遍計所執性)이며, 분별망상으로 나타나는 삼라만상을 가리키는 말이다.

913 겁화(劫火) : 우주의 파괴 시기의 종말에 일어나는 화재를 말한다. 산스크리트 kalpāgni

313

참되고 변함 없는 것은 적멸의 즐거움이니 열반의 모습도 이와 같다.

내 이제 억지로 말하여 네가 삿된 견해를 버리도록 만드노니,(하지만 거인은 기꺼이 버리려고 하지를 않습니다.)

네가 말을 따라서 이해하지 않으면(거인이 잘 기억해야 할 말입니다.) 조금은 알아차릴 수 있을 것이다.(다만 이 조그마한 것조차 소화하지 못하고 있습니다.)"

지도(志道)는 게송을 듣고 문득 크게 깨달았습니다.[914](말[915]이 많구나.)

昔志道禪師問六祖 : "學人自出家, 覽『涅槃經』, 近十餘載, 未明大意. 願師垂誨."

祖曰 : "汝何處未了?" 對曰 : "'諸行無常是生滅法, 生滅滅已寂滅爲樂.' 於此疑惑."

祖曰 : "汝作應生疑?" 對曰 : "一切衆生皆有二身, 謂色身法身也.(此乃居仁同道.)

色身無常, 有生有滅, 法身有常, 無知無覺, 經云 : '生滅滅已寂滅爲樂'者. 未審是何身寂滅, 何身受樂? 若色身者, 色身滅時四大分散, 全是苦, 苦不可言樂, 若法身寂

를 번역한 말이다. 불교에서 세상은 성(成)·주(住)·괴(壞)·공(空)을 되풀이하는데, 괴의 마지막이 되면 큰 불과 큰 바람, 큰 물이 일어난다고 하였다. 큰 불을 겁화, 큰 바람을 겁풍(劫風), 큰 물은 겁수(劫水)라고 한다. 『조정사원(祖庭事苑)』에 따르면 이때가 되면 수미산 주위의 큰 바다도 마멸되어 흔적도 없이 사라진다. 여러 경전에 이 용어가 등장한다. 『대지도론(大智度論)』에는 "아라한 등의 지혜력은 엷어서 세간의 불과 같고, 부처의 힘은 커서 겁화와 같다."라고 적혀 있으며, 『마하지관(摩訶止觀)』에는 "겁화가 일어날 때 보살이 침을 한 번 뱉으면 불이 당장 꺼진다."라고 하였다.

914 『육조단경(六祖壇經)』에 나오는 이야기다. 단, 돈황본 『육조단경』에는 지도(志道)라는 이름만 나오고 이 이야기는 없다.

915 갈등(葛藤) : 칡과 등 넝쿨이 얽혀 있음. 선에서 분별망상 혹은 언어문자를 가리킴.

滅, 卽同草木瓦石, 誰當受樂? 又法性是生滅之體, 五蘊是生滅之用, 一體五用, 生滅是常, 生則從體起用, 滅則攝用歸體. 若聽更生, 卽有情之類, 不斷不滅, 若不聽更生, 卽永歸寂滅, 同於無情之物. 如是則一切諸法, 被涅槃之所禁伏, 尚不得生, 何樂之有?"(可與居仁一狀領過.) 祖師到這裏, 不能臨濟德山用事, 遂放些氣息還他云: "汝是釋子, 何習外道斷常邪見, 而議最上乘法? 據汝所解, 卽色身外別有法身, 離生滅求於寂滅. 又推涅槃常樂, 言有身受者, 斯乃執吝生死耽著世樂. 汝今當知. 佛爲一切迷人認五蘊和合爲自體相, 分別一切法爲外塵相, 好生惡死念念遷流, 不知夢幻虛假, 枉受輪迴, 以常樂涅槃, 翻爲苦相 終日馳求, 佛愍此故, 乃示涅槃眞樂. 刹那無有生相, 刹那無有滅相, 更無生滅可滅,(到此請著眼睛.) 是則寂滅現前. 當現前時, 亦無現前之量, 乃謂常樂. 此樂無有受者, 亦無有不受者.(猶較些子.) 豈有一體五用之名, 何況更言涅槃禁伏諸法令永不生? 此乃謗佛毀法.(居仁亦有一分子.) 聽吾偈曰:(分疏不下)

無上大涅槃, 圓明常寂照,

凡愚謂之死, 外道執爲斷,

諸求二乘人, 目以爲無作.

盡屬情所計, 六十二見本.

妄立虛假名, 何爲眞實義?(居仁要見實處但看此一句子)

唯有過量人,(未見其人.) 通達無取捨,(居仁更疑三十年.)

以知五蘊法, 及以蘊中我,(居仁在裏許求出無門.)

外現衆色像,(莫眼花.) 一一音聲相,(賺殺人.)

平等如夢幻,(救得一半.) 不起凡聖見,

不作涅槃解,(亦未見其人.) 二邊三際斷,

常應諸根用, 而不起用想,

分別一切法, 不起分別想,

劫火燒海底, 風鼓山相擊,

眞常寂滅樂, 涅槃相如是.

吾今彊言說, 令汝捨邪見,(只是居仁不肯捨.)

汝勿隨言解,(居仁記此.)⁹¹⁶ 許汝知少分.(只這少分也不消得.)

志道聞偈, 忽然大悟.(葛藤不少.)

다만 이 하나의 예화(例話)가 바로 직접적이고 분명하게 거인(居仁)의 손가락을 가리키고 있습니다. 거인이 이것을 보고서, 만약 여전히 경론(經論)에서 말하는 것이 오히려 옛사람의 공안(公案)을 가리키는 것이라고 한다면, 아직도 이런 견해를 짓고 있다면, 지옥에 떨어지는 것이 쏜살같을 것입니다.

只這一絡索, 便是直截分明指示居仁底指頭子也. 居仁見此, 若道猶是經論所說, 尙指古人公案, 若尙作如此見, 入地獄如箭射.

---

916 '차(此)'는 궁내본과 덕부본에서 '취(取)', 기차(記此)는 '이것을 기억하다'요, 기취(記取)는 '잘 기억하다'는 뜻이니, 뜻에서 차이는 없다.

34. 여사인(呂舍人) 거인(居仁)에 대한 답서 ⑴[917]

편지를 보니 일상생활[918]에서 중단 없이 공부를 한다고 하셨습니다. 공부가 익으면 마음을 건드려 움직이도록[919] 할 것입니다. 이른바 공부라는 것은 세간의 잡다한 일들을 생각하고 헤아리는 마음을 "똥 닦는 막대기." 위에 돌려놓고 분별심이 활동하지 않게 하여, 마치 흙이나 나무로 만든 인형과 같게 만드는 것입니다. 캄캄하여 붙잡고 의지할 만한 것이 없음[920]을 느낄 때가 바로 좋은 소식입니다. 이러한 때에는 공(空)에 떨어질까 봐 두려워하지 말 것이며, 앞뒤를 헤아려서 언제 깨달을 수 있을까 하고 생각하지도 마십시오. 만약 이런 마음을 가진다면, 곧 삿된 길에 떨어지게 됩니다.

答呂舍人(居仁)

承日用不輟做工夫. 工夫熟則撞發關捩子矣. 所謂工夫者, 思量世間塵勞底心, 回在"乾屎橛."上, 令情識不行, 如土木偶人相似. 覺得昏怛沒巴鼻可把捉時, 便是好消息也. 莫怕落空, 亦莫思前算後幾時得悟. 若存此心, 便落邪道.

---

917 1143년(55세)에 귀양지 형주(衡州)에서 쓴 글.

918 일용(日用) : 매일 사용하는. 일상생활의.

919 당발(撞發) : 쳐서 움직이다. 부딪혀서 움직이다. 촉발(觸發)시키다.

920 몰파비가파착(沒巴鼻可把捉) : 붙잡을 만한 것이 없다. 붙잡고 의지할 만한 것이 없다. 파비(巴鼻)는 파비(把鼻)라고도 하는데 파(巴)는 파(把)로서 '잡는다'는 뜻이므로, 파비(巴鼻)는 붙잡을 곳, 근거(根據), 의지할 곳 등을 의미한다. 본래 소를 부릴 때 코를 붙잡고서 끌고 가는 것에서 유래하는 말이라 한다. 파착(把捉)은 붙잡는다는 뜻.

부처님께서 말씀하셨습니다.

"이 법은 생각하고 분별하여 이해할 수 있는 것이 아니다."[921]

생각하고 분별하여 이해하면 바로 재난이 일어납니다. 생각하고 분별하여 이해할 수 없음을 아는 자는 누구입니까? 다만 여거인일 뿐이니, 다시 머리를 돌리고 생각을 바꾸어서는[922] 안 됩니다.

佛云："是法非思量分別之所能解." 著[923]卽禍生. 知得思量分別不能解者是誰? 只是箇呂居仁, 更不得回頭轉腦也.

앞서 융례(隆禮)에게 보낸 편지에 선병(禪病)을 모두 설명하였습니다. 모든 부처님과 조사는 단 한 법(法)도 사람에게 주지 않고, 다만 그 사람이 스스로 믿고 스스로 긍정하며 스스로 보고 스스로 깨닫기를 바랄 뿐입니다. 만약 단지 남의 입에서 나오는 말만을 취한다면, 아마도 그 사람을 잘못 알게 될 것입니다. 이 일은 분명히 언설상(言說相)[924]을 떠나 있으며, 심연상(心緣相)[925]을 떠나 있으며, 문자상(文字相)[926]을 떠나 있습니다.

---

921 『묘법연화경(妙法蓮華經)』「방편품(方便品)」에 나오는 구절.

922 회두전뇌(回頭轉腦) : 머리를 돌리고 생각을 바꾸다.

923 '착(著)'은 덕부본에서 '해착(解著)'. 뜻에서 차이는 없다.

924 언설상(言說相) : 말로써 설명하여 그 모습을 드러내는 것. 말을 가지고 묘사하는 모습. 말을 통하여 모습을 설명하여 이해시키는 것.

925 심연상(心緣相) : 마음에 인연하여 일어나는 각종 일들. 생각·느낌·감정·욕망 등 마음속에서 일어나는 일들.

926 문자상(文字相) : 글자로써 묘사하거나 설명하여 나타내는 모습.

前此答隆禮書, 說盡禪病矣. 諸佛諸祖, 並無一法與人, 只要當人自信自肯自見自悟耳. 若只取他人口頭說底, 恐誤人. 此事決定, 離言說相, 離心緣相, 離文字相.

모든 상(相)을 떠남을 알 수 있는 자도 다만 여거인일 뿐이고, 죽은 뒤에 끊어져 없어지는지 아닌지를 의심하는 자도 다만 여거인일 뿐이고, 곧바로 가리켜 주기를 바라는 자도 다만 여거인일 뿐이고, 매일 24시간 속에 성내거나 기뻐하거나 사랑하거나 분별하거나 어둡고 답답하거나 생각을 따라 이리저리 끌려가는[927] 것도 모두 단지 여거인일 뿐입니다. 다만 이 여거인만이 여러 가지 기이하고 특별한 변화를 일으킬 수 있으며, 모든 부처 모든 조사와 더불어 적멸(寂滅)의 대해탈광명(大解脫光明) 바다 속에서 함께 노닐며 세간과 출세간의 일을 성취할 수 있습니다. 그런데도 오직 여거인만이 이것을 믿지 못하고 있을 뿐입니다. 만약 믿을 수 있다면 부디 저의 이 설명에 의지하여 이 삼매(三昧)로 들어오십시오. 문득 삼매에서 나와 어머니가 낳은 코[928]를 잃어버린다면, 바로 철두철미할 것입니다.

能知離諸相者, 亦只是呂居仁, 疑他死後斷滅不斷滅, 亦只是呂居仁, 求直截指示

---

927 혼침(昏沈)과 도거(掉擧) : 혼침(昏沈)은 어둡고 답답한 마음이고, 도거(掉擧)는 마음이 안정되지 않고 생각을 따라 이리저리 흘러가는 것. 두 개의 대표적인 선병(禪病).

928 양생비공(孃生鼻孔) : 어머니가 낳은 코. 타고난 코. 본래면목(本來面目). 비공(鼻孔)과 같음. 본래면목을 잃는다는 말은 본래면목이라고 할 물건이 따로 없다는 뜻, 즉 따로 얻을 본래면목이 없다는 뜻.

者, 亦只是呂居仁, 日用二六時中, 或瞋或喜, 或思量或分別, 或昏沈或掉擧, 皆只是呂居仁. 只這呂居仁, 能作種種奇特變化, 能與諸佛諸祖, 同遊寂滅大解脫光明海中, 成就世間出世間事. 只是呂居仁信不及耳. 若信得及, 請依此註脚入是三昧. 忽然從三昧起, 失却孃生鼻孔, 便是徹頭也.

35. 여사인(呂舍人) 거인(居仁)에 대한 답서 ⑵

님의 아우님인 자육(子育)이 들러서 님의 편지[929]를 전해 주었습니다. 읽어 보니 기쁨과 위로가 됨을 알 수 있었습니다. 무상(無常)한 시간은 재빨라서 백 년의 세월이 번갯불 같아 금세 뿌린 대로 열매를 거두어들일 때가 옵니다. "똥 닦는 막대기."는 어떻습니까? 붙잡을 것도 없고 맛도 없고[930] 가슴속이 갑갑함[931]을 느낄 때가 바로 좋은 소식입니다. 무엇보다도 조심할 것은 말을 꺼내는 곳에서 바로 받아들여서도[932] 안 되며, 일 없는 곳으로 도망가서도[933] 안 되며, 말할 때에는 있다가도 말하지 않을 때에는 없다고 해서도 안 됩니다.

又

---

929   사교(賜敎) : 남의 가르침이나 편지를 높여 이르는 말.

930   무자미(無滋味) : 맛이 없다. 분별하거나 느낄 무엇이 없다. 재미가 없다. 느낌이 없다. =몰자미(沒滋味). 자미(滋味)는 '맛, 재미, 기분, 심정, 감정'이라는 뜻.

931   두리민(肚裏悶) : 가슴속이 갑갑하다. 마음속이 어둡고 답답하다. 두리(肚裏)는 마음속, 가슴속이라는 뜻.

932   향거기처승당(向擧起處承當) : 말을 끄집어내는 곳에서 곧장 받아들이다. 말을 끄집어내는 곳에서 곧장 인정하고 수긍하다. =거기처승당(擧起處承當), 거거기처승당(去擧起處承當).

933   양재무사갑리(颺在無事甲裏) : 일 없이 편안한 곳에 빠져들어 가 있다. =도재무사갑리(掉在無事甲裏). 양(颺)은 '내던지다. 던져 넣다. 달려 들어가다. 방치하다. 내버려 두다. 도망가다.'라는 뜻이고, 무사갑리(無事甲裏)는 '일 없는 상자 속. 일 없는 껍질 속. 일 없이 편안한 곳'이라는 뜻. 선병(禪病)의 하나로서, 참으로 깨달아 마음이 쉬어지고 모든 경우에 밝은 것이 아니라, 감정적이고 정서적인 편안함에 머물러 있는 것.

令弟子育, 經由出所賜教. 讀之喜慰可知. 無常迅速, 百歲光陰如電閃, 便是收因結果底時節到來也. "乾屎橛."如何? 覺得沒巴鼻無滋味肚裏悶時, 便是好底消息也. 第一不得向擧起處承當, 又不得颺在無事甲裏, 不可擧時便有不擧時便無也.

다만 세간의 잡다하고 피곤한 일들을 생각하고 헤아리는 마음을 "똥 닦는 막대기." 위에 돌려놓고, 생각하고 또 생각하고 헤아리고 또 헤아리다가 마침내 어찌할 수 없는 곳에서[934] 솜씨가 문득 다하면, 곧 스스로 깨달을 것입니다. 일부러 마음을 내어 깨달음을 기다려서는[935] 안 됩니다. 만약 일부러 마음을 내어 깨달음을 기다린다면, 영원히 깨달을 수 없을 것입니다.

但將思量世間塵勞底心, 回在"乾屎橛."上, 思量來思量去, 無處奈何, 伎倆忽然盡, 便自悟也. 不得將心等悟. 若將心等悟, 永劫不能得悟也.

앞서 융례(隆禮)[936]에게 답한 편지에 사대부 지식인들의 병통을 모두 말하였는데, 편지에 보니 곁[937]에 두고 있다고 하시는군요. 만약 여기에 의

---

934 무내하(無奈何) : ①어찌할 수 없다. 어떻게도 할 수 없다. ②대처할 수 없다. 처리할 수 없다.

935 장심등오(將心等悟) : 일부러 마음을 내어 깨달음을 기다리다. 의도적으로 깨달음을 기다리다. 존심등오(存心等悟)와 같은 뜻으로서 삿된 공부임.

936 융례(隆禮) : 여거인(呂居仁)의 동생인 여랑중(呂郎中).

937 좌우(座右) : 자리의 오른쪽. 옛사람들은 일반적으로 진귀한 물건을 여기에 놓아두었다.

지하여 공부한다면, 비록 철저히 깨닫지는 못할지라도 옳고 그름을 분별할 수는 있어서 삿된 마장(魔障)[938]에 가로막히지는 않을 것입니다. 또한 반야의 씨앗을 깊이 심을 수 있어서, 비록 금생(今生)에 깨닫지 못한다 할지라도 내생(來生)에 태어나선 쉽사리 누릴[939] 것입니다. 또한 힘을 낭비하지도 않을 것이고, 악업에 끌려가지도 않을 것이고, 죽음에 이르러서는 업을 바꿀 수 있을 것입니다. 하물며 한순간에 딱 들어맞는다면 어떻겠습니까?

前此答隆禮書, 說盡措大家病痛矣, 承只置在座右. 若依此做工夫, 雖未悟徹, 亦能分別邪正, 不爲邪魔所障. 亦種得般若種子深, 縱今生不了, 來生出頭現成受用. 亦不費力, 亦不被惡業奪將去, 臨命終時亦能轉業. 況一念相應耶?

매일매일 다른 일은 결코 생각하지 말고 다만 "똥 닦는 막대기."를 생각하되, 언제 깨달을 것인가는 묻지 마십시오. 지극히 빌고 빕니다. 깨닫는 때에는 또한 정해진 때가 없으며, 또 사람들을 놀라게 하지도 않으며, 즉시 고요해져서[940] 저절로 부처도 의심하지 않고 조사(祖師)도 의심하지 않고 삶도 의심하지 않고 죽음도 의심하지 않을 것입니다. 의심하지 않

---

938 마장(魔障) : 마귀(魔鬼)의 장애. 내외의 온갖 인연들에 끄달리면 이 인연들이 곧 마귀가 되어 불도를 닦는 데 장애가 된다.

939 현성수용(現成受用) : 쉽사리 누리다. 힘들이지 않고 즐기다. 현성(現成)은 '간단하다, 용이하다, 힘이 들지 않다'는 뜻이고, 수용(受用)은 '누리다, 향유하다, 즐기다'는 뜻.

940 첩첩지(怗怗地) : 조용한. 고요한.

는 곳에 이르는 것이 바로 부처의 지위(地位)입니다.

부처의 지위에서는 본래 의심도 없고, 깨달음도 없고, 어리석음도 없고, 삶도 없고, 죽음도 없고, '있음'도 없고, '없음'도 없고, 열반도 없고, 반야도 없고, 부처도 없고, 중생도 없고, 이렇게 말하는 자도 없고, 이 말 역시 받아들이지도 않고, 또 받아들이지 않는 자도 없고, 받아들이지 않음을 아는 자도 없고, 받아들이지 않는다고 이렇게 말하는 자도 없습니다.

逐日千萬不要思量別事, 但只思量"乾屎橛." 莫問幾時悟. 至禱至禱. 悟時亦無時節, 亦不驚群動衆, 卽時怗怗地, 自然不疑佛不疑祖, 不疑生不疑死. 得到不疑之地, 便是佛地也. 佛地上本無疑, 無悟無迷, 無生無死, 無有無無, 無涅槃無般若, 無佛無衆生, 亦無恁麽說者, 此語亦不受, 亦無不受者, 亦無知不受者, 亦無恁麽說不受者.

거인(居仁)이 이와 같이 믿을 수 있다면, 부처도 다만 이와 같을 뿐이며, 조사도 다만 이와 같을 뿐이며, 깨달음도 다만 이와 같을 뿐이며, 어리석음도 다만 이와 같을 뿐이며, 의심도 다만 이와 같을 뿐이며, 삶도 다만 이와 같을 뿐이며, 죽음도 다만 이와 같을 뿐이며, 일상생활 속의 피곤한 일[941]들도 다만 이와 같을 뿐이며, 죽은 뒤에 끊어져 사라지거나

---

941 일용진로(日用塵勞) : 일상생활에서 부딪치는 번뇌들. 일상생활에서 부딪치는 피곤한 경계들. 진(塵)은 육진(六塵), 노(勞)는 노권(勞倦). 색성향미촉법(色聲香味觸法)의 육진(六塵) 경계를 따라 마음의 번뇌가 일어나서 피곤해지므로 번뇌를 진로라 함.

사라지지 않음도 다만 이와 같을 뿐이며, 조정(朝廷)에서 관직(官職)에 종사함도 다만 이와 같을 뿐이며, 사원(寺院)[942]의 고요한 곳에 머무는 것도 다만 이와 같을 뿐이며, 경산(徑山)[943]에서 1,700대중에게 둘러싸여 있는 것도 다만 이와 같을 뿐이며, 죄인이 되어[944] 형주(衡州)[945]에 있을 때에도 다만 이와 같을 뿐이니, 거인(居仁)은 믿을 수 있겠습니까? 믿을 수 있어도 다만 이와 같을 뿐이며, 믿지 못해도 다만 이와 같을 뿐이니, 결국 어떻습니까? 이와 같을 뿐이고 이와 같을 뿐이니, 이와 같음도 이와 같을 뿐입니다.

居仁如是信得及, 佛亦只如是, 祖亦只如是, 悟亦只如是, 迷亦只如是, 疑亦只如是, 生亦只如是, 死亦只如是, 日用塵勞中亦只如是, 死後斷滅不斷滅亦只如是, 在朝廷作從官亦只如是, 宮觀在靜處亦只如是, 住徑山一千七百衆圍遶亦只如是, 編管在衡州亦只如是, 居仁還信得及麼? 信得及亦只如是, 信不及亦只如是, 畢竟如何? 如是如是, 如是亦只如是.

---

942 궁관(宮觀) : ①도교의 사원. 도관(道觀). 묘우(廟宇). ②사당(祠堂). 사묘(祠廟).

943 경산(徑山) : 대혜가 형주(衡州)로 귀양 오기 이전에 장승상(張丞相) 덕원(德遠)이 청하여 머물렀던 산이다.

944 편관(編管) : 송대(宋代)에 관리(官吏)가 좌천(左遷)되면, 좌천된 곳의 관리가 좌천되어 온 관리를 그곳의 관청에 편입시켜 감독한 일.

945 형주(衡州) : 대혜가 주전론자(主戰論者)인 장구성(張九成)과 일당이라는 누명을 쓰고 의발(衣鉢)과 도첩(度牒)을 박탈당한 채, 속인으로서 15년 동안(1141년-1156년) 귀양살이를 하던 곳. 이곳에서 이참정과 왕언장을 비롯한 여러 사람을 편지로 지도하였다.

36. 왕장원(汪狀元)[946] 성석(聖錫)에 대한 답서 (1)

님께서는 꽃다운 나이에 자립하여 곧장 모든 사람의 위에 올라섰으면서도[947] 부귀에 구속되지 않으니, 오랫동안 원력(願力)을 지니지 않았더라면 어떻게 이럴 수 있겠습니까? 또 이 일대사(一大事)[948]에 간절[949]하여 한 순간도 물러나지 않으며 결정적인 믿음을 가지고 결정적인 뜻을 품으니, 이것이 어찌 천박한 사내가 할 수 있는 일이겠습니까?

부처님께서 말씀하셨습니다.

"오직 이 하나의 일만 진실이고, 나머지 둘은 진실이 아니다."[950]

바라건대 더욱 열심히 하여[951] 소홀히 하지 마십시오. 세간의 일은 다만 이것일 뿐입니다.

---

946 왕장원(汪狀元) : 이름은 응진(應辰), 자(字)는 성석(聖錫). 이 편지는 남송(南宋) 고종(高宗) 소흥(紹興) 14년(1144년, 56세)에 대혜가 귀양지 형주(衡州)에서 쓴 답장이다.

947 왕장원(汪狀元)은 진사(進士) 갑과(甲科)에 급제하여 관직이 사부상서(史部尙書)에 이르렀다. 장원(狀元)은 옛날 과거(科擧)에서 전시(殿試)에 1등을 한 사람. 당대(唐代)에 예부(禮部)의 시험에서 1등을 한 답안지를 장두(狀頭)라고 한 것에서 비롯하였다. 당대(唐代)에 새로 뽑힌 진사(進士)나 송대(宋代)에 정시(廷試)에서 1등을 한 사람을 이르는 말이기도 하다.

948 일대사(一大事) : 선(禪)을 공부하고 도(道)를 배우는 일. 오직 하나뿐인 큰일이라는 일대사(一大事)는 깨달음을 얻는 일을 가리킨다. 『법화경』「방편품」 제2에 "제불세존은 오직 일대사인연을 위하여 세간에 출현하신다."(諸佛世尊, 唯以一大事因緣故, 出現於世.)라는 구절이 있다.

949 절절(切切) : 간절한 모습.

950 『묘법연화경(妙法蓮華經)』「방편품(方便品)」 제1에 나오는 구절.

951 착편(著鞭) : ①채찍질을 하다. ②일을 적극적으로 열심히 하다. ③손을 대다.

答汪狀元(聖錫)

左右妙年自立, 便在一切人頂顊上, 不爲富貴所籠羅, 非百劫千生願力所持, 焉能
致是? 又能切切於此一大事, 念念不退轉, 有決定信具決定志, 此豈淺丈夫所能?
老瞿曇云 : "唯此一事實, 餘二則非眞." 請著鞭不可忽. 世間事只這是.

공자는 말하길, "아침에 도(道)를 들으면 저녁에 죽어도 좋다."[952]고 하
였습니다만, 듣는 것은 또 무슨 도(道)인지 모르겠군요. 여기에 이르면 눈
을 깜짝이는 것조차 어찌 용납하겠습니까? 또 "나의 도는 하나로 관통해
있다."[953]는 말을 끌어들여서도 안 되니, 모름지기 스스로 믿고 스스로 깨
달아야 합니다.

말할 수 있는 것은 결국 믿고 의지할 것이 못됩니다. 스스로 보고 스스
로 깨닫고 스스로 믿어 일을 마침에 이르러 말할 수도 없고 형용할 수도
없는 것은 도리어 괜찮습니다만, 오직 두려운 것은 말할 수 있는 듯하고
형용할 수 있는 듯하면서도 도리어 보지 못하고 깨닫지 못하는 것입니
다.

부처님은 이런 사람을 가리켜 말하길, 증상만인(增上慢人)이라 하고, 또
반야를 비방하는 사람이라고도 하고, 또 크게 망령되게 말하는 사람이라
고도 하고, 또 부처의 지혜를 끊는 사람이라고도 하셨으니, 이런 사람은
1,000분의 부처님이 세상에 나와도 참회할 수 없습니다.[954]

---

952 『논어(論語)』의 「이인편(里仁篇)」에 나오는 공자의 말.
953 역시 『논어(論語)』의 「이인편(里仁篇)」에 나오는 공자의 말.
954 "1,000분의 부처님이 세상에 나와도 참회할 수 없다."는 말은 『천수천안관세음보살광

만약 "개에게는 불성이 없다."라는 화두를 뚫고 지나가기만 하면 이런 종류의 말은 도리어 망령된 말이 됩니다. 그러나 지금 (화두를 아직 뚫고 지나가지도 못했으면서) 곧장 망령된 말이라고 이해해서는 안 됩니다.

先聖豈不云乎? "朝聞道夕死可矣." 不知聞底是何道. 到這裏豈容眨眼? 不可更引 "吾道一以貫之."去也, 須自信自悟. 說得底終是無憑據. 自見得, 自悟得. 自信得及了, 說不得形容不出, 却不妨, 只怕, 說得似形容得似, 却不見却不悟者. 老瞿曇指爲增上慢人, 亦謂之謗般若人, 亦謂之大妄語人, 亦謂之斷佛慧命人, 千佛出世不通懺悔. 若透得"狗子無佛性."話, 這般說話, 却成妄語矣. 而今不可便作妄語會.

여거인(呂居仁)에게서 근래 연달아 두 통의 편지를 받았는데 편지에 모두 말하기를, "여름에 융례(隆禮)에게 답한 편지를 늘 곁에 두고 얻을 것을 기약한다."고 하고, 또 일찍이 그것을 글로 써서 님에게 보여 드렸다는 것도 들었습니다. 이 시대에 귀공자로서 그와 같은 사람을 만나기는 우담바라[955]가 때가 되어 한 번 피는 것과 같이 드문 일입니다.

呂居仁比連收兩書, 書中皆云 : "夏中答隆禮書, 常置座右以得爲期." 又聞嘗錄呈

대원만무애대비심다라니경(千手千眼觀世音菩薩廣大圓滿無礙大悲心陀羅尼經)』 혹은 『천수천안관세음보살대비심다라니(千手千眼觀世音菩薩大悲心陀羅尼)』에 나오는 구절이다.

955 우담바라(Udumbara) : 인도에서 전륜성왕(轉輪聖王)이 나타날 때 이 꽃이 핀다는 가상의 식물이다. 3천 년 만에 한 번 꽃이 핀다는 신령스러운 꽃으로 매우 드물고 희귀하다는 비유로 쓰인다.

左右. 近世貴公子似渠者, 如優曇鉢華時一現耳.

지난번 산에서[956] 공(公)과 더불어 이 일을 말할 때마다 공(公)이 여전히 망설이며 의심하는[957] 것을 보니, 백에 구십아홉은 납득하고[958] 있으나 다만 단번에 확 깨닫는 것이 부족할 뿐이더군요.

만약 단번에 확 깨달으면, 유학(儒學)이 곧 불학(佛學)이고 불학이 곧 유학이며, 승(僧)이 곧 속(俗)이고 속이 곧 승이며, 중생이 곧 부처이고 부처가 곧 중생이며, 내가 곧 그대이고 그대가 곧 나이며, 하늘이 곧 땅이고 땅이 곧 하늘이며, 물결이 곧 물이고 물이 곧 물결이니, 우유와 제호를 섞어서 한 맛을 이루고 술병과 그릇과 비녀와 팔찌를 녹여서 하나의 금을 이룸이 나에게 있고 남에게 있지 않습니다. 이러한 경지에 이르면 내가 모든 것을 지휘하니, 이른바 내가 바로 법왕(法王)입니다. 법(法)에서 자재(自在)하니 얻고 · 잃고 · 옳고 · 그름에서 어찌 거리낌과 장애가 있겠습니까? 억지로 그렇게 하는 것이 아니라 법(法)이 본래 그렇기 때문입니다.

頃在山頭每與公說這般話, 見公眼目定動, 領覽得九分九氂, 只欠团地一下爾. 若

---

956 남송(南宋) 고종(高宗) 소흥(紹興) 10년(1140)에 대혜가 경산(徑山)에 머물 때에, 왕장원과 그의 스승인 장구성이 산을 올라와 도(道)를 물었다.

957 안목정동(眼目定動) : 눈을 깜박거리다. 눈알을 이리저리 굴리다. 여전히 망설이며 의심하다. 아득하여 깨닫지 못하는 모양. =안정정동(眼睛定動).

958 영람(領覽) : 깨닫다. 이해하다. 납득하다. =영회(領會).

得田地一下了, 儒卽釋釋卽儒, 僧卽俗俗卽僧, 凡卽聖聖卽凡, 我卽爾爾卽我, 天卽地地卽天, 波卽水水卽波, 酥酪醍醐攪成一味, 釵盤釵釧鏴成一金, 在我不在人. 得到這箇田地, 由我指揮, 所謂我爲法王. 於法自在, 得失是非, 焉有罣礙? 不是彊爲, 法如是故也.

이러한 경계(境界)는 무구(無垢)[959] 노인이 아니라면 다른 사람이 어떻게 믿을 수 있으며, 비록 믿을 수 있다고 하여도 어떻게 손에 넣을 수 있겠습니까? 님께서는 이미 믿을 수 있고, 이미 엿볼 수 있고, 이미 삿된지 바른지를 분별할 수 있지만, 단지 아직 손에 넣지 못하고 있을 뿐입니다. 손에 넣을 때에는 노소(老少)를 구분하지도 않고 지혜로움과 어리석음에 머물지도 않습니다. 마치 부처의 지위를 곧장 범부에게 주어 다시는 계급이나 순서가 없는 것과 같습니다. 영가현각(永嘉玄覺) 스님이 말한 "한 번 뛰어 넘어 곧장 여래의 지위에 들어간다."[960]고 하는 것이 바로 이것입니다. 단지 듣고 따르기만 하시고, 결코 오해하지는 마십시오.

此箇境界, 除無垢老子, 他人如何信得及, 縱信得及, 如何得入手? 左右已信得及, 已覷得見, 已能分別是邪是正, 但未得入手耳. 得入手時一[961]分老少不在智愚. 如將梵位直授凡庸, 更無階級次第. 永嘉所謂, "一超直入如來地." 是也. 但相聽決不相誤.

959 　무구(無垢) : 왕장원(汪狀元)의 스승인 장구성(張九成).
960 　『증도가(證道歌)』의 한 구절.
961 　'일(一)'은 궁내본과 덕부본에서 '불(不)'. 일(一)은 오기(誤記).

37. 왕장원(汪狀元) 성석(聖錫)에 대한 답서 (2)

저는 온갖 인연을 쉬어 버렸습니다. 일상생활에 다만 이와 같다면 괴로워하고 걱정하는[962] 마음은 없을 것입니다. 님의 처지에서 무엇이 부족합니까? 세속에서는 천만 가지가 모두 만족스럽다고 할 만합니다. 만약 우리 문중(門中)으로 몸을 훌쩍 솟구쳐 한번 내던진다면[963] 어찌 허리에 십만 관(貫)의 돈주머니를 두르고 학을 타고 양주(揚州)로 날아가는 것에 그치겠습니까?[964]

옛날에 양문공(楊文公)[965] 대년(大年)이 나이 30에 광혜원련(廣慧元璉) 스

---

962 진념(軫念) : 비통한 마음으로 걱정하다.

963 번신일척(翻身一擲) : 몸을 훌쩍 솟구쳐 한번 내던지다. 번뇌망상에서 빠져나오는 것을 형용한 말.

964 양주의 학 : 『태평광기(太平廣記)』에 다음과 같은 고사가 있다. 어떤 모임에서 각자의 소원을 말하기로 하였다. 첫 번째 사람이 말했다. "나는 양주의 자사(刺史)가 되었으면 좋겠다." 두 번째 사람이 말했다. "난 십만 관(十萬貫)의 돈주머니를 허리에 두르고 싶어." 세 번째 사람이 말했다. "난 학을 타고 하늘로 날아올랐으면 좋겠다." 그러자 마지막 사람이 말했다. "나는 허리에 십만 관의 돈주머니를 두르고 학을 타고 양주로 날아가고 싶어!"

965 양문공(楊文公) : 974-1020. 북송(北宋) 진종(眞宗) 때의 거사(居士)이다. 이름은 억(億)이고, 자(字)는 대년(大年)이고, 문공(文公)은 시호(諡號)이다. 비서감(秘書監)으로 여주(汝州)에 갔을 때 처음으로 광혜사(廣慧寺)의 원련(元璉) 선사를 찾아가 만나자 곧 물었다. "베를 발라 소리가 나지 않는 북을 처마에 걸어 놓고 치면 누가 그 소리를 알아듣습니까?" "전해 온 소문을 깊이 헤아리는구나." "그렇다면 선객(禪客)은 서로 만나 단지 손가락만 튕기는군요." "군자(君子)라면 여덟 가지 덕(德)을 행해야 합니다." 양공(楊公)이 "예! 예! 하고 답하자, 원련이 말했다. "도둑이 크게 패하였구나." 밤이 되어 이야기를 나눌 때에 원련 선사가 말했다. "비서감(秘書監)께서는 일찍이 누구와 이야기를 주고받

님을 만나서 가슴을 가로막는 물건을 제거하였습니다. 그때 이후로 조정에 있거나 시골에 있거나 시종일관 공명(功名)에 끌려다니지 않고 부귀에 구속되지 않았습니다. 이것은 공명과 부귀를 가볍게 여기는 생각이 있어서가 아니라, 도(道)가 있으면 법이 원래 그렇기 때문입니다.

조주(趙州) 스님이 말했습니다.

"여러분은 24시간에게 부림을 당하지만, 나는 24시간을 부릴 수 있다."[966]

이 노인의 이 말이 억지로 하는 말이 아니라, 법이 원래 그렇기 때문입니다.

又

某萬緣休罷. 日用只如此, 無煩軫念. 左右分上欠少箇甚麼? 在世界上, 可謂千足萬

았습니까?" "저는 일찍이 운암(雲巖)의 양감사(諒監寺)에 가서 묻기를 '두 마리 호랑이가 서로 물고 있을 때에는 어떻습니까?' 하자, 양감(諒監) 스님은 '일합상(一合相)이로다. '라 하셨습니다. 이에 저는 말하기를 '저는 살펴볼 뿐, 이렇게 말할 수 있는 것인지를 아직 모르겠습니다.'라고 하였습니다." 원련 선사가 말했다. "이곳에서는 그렇지 않습니다." "스님께서 따로 한 말씀 해 주십시오." 이에 원련 선사가 손으로 코를 잡아당기는 자세를 취하며 말하기를 "이 짐승이 또 펄쩍 뛰는구나."라고 하니, 공(公)이 그 말을 듣자 문득 벗어나 의심이 사라졌다. 뒤에 게송을 지었는데, "팔각형 맷돌이 허공 속을 달리니, 금빛 털 사자가 개로 변하네. 북두(北斗) 속에 몸을 숨기려고 한다면, 남진(南辰)에 합장한 뒤에라야 한다."고 하였다. (『오등회원』 제12권 문공양억거사(文公楊億居士).)

966 『오등회원』 제4권 조주(趙州) 관음원(觀音院) 종심(從諗) 선사. 조주 선사는 "하루 24시간 어떻게 마음을 씁니까?"라는 질문에 대하여, "여러분은 24시간에게 부림을 당하지만, 나는 24시간을 부릴 수 있다."고 답했다. (問 : "十二時中如何用心?" 師曰 : "汝被十二時辰使, 老僧使得十二時.")

足. 苟能於此箇門中翻身一擲, 何止腰纏十萬貫騎鶴上揚州而已哉? 昔楊文公大

年, 三十歲見廣慧璉公, 除去礙膺之物. 自是已後在朝廷居田里, 始終一節, 不爲功

名所移, 不爲富貴所奪. 亦非有意輕功名富貴, 道之所在, 法如是故也. 趙州云 : "諸

人被十二時使, 老僧使得十二時." 此老此說, 非是彊爲, 亦法如是故也.

대개[967] 학문을 배우고 도를 공부하는 것이 같은 길인데도, 오늘날 학
자는 흔히 인의예지신(仁義禮智信)으로 학문을 삼고 격물(格物)과 충서(忠
恕)와 일이관지(一以貫之)[968] 등으로 도(道)를 삼으니, 다만 수수께끼를 푸
는[969] 것과 같고 또 여러 장님이 코끼리를 만져 보고 각각 다르게 이야기
하는 것[970]과 같습니다. "생각으로 여래의 원만한 깨달음의 경계를 헤아

---

967 대솔(大率) : 대체로. 대개. 대략.

968 인의예지신(仁義禮智信)은 유교(儒敎)의 덕목으로서 오상(五常)이라고 한다. 공자는
여러 덕목을 포함하는 최고의 덕으로 인(仁)을 들었고, 맹자는 인(仁)에 더하여 의(義)를
강조하고 여기에 예(禮)와 지(智)를 더한 사덕사단(四德四端)을 주장하며 성선설(性善說)
을 전개하였는데, 뒤에 한무제(漢武帝) 때에 동중서는 오행사상(五行思想)에 의거하여 여
기에 신(信)을 더하여 오상(五常)으로 하였다. 격물(格物)은 유교의 사서(四書) 가운데 하
나인 『대학(大學)』에 나오는 구절이다. 『대학(大學)』의 내용은 삼강령(三綱領), 팔조목(八
條目)으로 요약되는데, '사물의 이치를 탐구한다'는 뜻인 격물(格物)은 팔조목(八條目)의
하나이다. 충서(忠恕)란 『논어(論語)』 팔일편(八佾篇)에서 공자가 "나의 도는 하나로 통하
여 있다.(吾道一以貫之)"라고 말한 것을 제자인 증삼(曾參)이 해설하여 "선생님의 도는 충
서(忠恕)일 따름이다."라고 말한 것으로, 안으로는 자신의 정성을 다하고 밖으로는 다른
사람을 이해하고 배려한다는 뜻이다. 이들은 모두 유교(儒敎)의 가르침을 나타내는 말이
다.

969 단미자(搏謎子) : ①수수께끼. ②수수께끼를 풀다.

970 장님이 코끼리를 만져 보고 코끼리를 이야기하는 것은 『육도집경(六度集經)』 제8권 89

려 보는 것은 마치 반딧불을 가지고 수미산(須彌山)을 태우려는 것과 같다."[971]고 석가세존께서 말씀하시지 않았습니까? 삶과 죽음이라는 경계와 길흉화복(吉凶禍福)의 경계에 마주쳐서 전혀 힘을 얻지 못하는 것은 대개 이러한 이유 때문입니다.

大率爲學爲道一也, 而今學者往往以仁義禮智信爲學, 以格物忠恕一以貫之之類

爲道, 只管如搏謎子相似, 又如衆盲摸象各說異端. 釋不云乎? "以思惟心測度如來

圓覺境界, 如取螢火燒須彌山." 臨生死禍福之際都不得力, 蓋由此也.

양자(楊子)[972]는 "배운다는 것은 성(性)을 닦는 것이다."라고 하였는데, 성(性)은 곧 도(道)입니다. 석가세존께서는 "성(性)이 위없는 도(道)를 이룬다."[973]고 말씀하셨습니다. 규봉종밀(圭峰宗密)은 "의(義) 있는 일을 하는 것

「경면왕경(鏡面王經)」에 나오는 이야기다. 여러 장님에게 코끼리를 만져 보게 하였는데, 다리를 만진 장님은 코끼리가 기둥 같다 하고, 꼬리를 만진 장님은 빗자루 같다 하고, 배를 만진 장님은 북 같다 하고, 어금니를 만진 장님은 뿔 같다 하고, 코를 만진 장님은 큰 밧줄 같다고 하며, 각자 자기가 만져 본 것이 진실하다고 주장하였다. 각자 만져 본 부위에 따라 코끼리를 달리 묘사할 뿐 아무도 온전한 코끼리를 알지 못하는 것처럼, 경전을 공부하는 것도 마찬가지라는 교훈을 담고 있다. 경전에 나오는 방편의 말들이 거짓이라고 할 수는 없으나 또한 진실이라고 할 수도 없는 것은, 마치 코끼리를 만져 본 장님들의 말들이 거짓이라고 할 수는 없으나 또한 진실이라고 할 수도 없는 것과 같다는 뜻이다.

971 당(唐) 불타다라(佛陀多羅)가 번역한 『대방광원각수다라요의경(大方廣圓覺修多羅了義經)』에 나오는 구절.

972 양자(楊子): 이름이 웅(雄)이고, 자(字)는 자운(子雲)이다. 인용문은 『양자법언(楊子法言)』 제1권 학행편(學行篇)에 나오는 "學者所以修性也."라는 구절이다.

973 『수능엄경(首楞嚴經)』 제6권에 나오는 문수사리(文殊師利)의 게송에 나오는 구절.

은 곧 영리하게 깨달은 마음이요, 의(義) 없는 일을 하는 것은 곧 어지럽게 흔들리는 마음이다. 어지럽게 흔들리는 것은 정념(情念)에서 말미암기 때문에 죽을 때에 업(業)을 따라 가지만, 영리하게 깨달은 것은 정념에서 말미암지 않기 때문에 죽을 때에 업에서 벗어나 뜻대로 자재할[974] 수 있다."[975]고 하였습니다. 여기서 의(義)라고 하는 것은 의리(義理)[976]의 의(義)이지 인의(仁義)[977]의 의(義)가 아닙니다.[978]

楊子云: "學者所以修性." 性卽道也. 黃面老子云: "性成無上道." 圭峰云: "作有義事, 是惺悟心, 作無義事, 是狂亂心. 狂亂由情念, 臨終被業牽, 惺悟不由情, 臨終能轉業." 所謂義者, 是義理之義, 非仁義之義.

이제 살펴보니 규봉 노인네도 허공을 쪼개어서 둘로 만드는 잘못을 벗

---

974 전업(轉業) : 업(業)을 부리다. 업의 부림에서 벗어나 업을 자유롭게 부리다. 업에 얽매이지 않고 뜻대로 자재하다.

975 『경덕전등록(景德傳燈錄)』 제13권에 나오는 규봉종밀의 계송. 『경덕전등록』에는 계송의 각 구절에 대한 주석이 붙어 있다.

976 의리(義理) : 이(理) 즉 성(性)으로서의 의(義).

977 인의(仁義) : 어짊과 의로움. 측은(惻隱)해하는 마음이 인(仁)이고, 부끄러워하고 미워할 줄 아는 마음이 의(義)라고 『맹자(孟子)』에서 말했다.

978 이 내용은 인용된 문장 가운데, "의(義) 있는 일을 하는 것은 곧 영리하게 깨달은 마음이요."(作有義事是惺悟心)에 대한 주석으로 붙어 있는 "의(義)는 의리(義理)를 말하는 것이지, 인의(仁義)나 은의(恩義)의 뜻을 말하는 것이 아님이 명백하다."(義謂義理非謂仁義恩義意明)라는 내용을 여기에 붙여 놓은 것이다. 그런데 대혜종고는 이 주석도 규봉종밀의 말이라고 여기고 아래에서 비판하고 있다.

어나지 못하고 있군요. 인(仁)은 곧 성(性)의 인(仁)이요, 의(義)는 곧 성의 의요, 예(禮)는 곧 성의 예요, 지(智)는 곧 성의 지요, 신(信)은 곧 성의 신이고,[979] 의리(義理)의 의(義)도 역시 성(性)입니다. 그러므로 의(義) 없는 일을 하는 것은 곧 이 성(性)을 등지는 것이고, 의(義) 있는 일을 하는 것은 곧 이 성을 따르는 것입니다.

그러나 등지거나 따르는 것은 사람에게 달려 있고 성(性)에 있는 것은 아니며, 인의예지신은 성(性)에 있고 사람에게 달려 있는 것은 아닙니다. 사람에게 지혜롭고 어리석음이 있지 성(性)에는 그런 것이 없습니다.

만약 인의예지신이 현자에게는 있고 어리석은 사람에게는 없다고 한다면, 성인(聖人)의 도(道)에는 취사간택(取捨揀擇)이 있게 됩니다. 마치 하늘이 비를 내릴 때 땅을 골라서 비를 뿌려 준다고 말하는 것처럼 어리석은 생각이죠. 그러므로 "인의예지신은 성에 있고 사람에게 있지 않으며, 현명함과 어리석음과 따름과 등짐은 사람에게 있고 성에 있지 않다."고 말한 것입니다.

而今看來, 這老子亦未免析虛空爲兩處. 仁乃性之仁, 義乃性之義, 禮乃性之禮, 智乃性之智, 信乃性之信, 義理之義亦性也. 作無義事, 卽背此性, 作有義事, 卽順此性. 然順背在人, 不在性也, 仁義禮智信在性, 不在人也. 人有賢愚, 性卽無也. 若仁義禮智信在賢而不在愚, 則聖人之道, 有揀擇取捨矣. 如天降雨擇地而下矣. 所以云：“仁義禮智信在性 而不在人也, 賢愚順背在人, 而不在性也.”

---

979 이른바 오상(五常)이다.

양웅(楊雄)이 "성(性)을 닦는다."고 말할 때의 성 역시 닦을 수 있는 것이 아니고, 성을 따르거나 성을 등지거나 성에 밝거나 성에 어두울 뿐입니다. 규봉(圭峯)이 말한 "영리하게 깨어 있거나 어지럽게 흔들린다."는 것이 바로 이것을 가리키며, 조주(趙州)가 말한 "하루 종일 시간을 부리고, 하루 종일 시간에 부림을 당한다."는 것도 바로 이것을 가리킵니다. 만약 인의예지신의 성(性)이 일어나는 곳을 알 수 있다면, 격물(格物)과 충서(忠恕)와 일이관지(一以貫之)도 그 속에 있을 것입니다. 조법사(肇法師)[980]가 말

---

980 조법사(肇法師) : 승조(僧肇). 384-414. 오나라 지겸(支謙)이 번역한『유마경(維摩經)』을 읽은 뒤 "비로소 돌아갈 곳을 알았다."고 기뻐하고 곧 출가했다. 대소승(大小乘)에 두루 통달해서 20세 무렵에는 이미 명성이 널리 퍼져 대론(對論)하러 오는 자도 많았다고 한다. 구마라집(鳩摩羅什)이 여광 장군에 의해 고장(姑藏)에 와 있다는 것을 알고서 고장으로 가 그의 문하가 되었다. 뒤에 스승을 따라 장안으로 가서 요흥의 명에 의해서 승예(僧叡) 등과 함께 번역을 도왔다. 홍시 7년(405)『대품반야경』이 번역되었을 때 승조는『반야무지론(般若無知論)』을 저술해서 구마라집에게 바쳤는데 구마라집에게 칭찬을 받았다. 홍시 9년 여산(廬山)으로 돌아가는 도생(道生)에게『반야무지론』을 보내 혜원(慧遠) 교단의 비평을 구했다. 여산의 은둔자였던 유유민은 이것을 읽고 감격했고 혜원도 감탄해 마지않았다. 그해에『유마경주(註)』를 저술했고, 홍시 10년에는 유유민에게서『반야무지론』에 대한 질의서를 받고 그 답서에『유마경주』를 첨부하여 보냈다.『유마경주』는 오늘날까지 광채를 발하는 명저다. 또「부진공론(不眞空論)」,「물불천론(物不遷論)」,「열반무명론(涅槃無名論)」,「반야무지론」으로 구성된『조론(肇論)』을 저술하고 여러 경론의 시문도 썼다. 승조는 반야공(般若空)을 즉색(卽色)ㆍ심무(心無)ㆍ본무(本無)라고 해석한 격의불교(格義佛敎)를 바로잡고, 구마라집에게 배운 반야중관 사상에 기초해서 새로운 반야공의 의미를 드러냈다. 구마라집을 고비로 해서 중국불교가 새로운 전기를 맞이하는 데는 승조의 공적이 대단히 컸다. 위의 저술 외에『백론서(百論序)』,『장아함경서(長阿含經序)』,『보장론(寶藏論)』,『범망경서(梵網經序)』,『금강경주(金剛經註)』,『법화경번역후기(法華經飜譯後記)』,『구마라집법사뢰』가 있다.『보장론』이하 5종의 저술은 오늘날 그의 것이 아니라고 하기도 하고, 생몰연대가 378-414년이라는 설도 있다.

했습니다. "하늘을 부리고 사람을 부리는 것이 어찌 하늘과 사람에게 부림을 당하리오?"[981] 그러므로 "학문을 배우고 도를 공부하는 것은 하나다."라고 말하는 것입니다.

楊子所謂: "修性." 性亦不可修, 亦順背賢愚而已. 圭峰所謂: "惺悟狂亂." 是也, 趙州所謂: "使得十二時被十二時使." 是也. 若識得仁義禮智信之性起處, 則格物忠恕一以貫之在其中矣. 肇法師云: "能天能人者, 豈天人之所能哉?" 所以云: "爲學爲道一也."

대개 성인(聖人)이 가르침을 베풂에 공명(功名)을 바라지 않는 것은 마치 봄이 오면 나무에 꽃이 피는 것과 같습니다. 꽃나무의 근성(根性)을 갖추고 있는 것은 시절인연(時節因緣)이 오면 각각 서로서로는 알지 못하지만, 제각기의 근성(根性)을 따라서 크게·작게·모나게·둥글게·길게·짧게, 혹은 푸른색으로·누른색으로·붉은색으로·녹색으로, 혹은 악취를 내며·향기를 내며 동시에 꽃을 피웁니다.[982] 이것은 봄이 크게 하거나·작게 하거나·모나게 하거나·둥글게 하거나·길게 하거나·짧게 하거나·푸른색으로 하거나·누른색으로 하거나·붉은색으로 하거나·녹색으로 하거나·악취가 나게 하거나·향기가 나게 하는 것이 아

---

981 승조(僧肇)가 지은 『조론(肇論)』「열반무명론제사(涅槃無名論第四)」'구절십연자(九折十演者) 위체제삼(位體第三)'에 나오는 구절.

982 시절인연인 봄은 선지식의 가르침을 가리키고, 나무의 근성은 학인의 본성을 가리킨다.

닙니다. 이 모두는 꽃나무에 본래 갖추어진 성(性)이 인연을 만나 나타나
는 것일 뿐입니다.

大率聖人設敎, 不求名不伐功, 如春行花木. 具此性者, 時節因緣到來, 各各不相知,

隨其根性大小方圓長短, 或靑或黃, 或紅或綠, 或臭或香, 同時發作. 非春能大能小,

能方能圓, 能長能短, 能靑能黃, 能紅能綠, 能臭能香. 此皆本有之性, 遇緣而發耳.

백장(百丈)이 말했습니다.
"불성(佛性)의 뜻을 알고자 하면, 마땅히 시절인연(時節因緣)을 보아야
한다. 시절이 이르면, 그 이치가 저절로 밝아진다."[983]

---

983 『경덕전등록(景德傳燈錄)』 제9권 담주위산영우선사(潭州潙山靈祐禪師)에 나오는 문장.
전체 대화는 다음과 같다 : 위산(潙山)이 하루는 백장(百丈)을 모시고 서 있는데, 백장이
물었다. "누구냐?" 위산이 답했다. "영우(靈祐)입니다." "화로를 헤쳐서 불이 있는지 보아
라." 위산은 재를 헤쳐 보고 말했다. "불이 없습니다." 백장은 이에 몸소 일어나 재를 깊
이 헤쳐서 작은 불씨를 찾아내어 위산에게 들어 보이며 말했다. "이것은 불이 아니냐?"
위산이 이에 문득 깨닫고는 절을 올려 감사드리고, 알아차린 것을 말씀드렸다. 백장(百
丈)이 말했다. "이것은 잠깐의 갈림길이다. 경(經)에 말하기를 '불성(佛性)을 보고자 하
면 시절인연을 보아야 한다.'라 하였다. 시절이 도래하면 마치 어리석었다가 문득 깨닫는
듯, 잊었다가 문득 기억하는 듯할 것이니, 비로소 자기의 물건은 남에게서 얻는 것이 아
님을 알게 된다."(一日侍立百丈問 : "誰?" 師曰 : "靈祐." 百丈云 : "汝撥鑪中有火否?" 師撥云 : "無
火." 百丈躬起深撥得少火, 擧以示之云 : "此不是火." 師發悟禮謝陳其所解 百丈曰 : "此乃暫時岐路
耳. 經云 : '欲見佛性, 當觀時節因緣.' 時節旣至, 如迷忽悟, 如忘勿憶, 方省己物不從他得.") 시절인
연(時節因緣)이란 봄에는 꽃이 피고 가을에는 낙엽이 떨어지듯이, 모든 인연은 때를 만나
나타난다는 뜻. 백장이 경전에서 인용한 구절은 현재 『대정신수대장경』에 실린 경전에는
등장하지 않는다.

百丈云：“欲識佛性義, 當觀時節因緣. 時節若至, 其理自彰.”

또 회양(懷讓) 스님이 마조(馬祖) 스님에게 말했습니다.

"그대가 심지법문(心地法門)[984]을 배우는 것은 마치 씨앗을 뿌리는 것과 같고, 내가 법(法)의 요체를 설명하는 것은 저 하늘이 비를 내리는 것과 같다. 그대는 인연이 맞는 까닭에 도(道)를 보게 될 것이다."[985]

又讓師謂馬師曰：“汝學心地法門, 如下種子, 我說法要, 譬彼天澤. 汝緣合故當見 其道.”

그러므로 말하길, "성인은 가르침을 베풂에 공명을 구하지 아니하고, 다만 배우는 자로 하여금 본성을 보아 도를 이루게 할 따름이다."고 하는

---

984 심지법문(心地法門) : 마음을 심(心), 심법(心法), 심지(心地), 심지법(心地法)이라 하니, 심지법문(心地法門)은 마음에 대한 가르침이다. 마음을 심지(心地)라 하는 것은, 마음은 땅과 같아서 모든 것이 마음에 의지하여 생긴다는 뜻으로 한 말이다. 심지법문(心地法門)은 황벽(黃檗)의 『전심법요(傳心法要)』에, "이른바 심지법문이란 만법이 모두 이 마음에 의지하여 건립된다는 말이니 경계를 만나면 마음이 있고 경계가 없으면 마음도 없다."(所謂心地法門 萬法皆依此心建立 遇境卽有 無境卽無)고 그 의미를 밝히고 있다. 그러나 『마조록(馬祖錄)』에서도 이미 같은 의미에서 심지법문을 말하고 있다. "무엇을 일컬어 심지법문이라 하고 무엇을 일컬어 무진등이라고 하는가. 일체법은 모두 마음법이고 일체의 이름은 모두 마음의 이름이다. 만법이 모두 마음으로부터 생겨나므로 마음이 만법의 근본이다."(云何言心地法門 云何言無盡燈 一切法 皆是心法 一切名 皆是心名 萬法皆從心生 心 爲萬法之根本)

985 『경덕전등록』 제5권 남악회양선사(南嶽懷讓禪師)에 나오는 내용.

340

것입니다. 무구(無垢) 노인이 "도가 한 알의 겨자씨에 있으면 그 한 알의 겨자씨가 소중하고, 도가 천하에 있으면 천하가 소중하다."고 말한 것도 바로 이것을 가리킵니다. 님께서는 일찍이 무구 노인의 집에는 들어갔으나, 아직 그 방에는 들어가지 못하고 있으니, 겉만 보고 속은 보지 못한 것입니다.

所以云 : "聖人設敎, 不求名不伐功, 只令學者見性成道而已." 無垢老子云 : "道在一芥則一芥重, 道在天下則天下重." 是也. 左右嘗升無垢之堂, 而未入其室, 見其表而未見其裏.

백 년의 세월이 다만 한 찰나에 있으니, 찰나에 깨달으면 위와 같은 말들도 모두 진실한 뜻이 아닙니다. 그러나 깨닫고 나면 진실이라고 여기는 것도 나에게 있고 진실이 아니라고 여기는 것도 나에게 있어서, 마치 물 위에 떠 있는 조롱박이 움직이는 사람이 없어도 늘 걸림이 없어서 닿기만 하면 바로 움직이고 누르면 바로 빙글빙글[986] 도는 것과도 같습니다.[987] 억지로 그렇게 하는 것이 아니라, 법(法)이 그와 같기 때문입니다.

百歲光陰, 只在一刹那間, 刹那間悟去, 如上所說者皆非實義. 然旣悟了, 以爲實亦在我 以爲非實亦在我, 如水上葫蘆, 無人動著, 常蕩蕩地, 觸著便動, 捺著便轉轆轆

986　록록지(轆轆地) : ①덜컹덜컹(수레바퀴가 돌아가는 소리). ②빙글빙글(빙빙 도는 모습).
987　인연 따라 흘러가며, 티끌 하나도 막히는 물건이 없고, 머무는 사람도 없고 머물 곳도 없다.

地. 非是彊爲, 亦法如是故也.

조주의 "개에게는 불성이 없다."라는 화두는, 님에게는 마치 사람이 도둑을 체포함에 이미 숨어 있는 곳을 알면서도 아직 붙잡지 못하고 있는 것과 같습니다. 부디 심혈을 기울여[988] 한순간도 끊어짐 없이 가고·머물고·앉고·눕는 곳에서 순간순간 살펴보십시오. 경서(經書)와 사서(史書)를 읽는 곳과 인의예지신을 닦는 곳과 윗사람을 모시는 곳과 학자를 가르치는[989] 곳과 죽을 먹고 밥을 먹는 곳에서 화두와 맞붙어 버티고 있으면, 문득 분별망상의 장애가 사라지게[990] 될 것이니 다시 무슨 말을 하겠습니까?

趙州"狗子無佛性."話, 左右如人捕賊已知窩盤處但未捉著耳. 請快著精彩, 不得有少間斷, 時時向行住坐臥處看. 讀書史處, 修仁義禮智信處, 侍奉尊長處, 提誨學者處, 喫粥喫飯處, 與之廝崖, 忽然打失布袋, 夫復何言?

---

988 쾌착정채(快着精彩): 쾌(快)는 '좋다, 영리하다, 날카롭다, 뛰어나다, 재빠르다, 즐겁다'는 뜻이고, 착정채(着精彩)는 '마음을 쓰다, 주의를 기울이다, 심혈을 기울이다, 노력하다, 애쓰다, 주의하다, 조심하다'는 뜻이다. '주의를 잘 기울이다, 잘 노력하다, 애를 잘 쓰다, 심혈을 기울이다'는 정도의 뜻.

989 제회(提誨): 계발(啓發)하다. 깨우치다. 가르치다. 일깨우다. =제시(提撕).

990 타실포대(打失布袋): 타실(打失)은 '잃어버리다', 포대(布袋)는 '무능함, 문제, 장애'를 뜻함. 무능함을 벗어나다. 문제를 해결하다. 장애가 사라지다. 이 문맥에서는 앞을 가로막고 있던 분별망상의 포대를 벗어 버렸다는 뜻이다.

38. 종직각(宗直閣)에 대한 답서[991]

보내 주신 편지를 보니 인연에 응하며 매일매일 차별경계와 관계하지만 불법(佛法) 속에 있지 아니함이 없다고 하시고, 또 매일 생활하는[992] 가운데 "개에게는 불성이 없다."라는 화두를 가지고 번뇌[993]를 부수어 없앤다고 하셨습니다. 만약 이와 같이 공부한다면 마침내 깨달아 들어가지 못할까 봐 걱정이 되는군요. 청컨대 발아래[994]를 비추어 보십시오. 차별경계는 어느 곳에서 일어납니까? 생활하는 사이에 어떻게 "개에게는 불성이 없다."라는 화두를 가지고 번뇌를 부수어 없앱니까? 번뇌를 부수어 없앰을 아는 자는 또 누구입니까?

答宗直閣

示諭應緣日涉差別境界, 未嘗不在佛法中, 又於日用動容之間, 以"狗子無佛性."話, 破除情塵. 若作如是工夫, 恐卒未得悟入. 請於脚跟下照顧. 差別境界從甚麼處起? 動容周旋之間, 如何以"狗子無佛性."話, 破除情塵? 能知破除情塵者, 又是阿誰?

---

991 1144년(56세)에 귀양지 형주(衡州)에서 쓴 글.

992 동용(動容) : 동용주선(動容周旋)과 같음. 동용(動容)은 거동과 표정이고, 주선(周旋)은 '빈틈없이 준비하다, 상세하고 빠짐없다'는 뜻. 일상생활을 가리킨다.

993 정진(情塵) : ①육근(六根)과 육진(六塵). 정(情)은 근(根)의 옛날 번역. ②마음의 때. 번뇌.

994 각근하(脚跟下) : =각하(脚下). ①발밑. 본바탕. 본래면목. ②바로. 지금. 목하(目下). 그 자리에서 당장.

부처님께서 말씀하시지 않았습니까?

"중생이 거꾸로 되어 자기를 잃고 사물을 쫓는다."[995]

사물은 본래 자성(自性)이 없는데 자기를 잃고 헤매는 자가 스스로 사물을 쫓을 뿐이며, 경계는 본래 차별이 없는데 자기를 잃고 헤매는 자가 스스로 차별을 만들 뿐입니다. 매일매일 차별경계와 관계하면서도 또 불법 속에 있다고 하셨는데, 이미 불법 속에 있으면 차별경계가 아니요, 이미 차별경계 속에 있으면 불법이 아닙니다. 하나는 들고 하나는 놓고 하니 언제 끝날 날이 있겠습니까?

佛不云乎?"衆生顚倒迷己逐物." 物本無自性, 迷己者自逐之耳, 境界本無差別, 迷己者自差別耳. 旣曰涉差別境界, 又在佛法中, 旣在佛法中, 則非差別境界, 旣在差別境界中, 則非佛法矣. 拈一放一, 有甚了期?

도살꾼인 광액(廣額)이 열반(涅槃)의 회상(會上)에서 칼을 놓자마자 당장[996] 깨달았다고 하니,[997] 어찌 구구절절 많은 일이 있겠습니까? 매일 인연

995　"중생이 전도되었다."(衆生顚倒)는 구절은 『반야경』, 『화엄경』, 『열반경』 등 여러 경전에 등장하지만, "중생이 전도되어 자기를 잃고 사물을 쫓는다."라는 구절은 『경덕전등록』 제18권 '항주용책사순덕대사도부(杭州龍冊寺順德大師道怤)'에 나오는 다음의 대화가 널리 알려져 있다 : 도부(道怤)가 한 승려에게 물었다. "문밖에 무슨 소리냐?" "빗방울 소리입니다." "중생이 전도되어 자기를 잃고 사물을 쫓는구나."(師問僧 : "門外什麼聲?" 曰 : "雨滴聲." 師曰 : "衆生顚倒迷己逐物.")

996　입지(立地) : ①(부사) 당장. 즉시. ②(동사) 서 있다. 서다.

997　담무참(曇無讖)이 번역한 『대반열반경(大般涅槃經)』 제19권 「범행품(梵行品)」 8-5에는,

344

을 상대하는 곳에서 차별경계에 관계함을 느끼는 바로 그때에, 다만 차별하는 곳에서 "개에게는 불성이 없다."라는 화두를 스스로에게 말해 주십시오. 이때에는 부수어 없앤다는 생각도 하지 말고,[998] 정식의 티끌이라는 생각도 하지 말고, 차별이라는 생각도 하지 말고, 불법이라는 생각도 하지 마십시오. 다만 "개에게는 불성이 없다."라는 화두만 살펴보십시오.

廣額屠兒在涅槃會上, 放下屠刀立地便成佛, 豈有許多切切忸怩來? 日用應緣處, 纔覺涉差別境界時, 但只就差別處, 擧"狗子無佛性."話. 不用作破除想, 不用作情塵想, 不用作差別想, 不用作佛法想. 但只看"狗子無佛性."話.

다만 이 "없다."를 자신에게 말해 줄 뿐, 일부러 깨달음을 기다리지는

"바라나국에 있는 백정은 이름이 광액(廣額)이었는데, 매일 헤아릴 수 없이 많은 양을 죽였다. 사리불(舍利弗)을 보고는 즉시 팔계(八戒)를 받고, 하룻밤 하루낮이 지나서는 이 인연으로 목숨이 다하여 북방 천왕(天王)인 비사문(毘沙門)의 아들이 되었다."(波羅奈國有屠兒 名曰廣額 於日日中 殺無量羊 見舍利弗即受八戒 經一日一夜 以是因緣命終 得爲北方天王毘沙門子)고 하였고, 또 제26권「광명편조고귀덕왕보살품(光明遍照高貴德王菩薩品)」제10-6에서는 "백정 집안의 아들은 늘 악업(惡業)을 짓다가 나를 본 까닭에 즉시 악업을 버리고 번뇌에서 벗어났다."(屠家之子常修惡業以見我故卽便捨離)고 하였다. 이에 대하여 이통현(李通玄) 장자(長者)가 지은『신화엄경론(新華嚴經論)』제2권에서는 "『열반경』에서 천제(闡提)에게는 불성(佛性)이 없다는 주장을 파괴한 까닭에 백정인 광액(廣額)으로 하여금 현겁(賢劫)에 정각(正覺)을 이루도록 하였다."(涅槃經 破闡提之無佛性故 令屠兒廣額 賢劫之中而成正覺)라고 하였다. 그러나 칼을 놓자마자 선 자리에서 바로 깨달았다는 구절은 경전에 나타나지 않는다.

998 불용(不用) : ①-할 필요 없다. ②-하지 마라.

⁹⁹⁹ 마십시오. 만약 일부러 깨달음을 기다린다면, 경계도 차별되고, 불법도 차별되고, 번뇌도 차별되고, "개에게는 불성이 없다."라는 화두도 차별되고, 사이가 끊어지는 곳도 차별되고, 사이가 끊어짐이 없는 곳도 차별되고, 번뇌를 만나 몸과 마음이 어지러워 편안하지 못한 곳도 차별되고, 여러 가지 차별을 능히 아는 것도 차별될 것입니다.

만약 이 병을 제거하고자 한다면, 다만 한 마디 "없다."를 살펴보시고, 다만 도살꾼 광액(廣額)이 칼을 놓고서 "나에게는 일 천 부처가 하나다."¹⁰⁰⁰라고 말한 것이 진실인가 허위인가만 살펴보십시오. 만약 진실이니 허위니 하며 따지고 헤아린다면,¹⁰⁰¹ 다시 차별경계 속으로 들어가 버립니다. 한칼에 두 동강을 내어서 앞이니 뒤니 하는 생각은 하지 말아야 합니다. 앞과 뒤를 생각한다면 다시 차별일 뿐입니다.

但只擧箇'無字', 亦不用存心等悟. 若存心等悟, 則境界也差別, 佛法也差別, 情塵也差別,'狗子無佛性話'也差別, 間斷處也差別, 無間斷處也差別, 遭情塵惑亂身心不安樂處也差別, 能知許多差別底亦差別. 若要除此病, 但只看箇'無字', 但只看, 廣額屠兒放下屠刀云 : "我是千佛一數." 是實是虛. 若作虛實商量, 又打入差別境

---

999 존심등오(存心等悟) : 일부러 깨달음을 기다리다. 마음먹고 깨달음을 기다리다. =존심대오(存心待悟). 존심(存心)은 '어떤 마음을 먹다', '일부러, 고의로'라는 뜻.

1000 『오등회원』 제19권 '소흥부동산각선사(紹興府東山覺禪師)'의 상당법어에도 이 내용이 인용되고 있지만, 『열반경』에서는 이런 내용을 찾을 수 없다.

1001 상량(商量) : 따지다. 상의하다. 의논하다. 상담하다. 이해하다. 값을 흥정하다. 값을 따지다. 값을 매기다. 헤아리다.

界上去也. 不如一刀兩段, 不得念後思前. 念後思前則又差別矣.

현사(玄沙) 스님이 말했습니다.

"이 일은 제한하거나 제약할 수 없다. 마음으로 생각할 수도 없으니, 꾸며서 만들어지는 것이 아니기 때문이다. 본래 진실로 고요하지만, 움직이고 행동하고 말하고 웃고 함에 모든 곳에서 밝고 분명하여 조금의 모자람도 없다. 요즈음 사람들은 이 속의[1002] 도리(道理)를 깨닫지 못하고, 망령되게 스스로 사물과 관계하고 경계와 관계하여 곳곳마다 오염되고 집착하며 만나는 물건마다에 얽매여 버린다. 설령 깨달았다 하더라도 수많은 경계가 어지럽게 뒤섞여[1003] 이름과 모양이 진실되지 못하다. 이에 곧 마음을 모으고 생각을 거두어들이며[1004] 사물을 끌어모아 공(空)으로 돌리려 한다. 눈을 감아 눈동자를 감추고는 일어나는 생각을 따라서 즉시즉시[1005] 부수어 제거하며, 약간의 생각이라도 일어나기만 하면 즉시 막아서 눌러 버린다. 이와 같은 견해는 곧 공무(空無)에 떨어진 외도(外道)이며, 혼백(魂魄)이 흩어지지 않은 시체와 같다. 아득하고 캄캄하여[1006] 느낌도 없고 앎도 없는 것은 마치 귀를 막고 방울을 흔드는 것처럼 헛되이

1002 개중(箇中) : 그 가운데. 그 속에.

1003 분운(紛紜) : (말이나 일 등이) 많고 어지럽다. 분분하다.

1004 응심렴념(凝心斂念) : 마음을 모으고 생각을 거두어들이다. 억지로 조작하는 유위(有爲)의 수행을 가리킨다.

1005 선선(旋旋) : 순식간에. 제때에.

1006 명명막막(溟溟漠漠) : 어둡고 캄캄한. 명명(溟溟)은 그윽하고 어두워 알 수 없는 모양. 막막(漠漠)은 연기나 안개 등이 짙게 끼어서 캄캄한 모양. 혹은 드넓고 아득한 모양.

스스로를 속이는 짓이다."[1007]

님께서 보내오신 편지에 하시는 말씀이 모두 현사 스님이 꾸짖고 있는 바로 그 병이며, 묵조(默照)의 삿된 스승이 사람을 파묻는 구덩이임을 반드시 아셔야 합니다.

玄沙[1008]云："此事限約不得. 心思路絶, 不因莊嚴. 本來眞靜, 動用語笑隨處明了, 更無欠少. 今時人不悟箇中道理, 妄自涉事涉塵, 處處染著, 頭頭繫絆. 縱悟, 則塵境紛紜 名相不實. 便擬凝心歛[1009]念, 攝事歸空. 閉目藏睛, 隨有念起, 旋旋破除, 細想纔生, 卽便遏捺. 如此見解, 卽是落空亡底外道, 魂不散底死人. 溟溟漠漠無覺無知, 塞耳偸鈴, 徒自欺誑." 左右來書云云, 盡是玄沙所訶底病, 默照邪師埋人底坑子, 不可不知也.

화두를 자신에게 말해 줄 때에는 여러 솜씨를 발휘할 필요가 전혀 없습니다. 다만 가고 · 머물고 · 앉고 · 눕는 곳에서 끊어지지 않게 하며, 기쁘고 · 성나고 · 슬프고 · 즐거운 곳에서 분별하지 마십시오. 말해 주고 또 말해 주고 살펴보고 또 살펴보면 이치의 길이 없어지고 맛이 없어져서 마음이 초조하고 갑갑함을 느끼게 되는데, 그때가 바로 자신이 목숨을 버릴 때입니다. 반드시 기억하셔야 할 것은, 이와 같은 경계를 만나서

1007 『오등회원』 제7권 '복주현사사비종일선사(福州玄沙師備宗一禪師)'에 나오는 현사사비(玄沙師備)의 상당법어(上堂法語).

1008 '현사(玄沙)'는 궁내본에서 '현사(賢沙)'.

1009 '歛'은 '斂'의 오자(誤字). 『북장본』에는 '斂'으로 되어 있다.

곧장 물러서서는 안 된다는 것입니다. 이와 같은 경계가 바로 부처 되고 조사 되는 소식입니다.

舉話時都不用作許多伎倆. 但行住坐臥處勿令間斷, 喜怒哀樂處莫生分別. 舉來舉去, 看來看去, 覺得沒理路沒滋味心頭熱悶時, 便是當人放身命處也. 記取記取, 莫見如此境界便退心. 如此境界正是成佛作祖底消息也.

요사이 묵조(默照)의 삿된 스승들은 다만 말 없음을 지극하게 여겨서 위음나반(威音那畔)[1010]의 일이라 일컫고, 공겁이전(空劫已前)[1011]의 일이라 일컫고, 깨달음의 문이 있음을 믿지 않고, 깨달음을 속임수라 여기고, 깨달음을 두 번째 일이라 여기고, 깨달음을 방편의 말이라고 여기고, 깨달음을 사람을 교화하기 위한 말이라 여깁니다. 이와 같은 무리는 남을 속이기도 하고 스스로도 속으며 남을 잘못 이끌기도 하고 스스로도 잘못된 길을 가는 것임을 반드시 알아야 합니다.

而今默照邪師輩, 只以無言無說爲極則, 喚作威音那畔事, 亦喚作空劫已前事, 不信有悟門, 以悟爲誑, 以悟爲第二頭, 以悟爲方便語, 以悟爲接引之辭. 如此之徒, 謾人自謾 誤人自誤, 亦不可不知.

1010　위음나반(威音那畔) : 위음왕불(威音王佛)이 세상에 나오기 이전. 나반(那畔)은 저쪽이라는 뜻. 과거장엄겁(過去莊嚴劫)의 최초불을 위음왕불이라 함. 부모미생전(父母未生前), 천지미분전(天地未分前)이란 말과 같이 분별이 일어나지 이전을 표시하는 말.

1011　공겁이전(空劫已前) : 위음나반(威音那畔), 위음왕불(威音王佛) 이전과 같은 뜻.

일상생활의 여러 가지 행동 가운데 차별경계와 관계하여 힘들지 않음[1012]을 느낄 때가 바로 힘을 얻는 곳입니다. 힘을 얻는 곳에서 지극히 힘들지 않게 됩니다. 만약 털끝만큼이라도 힘을 써서 지탱한다면, 이것은 반드시 사법(邪法)이고 불법(佛法)이 아닙니다.

다만 길고 멀리 보는 마음을 갖추고서[1013] "개에게는 불성이 없다."라는 화두와 맞붙어 버티십시오. 버티고 또 버티다가 마음 갈 곳이 없어지면, 문득 자다가 꿈에서 깨어난 듯하고 연꽃이 피는 듯하고 구름을 헤치고 해가 나온 듯할 것입니다. 이러한 때에 도달하면 저절로 한 덩어리가 됩니다.[1014] 다만 매일 뒤죽박죽 혼란스러운[1015] 일상 속에서 "없다."만 살펴보시되, 깨달았는지 깨닫지 못했는지 철저한지 철저하지 못한지에는 상관하지 마십시오.

日用四威儀中, 涉差別境界, 覺得省力時, 便是得力處也. 得力處極省力. 若用一毫毛氣力支撐, 定是邪法, 非佛法也. 但辦取長遠心, 與"狗子無佛性."話廝崖. 崖來崖去, 心無所之, 忽然如睡夢覺, 如蓮華開, 如披雲見日. 到恁麼時自然成一片矣. 但日用七顚八倒處 只看箇'無字', 莫管悟不悟徹不徹.

1012 생력(省力) : 힘을 덜다. 수월하다. 수고롭지 않다. 편안하다.

1013 판취장원심(辦取長遠心) : 판취(辦取)는 '취득하다. 얻다. 갖추다.'는 뜻. 길고 멀리 보는 마음을 갖추다. 길고 오래 가는 마음을 갖추다. 끈기 있는 발심을 가리킴.

1014 성일편(成一片) : =타성일편(打成一片). 한 덩어리가 되다. 한데 뭉치다.(주로 감정이나 생각이 융합되는 것을 가리킨다)

1015 칠전팔도(七顚八倒) : 뒤죽박죽이 되다. 뒤범벅이 되다. 뒤얽혀 혼란스럽다.

삼세(三世)의 모든 부처가 다만 일 없는 사람일 뿐이며, 역대의 모든 조사도 다만 일 없는 사람일 뿐입니다.

옛 스님이 말했습니다.

"다만 일 위에서 일 없음에 통할 뿐, 색을 보고 소리를 들음에 봉사가 되거나 귀머거리가 되지는 마라."[1016]

또 옛 스님이 말했습니다.

"어리석은 사람은 경계만 없애고 마음을 잊지 않지만, 지혜로운 자는 마음이 없고 경계를 없애지는 않는다."[1017]

모든 곳에서 마음이 없으면 여러 가지 차별경계가 저절로 없어집니다.

三世諸佛只是箇無事人, 諸代祖師亦只是箇無事人. 古德云 : "但於事上通無事, 見色聞聲不用聾." 又古德云 : "愚人除境不忘心, 智者亡心不除境." 於一切處無心, 則種種差別境界自無矣.

요즈음의 사대부(士大夫)들은 흔히 성급하게 곧바로 선(禪)을 이해하려고 하여, 경전의 가르침과 조사의 언설 위에서 두루 헤아려서는[1018] 분명

1016 『선림승보전(禪林僧寶傳)』 제9권 '용아거둔선사(龍牙居遁禪師)'에 나오는 용아거둔(龍牙居遁: 835~923)의 상당법어 가운데 한 구절.

1017 『황룡회당심화상어록(黃龍晦堂心和尙語錄)』에 나오는 회당조심(晦堂祖心) 선사의 상당법어(上堂法語) 가운데 한 구절.

1018 박량(搏量) : 박량(博量)과 같음. 두루 헤아리다.

히 알았다고[1019] 말하려 합니다. 이것은 분명히 아는 것이 도리어 분명히 아는 것이 아닌 줄을 전혀 모르고 하는 짓입니다. 만약 "없다."는 글자를 뚫고 지나간다면, 분명히 알았는지 분명히 알지 못했는지를 남에게 물을 필요가 없습니다.[1020] 내가 사대부들에게 어리석어지라고[1021] 가르치는 것이 곧 이러한 도리입니다. 어리석은 답안지로 장원하는 것은 나쁘지 않으나, 다만 백지를 제출할까 봐[1022] 두려울 뿐입니다. 하! 하! 하!

而今士大夫, 多是急性便要會禪, 於經敎上及祖師言句中搏量, 要說得分曉. 殊不知, 分曉處, 却是不分曉底事. 若透得箇'無字', 分曉不分曉, 不著問人矣. 老漢敎士大夫放敎鈍 便是這箇道理也. 作鈍牓狀元亦不惡, 只怕拕白耳. 一笑!

1019 분효(分曉) : ①또렷하다. 분명하다. ②똑똑히 알다.

1020 불착(不著) : ①-할 필요 없다. ②-할 수 없다. =불용(不用), 불수(不須).

1021 방교(放敎) : 시키다. -하게 하다. =사(使), 령(令).

1022 타백(拕白) : =타백(拖白). 과장(科場)에서 답안(答案)을 적지 못하고 백지(白紙) 그대로 제출함.

39. 이참정(李叅政)[1023] 태발(泰發)에 대한 답서[1024]

편지에 말씀하시길, 화엄(華嚴)의 중중법계(重重法界)[1025]는 절대로[1026] 헛된 말이 아니며, 이미 헛된 말이 아니라면 반드시 당부하는[1027] 곳이 있을 것이며, 반드시 스스로 긍정할 곳이 있을 것이라고 하셨는데, 여기까지 읽고는 오래도록 찬탄하였습니다. 사대부(士大夫)가 평소에 학문(學問)을 하지만 삶과 죽음의 경계와 화복(禍福)의 때에 마주쳐서는 손발을 허둥대는[1028] 사람이 십중팔구입니다. 그러한 행동[1029]을 생각해 보면, 오히려 촌

1023 이참정(李叅政) : 참정(參政)은 벼슬 이름, 이름은 광(光), 자(字)는 태발(泰發), 호(號)는 강월(江月).

1024 1149년(61세)에 쓴 글.

1025 중중법계(重重法界) : 법계연기(法界緣起)를 말함. 법계 곧 우주만유를 일대연기(一大緣起)라고 하는 것. 법계의 사물이 천차만별하나 피차가 서로 연기하여 나타나는 것이며, 하나도 단독으로 존재하는 것이 없다. 그러므로 만유를 모두 동일한 수평선 위에 두고 볼 때에는 중생·부처, 번뇌·보리, 생사·열반과 같이 대립하는 것들도 실제는 모두 동등한 것이다. 그리하여 번뇌가 곧 보리, 생사가 곧 열반이어서 만유는 원융무애(圓融無礙)하다. 그래서 화엄종(華嚴宗)에서는 일즉일체(一卽一切)·일체즉일(一切卽一)이라 말한다. 한 사물(事物)은 단독한 하나가 아니요, 그대로 전 우주라는 뜻은, 그 사물이 전 우주와 연기하여 성립되기 때문이다. 이와 같이 우주의 만물은 각기 하나와 일체가 서로 연기하여 있는 중중무진(重重無盡)한 관계인데 이것을 법계무진연기(法界無盡緣起)라고 한다.

1026 단(斷) : (부정문에서) 절대로. 결코. 반드시.

1027 분부(分付) : ①맡기다. 당부하다. ②주다. 공급하다.

1028 수족구로(手足俱露) : 빈틈을 보이다. 허점을 드러내다. 서툴다.

1029 행사(行事) : 행위(行爲). 행동(行動).

1030 삼가촌리성사한(三家村裏省事漢) : 촌구석의 일 없는 사내. 집이 세 채뿐인 시골에 살

구석의 한가한 사내[1030]가 부귀(富貴)와 빈천(貧賤)에 마음이 어지럽혀지지[1031] 않는 것보다도 못합니다.

答李參政(泰發)

示諭, 華嚴重重法界, 斷非虛語, 旣非虛語, 必有分付處, 必有自肯處, 讀至此嗟歎久之. 士大夫平昔所學, 臨死生禍福之際, 手足俱露者, 十常八九. 考其行事, 不如三家村裏省事漢, 富貴貧賤不能汨其心.

이와 같이 비교해 보면, 지혜보다 어리석음이 더 낫고 부귀보다 빈천이 더 나은 경우가 흔합니다. 그 까닭이 무엇인가 하면, 생사화복(生死禍福)이 코앞에 들이닥치면 그때에는 거짓이 용납되지 않기 때문입니다. 이 찬정(李參政)께서는 평소 공부한 것이 이미 행동에서 드러나고 있으니, 화복(禍福)을 만났을 때에는 마치 정제(精製)한 금이 불에 들어가서 더욱 밝은 빛을 드러내는 것과 같을 것입니다. 또 화엄(華嚴)의 중중법계(重重法界)가 결코 헛된 말이 아님을 확실히 알고 계신다면, 다른 물건이라는 생각은 결코 하지 않을 것입니다. 그 나머지 뒤죽박죽 혼란스러운 일들도, 힘들든 쉽든 바르든 삿되든 역시 다른 물건이 아닙니다.

아서 세상물정에 어둡고 배운 것 없는 어리석은 촌놈이지만 탐욕과 집착을 줄여 일 없이 한가한 사람. 많이 배우고 세상물정에 밝은 사대부 지식인을 비판할 때에 지식인과 대비되는 사람을 가리킨다.

1031 골(汩) : 어지럽히다. 흘리다.

以是較之, 智不如愚, 貴不如賤者多矣. 何以故? 生死禍福現前, 那時不容僞故也. 大參相公平昔所學, 已見於行事, 臨禍福之際, 如精金入火愈見明耀. 又決定知華嚴重重法界斷非虛語, 則定不作他物想矣. 其餘七顚八倒, 或逆或順, 或正或邪, 亦非他物.

공께서는 늘 이와 같이 보시길 바랍니다. 저도 역시 그 속에 있습니다. 뒷날 고요한 물가[1032]에서 서로 만나 세세생생 향불을 피울 인연을 맺고 중중법계를 성취하여 그 일을 진실하게 한다면, 어찌 작은 보탬이겠습니까? 다시 말씀드립니다만, 지금 이 한 줄의 이야기[1033]가 우화(寓話)[1034]를 말하여 사물을 가리키는 것으로 이해하지는 절대로 마십시오.[1035] 하! 하! 하!

願公常作此觀. 妙喜亦在其中. 異日相從於寂寞之濱, 結當當來世香火因緣, 成就重重法界, 以實其事, 豈小補哉? 更須下箇註脚, 卽今這一絡索, 切忌作寓言指物會. 一笑!

1032 적막지빈(寂寞之濱) : 공한적막지빈(空閑寂寞之濱)이라고도 하며, 사람 없는 고요하고 쓸쓸한 곳이라는 뜻. 비구가 머물며 공부하는 장소로서 시끄러움이 없는 한적한 곳이라는 아란야(阿蘭若)와 같은 뜻. 또는 마음에서 모든 분별망상이 사라진 해탈 열반의 경지를 가리킴.

1033 일락색(一絡索) : 한 줄의 예화(例話). 일련(一連)의 예화. 일련의 일.

1034 우언(寓言) : 우화(寓話). 빗대어 하는 말. 빗대어 깨우치는 이야기. 인격화한 동식물이나 기타 사물을 주인공으로 하여 그들의 행동 속에 풍자와 교훈의 뜻을 나타내는 이야기. 『이솝 이야기』 따위가 여기에 속한다.

1035 방편의 말이란, 우화(寓話)를 말하여 어리석음을 일깨우는 것이지 사실을 말하는 것은 아니다.

40. 증종승(曾宗丞)[1036] 천은(天隱)에 대한 답서[1037]

님께서는 타고난 자질이 도(道)에 가깝고 몸과 마음이 깨끗하여 장애가
될 만한 다른 인연이 없습니다. 이 한 가지만은 누가 님에게 미칠 수 있
겠습니까? 다시 가고 · 머물고 · 앉고 · 눕는 가운데 제가 보여 드린 분별
을 벗어난 깨달음의 요체[1038]를 때때로 스스로에게 일깨워 줄 수 있어야
합니다. 한순간에 딱 들어맞아 천 가지에 밝고 백 가지에 합당하다[1039]는
말씀은 하지 마십시오. 비록[1040] 금생에는 아직 투철히 깨닫지 못한다 해
도 다만 이렇게 버티어 나아가 섣달 그믐날에 이르면,[1041] 염라대왕도 삼
천리를 물러나야[1042] 할 것입니다.

왜 그럴까요? 순간순간 반야(般若)의 가운데에 있어서 다른 생각이 없
고 끊어짐이 없기 때문입니다. 예컨대 도가(道家)[1043]의 무리들이 망령된

1036 증종승(曾宗丞) : 이름은 기(幾), 자(字)는 천은(天隱). 종승(宗丞)은 벼슬 이름.

1037 1146년(58세)에 쓴 글.

1038 성요처(省要處) : 성요(省要)는 성략간요(省略簡要). 사려분별을 다 생략한 깨달음의
      요점.

1039 천료백당(千了百當) : 천 가지에 밝고 백 가지에 합당하다. 모든 것이 다 알맞다. 깨달
      음이 모자람 없이 확고하다. =백료천당(百了千當).

1040 변시(便是) : 비록 —이지만.

1041 지임마애도납월삼십일(只恁麼崖到臘月三十日) : '임마(恁麼)'는 '여차(如此)'와 같이 '이
      와 같이, 이렇게'라는 뜻. '애(崖)'는 '애(捱)', 애(挨)'와 같은 말로서 '버티다, 지속하다, 지
      탱하다, 천천히 나아가다'라는 뜻. '납월삼십일(臘月三十日)'은 '섣달 그믐날'이라는 뜻이
      니 삶의 마지막 날을 가리킨다.

1042 도퇴삼천리(倒退三千里) : 삼천리를 물러나다. 땅끝까지 물러나다. 완전히 항복하다.

1043 도가(道家) : 도가는 유교(儒敎)와 더불어 2,000년 동안 중국과 그 주변국의 생활과

마음으로 생각을 가지고서도 오래오래 하다 보면 오히려 공(功)이 이루어져 지수화풍(地水火風)에게 부림을 당하지 않을 수가 있는데, 하물며 모든 순간 반야 가운데에 머물러 있다면 섣달 그믐날에 어찌 업(業)을 바꿀[1044] 수 없겠습니까?

答曾宗丞(天隱)

左右天資近道, 身心淸淨, 無他緣作障. 只這一段, 誰人能及? 又能行住坐臥, 以老僧所示省要處, 時時提撕. 休說一念相應千了百當. 便是此生打未徹, 只恁麽崖到臘月三十日, 闔家老子也須倒退三千里始得. 何以故? 爲念念在般若中, 無異念無

사상을 형성해 온 중국 고유의 종교철학이다. 도가의 특징은 실용주의적인 유교와는 달리 현실세계에 대한 신비주의적이고 형이상학적인 이론에 있다. 도가는 『노자도덕경(老子道德經)』, 『장자(莊子)』, 『열자(列子)』 등과 같은 경전의 가르침과, 도(道)를 숭배하는 종교로서의 도교(道敎)를 모두 포함한다. 종교로서 도교는 국교인 유교와 민간신앙의 중간에 위치한다. 도가철학과 도교는 중국문화의 영향을 받은 아시아의 한국·일본·베트남 등지로 퍼져 나갔다. 한대(漢代: BC 206-AD 220)를 전후하여 이전의 도가철학과 이후의 미신적인 도교로 구분하기도 한다. 그러나 도교는 형성 때부터 고대로부터 전해 온 주술과 관련이 깊다. 오늘날에 와서는 도가와 유교를 엄격하게 구분하지 않는 경향이 있다. 양자는 고대의 전통 속에서 인간·사회·군주·하늘·우주에 대해 많은 사상을 공유하고 있다. 이러한 공유점 위에서 유교는 중국의 도덕과 정치체제에 관심을 두었고, 도교는 보다 개인적이고 형이상학적인 부분에 관심을 나타내었다. 한편 불교는 개인의 자아를 부정하고 현실세계의 허망함을 주장하기 때문에 도교와 극히 대립적이다. 그러나 경쟁적인 포교과정에서 양자는 많은 유사성을 갖게 되었다. 송대(宋代) 이후 민간종교에서 도교와 불교는 명확한 구분 없이 공존했다.

1044 전업(轉業): ①업(業)을 부리다. 업의 부림에서 벗어나 업을 자유롭게 부리다. 업에 얽매이지 않고 뜻대로 자재하다. ②업(業)을 바꾸다. 악업(惡業)을 선업(善業)으로 바꾸다.

間斷故. 只如道家流, 以妄心存想, 日久月深, 尙能成功, 不爲地水火風所使, 况全

念住在般若中, 臘月三十日, 豈不能轉業耶?

그러나 오늘날 사람은 흔히 얻으려고 하는 마음[1045]을 가지고 도를 배

우니, 이것은 망상이 없는 가운데 진짜 망상입니다. 다만 자유롭도록 하

십시오.[1046] 그러나 너무 긴장해서도 안 되고 너무 늘어져서도 안 됩니다.

다만 이와 같이 공부하면 마음의 힘을 무한히 덜게 될 것입니다. 님께서

낯선 곳에 익숙해지고 익숙한 곳에 낯설어지면, 하루 내내 저절로 마음

을 죽이고 생각을 잊거나 일부러 마음을 내어 지니고 있을[1047] 필요가 없

을 것입니다.

그렇게 되면 비록 뚫고 벗어나지는 못했다고 하여도 모든 마구니와 외

도(外道)가 유리한 기회를 엿보지[1048] 못할 것이며, 또 스스로 모든 마구니

외도와 더불어 동일한 손과 동일한 눈을 가지고 그 일을 이루되, 헤아림

1045 유소득심(有所得心) : 얻을 것이 있다는 마음. 얻으려고 하는 마음. 자신의 이익이나
       일의 성패(成敗) 등에 구애되는 마음.

1046 방교(放敎) : 시키다. —하게 하다. =사(使), 령(令).

1047 고심망회(枯心忘懷)와 장심관대(將心管帶) : 고심망회는 마음을 말려 죽이고 생각을
       잊는 것. 장심관대는 마음을 내어 의도적으로 지니고 있는 것. 삿된 공부의 두 가지 종류.
       무엇을 꾸준히 지니고 있거나, 모든 것을 싹 잊어버리고 텅텅 비우는 것은 모두 유무(有
       無) 양변에 치우친 삿된 공부이다. 바른 공부는 유(有)와 무(無), 색(色)과 공(空)을 나누
       지 않고, 다만 이렇게 나누는 분별심(分別心)이 부서질 뿐이다.

1048 사편(伺便) : 좋은 기회를 기다리다. 유리한 기회를 엿보다.

¹⁰⁴⁹에 떨어지지는 않을 수 있을 것입니다. 오직¹⁰⁵⁰ 공(公) 한 사람에게만 이런 이야기를 할 수 있을 뿐이니, 나머지 사람들은 공(公)의 삶¹⁰⁵¹과 같을 수도 없을 뿐만 아니라 분명 믿지도 못할 것입니다.

而今人多是將有所得心學道, 此是無妄想中眞妄想也. 但放教自在. 然不得太緊, 不得太緩. 只恁麼做工夫, 省無限心力. 左右生處已熟, 熟處已生, 十二時中自然不著枯心忘懷, 將心管帶矣. 雖未透脫, 諸魔外道已不能伺其便, 亦自能與諸魔外道, 共一手同一眼 成就彼事, 而不墮其數矣. 除公一人可以語此, 餘人非但不能如公行履, 亦未必信得及也.

다만 화두에서 살펴보십시오. 살펴보고 또 살펴보다가 잡을 곳도 없고

1049 수(數) : ①헤아리다. ②24불상응행(不相應行)의 하나. 물(物)·심(心)의 온갖 법을 헤아려 세는 수.

1050 제(除) : ①=제시(除是). (이것을) 제외하고는. (이것이) 아니라면. ②=제비(除非). 다만 ―함으로써만 비로소. 오직 ―해야 비로소. ―아니고는. ―하지 않고서는.

1051 행리(行履) : 행리(行李). 행(行)은 궁행(躬行)을, 리(履)는 실천을 의미한다. 행주좌와(行住坐臥)·어묵동정(語默動靜)·끽다끽반(喫茶喫飯) 등으로 기거동작(起居動作)하는 일체의 행위를 가리키거나, 행위가 남긴 실적(實績)이나 자취를 가리킨다. 행적(行蹟). 삶. 생활.

1052 몰파비(沒巴鼻) : 파비(巴鼻)는 파비(把臂)라고도 하는데 파(巴)는 파(把)로서 '잡는다'는 뜻이므로, 파비(巴鼻)는 붙잡을 곳, 근거(根據) 등을 의미한다. 본래 소를 부릴 때 코를 붙잡고서 끌고 가는 것에서 유래하는 말이라 한다. 몰파비(沒巴鼻), 무파비(無巴鼻), 몰가파(沒可把)는 붙잡을 만한 것이 없음을 뜻한다.

¹⁰⁵² 맛도 없어서¹⁰⁵³ 마음속이 갑갑하게¹⁰⁵⁴ 느껴질 때, 힘을 내기에 딱 좋으니¹⁰⁵⁵ 절대로 다른 것을 따라가지는 마십시오. 다만 이 갑갑한 곳이 곧 부처가 되고 조사가 되어서 천하 사람들의 입을 다물게 만드는¹⁰⁵⁶ 곳입니다. 절대로 소홀히 하지 마십시오.

> 但於話頭上看. 看來看去, 覺得沒巴鼻沒滋味心頭悶時, 正好著力, 切忌隨他去. 只這悶處, 便是成佛作祖, 坐斷天下人舌頭處也. 不可忽, 不可忽.¹⁰⁵⁷

1053 몰자미(沒滋味) : 맛이 없다. 분별하거나 느낄 무엇이 없다. 재미가 없다. 느낌이 없다. =무자미(無滋味). 자미(滋味)는 '맛, 재미, 기분, 심정, 감정'이라는 뜻.

1054 심두민(心頭悶) : 심두(心頭)는 마음, 마음속. 민(悶)은 편치 않다, 갑갑하다, 답답하다, 울적하다는 뜻. 마음속이 갑갑하다. 마음속이 답답하다. 마음속이 불편하다.

1055 정호착력(正好著力) : 힘을 쓰기에 꼭 알맞다. 힘을 내기에 딱 좋다.

1056 좌단천하인설두(坐斷天下人舌頭) : 천하 사람들의 혀를 꺾다. 천하 사람들이 입을 다물게 만들다. 좌단(坐斷)은 좌단(挫斷), 좌단(剉斷)이라고도 쓰며, '꺾다, 꺾어 끊다, 쪼개다, 꺼꾸러뜨리다'는 뜻.

1057 덕부본에서는 제28권과 제29권을 구분하지 않았다.

41. 왕교수(王教授)[1058] 대수(大受)에 대한 답서

님께서는 헤어진 뒤 매일 어떻게 공부를 하시고 있는지요? 만약 일찍이 성정(性情)을 함양하는 것[1059]에서 맛[1060]을 본 적이 있거나, 경전의 가르침 속에서 맛을 본 적이 있거나, 조사의 말마디에서 맛을 본 적이 있거나, 눈으로 보고 귀로 듣는 곳에서 맛을 본 적이 있거나, 발을 들고 걸음을 옮기는 곳에서 맛을 본 적이 있거나, 마음으로 생각하는 곳에서 맛을 본 적이 있다면, 전혀 쓸모가[1061] 없습니다.

答王敎授(大受[1062])

不識, 左右別後, 日用如何做工夫? 若是曾於理性上得滋味, 經敎中得滋味, 祖師言句上得滋味, 眼見耳聞處得滋味, 擧足動步處得滋味, 心思意想處得滋味, 都不濟事.

1058 왕교수(王敎授) : 교수(敎授)는 오경(五經)을 가르치던 관직. 자(字)는 대수(大受) 혹은 대수(大授).

1059 이성(理性) : ①이(理)와 성(性)은 동일한 뜻. 본성(本性). 법성(法性). 진여자성(眞如自性). 일심(一心). 만상(萬象)의 체성(體性). 본래 갖추어 있는 이체(理體)로서 시종(始終) 변하지 않는 본성. ②성정(性情)을 함양함. ③(백화문) 행위. 짓.

1060 자미(滋味) : 맛. 재미. 기분. 심정. 감정.

1061 제사(濟事) : ①쓸모가 있다. 도움이 되다. ②(일 따위를) 이룰 수 있다. 해낼 수 있다. 성공할 수 있다. (주로 부정형으로 쓰임.)

1062 '수(受)'는 덕부본에서는 '수(授)'.

만약 곧장 쉬고자 하신다면, 마땅히 앞서 맛을 보았던 곳에는 전혀 상
관치 말고, 도리어 더듬어 찾을[1063] 것이 없고 맛이 없는 곳으로 가서, 한
번 마음을 쏟아[1064] 보십시오. 만약 마음을 쏟을 수도 없고 더듬어 찾을 수
도 없어서 붙잡을 것[1065]이 없음을 더욱더[1066] 느꼈다면, 이치의 길과 뜻의
길로는 마음[1067]이 전혀 가지 않아서 마치 흙·나무·기와조각·돌멩이
와 같을 것입니다. 이때에 공(空)에 떨어질까 봐 두려워하지 마십시오. 이
곳이 바로 자신이 목숨을 버릴[1068] 곳입니다. 부디 소홀히 하지 마십시오.

若要直下休歇, 應是從前得滋味處都莫管他, 却去沒撈摸處沒滋味處, 試著意看.
若著意不得, 撈摸不得, 轉覺得沒欄柄捉把, 理路義路心意識都不行, 如土木瓦石
相似. 時莫怕落空. 此是當人放身命處. 不可忽不可忽.

총명하고 영리한 사람은 흔히 총명함이 장애가 되기 때문에 도를 보

1063 노모(撈摸) : (물속에서 물건을) 더듬어 찾다.

1064 착의(著意) : ①일부러. 고의로. 의식적으로. ②생각을 하다. ③주의를 기울이다. 신
경 쓰다. 마음을 쏟다.

1065 파병(欄柄) : ①자루. 손잡이. ②꼬투리. 약점. ③이야깃거리. 화제.

1066 전(轉) : 더욱더. 한층 더.

1067 심의식(心意識) : 심(心)은 범어 질다(質多)의 번역, 모여서 발생한다는[集起] 뜻. 의
(意)는 범어 말나(末那)의 번역, 헤아려 생각한다는[思量] 뜻. 식(識)은 범어 비야남(毘若
南)의 번역, 분별하여 알아차린다는[了別] 뜻. 분별심(分別心)을 말함.

1068 방신명(放身命) : 자기 목숨에 대한 집착을 놓고 삶과 죽음에 자재하게 되다. 속박에
서 벗어나 자유로운 몸이 되다.

362

는 눈이 열리지 않고 곳곳에서 막히게 됩니다.[1069] 중생은 아득한 옛날부
터 분별심에 부림을 당하여 삶과 죽음 속을 흘러 다니며 자유를 얻지 못
합니다. 진실로 삶과 죽음에서 벗어나 쾌활한[1070] 사나이가 되고자 한다
면, 모름지기 단칼에 두 동강을 내어 분별심의 길을 끊어 버려야만 비로
소 약간이나마 들어맞을 것입니다. 그러므로 영가현각(永嘉玄覺) 스님은
말하길, "진리의 재산에 손해를 끼치고 공덕을 소멸시키는 것이 이 분별
심에서 말미암지 아니한 것이 없다."[1071]고 하였으니, 이것이 어찌 사람을
속이는 말이겠습니까?

聰明靈利人, 多被聰明所障, 以故道眼不開, 觸途成滯. 衆生無始時來, 爲心意識所
使 流浪生死不得自在. 果欲出生死作快活漢, 須是一刀兩段, 絶却心意識路頭, 方
有少分相應. 故永嘉云: "損法財滅功德, 莫不由玆心意識." 豈欺人哉?

　　지난번 님의 편지를 보니 그 속에 담긴 여러 가지 취향(趣向)이 모두 제
가 평소 꾸짖는 병통들입니다. 이런 종류의 일들은 관심 밖으로 내던져
버려야[1072] 함을 아십시오. 우선 붙잡을 것이 없고 더듬을 것이 없고 맛이

1069　촉도성체(觸途成滯) : 어디서든지 막히다. 곳곳에서 막히다. 촉도(觸途)는 '곳곳마다,
　　　어디서든지'라는 뜻.

1070　쾌활(快活) : ①기분이 좋다. 쾌적하다. ②편하다. 잘 지내다. ③막힘없이 잘 통하다.
　　　원활하다. ④통달하다. 환히 꿰뚫다. ⑤재빠르다. ⑥신령스럽게 깨닫다.

1071　영가현각의 『증도가(證道歌)』에 나오는 구절.

1072　양재뇌후(颺在腦後) : 관심 밖으로 내던져 버리다. 뇌후(腦後)는 관심 밖이라는 뜻.

없는 곳에서 한번 공부해 보십시오. 예컨대 어떤 승려가 조주에게 묻되 "개에게도 불성이 있습니까?" 하니, 조주가 말하길 "없다."라고 하였습니다.

頃蒙惠教, 其中種種趣向, 皆某[1073]平昔所訶底病. 知是般事, 颺在腦後. 且向沒巴鼻處沒撈摸處沒滋味處, 試做工夫看. 如僧問趙州 : "狗子還有佛性也無?" 州云 : "無."

보통 총명한 사람은 말하는 것을 듣자마자 곧 분별심으로 이해하여 추측하고 헤아려 증거를 끌어들이며 당부한[1074] 곳이 있음을 말하려 하니, 증거를 끌어들이는 것도 용납하지 않고 두루 헤아리는 것도 용납하지 않고 분별심으로 이해하는 것도 용납하지 않는다는 것을 전혀 알지 못합니다. 비록 증거를 끌어들일 수 있고 두루 헤아릴 수 있고 이해할 수 있다고 하더라도, 이것들은 모두 육신[1075] 앞에 있는 분별심[1076] 쪽의 일들로서 삶과 죽음의 기슭에서는 전혀 힘을 얻지 못합니다. 그런데 요즈음 온 천하에 선사(禪師) 장로(長老)라고 하는 자들이 분명하고 밝게 이해했다고 하는 것은 님께서 편지 속에 써 보낸 내용을 벗어나지 않습니다. 그러니 그 밖의 여러 가지 삿된 이해는 말할 나위조차 없습니다.

1073 '모(某)'는 궁내본에서는 '종고(宗杲)'. 아래도 모두 마찬가지로 되어 있다. 뜻은 차이 없다.

1074 분부(分付) : ①맡기다. 당부하다. ②주다. 공급하다.

1075 촉루(髑髏) : 해골. 육신(肉身).

1076 정식(情識) : 감정과 의식을 통한 분별(分別). 미망심(迷妄心). 중생심. 분별심.

尋常聰明人, 纔聞舉起, 便以心意識領會, 搏量引證, 要說得有分付處, 殊不知, 不
容引證, 不容搏量, 不容以心意識領會. 縱引證得搏[1077]量得領會得, 盡是髑髏前情
識邊事, 生死岸頭定不得力. 而今普天之下, 喚作禪師長老者, 會得分曉底, 不出左
右書中寫來底消息耳. 其餘種種邪解, 不在言也.

충밀(冲密) 수좌는 저와 더불어 평보융(平普融)의 회상에 함께 있으면서
평보융의 가르침을 모두 배웠는데, 그는 스스로 안락해졌다고 여겼습니
다. 그러나 성취한 바가 역시 님께서 편지 속에 적은 내용을 벗어나지 못
했습니다. 요즈음 비로소 자신의 잘못됨을 알고 달리 안락한 곳을 얻고
나서야, 드디어 제가 털끝만큼도 속이지 않았음을 알았습니다. 이제 특
별히 그를 보내어 만나 뵙게 하였으니, 한가한 때에 그에게 솔직한 이야
기를 털어놓게 하여 님의 뜻과 들어맞는지를 살펴보십시오.

密首座, 宗杲[1078]與渠同在平普融會中相聚, 盡得普融要領, 渠自以爲安樂. 然所造
者 亦不出左右書中消息. 今始知非, 別得箇安樂處, 方知某無秋毫相欺. 今特令去
相見, 無事時試令渠吐露, 看還契得左右意否.

팔십의 나이에 과거 시험장[1079]에 들어가는 것은 진실한 정성이지 아이

1077 '박(搏)'은 궁내본과 덕부본에서 '박(博)'. 박량(博量)이 '두루 헤아리다'는 뜻이므로 맞
      다. 박(搏)은 오자(誤字)이거나 박(博)의 가차자(假借字)일 것이다.

1078 '종고(宗杲)'는 덕부본에서는 모두 '모(某)'로 되어 있다.

1079 장옥(場屋) : 과거 시험장. 관리를 선발하는 과거 시험장인 선관장(選官場)에 비유하

들의 장난이 아닙니다. 만약 삶과 죽음의 문제가 찾아왔을 때에 힘을 얻지 못한다면, 비록 또렷하고 분명하게 말하고, 일관되게 해석하여[1080] 결말[1081]을 얻고, 사례를 끌어들여 증명하여 차이가 없더라도, 모두가 귀신 집안의 살림살이니 이들은 나 자신의 한 조각 일[1082]과는 전혀 상관없는 것입니다. 선문(禪門)의 여러 가지 차별되고 다양한 견해들은 오직 법(法)을 아는 사람이라야 두려워합니다. 대법(大法)에 밝지 못한 사람은 흔히 병을 약으로 착각함을 반드시 알아야만 합니다.

八十翁翁入場屋, 眞誠不是小兒戲. 若生死到來不得力, 縱說得分曉, 和會得有下落, 引證得無差別, 盡是鬼家活計, 都不干[1083]我一星事. 禪門種種差別異解, 唯識法

여 참선공부하는 선원(禪院)을 부처를 뽑는 과거 시험장인 선불장(選佛場)이라고 부른 예는 단하천연(丹霞天然; 739~824)의 다음 이야기에 나온다 : 단하천연은 원래 유학(儒學)을 공부하였는데, 장안(長安)으로 들어가 과거 시험에 응시하려고 길을 떠났다가 도중에 한 여관에 머물렀다. 그 여관에서 우연히 어떤 선객(禪客)을 만났는데, 그 선객이 물었다. "당신은 어디로 가십니까?" "관리 선발하는 시험을 보러 갑니다." "관리를 선발하는 것이 어찌 부처를 선발하는 것과 같겠습니까?" "부처에 선발되려면 어디로 가야 합니까?" "지금 강서(江西)에 마대사(馬大師)가 이름을 날리고 있는데, 그곳이 바로 선불장(選佛場)이니, 당신이 가 볼 만한 곳입니다." 이에 단하는 발길을 돌려 바로 강서로 갔다.(『경덕전등록』제14권 '등주단하천연선사(鄧州丹霞天然禪師)')

1080 화회(和會) : 조화하다. 절충하다. 서로 모순된 듯한 경론(經論)을 하나로 통하게 해석(解釋)함.

1081 하락(下落) : ①결말. 행방. 간 곳. ②떨어지다.

1082 일성사(一星事) : 한 개 조그만 일. 일성(一星)은 작은 한 점을 형용함. 여기에선 자신의 본래면목(本來面目)을 가리킴.

1083 '간(干)'은 궁내본에서 '천(千)'. 천(千)은 간(干)의 오자(誤字).

者懼. 大法不明者, 往往多以病爲藥, 不可不知.

42. 유시랑(劉侍郎)[1084] 계고(季高)에 대한 답서 (1)[1085]

보내 주신 글을 보니, 섣달 그믐날이 이미 다가왔다고 하셨더군요. 요컨대 매일 마땅히 이와 같이 본다면, 경계에 물들어 피곤한 마음[1086]이 저절로 녹아서 떨어질 것입니다. 세간에서 경계(境界)에 물들어 피곤한 마음이 녹아 떨어지고 나면, 다음 날은 여전히 초봄[1087]으로서 아직 추울 뿐입니다. 옛 스님이 말하기를, "불성(佛性)의 뜻을 알려고 한다면 시절인연(時節因緣)을 보아야 한다."[1088]고 하였습니다. 이 시절(時節)이란 바로 석가모니께서 세속을 떠나 부처가 되어 금강좌(金剛座)에 앉아 마군(魔軍)을 항복시키고 법륜(法輪)을 굴려서 중생(衆生)을 제도(濟度)하다 열반(涅槃)에 들어가시는 시절인데, 해공거사(解空居士) 당신이 말하는 섣달 그믐날이라

1084　유시랑(劉侍郎) : 오흥(吳興) 사람, 성(姓)은 유(劉) 씨, 이름은 잠(岑), 자(字)는 중고(仲高), 호(號)는 해공거사(解空居士)이다. 3형제가 있었는데, 첫째는 이름이 숭(崧)이고 자(字)는 백고(伯高), 둘째는 이름이 잠(岑)이고 자(字)는 중고(仲高), 셋째는 이름이 교(嶠)이고 자(字)는 계고(季高)라 한다. 그런데 『인악기(仁岳記)』에 의하면 이름이 잠(岑)이고 자(字)가 계고(季高)라고 하므로 어느 것이 옳은지 알 수가 없다.

1085　소흥(紹興) 18년(1148년) 대혜(大慧) 나이 60세 때, 형주(衡州)에서 답한 것.

1086　진로지심(塵勞之心) : 육진경계(六塵境界)를 따라 번뇌가 일어나서 피로해진 마음.

1087　맹춘(孟春) : 음력 12월 30일 다음은 1월 1일인데, 음력 1월은 맹춘(孟春) 즉 초봄이다. 1월 1일이 초봄이라고는 하나 여전히 추워서 아직 따뜻한 봄의 기운을 느끼기에는 이르다. 경계에 물든 피곤한 마음이 문득 녹아 떨어져도, 아직 경계에 물든 습기가 그대로 남아서 해탈의 자유를 맛보기에는 아직 이르다는 뜻.

1088　『경덕전등록』 제9권 '담주위산영우선사(潭州潙山靈祐禪師)'에서 백장회해(百丈懷海)가 위산영우(潙山靈祐)에게 한 말. 시절인연(時節因緣)은 알맞은 때, 즉 봄에는 꽃이 피고 가을에는 낙엽이 떨어지듯이 모든 인연은 때를 만나 나타난다는 말.

는 시절(時節)과 전혀 다르지 않습니다.

答劉侍郎(季高)

示諭, 臘月三十日已到. 要之日用當如是觀察, 則世間塵勞之心, 自然銷殞矣. 塵勞
之心旣銷殞, 則來日依前孟春猶寒矣. 古德云: "欲識佛性義, 當觀時節因緣." 此箇
時節, 乃是黃面老子出世, 成佛坐金剛座降伏魔軍, 轉法輪度衆生, 入涅槃底時節,
與解空所謂臘月三十日時節, 無異無別.

여기에 이르러서는 다만 이와 같이 볼 뿐이니, 이렇게 보는 것을 이름
하여 바르게 보는 것이라 하고, 이와 달리 보는 것은 삿되게 보는 것이라
합니다. 삿되고 바른 것을 구분하지 못하면, 저 시절(時節)을 따라서 이리
저리 바뀌어 감을 면하지 못할 것입니다. 시절을 따라다니지 않으려 한
다면, 다만 당장[1089] 놓아 버리십시오. 놓고 또 놓아서 놓을 수 없는 곳에
도달하면 이러한 말도 또한 허용하지 않게 될 것이고, 여전히 다만 해공
거사(解空居士)일 뿐이고 다시 다른 사람이 아닙니다.

到這[1090]裏只如是觀, 以此觀者名爲正觀, 異此觀者名爲邪觀. 邪正未分, 未免隨他
時節遷變. 要得不隨時節, 但一時放下著. 放到無可放處, 此語亦不受, 依前只是解
空居士, 更不是別人.

1089   일시(一時) : ①즉시. 당장. 곧. ②갑자기. 별안간. ③일제히. 같은 때에.
1090   '저(這)'는 궁내본과 덕부본에서는 모두 '차(遮)'로 되어 있음.

43. 유시랑(劉侍郎) 계고(季高)에 대한 답서 (2)

우리 부처님께서는 큰 성인(聖人)으로서 모든 상(相)[1091]을 비우고 만법(萬法)의 지혜를 이룰 수 있지만, 정해진 업[1092]을 곧장 없애진 못하십니다.[1093] 하물며 열등한 범부(凡夫)[1094]가 어찌 정해진 업을 없앨 수 있겠습니

1091 상(相) : ①lakṣaṇā. 사물의 모양, 모습. 『반야심경』에서 "是諸法空相"의 상(相). 『금강경』에서 "凡所有相皆是虛妄, 若見諸相非相則見如來."의 상(相). ②saṃjñā. 개념. 상(想)과 같음. 마음이 분별한 사물의 모습. 작상(作相)은 '생각하다'는 뜻. 『반야심경』에서 "無色無受想行識"의 상(想). 『금강경』에서 "離一切相", "無復我相人相衆生相壽者相, 無法相亦無非法相."의 상(相). 여기에서는 '空一切相'이니, lakṣaṇā와 saṃjñā의 둘 어느 쪽에든 해당할 수 있다.

1092 정업(定業) : ①반드시 과보를 불러올 업. 과보를 반드시 받되, 받는 시간에는 현세에 업을 지어서 현세에 과보를 받는 순현업(順現業), 현세에 지어서 다음 생에 받는 순생업(順生業), 현세에 지어서 다음 생 이후에 받는 순후업(順後業)의 세 가지가 있다. ②결정된 업보. 과거에 지은 업에 의하여 당연히 현세에서 받게 되는 과보를 말한다.

1093 숭악혜안(嵩嶽慧安) 국사(國師)의 제자인 숭악원규(嵩嶽元珪) 선사의 말에 다음과 같은 내용이 있다 : "부처님께선 모든 모습을 비워서 만법의 지혜를 잘 이루시지만, 정업(定業)을 소멸하진 못하신다. 부처님께선 여러 중생들의 헤아릴 수 없는 일들을 잘 아시지만, 인연 없는 중생을 교화하진 못하신다. 부처님께선 헤아릴 수 없이 많은 중생들을 잘 제도하시지만, 중생의 세계를 없애진 못하신다. 이것을 일러 세 가지 불가능한 일이라 한다."(佛能空一切相成萬法智, 而不能卽滅定業. 佛能知群有性窮億劫事, 而不能化導無緣. 佛能度無量有情, 而不能盡衆生界. 是謂三不能也.)(『경덕전등록』 제4권 숭악원규선사.)

1094 박지범부(博地凡夫) : =박지범부(薄地凡夫). 박지저하범부(薄地底下凡夫, 博地底下凡夫)라고도 쓴다. 가장 열등한 범부. 박지(博地)는 하등(下等)이라는 뜻. 박지(薄地)라고도 쓴다. 범부(凡夫)를 삼류(三類; 내범(內凡), 외범(外凡), 박지(薄地))로 나눈 것 가운데 하나. 가장 하등한 범부.

까? 거사(居士)께서는 이미 이 속의 사람[1095]이니, 생각을 하고 있더라도 늘 이 삼매(三昧)에 들어가 있습니다.

又

吾佛大聖人, 能空一切相, 成萬法智, 而不能卽滅定業. 況博地凡夫耶? 居士旣是箇 中人, 想亦常入是三昧.

옛날에 어떤 승려가 한 노숙(老宿)[1096]에게 물었습니다.

"세계(世界)가 이렇게 뜨거운데 어느 곳으로 피해야 하겠습니까?"

그 노숙이 말했습니다.

"펄펄 끓는 가마솥과 이글이글 불타는 화로 속으로 피하라."

이에 그 승려가 물었습니다.

"그런데 펄펄 끓는 가마솥과 이글이글 불타는 화로 속으로 어떻게 피하겠습니까?"

그 노숙이 답했습니다.

"온갖 고통이 이를 수 없다."[1097]

1095 개중인(箇中人) : 그 속의 사람. 관계자.

1096 노숙(老宿) : 노년숙덕(老年宿德)의 약어로 덕을 쌓은 노인이라는 뜻이다. 덕망 있는 스님에 대한 경칭으로 사용된다.

1097 『경덕전등록』 제20권 '무주조산혜하료오대사(撫州曹山慧霞了悟大師)'에 나오는 내용인데 전체 대화는 다음과 같다 : 어떤 승려가 모시고 섰는데, 조산혜하(曹山慧霞)가 물었다. "도(道)는 매우 뜨거울 수도 있느냐?" "그렇습니다." "뜨겁다면, 어디로 피할 수 있느냐?" "끓는 물과 불타는 숯 속으로 피합니다." "끓는 물과 불타는 숯 속으로 어떻게 피할 수 있

昔有僧問一老宿: "世界恁麼熱, 未審向甚麼處回避?" 老宿曰: "向鑊湯鑪炭裏回
避." 曰: "只如鑊湯鑪炭裏, 作麼生回避?" 曰: "衆苦不能到."

원컨대 거사(居士)께서는 일상생활의 여러 가지 행동 속에서 다만 이와
같이 공부하시고, 저 노숙의 말을 소홀히 하지 마십시오. 이것은 제가 효
과를 본 약방문(藥方文)이니, 제가 거사(居士)와 더불어 이 도(道)에 서로 들
어맞고 이 마음을 서로 아는 사이가 아니라면 쉽게 전해 주지 못할 것입
니다. 그러니 다만 한순간 문득 맞아떨어지는 약초와 탕약(湯藥)만을 쓰
시고, 다시 다른 탕약(湯藥)을 쓰지는 마십시오. 만약 다른 탕약을 쓰신다
면, 사람을 발광(發狂)하게 할 것임을 반드시 아셔야 합니다.

願居士日用四威儀中, 只如此做工夫, 老宿之言不可忽. 此是妙喜得效底藥方, 非
與居士此道相契此心相知, 亦不肯容易傳授. 只用一念相應草湯下, 更不用別湯使.
若用別湯使, 令人發狂, 不可不知也.

한순간 문득 맞아떨어지는 약초(藥草)는 달리 구할 필요가 없으니, 다
만 거사(居士)께서 가고 · 머물고 · 앉고 · 눕는 가운데에 있습니다. 밝은
곳은 밝기가 해와 같고 어두운 곳은 어둡기가 옻칠과 같습니다.[1098] 만약

느냐?" "온갖 고통이 다다를 수 없습니다." 조산(曹山)은 말없이 놓아두었다. (僧侍立師
曰: "道者可殺炎熱?" 曰: "是." 師曰: "只如炎熱向什麼處迴避得?" 曰: "向鑊湯鑪炭裏迴避." 師曰:
"只如鑊湯鑪炭 作麼生迴避得?" 曰: "衆苦不能到." 師默置.)
1098 털끝만큼 차이가 나면 하늘과 땅만큼 멀어진다.

손닿는 대로 집어 와 본지풍광(本地風光)[1099]으로 한번 비추어서 어긋남이 없다면, 사람을 죽일 수도 있고 살릴 수도 있습니다. 그러므로 부처님과 조사(祖師)께서는 항상 이 약(藥)을 가지고 펄펄 끓는 가마솥과 이글이글 불타는 화로 속에서[1100] 고뇌(苦惱)하는 중생의 삶과 죽음이라는 큰 병[1101]을 치료하시니, 이름하여 대의왕(大醫王)[1102]이라고 부르는 것입니다.

一念相應草, 不用他求, 亦只在居士四威儀中. 明處明如日, 黑處黑如漆. 若信手拈來 以本地風光一照, 無有錯者, 亦能殺人, 亦能活人. 故佛祖常以此藥向鑊湯鑪炭裏, 醫苦惱衆生生死大病, 號大醫王.

거사께서는 믿을 수 있겠습니까? 만약 거사께서 본래 부자(父子) 사이에도 전해 주지 않는 비밀스러운 약방문(藥方文)[1103]을 가지고 있어서 끓는 가마솥과 불타는 화로 속으로 피하는 현묘한 의술(醫術)[1104]을 쓸 필요가

1099　본지풍광(本地風光) : 본분사(本分事), 본래면목(本來面目)과 같은 말로서 곧 견성처(見性處)를 가리키고, 본성(本性), 자성(自性), 불성(佛性), 본심(本心) 등과도 같은 말이다.

1100　사바세계 속에서.

1101　생사대병(生死大病) : 분별망상(分別妄想)의 병.

1102　대의왕(大醫王) : 부처님을 말함. 어진 의사가 병에 따라 약을 주어 병자를 낫게 하듯이, 부처님께서 중생의 근기에 따라 알맞은 가르침을 주어, 그 고통을 없애고 편안하게 하므로 대의왕이라 한다.

1103　비방(秘方) : =비방(祕方). ①신비하거나 교묘한 방법. ②비밀리에 전해 오는 약방문(藥方文).

1104　가마솥과 화로 속에서 뜨겁지도 않고 불타지도 않는 것이 가마솥과 화로 속으로 피하

없다고 하신다면, 도리어 거사께서 저에게 자비를 베풀어 주시기 바랍니다.

不識居士還信得及否? 若言我自有父子不傳之祕[1105]方, 不用向鑊湯鑪炭裏回避底

妙術, 却望居士布施也.

는 묘술(妙術)이다.

1105 '祕'은 '秘'의 오자(誤字).

44. 이랑중(李郎中)[1106] 사표(似表)에 대한 답서[1107]

사대부(士大夫)[1108]는 이 도를 배움에 총명하지 않음을 근심하지 말고 너무 총명함을 근심해야 하며, 지견 없음을 근심하지 말고 지견이 너무 많음을 근심해야 합니다. 그러므로 늘 의식(意識) 앞으로 한 걸음[1109] 내디디니, 발아래[1110]의 쾌활하고 자재한 소식에는 어둡습니다. 삿된 견해 가운데에서도 좀 나은 것은, 보고·듣고·느끼고·아는 것을 자기라고 이해하고, 드러난 그대로의 경계를[1111] 심지법문(心地法門)[1112]으로 삼는 것입니

1106 이랑중(李郎中) : 낭중(郎中)은 관직 이름, 자(字)는 사표(似表).

1107 1149년(61세)에 쓴 글.

1108 사대부(士大夫) : 글을 읽는 지식인(知識人)인 선비.

1109 식전일보(識前一步) : 의식(意識) 앞에서 한 걸음 내딛다. 의식(意識)에 매여서 행동하다.

1110 각근하(脚跟下) : =각하(脚下). 발밑. 서 있는 곳. 본바탕. 본래면목.

1111 현량(現量) : 인명(因明) 3량인 현량(現量)·비량(比量)·비량(非量)의 하나. 심식(心識) 3량의 하나. 비판하고 분별함을 떠나서 바깥 경계(境界)의 모습을 그대로 느끼고 알아차리는 것. 예를 들면, 맑은 거울이 어떤 형상이든 그대로 비치듯, 꽃은 꽃으로 보고, 노래는 노래로 듣고, 냄새는 냄새로 맡고, 매운 것은 매운 대로 맛보고, 굳은 것은 굳은 대로 느껴서, 조금도 분별하고 미루어 구하는 생각이 없는 것.

1112 심지법문(心地法門) : 마음을 심(心), 심법(心法), 심지(心地), 심지법(心地法)이라 하니, 심지법문(心地法門)은 마음에 대한 가르침이다. 마음을 심지(心地)라 하는 것은, 마음은 땅과 같아서 모든 것이 마음에 의지하여 생긴다는 뜻으로 한 말이다. 마조도일(馬祖道一)은 심지법문을 다음과 같이 말한다. "무엇을 일컬어 심지법문이라 하고 무엇을 일컬어 무진등이라고 하는가. 일체법은 모두 마음법이고 일체의 이름은 모두 마음의 이름이다. 만법이 모두 마음으로부터 생겨나므로 마음이 만법의 근본이다."(云何言心地法門 云何言無盡燈 一切法 皆是心法 一切名 皆是心名 萬法皆從心生 心爲萬法之根本)(『마조어록(馬祖

다. 이보다 못한 것은, 업(業)을 짓는 의식[1113]을 놀려 깨달음으로 들어가는 출입구[1114]를 알아차리고는[1115] 경솔하게 입술을 놀려서[1116] 현(玄)을 이야기하고 묘(妙)를 말하는 것입니다. 더 심한 것은, 발광(發狂)하기에까지 이르러서도 말을 아끼지 않고 인도말로 중국말로[1117] 상관없는 것들을 이것저것 지껄이는[1118] 것입니다. 가장 못한 것은, 묵묵히 비추며 말이 없음으로써 텅 비고 고요하게 하여 귀신굴 속[1119]에 머물러[1120] 궁극적 안락(安樂)을 찾는 것입니다. 그 나머지 여러 가지 삿된 견해들은 말로 다 할 수도 없이 많습니다.

語錄)』) 또 황벽희운(黃檗希運)도 『전심법요(傳心法要)』에서, "이른바 심지법문이란 만법이 모두 이 마음에 의지하여 건립된다는 말이니 경계를 만나면 마음이 있고 경계가 없으면 마음도 없다."(所謂心地法門 萬法皆依此心建立 遇境卽有 無境卽無)고 그 의미를 밝히고 있다.

1113 업식(業識) : 범부의 마음을 말한다. 선업(善業)·악업(惡業)에 의해서 초래된 과보로서의 식(識)을 말한다. 한마디로, 분별하여 업을 짓는 버릇에 물든 중생의 망상심(妄想心). 심의식(心意識)과 같은 뜻.

1114 문두호구(門頭戶口) : 문호(門戶) 즉 출입구(出入口). 깨달음으로 들어가는 출입구.

1115 깨달음으로 들어가는 출입구라고 분별할 뿐, 깨달아 들어가지는 못하고.

1116 파양편피(簸兩片皮) : 입술을 놀리다. 함부로 말하다. 경솔하게 말하다.

1117 호언한어(胡言漢語) : 외국인과 중국인의 말. 외국인과 중국인이 섞여 살고 있는 지역의 말. 외국말과 중국말이 뒤섞여 있는 말. 여기에서 호(胡)는 주로 인도(印度)를 가리킴.

1118 지동획서(指東畫西) : 동쪽을 가리키며 서쪽을 그음. 함께 일을 논의할 때 주제를 회피하여 그 언저리에 대해서만 이러쿵저러쿵 호도(糊塗)하는 일. =지동설서(指東說西).

1119 귀굴리(鬼窟裏) : 귀신이 사는 굴 속. 죽은 사람이 사는 굴 속. 의식(意識)이 활동하지 않는 공적(空寂)에 빠진 묵조선자(默照禪者)가 머무는 곳. =흑산하귀굴(黑山下鬼窟).

1120 착도(著到) : -에 도달한 채로 있다. -에 머물러 있다.

答李郎中(似表)

士大夫學此道, 不患不聰明, 患太聰明耳, 不患無知見, 患知見太多耳. 故常行識前
一步, 昧却脚跟下快活自在底消息. 邪見之上者, 和會見聞覺知爲自己, 以現量境
界, 爲心地法門. 下者, 弄業識, 認門頭戶口, 簸兩片皮, 談玄說妙. 甚者, 至於發狂
不勒字數, 胡言漢語, 指東畫西. 下下者, 以默照無言空空寂寂, 在鬼窟裏著到, 求
究竟安樂. 其餘種種邪解, 不在言而可知也.

충밀(沖密) 등이 돌아옴에 공(公)이 주신 편지를 받아 읽어 보니 말할 수
없이 기쁘고 안심이 됩니다. 또다시 세제(世諦)[1121]를 차례대로 말하며 서
로 주고받고 하지는 마십시오. 단지 님께서는 도(道)를 향한 용맹(勇猛)한
뜻 때문에 곧장 갈등선(葛藤禪)[1122] 속으로 들어가 버려서, 덕산(德山)이나
임제(臨濟)와 같은 빼어남이 없고, 법안(法眼)이나 조동(曹洞)과 같은 남다
름이 없는 것입니다. 다만 배우는 사람에게 원대하고 결정적인 뜻이 없
고 가르치는 사람에게도 광대하고 막힘없이 통하는 법문(法門)이 없기 때
문에 입문(入門)에 차별이 있는 것이지만, 마침내 돌아가 머무는 곳[1123]에
는 여러 가지 차별이 전혀 없습니다.

1121   세제(世諦) : 속제(俗諦)라고도 함. 세(世)는 세속이란 뜻이고, 제(諦)는 진실한 도리
       란 뜻. 세속 사람들이 아는 도리, 곧 세간 일반에서 인정하는 진리. 반대는 진제(眞諦) 혹
       은 승의제(勝義諦)라고 한다.

1122   갈등선(葛藤禪) : 구두선(口頭禪). 문자선(文字禪). 의리선(義理禪). 갈등은 분별망상
       혹은 언어문자를 가리킴.

1123   귀숙처(歸宿處) : 귀의처(歸依處), 돌아가 머물 곳.

沖密等歸, 領所賜敎, 讀之喜慰不可言. 更不復敍世諦相酬酢. 只以左右向道勇猛
之志 便入葛藤禪, 無德山臨濟之殊, 法眼曹洞之異. 但學者無廣大決定志, 而師家
亦無廣大融通法門, 故所入差別, 究竟歸宿處, 並無如許差別也.

편지에 말씀하시기를, 제[1124]가 편지로써 요긴한 곳[1125]을 가리켜 주기
를 바란다고 하셨는데, 단지 요긴한 곳을 가리켜 주기를 바라는 이 한 생
각이 벌써 아교 그릇[1126] 속에 들어가 달라붙은[1127] 것이니, 또다시 눈 위에
서리를 더해서는 안 됩니다. 그렇긴 하지만 질문을 하셨으니 답하지 않
을 수 없군요.

청컨대 님께서는 평소 도장(都將)[1128]의 직무를 수행하면서, 혹은 스스
로 경전의 말씀을 보거나 혹은 남이 말해 주고[1129] 가리켜 주는 것으로 말

1124　묘희(妙喜) : 대혜종고의 호(號). 묘희(妙喜)라는 호는 무진거사(無盡居士)에게서 받
　　　았다. 무진거사(無盡居士)는 승상(丞相) 장상영(張商英; 1043~1121)인데, 대혜종고가 스
　　　승인 담당문준의 탑명(塔銘)을 부탁하여 인연을 맺었다. 무진거사는 대혜와 함께 이야기
　　　하고는 크게 기뻐하며 대혜의 자(字)를 담회(曇晦)라 짓고, 호를 묘희(妙喜)라 지어 주었
　　　다. 그 때문에 종고는 종종 스스로를 묘희라 부른다. 운문암(雲門庵)에 있을 때에는 스스
　　　로를 운문(雲門)이라 부르고, 경산(徑山)에 있을 때에는 스스로를 경산이라고 불렀지만,
　　　때로는 머무는 장소가 아닌 묘희라는 호로써 자신을 나타내기도 하였다.

1125　경요처(徑要處) : 긴요하고 기본이 되는 곳. 요충지.

1126　교분(膠盆) : 아교 그릇. =교분자(膠盆子). 그림을 그릴 때에 물감을 정착시키기 위하
　　　여 아교를 녹이던 그릇. 움직임을 가로막는 끈적끈적한 장애물을 비유한다.

1127　자두(剌頭) : 몰두하다. 달라붙다. 집중하다.

1128　도장(都將) : 당(唐) · 오대(五代) 때에 금군(禁軍)을 통솔하던 벼슬.

1129　거각(擧覺) : 거(擧)나 거기(擧起)와 같은 뜻으로서, '말하다' '말해 주다' '제시하다' '제
　　　기하다'는 뜻이다. 그러나 일부러 거각(擧覺)이라고 쓴 것은 역시 각(覺)의 뜻을 부가하고

미암아 맛과 즐거움을 얻은 곳은 일시(一時)에 놓아 버리십시오. 이전처
럼 전혀 알지 못하고 전혀 이해하지 못하여 마치 세 살 먹은 어린아이처
럼 분별심[1130]은 있으나 아직 행해지지 않는다면, 도리어 요긴한 곳을 찾
는 한 생각을 일으키기 이전[1131]을[1132] 살펴보십시오. 살펴보고 또 살펴보
아서, 더욱더 붙잡을 것이 없고[1133] 마음이 더욱더 불편함을 느낄 때에, 놓
아서 늦추면[1134] 안 됩니다. 여기가 곧 온갖 성인의 머리[1135]를 꺾어 버릴[1136]
곳입니다.

示諭, 欲妙喜因書指示徑要處, 只這求指示徑要底一念, 早是剌頭入膠盆了也, 不
可更向雪上加霜. 雖然有問不可無答. 請左右都將平昔, 或自看經敎話頭, 或因人

있다고 보아야 한다. 각(覺)은 '일깨우다' '깨우치다'는 뜻이므로 거각(擧覺)은 '일화 등을
말하여 일깨우다' '예를 들어 말하여 깨우쳐 주다' '공안이나 화두를 말하여 일깨워 주다'
는 뜻이다. 김태완 지음 『간화선 창시자의 선』(침묵의 향기 간행) 하권 「간화용어의 번역에
관하여」 참조.

1130 성식(性識) : 근성(根性)과 심식(心識). 심의식(心意識)과 같은 말.
1131 전두(前頭) : ①앞쪽. 면전. ②이전. ③금후(今後).
1132 향(向) : ①도달하다. 이르다(=도(到)). ②−에서(=재(在)). ③−에 대하여. −을(=대
     (對)). ④−로부터. −로 말미암아(=종(從)).
1133 몰파비(沒把鼻) : =몰파비(沒巴鼻). 파비(把鼻)는 파비(把臂)라고도 하는데 파(把)는
     '잡는다'는 뜻이므로, 파비(把鼻)는 붙잡을 곳, 의지할 근거(根據) 등을 의미한다. 본래 소
     를 부릴 때 코를 붙잡고서 끌고 가는 것에서 유래하는 말이라 한다.
1134 방완(放緩) : 늦추어 놓다. 놓아서 늦추다. 게으름을 부리다.
1135 정녕(頂顙) : 정수리와 이마. 고인(古人)이나 불조(佛祖)의 진면목(眞面目)을 비유함.
1136 좌단천성정녕(坐斷千聖頂顙) : 수많은 성인(聖人)들의 머리를 꺾다. 자유자재한 깨달
     음을 가리킨다. 좌단(坐斷)은 좌단(挫斷), 좌단(刌斷)이라고도 쓰며, '꺾다, 꺾어 끊다, 쪼
     개다, 꺼꾸러뜨리다'는 뜻.

擧覺指示, 得滋味歡喜處一時放下. 依前百不知百不會, 如三歲孩兒相似, 有性識
而未行, 却向未起求徑要底一念子前頭看. 看來看去, 覺得轉沒巴鼻, 方寸轉不寧
怗時, 不得放緩. 這裏是坐斷千聖頂顁處.

흔히 도를 배우는 사람들이 여기에서 물러나 버립니다. 님께서 저를
믿으신다면, 다만 요긴한 곳을 가리켜 주기를 원하는 한 생각을 일으키
기 이전을 살펴보십시오. 살펴보고 또 살펴보면, 문득 꿈에서 깨어나는
것이 이상한 일[1137]이 아닙니다. 이것이 바로 제가 평소에 행하는 힘을 얻
는 공부입니다. 공(公)에게 결정적인 뜻이 있음을 알기 때문에 진흙을 묻
히고 물에 젖는[1138] 이러한 한바탕 어리석은 일을 했습니다만,[1139] 이 밖에
따로 가리켜 드릴 만한 것은 없습니다. 만약 가리켜 드릴 것이 있다면,
그것은 요긴한 것이 아닙니다.

1137　차사(差事) : ①쓸모없다. 기준 미달이다. 품질이 나쁘다. ②이상한 일.

1138　타니대수(拖泥帶水) : 진흙을 묻히고 물에 젖는다는 뜻인 타니대수(拖泥帶水)는 선가
(禪家)에서 가르침을 펼 때, 방편(方便)의 언어(言語)를 만들어 가르침을 펼침을 가리키
는 말이다. 진흙에 들어가고 물에 들어간다는 뜻인 입니입수(入泥入水)라 하기도 하고,
진흙과 섞이고 물과 섞인다는 뜻인 화니화수(和泥和水)라 하기도 한다. 도는 본래 분별할
수 없고 말할 수 없는데, 방편으로 어쩔 수 없이 말을 사용할 수밖에 없다는 것. 물에 빠
진 사람을 건지려면 자기도 물에 들어가야 하고, 진흙탕에 빠진 사람을 구하려면 자기도
진흙을 묻힐 수밖에 없다. 그러므로 타니대수는 중생을 구제하려는 자비를 가리키는 말
이기는 하지만, 또한 언어문자의 방편을 사용하기 때문에 자기가 맞을 몽둥이를 짊어지
고 나서는 일이라고도 하는 것이다. 타니섭수(拖泥涉水)라고도 한다.

1139　일장패궐(一場敗闕) : 한바탕 손해 보다. 한 번 실패하다. 한 번 좌절하다. 한 번 꺾이
다.

380

往往學道人, 多向這裏打退了. 左右若信得及, 只向未起求徑要指示一念前看. 看來看去, 忽然睡夢覺, 不是差事. 此是妙喜平昔做底得力工夫. 知公有決定志, 故拕泥帶水, 納這一場敗闕, 此外別無可指示. 若有可指示, 則不徑要矣.

45. 이보문(李寶文)[1140] 무가(茂嘉)에 대한 답서[1141]

지난번 편지를 받아 보니, 근성(根性)이 어둡고 우둔하기 때문에 힘써 부지런히 닦아 지니지만 끝내 초월하여 깨달을[1142] 방법을 얻지 못하고 있다고 하셨습니다. 제가 이전에 쌍경산(雙徑山)[1143]에서 부계신(富季申)[1144]의 물음에 답한 적이 있는데, 부계신의 물음이 바로 이 물음과 같았습니다. 어둡고 우둔함을 능히 알 수 있는 그것은 결코 어둡고 우둔하지 않은데, 다시 어디에서 초월한 깨달음을 구하려 하겠습니까? 지식인이 이 도를 배우려면 도리어 어둡고 우둔함에 의지하여 들어가야 합니다. 만약 어둡고 우둔함에 집착하여 스스로 나에게 깨달을 몫이 없다고 여긴다면, 어둡고 우둔함이라는 마귀에게 붙잡히는 것입니다.

答李寶文(茂嘉)

向承示諭, 性根昏鈍, 而黽勉修持, 終未得超悟之方. 宗杲頃在雙徑, 答富季申所問, 正與此問同. 能知昏鈍者, 決定不昏鈍, 更欲向甚處求超悟? 士大夫學此道, 却須借

1140 이보문(李寶文) : 이름은 초(楚), 자(字)는 무가(茂嘉)이다. 대혜연보에는 언가(彦嘉) 라 하고 있다. 보문각학사(寶文閣學士)의 벼슬을 하였다.

1141 소흥(紹興) 18년(1148년) 대혜(大慧) 나이 60세 때, 형주(衡州)에서 답한 것.

1142 초오(超悟) : ①초월하여 깨달음. 세간을 뛰어넘어 깨달음. ②철저히 깨달아 깨달음 조차 뛰어넘음.

1143 쌍경(雙徑) : 쌍경산(雙徑山)이다. 경산(徑山)을 쌍경산(雙徑山)이라고도 한다.

1144 부계신(富季申) : 부추밀(富樞密) 계신(季申)을 가리킨다. 앞에 나왔던 "부추밀 계신 에 대한 답서(1), (2), (3)" 참조.

昏鈍而入. 若執昏鈍, 自謂我無分, 則爲昏鈍魔所攝矣.

대개 평소에 지견이 많으면 깨달음을 찾는 마음이 앞에서 가로막기 때문에 자기의 올바른 지견이 나타날 수 없습니다. 그러나 이러한 장애도 역시 밖에서 온 것이 아니며 또한 별다른 일도 아니고, 다만 어둡고 우둔함을 알 수 있는 주인공일 뿐입니다.

그 까닭에 서암(瑞巖) 스님은 방장실(方丈室)에 있으면서 늘 스스로 "주인공아!" 하고 부르고는 스스로 "예!" 하고 답하고, 다시 스스로 "또랑또랑 깨어 있어라."[1145] 하고 "예!" 하고 답하고, 다시 스스로 "뒷날 다른 때에 남에게 속지 마라." 하고 "예! 예!" 하고 답하곤 하였습니다.[1146]

蓋平昔知見多, 以求證悟之心在前作障故, 自己正知見不能現前. 此障亦非外來, 亦非別事, 只是箇能知昏鈍底主人公耳. 故瑞巖和尙居常在丈室中自喚云 : "主人公." 又自應云 : "喏!" "惺惺著." 又自應云 : "喏!" "他時後日莫受人謾." 又自應云 : "喏喏!"

옛날에 다행히 이와 같은 모범(模範)이 있으니, 여기에서 "무엇인

1145 성성착(惺惺著) : 활짝 깨어 있어라. 성성(惺惺)은 '깨어 있다'는 뜻이고, 착(著)은 어구(語句) 말미에 붙어서 바람이나 명령을 나타내는 어조사.

1146 『오등회원』 제7권 '대주서암사언선사(台州瑞巖師彦禪師)'에 이 내용이 나온다.

1147 시개심마(是箇甚麼) : 시개심마(是箇甚麼) 혹은 시심마(是甚麼)는 흔히 '이뭣고?'(이것이 무엇인가?)라고 번역하지만, 정확한 번역은 '무엇인가?'이다. '시(是)'는 '이것'이라는 대

가?"[1147] 하고 느긋하게[1148] 자신에게 일깨워 보십시오. 다만 이렇게 일깨우는 사람도 역시 다른 사람이 아니라 단지 어둡고 우둔함을 알 수 있는 이 사람일 뿐이며, 어둡고 우둔함을 알 수 있는 사람도 역시 다른 사람이 아니라 바로 이보문(李寶文) 자신[1149]일 뿐입니다. 이것은 바로 제가 병(病)에 응하여 약(藥)을 쓰는 것이니, 어쩔 수 없어서 거사를 위하여 집으로 돌아가 편안히 앉을 수 있는 하나의 길을 간략히 가리켜 드린 것입니다.

古來幸有恁麼牓樣, 謾向這裏提撕看"是箇甚麼?"只這提撕底, 亦不是別人, 只是這能知昏鈍者耳, 能知昏鈍者, 亦不是別人, 便是李寶文本命元辰也. 此是妙喜應病與藥, 不得已略爲居士指箇歸家穩坐底路頭而已.

만약 죽은 언어(言語)를 진실한 것으로 곧장 인정(認定)하여 본래의 자기라고 한다면, 이것은 분별심[1150]을 자기(自己)라고 인식하는 것이니 더욱 더 관계가 없습니다. 그러므로 장사(長沙) 스님이 말했습니다.

명사가 아니라 '-이다'라는 뜻의 동사(動詞)이다. '심마(甚摩)'는 '무엇'이라는 뜻의 의문사이고, '개(箇)'는 헤아릴 수 있는 명사에 붙는 양사(量詞)이다. 그렇지만 우리말의 어감(語感)으로는 그냥 '무엇인가?'라고 하기보다는 '이 무엇인가?' 혹은 '이것은 무엇인가?'라고 하는 것이 자연스럽다.

1148 만(謾) : ①느긋하게. 느릿느릿. ②제멋대로. 되는 대로. 마음대로. 마구. 함부로.

1149 본명원진(本命元辰) : 본명(本命)은 태어난 해의 간지(干支). 원진(元辰)은 사람의 운명을 좌우한다는 음양(陰陽)의 두 별. 선가(禪家)에서는 본명원진을 본래의 자기, 본성이라는 뜻으로 사용한다.

1150 식신(識神) : 의식(意識). 정신(精神). 정식(情識). 분별심(分別心)을 가리킨다.

"도(道)를 배우는 사람이 진실을 알지 못하는 것은
다만 분별심을 지금까지처럼 인정하기 때문이다.
분별심은 무한한 세월 동안 생사(生死)[1151]의 뿌리가 되는데도
어리석은 사람은 본래의 자기[1152]라고 여긴다.'[1153]

앞서 말한 어둡고 우둔함을 의지하여 도(道)에 들어간다는 것이 바로
이것입니다. 이 어둡고 우둔함을 능히 알 수 있는 것이 결국 무엇인지를
단지 살펴보기만 하십시오. 단지 여기에서 살펴보기만 하셔야지, 깨달아
초월할 것을 구하면 안 됩니다.[1154] 살펴보고 또 살펴보고 하다가 문득 크
게 웃을 것입니다. 이밖에는 말할 만한 것이 없습니다.

若便認定死語眞箇, 喚作本命元辰, 則是認識神爲自己, 轉沒交涉矣. 故長沙和尙
云 : "學道之人不識眞, 只爲從前認識神. 無量劫來生死本, 癡人喚作本來人." 前所
云借昏鈍而入是也. 但只看能知得如是昏鈍底畢竟是箇甚麽. 只向這裏看, 不用求
超悟. 看來看去 忽地大笑去矣. 此外無可言者.

1151 생사(生死) : =생멸(生滅). jāti-maraṇa. 중생의 일생인 시작과 끝을 말함. 즉, 번뇌에
    물든 중생의 삶. 상대 개념은 열반(涅槃).

1152 본래인(本來人) : 본래의 자기. 본래면목(本來面目). 본래 타고난 참 자기. 본명원진
    (本命元辰)과 같음.

1153 『오등회원』 제4권 '호남장사경잠초현선사(湖南長沙景岑招賢禪師)'에 나오는 장사경잠
    의 게송.

1154 불용(不用) : ①-할 필요 없다. ②-하지 마라.

46. 향시랑(向侍郞)[1155] 백공(伯恭)에 대한 답서[1156]

보내 주신 편지에서 "깨달음과 깨닫지 못함, 꿈과 깨어 있음이 동일하다는 것은 하나의 인연(因緣)이다."라고 말씀하셨군요. 부처님께서는 "그대가 인연을 분별하는 마음[1157]으로 법(法)을 들으면, 이 법도 인연일 뿐이다."[1158]라고 하셨습니다.

"지인(至人)[1159]에게는 꿈이 없다."라는 말에서 "없다."는 말은 '있다.' '없다.'라고 할 때의 "없다."가 아니라, 꿈과 꿈 아님이 동일하다는 말입니다. 이렇게 보면 부처님이 황금북을 꿈꾼 것[1160]과 고종(高宗)이 부열(傅說)

1155 향시랑(向侍郞) : 시랑(侍郞)은 관직 이름, 자(字)는 백공(伯恭).

1156 1149년(61세)에 쓴 글.

1157 연심(緣心) : 대상경계에 반연(攀緣: 관계)하는 마음이니, 곧 경계와 접촉하여 경계를 분별하는 마음. 연려심(緣慮心), 분별심(分別心)과 같음.

1158 『수능엄경』 제2권에 나오는 설법의 한 구절.

1159 지인(至人) : 대도인. 진리를 확연히 깨친 사람을 가리키며, 본래 『장자(莊子)』에 나오는 말. 『장자』에서는 지인(至人)을 다음과 같이 말한다 : "지인에게는 자기가 없다."(至人无己) "지인의 마음 씀은 거울과 같다."(至人之用心若鏡) "지인은 무위(無爲)하다."(至人无爲) "진실을 벗어나지 않으면 일러 지인이라 한다."(不離於眞謂之至人) 그러나 "지인에게는 꿈이 없다."는 구절은 출전이 어디인지 알 수 없다.

1160 『금광명최승왕경(金光明最勝王經)』 제2권 「몽견금고참회품(夢見金鼓懺悔品)」 제4에 다음의 이야기가 나온다 : "그때 묘당(妙幢) 보살이 몸소 부처님 앞에서 묘법(妙法)을 듣고는 기뻐하며 한 마음으로 생각하며 본래 있던 곳으로 돌아갔다. 밤에 꿈을 꾸었는데, 꿈속에서 큰 황금북을 보았다. 그 북에서는 밝은 빛이 뿜어져 나오는데 마치 태양과 같았다. 이 빛 속에서 온 우주에 있는 헤아릴 수 없이 많은 부처님들이 보배나무 아래에 있는 유리의자에 앉아서 헤아릴 수 없이 많은 대중(大衆)에 둘러싸여서 법을 말씀하고 계신 모습을 볼 수 있었다. 그때 한 바라문이 북채로 황금북을 치자 큰 소리가 나는데, 그 소

얻는 것을 꿈꾼 것¹¹⁶¹과 공자(孔子)가 두 기둥 사이에서 제물(祭物) 올리는 것을 꿈꾼 것¹¹⁶² 역시 꿈과 꿈 아닌 것으로 이해해서는 안 됩니다.

리 속에서 미묘한 게송(偈頌)을 말하여 참회법(懺悔法)을 밝혔다. 묘당 보살이 그 법문을 다 듣고 나자, 모든 번뇌가 다 가라앉았다. 다음 날 날이 밝자 묘당 보살은 헤아릴 수 없이 많은 대중에 둘러싸여 함께 왕사성(王舍城)을 나와 영취산(靈鷲山)을 방문하여 세존이 계신 곳에 이르러 부처님의 발에 절을 하고 향기로운 꽃을 펼쳐 놓고는 오른쪽으로 세 번 돌고 한쪽으로 물러나 앉아 합장하여 세존의 얼굴을 우러러보고는 말씀드렸다. '세존이시여, 저는 꿈속에서 바라문이 손에 북채를 들고 미묘한 황금북을 치는 것을 보았는데, 큰 소리가 나자 그 소리 속에서 미묘한 게송을 말씀하여 참회법을 밝혔습니다. 운운(云云).'" 이 경에서 꿈은 부처님이 꾼 것이 아니고 묘당보살(妙幢菩薩)이 꾼 것으로 되어 있다. 『백장총림청규증의기(百丈叢林淸規證義記)』제9권에서 대법고(大法鼓)를 총림에 설치하는 뜻을 증명하는 곳에서 『금광명최승왕경』의 이 부분을 인용하고 있다.

1161　부열(傳說)은 중국 고대 상(商) 나라 고종(高宗)인 무정(武丁) 때의 어진 신하. 『사기(史記)』「은본기(殷本紀)」에 다음과 같은 기록이 있다 : 무정이 즉위하여 다시 나라를 일으키려고 생각했지만 보좌해 줄 만한 사람을 찾지 못했다. 어느 날 꿈속에서 성인을 보았는데 이름이 열(說)이라고 했다. 꿈에서 본 인상을 가지고 여러 신하들을 관찰했지만 모두 아니었다. 그래서 비슷한 얼굴을 그려서 민가에서 찾게 했더니 부험(傳險, 혹은 傳岩)이라는 곳에서 열을 찾아냈다. 이때 열은 죄를 짓고 부험에서 축을 쌓는 노역을 하고 있었다. 무정에게 보였더니 무정이 바로 그 사람이라 했다. 대화를 해 보니 과연 성인이었다. 무정이 그를 재상(宰相)으로 등용했더니 은은 잘 다스려졌다. 그래서 부험의 부(傳)로 성을 삼아 이름을 부열(傳說)이라 하였다. 상나라는 부열의 도움으로 무정 치세시 최전성기를 구가했다.

1162　『예기(禮記)』제3편 「단궁(檀弓)」상(上)에 나오는 이야기로서 공자가 죽기 7일 전에 꾼 꿈에서 장례식의 제사를 지냈다는 내용인데, 다음과 같다 : 공자(孔子)는 일찍 일어나 지팡이를 쥐고 문밖으로 나가 노래를 불렀다. "태산이 무너지려나? 대들보가 부러지려나? 철인(哲人)이 병이 들려나?" 노래를 마치고 집으로 들어와 앉으니 자공(子貢)이 그 노래를 듣고는 말했다. "태산이 무너지면 내 장차 어디를 우러러볼까? 대들보가 무너지고 철인이 병이 들면 내 장차 무엇을 본받을까? 선생님께서 아마도 병이 드시려나 보다." 그리하여 뒤좇아 들어오니 공자가 말했다. "사(賜)야, 너는 어찌 이렇게 늦게 오느냐? 하

387

答向侍郎(伯恭)

示諭 "悟與末悟夢與覺一, 一段因緣." 黃面老子云: "汝以緣心聽法, 此法亦緣." 謂 "至人無夢." 非有無之無, 謂夢與非夢一而已. 以是觀之, 則佛夢金鼓, 高宗夢傳 說[1163], 孔子夢奠兩楹, 亦不可作夢與非夢解.

도리어 세간(世間)을 살펴보면 오히려 꿈속의 일과 같습니다. 경전 가운데 본래 분명한 글이 있습니다.

"오직 꿈일 뿐이니 곧 전적으로 망상(妄想)이다. 그러나 중생은 거꾸로 뒤바뀌어 매일 대하는 눈앞의 경계를 진실이라 여기니, 이 모든 것이 꿈인 줄은 전혀 알지 못한다."[1164]

그 가운데에서 다시 허망한 분별을 일으켜, 헤아리는 마음으로 생각에

후씨(夏后氏)는 동쪽 계단 위에서 염(殮)을 하였으니 주인의 자리에 있는 것과 같고, 은(殷)나라 사람들은 두 기둥 사이에서 염을 하였으니 주인이 손님과 함께 오는 것이고, 주(周)나라 사람들은 서쪽 계단 위에서 염을 하였으니 손님의 자리에 있는 것과 같다. 그런데 나는 은(殷)나라 사람이니라. 나는 어젯밤 꿈속에 두 기둥 사이에서 전(奠; 장례식 때 영정앞에 제물을 올리는 일)을 하며 앉아 있었다. 어진 왕(王)이 세상에 나오지 않았는데, 천하에 그 누가 나를 존중하겠는가? 나는 곧 죽을 것이다." 말을 마치고 병이 들어 누웠는데, 7일 만에 죽었다.

1163 '부열(傳說)'을 덕부본에서는 모두 '득열(得說)'이라 하고 있다. 『국어(國語)』, 『묵자(墨子)』, 『여씨춘추(呂氏春秋)』, 『장자(莊子)』 등에서 무정(武丁)의 신하 부열(傳說)이라 적고 있듯이 이름은 부열(傳說)이 맞다. 여기에 인용된 "高宗夢得說"은 『상서』 「說命上第十二」에 나오는 구절인데, 여기의 '득열(得說)'이라는 구절은 '득부열(得傳說)'의 줄임말이다.

1164 어느 경전의 구절인지 출처를 알 수 없다. 『대반야경』에 "모든 것은 꿈과 같고 환상과 같다."(一切如夢乃至如化)는 취지의 구절들이 많이 등장한다.

얽매인 의식(意識)[1165]이 어지럽게 오가는 것을 참된 꿈으로 여기고 있으니, 이것은 바로 꿈속에서 꿈을 말하는 것이며 거꾸로 된 가운데 다시 거꾸로 된 것임을 전혀 모르는 짓입니다.

却來觀世間, 猶如夢中事. 敎中自有明文. "唯夢乃全妄想也. 而衆生顚倒, 以日用目前境界爲實, 殊不知全體是夢." 而於其中復生虛妄分別, 以想心繫念神識紛飛爲實夢, 殊不知, 正是夢中說夢, 顚倒中又顚倒.

그러므로 부처님은[1166] 큰 자비와 노파심이 간절하셔서 모든 법계가 바다처럼 드넓게 늘어서 있는[1167] 곳에 있는 헤아릴 수 없이 많은 경계 속으로 두루 들어가, 하나하나의 경계 속에서 몽자재법문(夢自在法門)을 가지

1165 신식(神識) : 신령스러운 의식(意識). 심식(心識). 심의식(心意識).

1166 이하 몽자재(夢自在)로써 법문(法門)을 드러내 보인다는 것은 실차난타(實叉難陀)가 번역한 『대방광불화엄경(大方廣佛華嚴經)』 제6권 「여래현상품(如來現相品)」 제2에 나오는 내용을 소개한 것이다. 이 부분의 경(經)의 문장은 다음과 같다 : "이 모든 보살은 모두 모든 법계가 전부 늘어서 있는 바다처럼 드넓은 세계 속의 헤아릴 수 없는 경계 속으로 잘 들어간다. 그 하나하나의 경계 속에는 전부 십불(十佛) 세계의 헤아릴 수 없이 많은 넓은 국토가 있는데, 하나하나의 국토 속에는 모두 삼세(三世)의 모든 부처님이 계신다. 이 모든 보살이 이 모든 부처님을 두루 찾아가 직접 뵙고 공양을 올리니, 순간순간 속에서 몽자재(夢自在)를 가지고 법문을 드러내 보이셔서 바다처럼 드넓은 세계 속의 헤아릴 수 없이 많은 중생을 깨닫게 하신다."(此諸菩薩 悉能遍入一切法界諸安立海所有微塵. 彼一一塵中 皆有十佛世界微塵數諸廣大刹, 一一刹中 皆有三世諸佛世尊, 此諸菩薩 悉能遍往親近供養, 於念念中 以夢自在 示現法門 開悟世界海微塵數衆生)

1167 안립(安立) : '벌여서 세워 놓았다'는 뜻. 본래 모습과 이름이 없어서 분별할 수 없는 법을 하나하나 분별하여 세워 놓았다는 뜻.

고 세계가 바다처럼 드넓게 늘어서 있는 곳의 헤아릴 수 없이 많은 중생을 깨닫게 하시니, 삿된 선정(禪定)에 머물러 있던 자가 반드시 깨달음을 얻을 곳[1168]으로 들어갑니다. 이것은 또한 거꾸로 뒤집어진 중생들이 눈앞에 실제로 있는 경계를 바다처럼 드넓게 늘어서 있는 것으로 여김을 두루 드러내 보이는 것입니다. 꿈과 꿈 아님이 모두 환상임을 깨닫도록 한다면, 모든 꿈이 곧 진실이며 모든 진실이 곧 꿈이어서 취할 수도 없고 버릴 수도 없습니다. 지인(至人)에게는 꿈이 없다는 뜻은 이와 같을 뿐입니다.

故佛大慈悲老婆心切, 悉能遍入一切法界諸安立海所有微塵, 於一一塵中, 以夢自在法門, 開悟世界海微塵數衆生, 住邪定者入正定聚. 此亦普示顚倒衆生, 以目前實有底境界 爲安立海. 令悟夢與非夢悉皆是幻, 則全夢是實, 全實是夢, 不可取不可捨. 至人無夢之義, 如是而已.

보내신 편지의 질문을 보니 바로 제가 36세 때에 의심했던 것이더군요.[1169] 읽어 보니 자신도 모르게 가려운 곳을 긁는 것 같았습니다. 저 역

1168   정정취(正定聚) : 3정취의 하나. 불교에서 사람의 성질을 세 종류로 분류한 가운데 반드시 성불하기로 결정된 근기의 부류를 정정취라 한다. 삼정취(三定聚)란 사람의 성질을 셋으로 나눈 것으로서, ①정정취(正定聚)는 향상 진전하여 반드시 성불할 종류이고, ②사정취(邪定聚)는 성불할 만한 소질이 없어 더욱 타락하여 가는 종류이고, ③부정취(不定聚)는 연(緣)이 있으면 성불할 수 있고 연이 없으면 헤맬 부류로서 향상과 타락이 정해지지 않은 종류이다.

1169   대혜(大慧)가 36세 때는 송(宋) 휘종(徽宗) 선화(宣和) 6년(1124)으로서, 대혜가 왕태

시 일찍이 이 문제를 가지고 원오(圓悟) 선사(先師)[1170]에게 물었습니다. 원오 선사께서는 다만 손으로 가리키며 말씀하셨습니다.

"그만, 그만 하고, 망상을 쉬어라. 망상을 쉬어라."

제가 다시 말했습니다.

"제가 아직 잠이 들기 전에는 부처님이 칭찬하신 것에 의지하여 행하고 부처님이 비난하신 것을 감히 범하지 않으며, 이전에 스님들[1171]에게 의지하고 또 스스로 공부하여 얻은 자질구레한[1172] 것들은 또렷하게 깨어 있을 때에는 전부 마음대로 쓸 수 있습니다. 그러나 침상에서 잠이 들락 말락 할 때에 벌써 주재(主宰)하지 못하고, 꿈에 황금이나 보물을 보면 꿈 속에서 기뻐함이 한이 없고, 꿈에 사람이 칼이나 몽둥이로 해치려 하거나 여러 가지 나쁜 경계를 만나면 꿈속에서 두려워하며 어쩔 줄 모릅니다. 스스로 생각해 보면 이 몸은 오히려 멀쩡하게 있는데도 단지 잠 속에서 벌써 주재할 수 없으니, 하물며 죽음에 임하여 육체를 구성하는 지수화풍(地水火風)이 흩어지며 여러 고통이 걷잡을 수 없이 다가올 때에 어떻게 경계에 휘둘리지[1173] 않을 수 있겠습니까? 여기에 이르면 바야흐로 마

재(王太宰)의 사암(私庵)에 머물 때이다.

1170 선사(先師) : 돌아가신 스승을 가리키니, 이 편지는 원오극근이 입적한 뒤에 쓰인 것이다.

1171 이전에 의지했던 여러 스승들이란 보봉(寶峯)의 담당문준(湛堂文準)을 비롯하여 청량덕홍(淸涼德洪) 등 여러 스님들을 가리킨다.

1172 영쇄(零碎) : 자질구레한. 소소한. 세세한. =영영쇄쇄(零零碎碎).

1173 회환(回換) : 바꾸다. 교환하다. 여기에선 고통스러운 경계에 휘말려 들어가는 것을 가리킨다.

음이 허둥지둥[1174] 바빠집니다."

원오 선사께서는 이 말을 듣고 다시 말씀하셨습니다.

"네가 말하는 여러 가지 망상들이 끊어질 때에, 너는 깨어 있을 때와 잠잘 때가 늘 하나인 곳에 저절로 이를 것이다."

처음 이 말을 들었을 때에는 믿지 않고 매양 말하였습니다.

"내가 스스로 돌이켜 보면, 깨어 있음과 잠들어 있음이 분명히 둘인데, 어떻게 감히 입을 크게 벌려 선(禪)을 말하겠는가? 다만 부처님께서 말씀하신 깨어 있음과 잠들어 있음이 늘 하나라는 말이 망령된 말이라면[1175] 나의 이 병을 없앨 필요가 없겠지만, 부처님의 말씀이 진실로 사람을 속이지 않는다면 이것은 곧 나 스스로가 아직 깨닫지 못한 것이다."

來書見問, 乃是宗杲三十六歲時所疑. 讀之不覺抓著痒處. 亦嘗以此問圜悟. 先師但以手指曰: "住住. 休妄想休妄想." 宗杲復曰: "如宗杲未睡著時, 佛所讚者依而行之, 佛所訶者不敢違犯, 從前依師, 及自做工夫, 零碎所得者, 惺惺時都得受用. 及乎上床半惺半覺時, 已作主宰不得, 夢見得金寶, 則夢中歡喜無限, 夢見被人以刀杖相逼, 及諸惡境界, 則夢中怕怖惶恐. 自念, 此身尙存, 只是睡著已作主宰不得, 況地水火風分散, 衆苦熾然, 如何得不被回換? 到這裏方始著忙." 先師又曰: "待汝說底許多妄想絕時, 汝自到寤寐恒一處也." 初聞亦未之信每曰: "我自顧, 寤與寐分明作兩段, 如何敢開大口說禪? 除非佛說寤寐恒一是妄語[1176], 則我此病不須除,

---

1174 착망(著忙) : 마음이 조급해지다.

1175 제비(除非) : 다만 ─함으로써만이 비로소.

1176 '悟'는 '語'의 오기(誤記)이다. 북장본(北藏本)에는 '語'로 되어 있다.

佛語果不欺人, 乃是我自末了."

뒤에 원오(圓悟) 선사(先師)께서 "모든 부처님이 나타나는 곳에 따뜻한 바람이 남쪽에서 불어온다."라고 하시는 말씀을 듣고서 홀연 가슴에 걸려 있던 것이 내려갔습니다.[1177] 그리하여 비로소 부처님의 말씀이 진실한 말이며, 있는 그대로의 말이며, 속이지 않는 말이며, 망령되지 않은 말이며, 사람을 속이지 않는 참으로 커다란 자비로서, 몸을 가루로 만들어 목숨을 버리더라도 갚을 수 없음을 알았습니다. 가슴에 걸려 있던 것

1177 대혜종고는 처음에 조동종(曹洞宗)의 선사를 찾아갔는데, 그 취지를 다 얻었지만 오히려 만족치 못했다. 북송(北宋) 휘종(徽宗) 대관(大觀) 3년(1109) 나이 21세에 융흥부(隆興府) 늑담(泐潭)의 담당문준(湛堂文準) 선사를 찾아가 7년 동안 시봉하여 대강의 깨달음이 있었다. 담당(湛堂)은 입적할 때에 종고에게 원오극근(圓悟克勤) 선사를 찾아가 큰 일을 성취하라고 당부하였다. 종고는 선화(宣和) 4년(1122) 나이 34세에 원오를 찾아가려고 하였으나, 그때 원오가 멀리 장산(蔣山)에 있었던 까닭에 우선 태평사(太平寺)의 평보융(平普融) 화상의 회하(會下)에 의지하였다. 그 뒤 선화(宣和) 7년(1125) 나이 37세에 비로소 변경(汴京)의 천녕사(天寧寺)로 원오극근을 찾아갔다. 도착하고 40일 정도가 지난 어느 날, 원오가 법당에 올라 말하였다. "어떤 스님이 운문(雲門) 스님에게 묻기를 '어떤 것이 모든 부처가 몸을 드러내는 곳입니까?' 하자 운문 스님은 '동산(東山)이 물 위로 간다'라고 하셨다. 나는 그렇지가 않아서, 다만 그에게 '훈풍이 남쪽에서 불어오니 절 지붕의 모퉁이가 조금 서늘하구나.'라고 말할 것이다." 종고는 그 말을 듣고 홀연 앞뒤의 시간이 끊어졌다. 나이 37세인 선화(宣和) 7년(1125) 5월 30일이었다. '따뜻한 바람이 남쪽에서 불어오니 전각(殿閣)이 조금 시원하구나.'라는 말은 원오가 『전당시(全唐詩)』제4권 〈하일연구(夏日聯句)〉에 나오는 유공권(柳公權)과 문종(文宗)의 연구(聯句)인 "사람들은 모두 여름의 더위에 고생하는데, 나는 여름날이 긴 것을 좋아한다. 따뜻한 바람이 남쪽에서 불어오니, 전각이 조금 시원하구나."(人皆苦炎熱, 我愛夏日長. 薰風自南來, 殿閣生微涼.)에서 뒤 2구를 인용한 것이다.

393

이 없어지고 나서야 비로소 꿈꿀 때가 바로 깨어 있는 때이며 깨어 있는 때가 바로 꿈꾸는 때라는 것을 알았으며, 비로소 부처님이 말씀하신 깨어 있을 때와 잠잘 때가 늘 하나라는 것을 저절로 알았습니다. 이러한 도리는 집어내어 남에게 보여 줄 수도 없고, 남에게 말해 줄 수도 없습니다. 마치 꿈속의 경계와 같아서 취할 수도 없고 버릴 수도 없습니다.

後因聞先師擧, "諸佛出身處熏風自南來." 忽然去却礙膺之物. 方知黃面老子所説, 是眞語實語如語不誑語不妄語, 不欺人眞大慈悲, 粉身沒命不可報. 礙膺之物旣除, 方知夢時便是寤時底, 寤時便是夢時底, 佛言寤寐恒一, 方始自知. 這般道理, 拈出呈似人不得, 說與人不得. 如夢中境界, 取不得捨不得.

당신의 편지에 "깨닫기 전과 깨달은 후가 같습니까, 다릅니까?" 하고 저에게 질문한 것을 보고 저도 모르게 진실을 털어놓았습니다.[1178] 편지를 자세히 읽어 보니 글자 하나하나가 지극히 정성스러워서, 선을 묻는 것도 아니고 또한 따지는 것도 아니었습니다. 그 까닭에 옛날 의심했던 곳을 털어놓지 않을 수 없었습니다.

承問妙喜: "於未悟已前, 已悟之後, 有異無異?" 不覺依實供通. 子細讀來教, 字字至誠, 不是問禪, 亦非見詰. 故不免以昔時所疑處吐露.

1178 의실공통(依實供通) : 사실대로 자백하다.

원컨대 거사(居士)께서는 "다만 모든 있는 것을 비워 버릴지언정 모든 없는 것을 결코 진실이라고 여기지 마라."[1179]는 방거사(龐居士)의 말을 시험 삼아 느긋이 스스로에게 일깨워 주십시오. 먼저 눈앞에 매일 만나는 경계를 꿈이라고 분명히 이해한 뒤에 다시 꿈속의 일을 눈앞으로 가져온다면, 부처님의 금고(金鼓)와 고종(高宗)이 부열(傅說)을 얻은 것과 공자(孔子)가 두 기둥 사이에서 제물(祭物)을 올린 것이 결코 꿈이 아닐 것입니다.

願居士試將老龐語謾提撕. "但願空諸所有, 切勿實諸所無." 先以目前日用境界, 作夢會了, 然後却將夢中底, 移來目前, 則佛金鼓, 高宗傅說, 孔子奠兩楹, 決不是夢矣.

1179 『방거사어록(龐居士語錄)』상권(上卷)에서 방거사가 우적(于頔)에게 한 말.

47. 진교수(陳敎授)[1180] 부경(阜卿)에 대한 답서[1181]

이 도(道)는 고요하고 쓸쓸하면서도 오늘을 벗어나지 않습니다. 삿된 스승이 법(法)을 말하는 것이 마치 악차취(惡叉聚)[1182]처럼 무성하여 각자는 스스로 위없는 도(道)를 얻었다고 말하지만, 모두가 삿된 말을 외치며 어리석은 범부들을 속이고 있습니다. 그 때문에 저는 늘 이 일을 미워하여[1183] 목숨을 아끼지 아니하고 이 도(道)를 부축하여,[1184] 광명종자(光明種子)[1185]로 하여금 우리 가문의 본분(本分)의 일을 알아서 삿된 견해의 그물 속에 떨어지지 않게 하려고 합니다.

1180 진교수(陳敎授) : 교수(敎授)는 관직 이름, 자(字)는 부경(阜卿).

1181 1145년(57세)에 쓴 글.

1182 악차취(惡叉聚) : 악차(惡叉)는 식물의 이름. 산스크리트 akṣa의 음역. 지금은 금강자 (金剛子)라고 부른다. 그 과실은 많은 수가 한곳에 모여서 생기기 때문에 악차취(惡叉聚) 라고 한다. 경론(經論)에서는 이것을 빌려 한 무더기 속에 다수의 갈래가 있다는 뜻으로 비유한다.

1183 절치(切齒) : ①이를 갈다. ②증오하다. ③앞니.

1184 부지(扶持) : ①부축하다. 돕다. ②보살피다. ③유지하다.

1185 광명종자(光明種子) : 광명(光明)은 불보살(佛菩薩)의 지혜인 반야(般若)를 상징하는 말이니, 광명종자(光明種子)란 반야의 씨앗을 품고 있는 중생(衆生), 즉 발심하고 불법 (佛法)을 배우는 사람을 가리키는 말이다. 『마조록』에서 남악회양은 마조도일을 가르치 며 다음과 같이 말한다 : "그대가 마음이라는 진리를 배우는 것은 마치 씨앗을 뿌리는 것 과 같고, 내가 진리의 요점을 설명해 주는 것은 저 하늘이 비를 내려 적셔 주는 것과 같 다. 그대는 이번 기회에 인연(因緣)이 맞았으므로 이제 도(道)를 볼 것이다."(汝學心地法 門 如下種子, 我說法要 譬彼天澤. 汝緣合故 當見其道.)

答陳敎授(阜卿)

此道寂寥, 無出今日. 邪師說法, 如惡叉聚, 各各自謂, 得無上道, 咸唱邪說, 幻惑凡愚. 故某[1186]每每切齒於此, 不惜身命, 欲扶持之, 使光明種子, 知有吾家本分事, 不墮邪見網中.

만에 하나 중생의 세계 속에서 부처의 씨앗을 얻어 끊어지지 않게 한다면, 이 또한 석가모니의 큰 은혜[1187]를 헛되이 받은 것이 아닙니다. 이른바 "이 깊은 마음을 가지고 티끌 수 같은 국토(國土)[1188]를 받들어 모시는 것이니, 이것을 일러 부처님의 은혜에 보답한다."[1189]고 하는 것입니다. 그렇지만 역시 때를 알 수 없고 힘을 헤아릴 수 없는 것이 이 한 개 일입니다. 님께서는 이미 이 속의 사람이니 이 속의 사정을 말하지 않을 수 없어서, 붓을 든 김에 저도 모르게 여기까지 썼습니다.

萬一得衆生界中佛種不斷, 亦不虛受黃面老子覆蔭. 所謂: "將此深心奉塵刹, 是則名爲報佛恩." 然亦是不知時不量力之一事也. 左右旣是箇中人, 不得不說箇中事, 因筆不覺及此耳.

1186 '모(某)'는 궁내본에서 '종고(宗杲)'.

1187 부음(覆蔭) : 뒤덮은 그늘. 뒤덮은 은혜. 큰 은혜.

1188 찰(刹) : kṣetra. 체다라(掣多羅)·차다라(差多羅)·찰다라(刹多羅)·흘차달라(紇差怛羅)·찰마(刹摩)라 음역. 토전(土田)·국(國)·처(處)라 번역. 곧 국토(國土). 불국토(佛國土)를 불찰(佛刹)이라 함과 같음. =찰토(刹土).

1189 『수능엄경(首楞嚴經)』 제3권에 나오는 구절.

48. 임판원(林判院)[1190] 소첨(少瞻)에 대한 답서[1191]

편지에 말씀하시길, 부인 신도인(信道人)과 함께 공부할 한마디 말씀을 구하신다고 하셨습니다. 이미 『원각경(圓覺經)』을 보셨다면, 경전 속에 어찌 한마디 말씀만 있겠습니까? 모든 큰 보살들이 각자 스스로 의심하는 곳을 따라 질문을 하니, 세존께서 질문에 응하여 하나하나 분명히 밝혀 주심이 매우 분명합니다. 앞서 말씀드린 이야기도 역시 그 속에 있습니다.

答林判院(少瞻)

示諭, 求一語與信道人做工夫. 旣看『圓覺經』, 經中豈止一語而已哉? 諸大菩薩各隨自所疑處發問, 世尊據所疑一一分明剖析, 大段分曉. 前所給話頭, 亦在其中矣.

경(經)에서 말합니다.

"언제나 허망한 생각을 일으키지 않으며,

어떤 허망한 마음도 없애지 않는다.

망상(妄想) 경계에 머물러 깨달음[1192]을 더하지 않으며,(이 말이 가장 가깝

1190 임판원(林判院) : 판원(判院)은 관직 이름, 자(字)는 소첨(少瞻).

1191 1145년(57세)에 쓴 글.

1192 요지(了知) : 확실히 알다. 분명하게 알다. 밝게 깨닫다. 깨달아 알다.

습니다.[1193]

깨달음이 없으면 진실을 판단하지 않는다."[1194]

經云：“居一切時不起妄念, 於諸妄心亦不息滅. 住妄想境不加了知,(此語最親切),

無了知不辯眞實."

제가 옛날 운문암(雲門庵)에 머물 때에 일찍이 이것을 보고 노래하였습
니다.

"연잎은 둥글둥글둥글 거울 같고,

마름의 뿔은 뾰족뾰족뾰족 송곳 같아라.

바람 부니 버들가지에 솜털 날리고,

빗방울 배꽃을 때리니 나비 날아오른다."[1195]

1193　친절(親切) : 가깝다. 뚜렷하다. 분명하다.

1194　『원각경(圓覺經)』에 나오는 문장. 마지막 구절의 ‘不辯眞實'은 원문에서는 ‘不辨眞實'이
다.

1195　『황룡사가어록(黃龍四家語錄)』의 「황룡사심신선사어록(黃龍死心新禪師語錄)」 ‘주취암
광화법어(住翠巖廣化法語)’ 및 『속간고존숙어요(續刊古尊宿語要)』 제1집 「사심신화상어(死
心新和尙語)」에 의하면 이 시(詩)는 본래 협산선회(夾山善會; 805-881)가 말한 것으로 다
음과 같이 인용되어 있다 : 황룡사심(黃龍死心)이 법당에 올라서 인용하여 말했다. "한 승
려가 협산(夾山)에게 물었다. ‘어떤 것이 비슷한 구절(句節)입니까?’ 협산이 말했다. ‘연잎
은 둥글둥글둥글 거울 같고, 마름의 뿔은 뾰족뾰족뾰족 송곳 같아라.’ 협산이 다시 말했
다. ‘알겠느냐?’ 그 승려가 말했다. ‘모르겠습니다.’ 협산이 말했다. ‘바람 부니 버들가지에
솜털 날리고, 빗방울 배꽃을 때리니 나비 날아오른다.'" 황룡사심이 말했다. "협산은 처마

老漢昔居雲門菴時, 嘗頌之曰 : "荷葉團團團似鏡, 菱角尖尖尖似錐. 風吹柳絮毛毬
走, 雨打梨花蛺蝶飛."

다만 이 노래를 위쪽에 놓고 다시 경문(經文)을 아래쪽에 옮겨 놓으면, 노래가 도리어 경(經)이고 경이 도리어 노래입니다.

但將此頌放在上面, 却將經文移來下面, 頌却是經, 經却是頌.

시험 삼아 이와 같이 공부해 보시되, 깨닫고 깨닫지 못하고에는 상관하지 마십시오. 마음에서 욕심과 조급함[1196]을 쉬어야 하지만, 또 느슨하게 놓아두어도 안 됩니다. 마치 거문고의 줄을 조율하는 것과 같아서, 느슨함과 긴장이 적당하게 되면 곡조(曲調)는 저절로 이루어집니다. 돌아가서서 다만 충밀(沖密)의 무리와 서로 가깝게 지내면서 번갈아 탁마(琢磨)[1197]하시면, 도업(道業)[1198]을 이루지 못할 일이 없을 것입니다. 빌고 빕니다.

앞에서 달을 때리니 아직 빼어나지 못하다. 좁은 길이 나누어지니 어찌 큰 수레가 다니겠는가? 비슷한 구절을 알고자 하느냐? 백로가 모래섬에 서니, 갈대꽃이 상대하여 피는구나."(上堂, 擧 : "僧問夾山 :'如何是相似句?' 山云 :'荷葉團團團似鏡, 菱角尖尖尖似錐.' 復云 :'會麼?' 僧云 :'不會.' 山云 :'風吹柳絮毛毬走, 雨打梨花蛺蝶飛.'" 師云 : "夾山簾前棒月, 未是高明. 狹路分岐, 寧同大轍? 要會相似句麼? 白鷺沙汀立, 蘆花相對開.")

1196　열망(熱忙) : 욕심을 내어 조급해 하다. 느슨하게 놓는다는 방완(放緩)의 반대.

1197　탁마(琢磨) : ①(옥이나 돌을)갈다. 다듬다. ②(학문이나 덕행을)닦다.

1198　도업(道業) : 도 닦는 일. 도에 통하는 일. 도를 깨닫는 일.

試如此做工夫看, 莫管悟不悟. 心頭休熱忙, 亦不可放緩. 如調絃之法, 緊緩得其所,

則曲調自成矣. 歸去但與沖輩相親, 遞相琢磨, 道業無有不辦者. 祝祝.

49. 황지현(黃知縣)[1199] 자여(子餘)에 대한 답서[1200]

편지를 받아 보고 이 일대사인연(一大事因緣)을 위하여 매우 힘을 쏟고[1201] 있음을 알았습니다. 대장부 사나이가 하는 일은 마땅히 이래야만 합니다. 세월은 빠르게 흐르고 삶과 죽음의 일은 큽니다. 하루를 지나면 하루의 좋은 일이 사라지는 것이니, 두려워하고 또 두려워해야 합니다. 님께서는 혈기가 왕성한 한창 나이[1202]라서 바로 업을 지으면서 좋고 나쁨을 구분치 못할 때인데도 그 마음을 돌려서 위없는 깨달음을 배우시니, 이것은 세계에서 가장 만나기 어려운 영리한 사람입니다. 오탁악세(五濁惡世)[1203] 속에 이러한 인연(因緣)보다 나은 무슨 기특한 일이 있겠습니까?

1199 황지현(黃知縣) : 지현(知縣)은 현(縣)의 우두머리, 자(字)는 자여(子餘).

1200 1148년(60세)에 쓴 글.

1201 심력(甚力) : 매우 힘을 쏟다.

1202 정성(鼎盛) : ①바야흐로 한창 흥성하다. ②혈기가 왕성한 한창 나이.

1203 오탁악세(五濁惡世) : 사람이 살고 있는 곳이라면 피할 수 없는 여러 가지 사회의 악과 정신적, 생리적인 악을 다섯 가지로 분류해서 오탁악세(五濁惡世)라 한다. 흐리고 맑지 못한 부정이 우글거리는 더러운 세상이라는 뜻이다. 『비화경(悲華經)』에 보이는 설을 따르면, ①겁탁(劫濁)은 시대가 악하다는 뜻이다. 물의 재난으로 인해서 기근이 계속 일어나고 악성 전염병이 유행하고 전쟁이 그칠 사이가 없어서 한 시각이라도 편안하고 즐겁게 지낼 때가 없는 사회악을 말한다. ②견탁(見濁)이란 삿되고 악한 사상과 견해를 가진 자들이 세력을 얻어서 돌아다니고 올바르고 착한 생각을 가진 사람들은 그 틈에서 밀려 나가는 세상이다. ③번뇌탁(煩惱濁)이란 자기의 것은 아끼고 남의 물건은 탐내며 자질과 실력은 돌보지 않고 권세와 명예 등을 욕심내어 갖은 수작을 부리다가 뜻을 이루지 못하면 짜증을 내고 다른 이들을 중상모략하기를 일삼아 정신적으로 악질인 무리들이 우글거리는 세상을 말한다. ④중생탁(衆生濁)은 사람들의 자질이 극도로 저하되어 견탁의 세

색(色)을 뒤쫓는 힘이 강건할 때에 일찍이 머리를 돌리면 늙어서 머리를 돌리는 것보다는 그 힘이 백천만 억 배는 될 것이니, 나는 님 때문에 남몰래 기뻐하였습니다.

答黃知縣(子餘)

收書, 知爲此一大事因緣甚力. 大丈夫漢, 所作所爲當如是耳. 無常迅速生死事大. 過了一日, 則銷了一日好事, 可畏可畏. 左右春秋鼎盛, 正是作業不識好惡時, 能回此心學無上菩提, 此是世界上第一等難容靈利漢. 五濁界中有甚麽奇特事, 過如此段因緣? 趁色力彊健早回頭, 以臨老回頭, 其力量勝百千萬億倍, 老漢私爲左右喜.

이전에 써 보낸 법어(法語)를 때때로[1204] 살펴보았습니까? 첫째로 명심할 것은, 마음을 일으키고 생각을 움직여서 속으로[1205] 욕심을 내어 조급

상을 좋아하고 번뇌탁의 세상에 사로잡혀서 육신이 거짓 화합체인 줄 모르고 영원한 보존을 꾀하는 사람들만이 사는 세상이다. ⑤명탁(命濁) 또는 수탁(壽濁)은 사람의 수명이 점점 짧아져 가는 세상을 말한다. 불교에서는 인간의 수명을 최고 8만세에서 최하 10세로 설정하고 있다. 오탁현상은 원래 인간수명이 8만세에서 2만세가 되면서 나타나기 시작하는 현상이라 하는데 우리의 수명이 80세 전후임을 보아 현세는 분명 오탁악세 중에서도 말기에 속하는 때라 할 것이다. 이 오탁설은 인간의 지혜가 협소해짐에 따라 사회적, 정신적, 생리적으로 나타나게 되는 혼돈현상을 말하는 것이지만, 바른 지견과 선지식에 의지해서 굳세게 수행하는 사람은 오탁현상에 상관없이 청정을 이룰 수 있다는 가르침을 담고 있다.

1204 증시시(曾時時) : '증(曾)'은 과거의 경험, 즉 '그러한 때가 있었다'는 뜻이므로, 여기의 '시시(時時)'는 '때때로'라고 번역하는 것이 옳다.

1205 두리(肚裏) : 마음속. 가슴속.

해 하며 급하게 깨달음을 찾아서는 안 된다는 것입니다. 이러한 생각을 하자마자 바로 이 생각이 길목을 꽉 틀어막아서[1206] 영원히 깨달을 수 없게 됩니다. 조사(祖師)께서 말씀하셨습니다.

"붙잡고서 정도를 지나치게 되면[1207] 반드시 삿된 길로 들어가고 자연스레 놓아두면 본바탕에는 가고 머묾이 없다."[1208]

이것은 곧 조사께서 사람을 위하여 정성껏 털어놓으신[1209] 말씀입니다.

前此寫去法語, 曾時時覷看否? 第一記取, 不得起心動念肚裏熱忙急要悟. 纔作此念, 則被此念塞斷路頭, 永不能得悟矣. 祖師云: "執之失度必入邪路, 放之自然體無去住." 此乃祖師, 吐心吐膽, 爲人處也.

다만 평소에 애쓰는[1210] 것을 일삼으려 하지 마십시오. 이 문중(門中)에서는 애쓰는 것을 용납하지 않습니다. 나는 늘 사람들에게 이런 말을 합니다. "힘을 얻는 것이 곧 힘을 더는 것이고, 힘을 더는 것이 곧 힘을 얻

1206 새단로두(塞斷路頭) : 길목을 꽉 틀어막다.

1207 실도(失度) : 정도를 넘어서다. 적당함을 잃어버리다. 지나치다.

1208 삼조승찬(三祖僧璨)의 『신심명(信心銘)』의 한 구절.

1209 토심토담(吐心吐膽) : 속마음을 남김없이 드러내 보이다. 속의 생각을 숨김없이 털어놓다. =토간로담(吐肝露膽), 토담경심(吐膽傾心).

1210 비력(費力) : ①애쓰다. 힘을 소모하다. ②일이 까다롭다. 힘들다.

는 것이다." 만약 한순간이라도 바라는 마음을 내어 깨달아 들어갈 곳을 구한다면, 마치 사람이 자기 집 속에 앉아서 도리어 남에게 물어서 자기가 사는 곳을 찾는 것과 다를 바 없습니다.

다만 삶과 죽음이라는 두 글자를 콧마루[1211] 위에 붙여 놓아 잊어버리지 말고,[1212] 순간순간 화두(話頭)를 자신에게 일깨워 주십시오. 일깨워 주고 또 일깨워 주면, 낯선 곳은 저절로 익숙해지고 익숙한 곳은 저절로 낯설어집니다. 이 말은 이미 공상도인(空相道人)[1213]에게 보낸 편지 속에도 썼습니다. 이 편지와 서로 바꾸어 한번 보시면 바로 알 수 있을 것입니다.

但日用費力處臭[1214]要做. 此箇門中不容費力. 老漢常爲人說此話. "得力處乃是省力處, 省力處乃是得力處." 若起一念希望心求悟入處, 大似人在自家堂屋裏坐却問他人覓住處無異. 但把生死兩字, 貼左[1215]鼻尖兒上, 不要忘了, 時時提撕話頭. 提來提去, 生處自熟 熟處自生矣. 此語已寫在空相道人書中. 請同此書, 互換一看, 便了得也.

1211 비첨아(鼻尖兒) : 코끝. 콧마루. 비공(鼻孔)과 마찬가지로 자신의 본심(本心), 본성(本性), 본래면목(本來面目)을 가리킨다.

1212 불요(不要) : –하지 마라.

1213 공상도인(空相道人) : 황지현의 부인을 가리킨다. 황지현의 부인은 대혜 스님에게서 법을 얻고 이런 법호를 하사받았다.

1214 '취(臭)'는 '막(莫)'의 오기(誤記). 가흥장본과 북장본에는 모두 막(莫)으로 되어 있다.

1215 '좌(左)'는 '재(在)'의 오기(誤記). 가흥장본과 북장본에는 모두 재(在)로 되어 있다.

50. 엄교수(嚴教授)[1216] 자경(子卿)에 대한 답서[1217]

진실로 의심 없는 곳에 도달한 사람은 마치 강철을 두들겨 만들고 무쇠를 부어서 이룬 것과 같아서, 설사[1218] 천 명의 부처님이 나타나 헤아릴 수 없이 뛰어난 경계를 보여 준다 하더라도, 그것을 보고도 보지 않은 것과 같은데, 하물며 여기에서 기특하고 뛰어난 도리(道理)를 만들겠습니까?

答嚴教授(子卿)

眞實到不疑之地者, 如渾鋼打就生鐵鑄成, 直饒千聖出頭來, 現無量殊勝境界, 見之亦如不見, 況於此作奇特殊勝道理耶?

옛날 약산(藥山)이 좌선(坐禪)할 때에 석두(石頭)가 물었습니다.

"그대는 여기에서 무엇을 하는가?"

"아무것도 하지 않습니다."

"그렇다면 한가히 앉아 있는 것이로구나."

"한가히 앉아 있다면 도리어 무엇을 하는 것입니다."

이에 석두 스님은 그렇다고 수긍하였습니다.[1219]

1216 엄교수(嚴教授) : 교수(教授)는 관직 이름, 자(字)는 자경(子卿).

1217 1145년(57세)에 쓴 글.

1218 직요(直饒) : 비록 ―라고 하여도. 설사 ―라고 하여도.

1219 다음의 대화가 이어져 있는 것이 생략되었다 : 석두가 말했다. "너는 아무것도 하지

저 옛사람들을 살펴보건대, 한 차례 한가히 앉아 있더라도 그를 어찌 할 수 없었습니다.

昔藥山坐禪次石頭問 : "子在這裏作甚麼?" 藥山云 : "一物不爲." 石頭云 : "恁麼則 閑坐也." 藥山云 : "閑坐則爲也." 石頭然之. 看他古人, 一箇閑坐也, 奈何他不得.

오늘날 도를 배우는 사람들은 흔히 한가히 앉는 곳에 꽉 머물러 있습 니다. 요즈음 총림(叢林)에 깨달음이 없는 무리들[1220]이 그것을 일러 묵조 (默照)라 하는 것이 바로 이것입니다. 또 한 부류는 발바닥이 원래 본래자 리에 닿은[1221] 적도 없으면서 깨달음으로 들어가는 출입구의 그림자[1222]를

않는다고 말하는데, 무엇을 하지 않는다는 것이냐?" 약산이 말했다. "천 명의 성인이라도 알지 못합니다." 석두가 이에 게송으로 찬탄하였다. "이전부터 함께 있었으나 그 이름을 알지 못하고, 마음대로 바로바로 이렇게 행한다. 예부터 뛰어난 현인도 오히려 알지 못하는데, 경솔한 범부들이 어찌 밝히랴?"(頭曰 : "汝道不爲, 不爲箇甚麼?" 曰 : "千聖亦不識." 頭以 偈讚曰 : "從來共住不知名, 任運相將祇麼行. 自古上賢猶不識, 造次凡流豈可明?")(『오등회원』 제 5권 약산유엄선사.)

1220 무비공배(無鼻孔輩) : 코가 없는 무리들. 깨달음이 없는 무리들. 본래면목에 어두운 무리들. 비공(鼻孔) 즉 코는 본래면목을 가리킨다.

1221 각근점지(脚跟點地) : 발꿈치가 땅에 닿다. 철저히 깨달아 흔들림 없는 곳에 안착하 다.

1222 문두호구광영(門頭戶口光影) : 문두호구(門頭戶口)란 문호(門戶) 즉 출입구(出入口)이 니, 깨달음으로 들어가는 출입구라는 말. 광영(光影)은 그림자. 문두호구광영(門頭戶口光 影)이란 깨달음으로 들어가는 출입구의 그림자. 참된 깨달음이 아니라 헛된 환영을 가리 킴.

알아차리고는 줄곧 제멋대로 날뛰면서 더불어 평범한 말[1223]은 할 수가 없고, 모두들 참선 모임[1224]을 만들고 있습니다. 이와 같은 자들은 업(業)을 짓는 의식(意識)을 일러 본래의 자기 자신이라고 하니, 다시는 함께 본분(本分)[1225]의 일을 말할 수 없습니다.

今時學道之士, 多在閑坐處打住. 近日叢林無鼻孔輩, 謂之默照者, 是也. 又有一種脚跟元不曾點地, 認得簡門頭戶口光影, 一向狂發, 與說平常話不得, 盡作禪會了. 似這般底, 喚業識作本命元辰, 更是不可與語本分事也.

보지 못하였습니까? 운문(雲門) 대사가 말했습니다.

"빛[1226]이 뚫고 벗어나지[1227] 못하는 데에는 두 가지 병이 있다. 모든 곳에서 밝지 못하여 앞에 사물이 있는 것이 그 하나요,[1228] 모든 법이 공(空)임을 뚫어 내고도 어슴푸레하게[1229] 마치 한 개 사물이 있는 듯하다면 역

1223 평상화(平常話) : 평범한 말. 평상시의 말.

1224 선회(禪會) : 참선(參禪) 모임. 선(禪)을 공부하는 모임.

1225 본분(本分) : 본성(本性), 본래면목, 본래 부여 받은 것.

1226 광(光) : 마음에서 나오는 빛. 마음의 빛. 지혜의 빛.

1227 투탈(透脫) : 돌파하여 벗어남. 뚫고 지나가다. 깨달음을 가로막는 장애를 뚫고 벗어나 깨달음에 이른다는 말. =투득(透得), 투과(透過), 투출(透出), 투취(透取).

1228 『경덕전등록』 제7권 '여산귀종사지상선사(廬山歸宗寺智常禪師)'의 상당설법(上堂說法)에 이런 구절이 있다 : "빛이 뚫고 지나가지 못하는 것은 단지 눈앞에 사물을 두고 있기 때문이다."(光不透脫, 只爲目前有物.)

1229 은은지(隱隱地) : 지(地)는 부사나 형용사를 만들어 주는 접미어. ①희미하고 분명하지 않은 모양. 어렴풋한 모양. ②근심하고 슬퍼하는 모양. ③(의성어)우레 소리나 수레 소

시 빛이 뚫고 벗어나지 못한 것이다. 또 법신(法身)[1230]에도 두 가지 병이 있으니, 법신에 도달하여도 법(法)에 집착하여 잊지 못하고 자기(自己)라는 견해가 여전히 있어서 법신 곁에 머물러 있는 것이 그 하나요, 비록 법신을 뚫고 벗어나더라도 놓아주면[1231] 옳지 않으니 '무슨 냄새[1232]가 있는가?' 하고 자세히 점검해 보아야 한다고 하면 이것도 병이다.'"[1233]

不見? 雲門大師有言 : "光不透脫, 有兩般病. 一切處不明, 面前有物, 是一, 又透得一切法空, 隱隱地似有箇物相似, 亦是光不透脫. 又法身亦有兩般病, 得到法身, 爲法執不忘, 己見猶存, 坐在法身邊是一, 直饒透得法身去, 放過卽不可, 子細檢點來, '有甚麽氣息?' 亦是病."

오늘날 진실한 법을 배우는 자들은 법신을 뚫고 지나가는 것을 지극한 일로 삼고 있지만, 운문(雲門)은 도리어 이것을 병으로 여기고 있으니,

---

리. ④많고 성대한 모양.

1230 법신(法身) : 분별의식(分別意識)에서 해방되어 방향도 처소도 모습도 없는 허공과 같이, 모든 것을 포섭하면서도 어떤 것도 아니며 모든 분별 속에서 분별을 벗어난 것을 가리킨다. 법신이 곧 깨달음이요, 법신이 곧 자성(自性)이고, 법신이 곧 본분(本分)이고, 법신이 곧 해탈이고, 법신이 곧 선(禪)이다. 법신은 체험으로 확인할 수만 있고 생각으로 이해할 수는 없다.

1231 방과(放過) : 놓아주다.

1232 기식(氣息) : ①호흡. 숨결. ②냄새. 향기. ③기운. 기백.

1233 『오등회원』 제15권 '소주운문산광봉원문언선사(韶州雲門山光奉院文偃禪師)'에 상당법어(上堂法語)로 나와 있다.

법신을 뚫고 지나가면 마땅히[1234] 어떻게 해야 하는지를 알지 못하기 때문입니다. 여기에 이르면 마치 사람이 물을 마시면 그 차고 따뜻함을 스스로 알아서 다른 사람에게 물을 필요가 없는 것과 같습니다. 남에게 묻는다면 해로운 일이 됩니다. 그러므로 "진실로 의심 없는 곳에 도달한 사람은 마치 강철을 두들겨 만들고 무쇠를 부어서 이룬 것과 같다."는 말이 바로 이것입니다. 마치 사람이 밥을 배불리 먹을 때에 다시 남에게 자기가 배가 부른지 아닌지를 물을 필요가 없는 것과 같습니다.

而今學實法者, 以透過法身爲極致, 而雲門返以爲病, 不知透過法身了合作麼生. 到這裏如人飮水冷煖自知不著問別人. 問別人則禍事也. 所以云:"眞實到不疑之地者, 如渾鋼打就生鐵鑄成." 是也. 如人喫飯飽時, 不可更問人我飽未飽.

옛날 황벽(黃檗)이 백장(百丈)에게 물었습니다.

"이전부터 옛사람은 무슨 법을 사람들에게 보여 주셨습니까?"

백장은 다만 앉은 채 가만히 있었습니다. 이에 황벽이 말했습니다.

"뒷날 후손에게는 무엇을 전해 줍니까?"

백장이 옷을 털고서 곧장 일어나며 말했습니다.

"나는 네가 한 사람 참 대장부[1235]라고 여겼는데[1236]……."[1237]

1234 합(合) : =당(當). 응당 −해야 한다. 마땅히 −해야 한다.

1235 시개인(是箇人) : =시개한(是箇漢). 한 사람 참된 대장부. 한 사람 참된 선자(禪者).

1236 장위(將謂) : −라고 여겼는데(결국 그렇지 않다는 뜻을 내포함).

1237 『경덕전등록』 제9권 '홍주황벽희운선사(洪州黃檗希運禪師)'에 나오는 대화.

昔黃蘗問百丈：“從上古人以何法示人?”百丈只據坐. 黃蘗云：“後代兒孫將何傳

授?”百丈拂衣便起云：“我將謂汝是箇人.”

이것이 바로 사람을 위하는 모습입니다. 다만 스스로 믿는 곳을 살펴

보십시오. 스스로 믿는 소식(消息)이 끊어집니까? 만약 스스로 믿는 소식

이 끊어진다면, 저절로 남의 입에서 나오는 말을 취하지 않게 됩니다. 임

제(臨濟)가 말하길, “네가 만약 순간순간 찾아다니는 마음을 쉴 수 있다

면, 석가모니와 다르지 않을 것이다.”[1238]라고 하였는데, 거짓말이 아닙니

다. 제칠지보살(第七地菩薩)[1239]은 깨달음의 지혜를 구할 마음이 아직 만족

되지 못하였기 때문에, 그를 일러 번뇌라 하는 것입니다. 정말로[1240] 당신

이 안배(安排)하는 곳이 없다면, 밖에서 헤아려 알[1241] 수는 조금도[1242] 없습

니다.

這箇便是爲人底樣子也. 但向自信處看. 還得自信底消息絕也未? 若自信底消息

絕, 則自然不取他人口頭辦矣. 臨濟云：“汝若歇得念念馳求心, 與釋迦老子不別.”

不是欺人. 第七地菩薩, 求佛智心, 未滿足故, 謂之煩惱. 直是無爾安排處, 著一星

1238 『고존숙어록』 제4권 「진주임제혜조선사어록(鎭州臨濟慧照禪師語錄)」의 시중설법(示衆
       說法)에 나오는 구절.

1239 제칠지보살(第七地菩薩) : 십지(十地) 가운데 일곱 번째인 원행지(遠行地)에 해당하는
       보살.

1240 직시(直是) : 그야말로. 전혀. 정말. 실로.

1241 요득(料得) : 헤아려 알다. 짐작하다. 예측하다.

1242 일성아(一星兒) : 아주 조금. 약간. =일성반점아(一星半點兒), 일성일점(一星一點).

兒, 外料不得.

몇 년 전에 어떤 허거사(許居士)라는 분이 깨달음으로 들어가는 출입구를 알아차리고는[1243] 편지로 견해를 드러내 보내오기를, "일상생활 속에서 텅 비고 확 트여서 마주할 한 물건도 없으니, 비로소 삼계(三界)의 만법(萬法)이 본래 모두 없다는 사실을 알고서 곧장 안락하고 쾌활하게 놓아 버렸습니다."라고 하기에, 제가 게송을 지어서 그에게 보여 주었습니다.

깨끗한 곳을 좋아하지 말지니,
깨끗한 곳이 사람을 괴롭히느니라.

쾌활한 곳을 좋아하지 말지니,
쾌활이 사람을 미치게 하느니라.
물이 그릇에 들어 있음에 그릇을 따라
모나고 둥글고 짧고 길게 됨과 같도다.

놓아 버림과 놓아 버리지 않음을
다시 자세히 헤아려 보아라.

1243 문두호구(門頭戶口)란 문호(門戶) 즉 출입구(出入口)란 뜻이니, 곧 깨달음으로 들어가는 출입구를 가리킨다. 깨달음으로 들어가는 출입구를 알아차렸다는 말은, 아직 철저히 깨닫지 못하고 그저 입구를 알아본 정도의 체험을 가리킨다.

삼계(三界)와 만법(萬法)은

어느 곳으로도 돌아가지 않느니라.

단지 곧장 안락하고 쾌활하기만 하다면,

이 일은 크게 어긋난 것이라.

허거사(許居士)에게 알려 주노니,[1244]

자신의 부모가 도리어 재앙이 되느니라.[1245]

일 천 성인의 안목(眼目)을 활짝 얻을지언정,

자꾸 액을 막으려고 빌지는[1246] 말아야 하느니라.[1247]

數年前有箇許居士, 認得箇門頭戶口, 將書來呈見解云:"日用中空豁豁地, 無一物

作對待, 方知三界萬法, 一切元無, 直是安樂快活放得下."因示之以偈曰:

莫戀淨潔處, 淨處使人困.

莫戀快活處, 快活使人狂.

1244 엄교수의 견해가 허거사와 같기 때문에, 허거사를 일깨워 준 게송을 빌어서 엄교수도
일깨워 주고 있다.

1245 깨달은 곳에 집착하여 머물면 깨달음이 도리어 병이 되고, 안락함에 머물면 안락함이
도리어 병이 되고, 일 없는 곳에 머물면 일 없는 것이 도리어 병이 된다.

1246 도양(禱禳): 액을 막도록 빌다. 액막이로 제사를 지내다.

1247 의지하고 머물 곳이 따로 있으면, 이것은 치우친 견해일 뿐, 도와는 상관이 없다.

如水之任器, 隨方圓短長.

放下不放下, 更請細思量.

三界與萬法, 匪歸何有鄕.

若只便恁麼, 此事大乖張.

爲報許居士, 家親作禍殃.

豁開千聖眼, 不須頻禱禳.

우연히 새벽에 일어나니 조금 추운데, 자경(子卿)[1248] 도우(道友)가 처음 깨달아 들어갈 곳[1249]을 얻었을 때 오히려 어쩌면 그림자일지도 모른다고 의심하여, 드디어 지금까지 의심해 왔던 공안(公案)을 끌어와 비추어 보고서야 비로소 조주(趙州) 노인이 실수한[1250] 곳을 보았다는 것이 문득 기억에 떠올라, 저도 모르게 붓을 꺼내어 생각나는 대로[1251] 적은 말이 이렇게 많아졌습니다.

偶晨起稍涼, 驀然記得, 子卿道友初得箇入頭時, 尙疑恐是光影, 遂將從來所疑公案拈照, 方見趙州老漢敗闕處, 不覺信筆葛藤如許.

1248　자경(子卿) : 편지를 받는 엄교수(嚴教授).

1249　입두(入頭) : 입문(入門). 깨달아 들어가는 첫걸음.

1250　패궐(敗闕) : 손해 보다. 실패하다. 좌절하다. 꺾이다.

1251　신필(信筆) : 붓 가는 대로 맡기다. 붓 가는 대로 글을 쓰다.

51. 장시랑(張侍郎)[1252] 자소(子韶)에 대한 답서[1253]

님께서는 스스로 문득 벗어난 곳[1254]을 얻고는 이것을 지극한 도리로 여기고서, 이치의 길에 관계하고 진흙에 빠지고 물에 들어가면서 사람을 위하는 것을 보자마자 그 즉시 쓸어 내버리고 흔적을 없애 버리고자 하십니다. 제가 편집한 『정법안장(正法眼藏)』을 보고서는 곧 말하기를, "임제(臨濟) 문하의 몇몇 암주(庵主)는 기봉(機鋒)[1255]이 좋은데도 어찌하여 싣지 않았으며, 충국사(忠國師)[1256] 같은 이는 의리선(義理禪)[1257]을 말하여 사람들에게 해를 끼쳤으니 반드시 빼야 한다."고 하십니다. 님께서 도(道)를 보시는 것이 이와 같이 꼭 알맞음만을 살피면서[1258] 충국사가 노파선(老婆禪)[1259] 말하는 것을 기뻐하지 아니하고, 깨끗하고 맑은 곳에 머물러 다만 부싯돌 불과 번갯불 같이 번쩍 스치는 한 수[1260]만을 좋아할 뿐, 그밖에는

1252 장시랑(張侍郎) : 시랑(侍郎)은 벼슬 이름. 이름은 장구성(張九成), 자(字)는 자소(子韶), 호는 무구거사(無垢居士). 대혜종고의 문하에서 공부하여 법을 얻었다.

1253 1149년(61세)에 쓴 글.

1254 별탈처(瞥脫處) : 별안간 벗어난 곳. 홀연 계합하여 분별망상을 벗어 버리는 것.

1255 기봉(機鋒) : 예봉(銳鋒). 날카로운 창끝을 뜻하며, 날카롭게 공격하는 기세(氣勢)를 가리킨다.

1256 충국사(忠國師) : 남양혜충(南陽慧忠).

1257 의리선(義理禪) : 뜻과 이치로 선(禪)을 논하는 것.

1258 체당(諦當) : ①합당함을 살피다. 적합함을 살피다. ②합당함. 적당함. 정확함.

1259 노파선(老婆禪) : 할머니가 손자를 돌보는 듯한 노파심(老婆心)으로 지나치게 친절하고 자세하게 가르쳐 주는 선(禪).

1260 일착자(一着子) : 한 수. 바둑에서 한 수 두는 것을 가리킨다. 여기에서는 하나의 기틀, 하나의 작용을 가리킨다.

조금도 다른 도리(道理)를 용납하지 않으니 참으로 안타까울 따름입니다.

答張侍郎(子韶)

左右以自所得瞥脫處爲極則, 纔見涉理路入泥入水爲人底, 便欲掃除使滅蹤跡. 見
宗杲所集『正法眼藏』, 便云: "臨濟下有數箇菴主好機鋒, 何不收入, 如忠國師, 說
義理禪, 敎壞人家男女, 決定可刪." 左右見道, 如此諦當, 而不喜忠國師說老婆禪,
坐在淨淨潔潔處, 只愛擊石火閃電光一著子, 此外不容一星兒別道理, 眞可惜耳.

그 까닭에 제가 힘을 다하여 주장합니다. 법성(法性)이 너그럽지 않고
물결이 드넓게 일지 않고 불법(佛法)이라는 지견(知見)이 없지 않고 삶과
죽음을 흘러 다니는 목숨이 끊어지지 않았다면, 이와 같이 아무 데도 의
지함 없이[1261] 진흙에 빠지고 물에 들어가면서 사람을 위하는 일을 할 수
없습니다.[1262] 대개 중생의 근기가 한결같지 않은 까닭에 예부터 모든 조
사들께서는 각자 방편문(方便門)을 세워 중생의 근기에 대응하여 근기를
따라 교화하였던 것입니다.

그러므로 장사(長沙)의 잠대충(岑大蟲)[1263]은 말하기를, "내가 만약 한결

1261 사릉착지(四楞着地) : =사릉탑지(四楞塌地). 네 활개를 땅에 던지고, 두 손을 땅에 짚
고 꿇어 엎드려. 붙잡거나 의지함이 전혀 없이. 완전히 손을 놓고.

1262 직역하면 이와 같다 : 만약 법성(法性)이 너그럽지 못하고, 물결이 드넓게 일지 못하
고, 불법(佛法)이라는 지견(知見)이 없지 않고, 생사(生死)에 목숨 거는 일이 끊어지지 않
았다면, 이와 같이 아무 데도 의지함 없이 진흙에 빠지고 물에 들어가면서 사람을 위하는
일은 할 수 없습니다.

1263 장사(長沙)의 잠대충(岑大蟲) : 남전보원(南泉普願)의 제자인 장사경잠(長沙景岑). 경

같이 근본의 가르침만 내세운다면¹²⁶⁴ 법당(法堂) 앞에 풀이 한 길이나 우거질 것이다."¹²⁶⁵라고 했으니, 이렇게 되면 남에게 절을 돌봐 달라고 부탁해야 할 것입니다.

이미 이렇게 문(門) 안¹²⁶⁶의 일을 행하는 데 서서 사람들에게 종사(宗師)라고 불리고 있다면, 모름지기 중생의 근기에 따라 알맞게 법을 말해야 합니다.¹²⁶⁷ 부싯돌 불 같고 번갯불 같은 한 수는 이것을 소화할 만한 근기여야 비로소 떠맡을¹²⁶⁸ 수 있을 것이니, 근기가 그렇지 못한 경우에 그것을 쓴다면 싹을 잘라 버릴 것입니다.

잠(景岑)에게 앙산혜적(仰山慧寂)이 말하기를, "사람마다 모두 이것을 가지고 있지만, 단지 쓸 줄을 모른다."고 하자, 경잠이 말했다. "즉시 그대가 쓰기를 바란다." 앙산이 말했다. "어떻게 쓰는가?" 경잠이 이에 앙산의 가슴을 발로 차니, 앙산이 말했다. "꼭 한 마리 대충(大蟲) 같구나." 이로부터 사람들은 그를 일러 잠대충(岑大蟲)이라고 하였다.(仰山云 : "人人盡有遮箇事, 只是用不得." 師云 : "恰是請汝用." 仰山云 : "作麽生用?" 師乃蹋倒仰山, 仰山云 : "直下似箇大蟲." 自此諸方謂爲岑大蟲.)(『경덕전등록』 제10권 호남장사경잠(湖南長沙景岑)) 대충(大蟲)은 호랑이를 가리킨다.

1264　거양(擧揚) : 들어 날리다. 드날리다. 대중을 모아 놓고 문답하고 설법하며 종지(宗旨)를 명백히 드러내는 것.

1265　장사경잠이 상당(上堂)하여 말했다. "내가 만약 한결같이 근본의 가르침만 내세운다면, 법당 안에 풀이 한 길이나 우거질 것이다. 내가 사정이 어쩔 수 없어서 여러분에게 말한다. 운운.(我若一向擧揚宗教, 法堂裏須草深一丈. 我事不獲已, 所以向汝諸人道. …)(『경덕전등록』 위와 같은 곳)

1266　호리(戶裏) : 문 안. 집 안. 여기선 선문(禪門)의 안.

1267　본분(本分)으로 이끌려 할 때에는 방편문(方便門)을 세워서 활용해야 한다.

1268　승당(承當) : 맡다. 담당하다. 받들어 지키다. 불조(佛祖)에게서 전해져 온 정법(正法)을 받아 지킨다는 뜻으로서, 종지(宗旨)를 깨달아 체득하는 것을 가리키는 말. 곧, 수긍하고 인정한다는 말.

故宗杲盡力主張. 若法性不寬, 波瀾不闊, 佛法知見不亡, 生死命根不斷, 則不敢如此四楞著地入泥入水爲人. 蓋衆生根器不同故, 從上諸祖各立門戶施設, 備衆生機隨機攝化. 故長沙岑大蟲有言：“我若一向擧揚宗敎, 法堂前須草深一丈.” 倩人看院始得. 旣落在這行戶裏, 被人喚作宗師, 須備衆生機說法. 如擊石火閃電光一著子, 是這般根器, 方承當得, 根器不是處, 用之, 則揠苗矣.

제가 어찌 문득 벗어나는 곳에 밝지 못하겠습니까만, 망치질 한 번에 곧 일고여덟 구멍을 내려는 것이 성급한 일인 까닭에, 『정법안장(正法眼藏)』[1269]을 편집하여 가문(家門)을 나누지도 않고 운문종(雲門宗)인지 임제종(臨濟宗)인지 조동종(曹洞宗)인지 위앙종(潙仰宗)인지 법안종(法眼宗)인지를 묻지도 않고, 다만 바른 지견(知見)이 있어서 사람을 깨달아 들어가게 할 수 있는 분들을 모두 모았을 뿐입니다. 충국사와 대주(大珠)[1270] 두 분 노숙(老宿)을 보면, 그 선(禪)이 여러 가지 바탕에 잘 대비하고 있습니다. 그 까닭에 수록하여 이러한 부류의 근기를 구제하도록 한 것입니다.

1269 『정법안장(正法眼藏)』: 대혜종고의 공안집(公案集). 3권, 6책. 이전의 선사가 말한 어구(語句) 661칙을 뽑아 평창(評唱) 또는 착어(着語)를 붙이고, 마지막에 대혜종고의 시중(示衆)을 붙인 것. 대략 소흥(紹興) 17년(1147) 무렵 대혜가 형양(衡陽)에 은거할 때, 납자들과 더불어 고금(古今)의 어구(語句)를 가지고 묻고 답한 것을 시자인 충밀(沖密)과 혜연(慧然) 등이 수록하여 책으로 만들고, 대혜에게 제목을 부탁하여 정법안장(正法眼藏)이라고 붙였다.

1270 마조도일(馬祖道一)의 제자인 대주혜해(大珠慧海). 대주혜해는 『돈오입도요문(頓悟入道要門)』을 지었는데, 이 책은 경전에 등장하는 각종 방편의 말들을 선사(禪師)의 입장에서 이치에 맞도록 풀이한 것이기 때문에 노파선(老婆禪)이나 의리선(義理禪)이라고 한 것이다.

418

宗杲豈不曉瞥脫, 一椎便七穿八穴是性燥, 所以集『正法眼藏』, 不分門類, 不問雲門臨濟曹洞潙仰法眼宗, 但有正知正見, 可以令人悟入者, 皆收之. 見忠國師大珠二老宿, 禪備衆體. 故收以救此一類根器者.

님께서는 편지에 이르기를 "반드시 삭제해야 한다."라고 하니, 공(公)의 뜻을 보면『정법안장』에서 여러 가문(家門)의 가르침을 모두 삭제하고 다만 공의 견해와 같은 것들만을 수록하여야 옳을 것입니다. 만약 그렇다면 공이 스스로 한 권의 책을 편집하여 대근기를 교화하는 것이 옳을 것이고,[1271] 제가 공의 뜻을 따르도록 할 필요는 없을 것입니다.

만약 충국사가 진흙에 빠지고 물에 들어가는 노파선(老婆禪)을 말하여 곧 후손이 끊어졌다고[1272] 한다면, 암두전활(巖頭全豁), 목주도명(睦州道明), 오구(烏臼), 분양무업(汾陽無業), 진주보화(鎭州普化), 정상좌(定上座), 운봉문열(雲峰文悅), 법창의우(法昌倚遇) 등 여러 노숙(老宿)들은 후손이 들끓어야 할 텐데도 오늘날 역시 쓸쓸하여 큰 교화가 없는데, 이런 여러 분들이 어찌 진흙에 빠지고 물에 들어가는 노파선을 가르쳤기 때문이겠습니까? 그러나 제가 충국사(忠國師)를 주장하고 공(公)이 충국사를 배척하더라도 애초에 서로 장애가 되는 것은 아닙니다.[1273]

1271 유하불가(有何不可) : 옳지 않은 무엇이 있겠는가? 전적으로 옳다.

1272 절후(絶後) : 대가 끊어지다.

1273 노파선을 말하든 전광석화선을 말하든 모두 범부중생을 일깨우는 방편이라는 면에서는 다름이 없다.

左右書來云 : "決定可刪." 觀公之意, 『正法眼藏』盡去除諸家門戶, 只收似公見解者, 方是. 若爾則公自集一書, 化大根器者, 有何不可, 不必須敎妙喜隨公意去之. 若謂忠國師說拖泥帶水老婆禪便絶後, 則如巖頭睦州烏臼汾陽無業鎭州普化定上座雲峰悅法昌遇諸大老, 合兒孫滿地, 今亦寂然無主[1274]化者, 諸公豈是拖泥帶水說老婆禪乎? 然妙喜主張國師, 無垢破除, 初不相妨也.

1274 '주(主)'는 궁내본에서 '왕(王)'. 왕(王)이 맞고 주(主)는 오자(誤字). 왕화(王化)란 '군주가 덕(德)으로 다스려 백성을 교화한다'는 뜻이니, 커다란 교화를 가리킨다.

52. 서현모(徐顯模)[1275] 치산(稚山)에 대한 답서[1276]

님께서 저에게 자주 소식을 전하는[1277] 것은 다만 물소[1278]를 조복(調伏)
시키고 이 원숭이[1279]를 죽이고자 하시기 때문이라고 생각합니다. 이 일
은 선방 생활을 오래 하거나 선지식을 많이 찾아다닌다고 해서 되는 것
이 아니라, 다만 한 마디 한 구절에서 곧장[1280] 떠맡아 제자리걸음 하지[1281]
않는 것을 귀하게 여길 뿐입니다. 사실대로 말하면 털끝만큼의 틈도 용
납하지 않습니다. 어쩔 수 없이 '곧장'이라고 말하지만 벌써 구부러져 버
린 것이고, '떠맡는다'고 말하지만 이미 어긋나 버린 것입니다. 하물며 다

1275   서현모(徐顯模) : 현모(顯謨)는 관직 이름이니 곧 현모각학사(顯謨閣學士), 이름은 림
(林), 자(字)는 치산(稚山).

1276   1146년(58세)에 쓴 글.

1277   기성(寄聲) : (인편에) 말을 전하다. =기어(寄語), 전언(傳言).

1278   수고우(水牯牛) : 수고우(水牯牛) : 본래는 물소의 일종으로 암컷 또는 거세된 소를 가
리키는 말이지만, 선사들은 중생의 마음이나 본래면목을 가리키는 말로 사용하였다. 다
만 물을 마시고 풀을 뜯을 줄만 알 뿐이고 지혜가 없이 어리석다는 면에서는 중생의 마음
을 가리키고, 다만 물을 마시고 풀을 뜯을 줄만 알 뿐이고 잡다한 망상이 없다는 면에서
는 본래의 마음을 가리킨다. 여기에서 대혜는 물소를 조복시켜야 할 중생의 마음을 가리
키는 말로 사용하고 있다.

1279   호손자(猢猻子) : 원숭이. 잠시도 가만있지 못하고 이리저리 헤매는 중생의 마음을 비
유함.

1280   직절(直截) : ①곧장. 단도직입적으로. 단순 명쾌하게. 시원시원하게. ②곧장 끊다.
③선종(禪宗)의 경절문(徑截門)을 가리킴.

1281   타지요(打之遶) : =타개지요(打箇之遶). 갈짓자(之)처럼 같은 자리를 왔다 갔다 하며
빙빙 돌다. 진척이 없고 제자리걸음을 하다. 깨닫지 못하고 제자리걸음하는 수행자를 꾸
짖는 말.

421

시 가지를 끌어당기고 덩굴을 잡아당기며, 경전을 들추고 가르침을 들추며, 이치를 말하고 사실을 말하면서 어떻게 마지막 깨달음에 이르고자 하겠습니까?

答除¹²⁸²顯謨(稚山)

左右頻寄聲妙喜, 想只是要調伏水牯牛捏殺這獼猻子耳. 此事不在久歷叢林飽參知識, 只貴於一言一句下直截承當不打之遶爾. 據實而論, 間不容髮. 不得已說箇 '直截', 已是紆曲了也, 說箇'承當', 已是蹉過了也. 況復率枝引蔓, 擧經擧敎, 說理說事, 欲究竟耶?

옛 스님이 말했습니다.

"털끝만 한 것이라도 있으면 바로 경계(境界)¹²⁸³이다."¹²⁸⁴

물소가 아직 조복되지 않았고 원숭이가 아직 죽지 않았다면, 비록 강바닥의 모래알만큼 많은 도리를 말한다고 하여도 나의 일과는 조금도 상관이 없습니다. 그러나 말할 수 있든 말할 수 없든 역시 바깥의 일은 아닙니다.

1282 '제(除)'는 덕부본에서 '서(徐)'. 서(徐)씨가 맞다. 제(除)는 오자(誤字).

1283 진(塵) : ①대상. 경(境). 경계(境界). 육진경계(六塵境界). ②더러움. ③번뇌. ④결함. 결점. ⑤국토. 세계. 찰진(刹塵). ⑥티끌. 많은 숫자를 가리킴.

1284 보지화상(寶誌和尙)의 십이시송(十二時頌) 가운데 평단인(平旦寅)에 있는 구절. 『경덕전등록』제29권에 실려 있다.

古德云：“但有纖毫卽是塵.” 水牯牛未調伏, 獼猻子未死, 縱說得恒沙道理, 並不干我一星兒事. 然說得說不得, 亦非外邊事.

보지 못했습니까? 강서(江西)의 마조 스님은 "말할 수 있어도 그대의 마음이고 말할 수 없어도 그대의 마음이다."[1285]라고 했습니다. 곧장 떠맡기[1286]를 정말로 바란다면, 부처를 보는 것과 조사를 보는 것을 마치 원수 집안에 태어나는 것 같이 해야만 바야흐로 들어맞을 가능성이 조금은 있을 것입니다. 이와 같이 공부하여 세월이 오래 흐르면,[1287] 마음을 일으켜 깨달음을 구할 필요 없이 물소는 저절로 조복될 것이며 원숭이는 저절로 죽을 것입니다. 잘 기억하여 잊지 마십시오.

不見? 江西老宿有言：“說得亦是汝心, 說不得亦是汝心.” 決欲直截擔荷, 見佛見祖如生冤家, 方有少分相應. 如此做工夫, 日久月深, 不著起心求悟, 水牯牛自調伏, 獼猻子自死矣. 記取記取.

다만 평소에 분별심이 머물[1288] 수 없는 곳, 취할 수도 없고 버릴 수도

1285 『사가어록(四家語錄)』 가운데 「강서마조도일선사어록(江西馬祖道一禪師語錄)」에 나오는 상당설법(上堂說法)의 한 구절.

1286 담하(擔荷) : 짐을 지다. 책임을 지다. 떠맡다. 승당(承當)과 같은 뜻. 깨달음을 떠맡다. 깨달음을 가리킨다.

1287 일구월심(日久月深) : 오랜 세월이 흐르다. =일구년심(日久年深), 일구천장(日久天長), 일구세장(日久歲長), 일구세심(日久歲深).

1288 주박(湊泊) : ①한곳에 모이다. 모여들다. ②머물다.

없는 곳에서 화두(話頭)를 살펴보십시오.[1289] 어떤 스님이 운문(雲門) 스님

에게 묻되 "무엇이 부처입니까?" 하니, 운문 스님이 말하길 "똥 닦는 막

대기이다."라고 하였습니다. 화두를 살펴볼 때에는 평소의 총명함과 영

리함을 가지고서 생각하거나 헤아리거나 추측하지는 마십시오. 마음을

내어 헤아리려고 하면[1290] 십만 팔천 리가 오히려 먼 것이 아닙니다. 그러

면 생각하지 않고 헤아리지 않고 마음을 내지 않는 것이 곧 옳은 것인가

1289 간개화두(看箇話頭) : =간화(看話). 간화(看話)란 화두(話頭)를 살펴본다는 말. 대혜
       가 간화선(看話禪)에서 화두를 취급하는 자세를 말한 단어들은 간(看)과 더불어 거(擧)·
       거각(擧覺)·제시(提撕)·여지시애(與之廝崖)·애장거(崖將去)·참(參)·처포(覰捕) 등
       의 용어들이 같은 문맥에서 화두를 공부하는 방식으로서 동시에 언급되고 있다. 이로써
       본다면 이들 용어 모두는 간화(看話)라는 동일한 행위를 가리키는 말들이다. 거(擧)와 거
       각(擧覺)은 '자기에게 화두를 말해 줌'으로써 '화두를 살펴보는' 것이다. 이 경우 때로는
       입을 열어 소리 내어 말할 경우도 있을 것이고, 때로는 입을 다물고 마음속으로 말할 경
       우도 있을 것이다. 제시(提撕)는 '자기에게 화두를 일깨워 주고, 화두에 주의를 환기시켜
       줌'으로써 '화두를 살펴보는' 것이다. 여지시애(與之廝崖)와 애장거(崖將去)는 '화두와 맞
       붙어서 물러남 없이 버팀'으로써 '화두를 살펴보는' 것이다. 이처럼 화두를 자기에게 말해
       주고, 화두를 자기에게 일깨워 주고, 화두와 맞붙어 물러나지 않고 버티면서 화두를 살
       펴보는 일이 곧 간화(看話)이다. 참(參)은 '화두를 보는 일에 참여하라'는 뜻이다. 처포(覰
       捕)는 '화두의 취지를 살펴보며 찾아라'는 뜻이다. 우리나라의 간화선(看話禪)에서는 '화
       두를 살펴본다'고 하지 않고, '화두를 든다'고 말한다. 여기에서 '든다'는 거(擧)·거각(擧
       覺)·제시(提撕)를 번역한 것인데 정확한 번역이 아니다. 이 간화(看話) 및 그와 관련된
       용어들의 정확한 번역에 관해서는 김태완 지음 『간화선 창시자의 선』(침묵의 향기 간행)
       하권 부록 '간화(看話) 용어의 번역에 관하여'를 참조하기 바란다.

1290 의심(擬心) : ①마음으로 헤아리다. ②마음을 내어 −하려 하다.

1291 돌(咄) : ①떽! 떼끼! 어흠! 꾸짖는 소리. 호통 치는 소리. ②허! 어허! 쯧쯧! 애달프다!
       탄식 또는 놀람을 나타내는 소리.

요? 떼끼!¹²⁹¹ 또 무엇입니까? 이 일은 일단 내버려 둡시다.¹²⁹²

但向平昔心意識湊泊不得處, 取不得處捨不得處, 看箇話頭. 僧問雲門: "如何是佛?" 門云: "乾屎橛." 看時不用將平昔聰明靈利思量卜度. 擬心思量, 十萬八千未是遠. 莫是不思量不計較不擬心便是麼? 咄! 更是箇甚麼? 且置是事.

1292　차치(且置) : 우선 놓아두다. 우선 내버려 두다. 일단 그대로 두다.

53. 양교수(楊敎授)[1293] 언후(彦候)에 대한 답서

님께서는 목에 힘을 주고 다닐 위치에서[1294] 도리어 헤아리기 어려운 부드러움을 가지셔서 한마디 말을 듣고서 모든 것이 온통 알맞게 되었으니, 이것은 매우 뛰어난 일입니다. 만약 목에 힘을 주고 다니는 틈에 도와주어서[1295] 몇 사람[1296]이라도 얻지 않았다면, 불법이 어찌 오늘날까지 이르렀겠습니까? 반야(般若)의 근성(根性)[1297]이 없었다면 이렇게 될 수 없을 것이니, 훌륭하고도 훌륭한 일입니다.

答楊敎授(彦候)

左右彊項中, 却有不可思議底柔和, 致一言之下千了百當, 此事殊勝. 若不間於彊項中打發得幾人, 佛法豈到今日? 非有般若根性則不能如是, 盛事盛事.

편지에 말씀하시길, 내년 봄이나 여름 사이에 밑바닥 없는 배를 저으

1293 양교수(楊敎授) : 교수(敎授)는 관직 이름, 자(字)는 언후(彦候).

1294 강항(彊項) : (남에게 굴복하지 않고) 강직하다. 목에 힘을 주고 다니다. (벼슬자리에 있다. 부귀한 자리에 있다.)

1295 타발(打發) : ①보내다. 파견하다. ②내쫓다. 떠나가게 하다. ③돌보다. 처리하다. 도와주다. ④찾아내다. ⑤방출하다. 지급하다. ⑥선사하다. 보내 주다. ⑦시집보내다. ⑧힘으로 대처하다. 회답하다. ⑨(시간을) 보내다. 허송세월하다.

1296 배휴(裵休), 양억(楊億), 이준욱(李遵勗) 등처럼 불교에 귀의하여 불법을 공부하고 불교를 외호(外護)했던 거사들을 가리킨다.

1297 반야(般若)의 근성(根性) : 반야(般若)의 뿌리인 본성(本性), 혹은 반야를 얻으려는 끈질긴 근성.

며 구멍 없는 피리를 불고, 다함 없는 공양(供養)을 베풀며 생겨남 없는 말을 하여 끝도 없고 시작도 없고 있지도 않고 없지도 않은 근거(根據)[1298]를 밝히려 한다고 하시니, 청컨대 오셔서 이 체면 따지지 않는 사람[1299]과 흥정해 보시면[1300] 결코 이 말을 잘못 알지는 않을 것입니다.

示喩[1301], 欲來年春夏間, 棹無底船, 吹無孔笛, 施無盡供, 說無生話, 要了無窮無始不有不無巴鼻, 但請來與這無面目漢商量, 定不錯了這話.

또 말씀하시길 도호(道號)를 바란다고 하시니, 정히 서로 희롱하기를[1302] 바라신다면[1303] 쾌연거사(快然居士)라고 하는게 좋겠습니다. 그러므로 진정(眞淨) 노인네가 말한 "재빠른[1304] 대도(大道)는 다만 눈앞에 있으니, 동

1298 파비(巴鼻) : ①유래(由來). 근거(根據). ②요지(要旨). ③자신(自信). ④의지할 곳. 기댈 곳.

1299 무면목한(無面目漢) : 체면에 얽매이지 않는 사람. 정실에 구애되지 않는 사람. 대혜 자신을 가리킨다.

1300 상량(商量) : 시장에서 물건을 사고팔 때에 저울로 달아 그 값을 따져 헤아리는 것을 말한다. 따지다. 상의하다. 의논하다. 상담하다. 이해하다. 값을 흥정하다. 값을 따지다. 값을 매기다. 헤아리다.

1301 만정본(卍正本)에서는 유(諭)로 되어 있다.

1302 도호(塗糊) : ①칠하다. 바르다. ②칠해서 지우다. ③마구 바르다. 어지러이 갈겨 쓰다. ④놀리다. 조롱하다. 희롱하다. ⑤괴롭히다. 들볶다. ⑥소란을 피우다.

1303 이름 없는 본래면목에 이름을 붙이는 것은 진흙을 칠하여 모습을 만듦으로써 청정법신을 더럽히는 것이다.

1304 쾌연(快然) : 재빠르다. 재빠르게 지나간다는 뜻이다. 막힘없이 통하고 머무름 없이 흐르는 도(道)를 쾌연이라는 말로 형용(形容)하였다.

427

서남북으로 헤아리면 바로 막혀[1305] 버린다.'"[1306]가 바로 이 뜻입니다. 저는 지금 장사(長沙)에서 오래 머물 계획이니,[1307] 님께서 훗날 참으로 이 일 때문에 오신다면 이곳 숲속이 쓸쓸하지 않을 것입니다.

又承需道號, 政欲相塗糊, 可稱快然居士. 故眞淨老人云: "快然大道, 只在目前, 縱橫十字, 擬而留連." 便是此義也. 某[1308]在長沙作久住計, 左右他日果從此來, 則林下不寂寞也.

1305　유연(留連) : (헤어지기가 섭섭해) 계속 머물다. 유연망반(留連忘返)의 준말. 계속 머물며 돌아가는 것을 잊는다는 뜻. 여기에서는 재빨리 흘러 통하여 머묾 없는 도를 만약 헤아리면 머물러 죽어 버린다는 것을 가리키고 있다.

1306　운암진정(雲庵眞淨) 선사는 쾌산장로(快山長老)가 찾아왔을 때 상당(上堂)하여 말했다. "재빠른 대도(大道)는 다만 눈앞에 있지만, 동서남북으로 헤아리면 바로 막혀 버린다." 이어서 대중을 돌아보며 잠시 말없이 있다가 "악!" 하고 일할(一喝)을 하고는 법좌를 내려왔다.(『고존숙어록(古尊宿語錄)』 제42권 보봉운암진정선사(寶峰雲庵眞淨禪師).)

1307　소흥(紹興) 25년(1155) 12월에 대혜는 유배에서 풀려나 다음해 정월에 매양(梅陽)으로 옮겼는데, 그때 장승상(張丞相)이 장사(長沙)에서 국태부인(國太夫人)의 명(命)을 좇아서 대혜를 자기 집으로 초청하여 하안거 석달을 공양하였기 때문에 오래 머물 계획이라고 한 것이다.

1308　'모(某)'는 덕부본에서는 '某只', 궁내본에서는 '宗杲只'로 되어 있다. 강조를 위하여 부사 지(只)를 부가하였다.

54. 루추밀(樓樞密)[1309] 중훈(仲暈)에 대한 답서 (1)[1310]

작별한 뒤에 매일 인연을 만나는 곳에서 바깥의 경계에 끄달려 가지는 않는지, 쌓여 있는 문서를 바라보고도 내버려 둘[1311] 수는 있는지, 사물과 만날 때에 부릴 수는 있는지, 고요한 곳에 머물러 망상(妄想)하지는 않는지, 이 일을 자세히 구명(究明)함[1312]에 잡념(雜念)은 없는지 모르겠습니다. 그러므로 부처님께서 말씀하셨습니다.

"마음이 헛되이 과거의 법(法)을 취하지 않고, 또한 미래의 일도 탐내지 않고, 현재에도 머물지 않아야, 과거·현재·미래가 모두 공적(空寂)함을 밝게 통달한다."[1313]

과거의 일은 좋든 나쁘든 생각하지 말아야 하니, 생각하면 도(道)를 가로막습니다. 미래의 일도 헤아리지 말아야 하니, 헤아리면 어지럽게 헤매게 됩니다. 현재의 일이 코앞에 닥치면 마음에 거슬리든지 마음에 들든지 역시 생각을 하지[1314] 말아야 하니, 생각을 하면 마음을 어지럽히게 됩니다. 다만 언제나 그때그때의 인연에 응하면, 저절로 이 도리(道理)에

1309 루추밀(樓樞密) : 추밀(樞密)은 벼슬 이름, 이름은 소(炤), 자(字)는 중훈(仲暈).

1310 1157년(69세)에 쓴 글.

1311 발치(撥置) : 옆으로 밀쳐놓다. 내버려 두다.

1312 체구(體究) : 자세히 고찰하고 연구하여 밝히다.

1313 『대방광불화엄경(大方廣佛華嚴經)』제28권 「십회향품(十廻向品)」제25-6. 실차난타(實叉難陀) 역.

1314 착의(著意) : ①일부러. 고의로. 의식적으로. ②생각을 하다. ③주의를 기울이다. 신경쓰다. 마음을 쏟다.

들어맞게 될 것입니다.

答樓樞密

不識, 別後日用應緣處, 不被外境所奪否, 視堆案之文, 能撥置否, 與物相遇時, 能動轉否, 住寂靜處, 不妄想否, 體究箇事, 無雜念否? 故黃面老子有言 : "心不妄取過去法, 亦不貪著未來事, 不於現在有所住, 了達三世悉空寂." 過去事或善或惡, 不須思量, 思量則障道矣. 未來事不須計較, 計較則狂亂矣. 現在事到面前, 或逆或順, 亦不須著意, 著意則擾方寸矣. 但一切臨時隨緣酬酢, 自然合著這箇道理.

마음에 거슬리는 일은 물리치기가 쉽지만 마음에 드는 일은 물리치기가 어렵습니다. 내 뜻을 거스르는 일은 다만 '참을 인(忍)' 한 글자를 만나[1315] 잘 섬기면[1316] 잠시 뒤에는[1317] 곧 지나가 버리지만, 마음에 드는 일은 회피할 수가 없는 것이 마치 자석이 쇠를 만나서 서로 알지 못하는 사이에 착 달라붙어서 하나가 되는 것과 같습니다. 무정물(無情物)도 오히려 이러한데 하물며 지금 활동하는 무명(無明) 속[1318]에 온몸이 잠겨서 살아가는 사람이야 말할 나위도 없습니다. 이러한 경계에 부닥쳐서 만약 지혜

1315 소(消) : ①만나다. ②필요로 하다. ③받다.
1316 정성(定省) : 자식이 조석(朝夕)으로 부모를 잘 섬기다. 혼정신성(昏定晨省)의 준말. 이 말은 『예기(禮記)』의 「곡례편(曲禮篇)」에 나오는 말로 "밤에 잘 때 부모의 침소에 가서 밤새 안녕하시기를 여쭙는다."라는 뜻의 혼정(昏定)과 "아침 일찍 일어나 부모의 침소에 가서 밤새의 안후(安候)를 살핀다."라는 뜻의 신성(晨省)의 결합으로 이루어진 말.
1317 소시(少時) : 잠시. 잠깐. 잠시 후.
1318 이허(裏許) : 안. 속. 가운데. 허(許)는 장소를 뜻한다.

가 없다면 자기도 모르게 그 경계에 끌려가 사로잡혀 버리니, 다시 그 속
에서 빠져나올 길을 찾고자 하여도 역시 어렵지 않겠습니까?

逆境界易打, 順境界難打. 逆我意者, 只消一箇忍字, 定省少時便過了, 順境界直是
無儞[1319]回避處, 如磁石與鐵相偶, 彼此不覺合作一處. 無情之物尙爾, 況現行無明
全身在裏許作活計者? 當此境界, 若無智慧, 不覺不知被他引入羅網, 却向裏許要
求出路, 不亦難乎?

그러므로 이전의 성인(聖人)께서 말씀하신 "세간에 들어가면, 출세간이
따로 없다."[1320]가 바로 이 도리(道理)입니다. 요즈음 수행하며 방편을 잃어
버린 어떤 부류들은, 흔히 현재 활동하는 무명(無明)을 분별하여 세간에
들어가는 것으로 여기고, 곧 출세간법을 억지로 끼워 맞추어 남김 없이
세간을 벗어나는 일로 삼고 있으니, 정말 불쌍한 일입니다. 오직[1321] 오랫
동안 서원(誓願)[1322]을 가지고 있어야만, 즉시 알아차려 주인이 되어 저 경
계에 끌려가지 않을 것입니다. 그러므로 유마거사는 말했습니다.

1319 '이(儞)'는 덕부본에서는 '작(作)'. 이(儞)는 '너(이인칭 대명사), 그렇게'라는 뜻이고, 작
      (作)은 '(회피하는) 행위를 하다'는 뜻이니, 어느 쪽이 들어가든 뜻에 별 차이는 없다.

1320 『고존숙어록』 제40권 「운봉열선사차주법륜어록(雲峰悅禪師次住法輪語錄)」에 나오는
      구절.

1321   제(除) : =제비(除非). 다만 −함으로써만 비로소. 오직 −해야 비로소. −아니고는. −
      하지 않고서는.

1322   서원(誓願) : 반드시 목적을 이루겠다고 맹세함.

"부처님은 증상만인(增上慢人)[1323]을 위하여 음욕과 분노와 어리석음을 벗어나는 것이 해탈이라고 말씀하셨을 뿐이다. 만약 증상만이 없다면 부처님은 음욕과 분노와 어리석음의 본성이 바로 해탈이라고 말씀하신다."[1324]

所以先聖云: "入得世間, 出世無餘." 便是這箇道理也. 近世有一種修行失方便者, 往往認現行無明, 爲入世間, 便將出世間法, 彊差排作出世無餘之事, 可不悲乎? 除夙有誓願, 卽時識得破作得主, 不被他牽引. 故淨名有言: "佛爲增上慢人, 說離婬怒癡爲解脫耳. 若無增上慢者, 佛說婬怒癡性卽是解脫."

만약 이러한 잘못을 벗어날 수 있어서 순조롭거나 부딪치는 경계 속에서 일어나고 사라지는 상(相)[1325]이 없다면, 비로소 증상만이라는 이름을 벗어날 수 있을 것입니다. 이와 같아야 바야흐로 다시 살아나[1326] 세간에 들어갈 수 있으니, 그를 일러 역량 있는 사람이라고 합니다.

1323 증상만(增上慢) : 깨달음을 얻지 못하고서 얻었다고 생각하여 제가 잘난 체하는 거만함. 분별하고 이해하여 개념으로 불법을 아는 사람을 가리킴.

1324 『유마힐소설경(維摩詰所說經)』「관중생품(觀衆生品)」에 나오는 천녀(天女)의 말.

1325 (相) : ①lakṣaṇā. 사물의 모양, 모습. 『반야심경』에서 "是諸法空相"의 상(相). 『금강경』에서 "凡所有相皆是虛妄, 若見諸相非相則見如來."의 상(相). ②saṃjñā. 개념. 상(想)과 같음. 마음이 분별한 사물의 모습. 작상(作相)은 '생각하다'는 뜻. 『반야심경』에서 "無色無受想行識"의 상(想). 『금강경』에서 "離一切相", "無復我相人相衆生相壽者相, 無法相亦無非法相."의 상(相).

1326 가작(可作) : 다시 살아나다. 다시 일어나다. 작(作)은 기(起)와 같음.

432

若免得此過, 於逆順境界中, 無起滅相, 始離得增上慢名字. 恁麼方可作入得世間, 謂之有力量漢.

지금까지 말씀드린 것은 모두 제가 평소에 겪어 온 것이며, 지금도 매일 다만 이와 같이 수행합니다. 원컨대 공(公)께서는 젊을 때에[1327] 이 삼매에 들어가십시오. 이 밖에 때때로[1328] 조주(趙州)의 "없다."를 스스로에게 일깨워 주십시오. 오래오래 하여 익숙하게 되면, 문득 자기도 모르게 칠통(漆桶)을 쳐부수게[1329] 될 것이니, 여기가 바로 철두철미한 곳입니다.

已上所說, 都是妙喜平昔經歷過底, 卽今日用亦只如此修行. 願公趁色力彊健, 亦入是三昧. 此外時時以趙州無字提撕. 久久純熟, 驀然無心撞破漆桶, 便是徹頭處也.

1327 진색력강건(趁色力彊健) : 색(色; 물질경계)을 따르는 힘이 셀 때란 곧 젊을 때를 가리킨다.

1328 시시(時時) : ①때때로. 이따금. ②순간순간 지나가는 시간을 가리킨다. 순간순간 끊어짐 없이. ③늘. 항상.

1329 당파칠통(撞破漆桶) : =타파칠통(打破漆桶). 칠통을 때려 부수다. 문득 깨닫는 돈오(頓悟)를 가리킴. 칠통(漆桶)은 가구에 칠하는 새까만 옻나무의 진액을 넣은 통. 아주 까맣고, 또는 아주 캄캄하여 아무것도 알 수 없다는 뜻으로서 앞을 가로막은 은산철벽(銀山鐵壁)이나 사방을 가로막은 금강권(金剛圈)과 같은 말. 타파흑칠통(打破黑漆桶) 혹은 폭파칠통(爆破漆桶)이라고도 함.

55. 루추밀(樓樞密) 중훈(仲暈)에 대한 답서 (2)

　일상생활의 공부에 관하여 앞서 보내 드린 편지에서 이미 여러 가지로 많은 말씀을 드렸습니다. 다만 이전 그대로 변동 없이 사물이 다가오는 대로 응한다면, 저절로 사물과 내가 하나일 것입니다. 옛 스님이 말했습니다.

　"텅 비워서 가고 머무는 대로 맡겨 두고, 고요히 그 원류(源流)를 비춘

1330　감각(鑑覺) : ①거울 같은 깨달음. 거울처럼 비추다. 영지(靈知)와 같음. 백장회해(百丈懷海)는 감각(鑑覺)을 깨달은 사람의 마음상태 혹은 깨달은 사람의 의식(意識)을 가리키는 말로 사용한다. 원만한 거울이 삼라만상을 왜곡 없이 비추듯이, 좋아하거나 싫어하는 의도가 개입되지 않은 본래의 마음은 만법을 있는 그대로 비춘다는 뜻. 대원경지(大圓鏡智)나 해인삼매(海印三昧)와 같은 뜻. 당송대(唐宋代)에 사용된 사례를 보면 다음과 같다. "자성(自性)은 원래 경계가 아니고 미묘한 대해탈문이며, 가지고 있는 감각(鑑覺: 거울 같은 깨달음)은 더럽혀지지도 않고 가로막히지도 않는다."(自性元非塵境, 是箇微妙大解脫門, 所有鑒覺不染不礙.)(『경덕전등록』 제7권 '경조부장경사회휘선사(京兆府章敬寺懷惲禪師)') "놓아서 비우고 내키는 대로 가고 머물면서 고요히 그 원류(源流)를 감각(鑑覺: 거울처럼 깨달으)하면, 말과 침묵에서 현미(玄微)함을 잃지 않고 움직임과 고요함에서 법계를 벗어나지 않을 것이다."(放曠任其去住, 靜鑒覺其源流, 語默不失玄微, 動靜未離法界.)(『경덕전등록』 제30권 '오대산진국대사징관답황태자문심요(五臺山鎮國大師澄觀答皇太子問心要)') "이름과 구절은 스스로 이름과 구절이 아니라, 도리어 그대 눈앞에서 밝고 신령스럽게 감각(鑑覺: 거울처럼 비추어)하여 듣고 알고 비추고 밝히는 것이 모든 이름과 구절을 만드는 것이다."(且名句不自名句, 還是爾目前昭昭靈靈鑒覺聞知照燭底, 安一切名句.)(『진주임제혜조선사어록』(鎮州臨濟慧照禪師語錄)) "허공의 본체를 말하자면 역시 양쪽이 없고 또 차별되는 헛된 모습이 아니다. 그러나 다만 어두울 뿐 영감(靈鑑: 신령스레 깨어 있는 거울)이 없다. 지금 이 실성(實性)은 스스로 영통(靈通)하고 각료(覺了)하여 어둡지 않다. 그러므로 같지 않다고 하고, 그 까닭에 조사가 말했다. '텅 비고 고요한 본체의 위에 스스로 근본 지혜가 있어서 온갖 것을 알 수 있다. 안다(지(知))는 한 글자는 온갖 묘함의 문이

434

다.[1330] 깨달음을 말한다면 남에게 보여 줄[1331] 수 없지만, 이치를 설명한다면 깨닫지 않고는 밝을 수 없다.”[1332]

스스로 깨닫고 스스로 얻은 곳은 집어내어서 남에게 보여 줄 수 없습니다. 오로지 직접 깨닫고 직접 얻어야 조금이라도 눈앞에 드러내어 서로 곧장 말없이 통할 것입니다.

다.' 대체로 그 뜻을 말하면, '모든 더러움과 깨끗함에 두루 통하는 법 속에는 진실한 본체가 있어서 또렷이 감각(鑑覺; 거울처럼 밝게 깨어 있으니)하니, 그것을 일러 마음이라고 한다.'”(謂虛空體之亦無二邊, 亦非差別虛相. 然但昏鈍, 而無靈鑒. 今此實性, 自在靈通, 覺了不昧. 故云不同等, 故祖師云: "空寂體上, 自有本智, 能知. 知之一字, 衆妙之門." 大抵意云: "於一切染淨融通法中, 有眞實之體, 了然鑑覺, 目之爲心.")(『기신론소필삭기(起信論疏筆削記)』제6권) ②분별의식(分別意識). "마음으로써 감각(鑑覺)할 수 있음을 일러 안다(지(知)]고 한다."(以心能鑒覺, 但名爲知.)(『수능엄의소주경(首楞嚴義疏注經)』제1권 2) "삶과 죽음에서 헤매는 속에서 본래의 지혜가 아직 드러나진 않았지만, 의식(意識)으로 분별하니 감각(鑑覺)이 있는 듯하다."(生死迷中, 本智未顯. 意識分別, 似有鑒覺.)(『금강경찬요간정기(金剛經纂要刊定記)』제7권) "평소 배우는 사람을 보면, 많은 이들이 눈앞의 감각(鑑覺)을 인식하여 지견(知見)을 구하고 이해를 찾으면서 쉴 때가 없다."(尋常見學者, 多認目前鑑覺, 求知見覓解會, 無有歇時.)(『대혜보각선사보설(大慧普覺禪師普說)』제13권)

1331 정사(呈似) : 말해 주다. 드러내 보이다.

1332 『경덕전등록』제30권에 실려 있는「오대산(五臺山) 진국대사(鎭國大師) 징관(澄觀) 답황태자문심요(答皇太子問心要)」에 있는 문장. 다음의 전체 문장에서 일부를 생략하고 인용하였다 : "텅 비워서 가고 머무는 대로 맡겨 두고, 고요히 그 원류를 비추어 본다. 말과 침묵이 현묘를 잃지 않고, 움직임과 고요함이 법계를 벗어나지 않는다. 지(止)를 말하면 알음알이와 공적함 둘 모두가 없고, 관(觀)을 말하면 공적함과 알음알이 둘 모두를 비추어 본다. 깨달음을 말한다면 남에게 보여 줄 수 없지만, 이치를 설명한다면 깨닫지 않고는 밝을 수 없다."(放曠任其去住, 靜鑒覺其源流. 語默不失玄微, 動靜未離法界. 言止則雙亡知寂, 論觀則雙照寂知, 語證則不可示人, 說理則非證不了.)

又

日用工夫, 前書已葛藤不少. 但只依舊不變不動, 物來則與之酬酢, 自然物我一如
矣. 古德云: "放曠任其去住, 靜鑑覺其源流. 語證則不可示人, 說理則非證不了." 自
證自得處 拈出呈似人不得. 唯親證親得者, 略露目前些子, 彼此便默默相契矣.

편지를 보니, 이로부터 남에게 속지 않고 공부를 잘못하지 않는다고
하셨더군요. 큰 줄기가 이미 바르고 손잡이를 이미 쥐었다면, 마치 소를
잘 키우는 사람과 같습니다. 고삐가 늘 수중에 있다면 어떻게 남의 텃밭
으로 들어가게 하겠습니까? 문득 고삐를 놓아 버리고 코를 더듬어 찾을
[1333] 곳이 없을 때에는, 평평한 풀밭의 부드러운 풀 위에 마음대로 하도록
놓아두십시오.

示諭, 自此不被人謾, 不錯用工夫矣. 大概已正, 欄柄已得, 如善牧牛者. 索頭常在
手中, 爭得犯人苗稼? 驀地放却索頭, 鼻孔無撈摸處, 平田淺草一任縱橫.

자명(慈明) 노인이 말했습니다.

"사방(四方)으로 놓아 버리고 가로막지 마라. 팔방(八方)으로 얽매임 없
이 마음대로 돌아다녀라. 끝마치려 한다면 다만 고삐를 던져 버려라."[1334]
아직 이와 같지 않다면 마땅히 고삐를 단단히 쥐고서 우선 쓰다듬고

1333 노모(撈摸) : (물속에서 물건을) 더듬어 찾다.
1334 자명초원(慈明楚圓)의 목동가(牧童歌) 가운데 한 구절. 『고존숙어록』 제11권에 있는
      「자명선사어록(慈明禪師語錄)」에 실려 있다.

436

어루만지며¹³³⁵ 젖어 들어야¹³³⁶ 합니다. 공부가 충분히 익어지면 자연히 신경 써서¹³³⁷ 보호할 필요가 없습니다.¹³³⁸ 공부는 급히 해서는 안 되니, 급히 하려 하면 조급히 서두르게¹³³⁹ 됩니다. 또 공부는 늦추어서도 안 되니, 늦추면 어두워서 걱정하게¹³⁴⁰ 됩니다. 잊어버리거나 주의를 기울이거나¹³⁴¹ 모두 잘못입니다. (올바른 공부란) 비유하면 칼을 허공에 휘둘러 던져 허공에 칼날이 닿는지 닿지 않는지를 따지지 않는 것과 같습니다.¹³⁴²

1335 마랄(摩捋) : 어루만지다. 손길 닿는 대로 쓰다듬다.

1336 엄침(淹浸) : ①물에 잠기다. ②파묻히다.

1337 용의(用意) : 마음을 쓰다. 신경을 쓰다.

1338 불착(不著) : -할 필요 없다. -할 수 없다. =불용(不用), 불수(不須).

1339 조동(躁動) : =조동(燥動). ①조급하게 움직이다. ②쉬지 않고 돌아다니다.

1340 혼달(昏怛) : 어둡고 근심하다.

1341 망회(忘懷)와 착의(著意) : 잊어버리거나 주의를 쏟고 있음. 이 둘은 양변에 떨어진 것으로서 바른 공부의 길이 아니다. 착의(着意)는 유지하고 있다는 뜻인 관대(管帶)와 같음.

1342 비여척검휘공막론급지불급(譬如擲劍揮空莫論及之不及) : 비유하면 칼을 허공에 휘둘러 던져 허공에 칼날이 닿는지 닿지 않는지를 따지지 않는 것과 같다. 『경덕전등록』제7권 '유주반산보적선사(幽州盤山寶積禪師)에 다음 상당설법이 있다. "무릇 대도(大道)는 그 가운데가 없는데, 다시 무슨 앞과 뒤가 있으랴? 영원한 공(空)은 끝이 없으니, 무엇으로 헤아려 보겠는가? 공(空)이 이미 이와 같은데, 도(道)는 또 어떻게 말하겠는가? 마음 달이 홀로 두루하니, 그 빛이 삼라만상을 다 삼킨다. 빛이 경계를 비추지 않으면, 경계도 있는 것이 아니다. 빛과 경계가 모두 사라지면, 다시 무슨 물건인가? 선객(禪客)들이여, 비유하면 칼을 허공에 휘둘러 던짐에 허공에 칼날이 닿는지 닿지 않는지를 따지지 않는 것과 같다. 이것은 곧 허공에는 자취가 없으니 칼날이 상하지 않는 것이다. 만약 이와 같을 수 있다면, 마음 마음에 앎이 없고, 온 마음이 곧 부처요, 온 부처가 곧 마음이다. 사람과 부처가 다름이 없으면 비로소 도(道)인 것이다. (夫大道無中, 復誰先後? 長空絶際, 何用稱量? 空旣如斯, 道復何說? 夫心月孤圓, 光吞萬象. 光非照境, 境亦非存. 光境俱亡, 復是何物? 禪德,

437

慈明老人所謂:"四方放去休攔遏, 八面無拘任意遊. 要收只在索頭撥." 未能如是,

當緊把索頭, 且與順摩捋淹浸. 工夫旣熟, 自然不著用意隄防矣. 工夫不可急, 急則

躁動. 又不可緩, 緩則昏怛矣. 忘懷著意俱蹉過, 譬如擲劍揮空, 莫論及之不及.

옛날 엄양(嚴陽) 존자(尊者)가 조주에게 물었습니다.

"한 물건도 가져오지 않을 때에는 어떻습니까?"

조주가 말했습니다.

"내려놓아라."

엄양이 말했습니다.

"한 물건도 가져오지 않았는데, 무엇을 내려놓습니까?"

조주가 말했습니다.

"내려놓지 못하겠거든, 지고 있거라."

엄양은 이 말을 듣고 크게 깨달았습니다.[1343]

昔嚴陽尊者問趙州:"一物不將來時如何?" 州云:"放下著." 嚴陽云:"一物旣不將

來, 放下箇甚麼?" 州云:"放不下, 擔取去." 嚴陽於言下大悟.

譬如擲劍揮空, 莫論及之不及. 斯乃空輪無跡, 劍刃無虧. 若能如是, 心心無知, 全心卽佛, 全佛卽人.
人佛無異, 始爲道矣.) 공부하는 사람이 깨달아 이 속으로 들어오려면, 마치 칼을 허공에 자
유롭게 내던져 칼날이 허공에 닿는지 닿지 않는지를 따지지 않는 것처럼, 망회(忘懷)나
착의(著意) 같은 어떠한 분별이나 조작도 없이 완전히 놓아 버려야 한다.

1343 『오등회원』 제4권 홍주(洪州) 신흥(新興) 엄양존자(嚴陽尊者)에 나오는 내용. 엄양존
자는 조주종심(趙州從諗)의 제자이다.

또 어떤 승려가 고덕(古德)[1344]에게 물었습니다.

"학인이 어떻게도 할 수 없을 때에는 어떻습니까?"

고덕이 말했습니다.

"나도 역시 어떻게 할 수 없다."

승려가 다시 물었습니다.

"학인은 배우는 처지에 있기 때문에 어찌할 수가 없지만, 스님은 대선지식(大善知識)이신데 무엇 때문에 어찌할 수 없는 것입니까?"

고덕이 말했습니다.

"내가 만약 어찌할 수 있다면, 곧 그대의 이 어찌하지 못함을 집어 내버릴 것이다."

그 승려는 이 말을 듣고 크게 깨달았습니다.[1345]

又有僧問古德: "學人奈何不得時如何?" 古德云: "老僧亦奈何不得." 僧云: "學人在學地, 故是奈何不得, 和尙是大善知識, 爲甚麽亦奈何不得?" 古德云: "我若奈何得, 則便拈却爾這不奈何." 僧於言下大悟.

이 두 승려가 깨달은 곳이 바로 루추밀(樓樞密)께서 헤매는 곳이며, 루

1344 고덕(古德) : 옛날의 덕 높은 스님. 구체적으로 누구인지 알 수 없다.

1345 우리나라 사찰의 강원(講院)에서 교재로 쓰이던 『서장(書狀)』에서 진호(震湖) 스님은 이 대화가 운개지원(雲盖志元)과 운거석두(雲居石頭)의 대화라고 밝히고 있으나, 『전등록』이나 『오등회원』이나 『고존숙어록』 등 모든 선어록(禪語錄)의 어디에도 이 대화는 등장하지 않고, 오직 『서장』에만 인용되어 있을 뿐이다.

추밀께서 의심하시는 곳이 바로 두 승려가 질문한 곳입니다.

"법은 분별(分別)로 말미암아 생겨나고
다시 분별로 말미암아 사라진다.
모든 분별법(分別法)을 소멸시키면
이 법에는 생겨나고 사라짐이 없다."[1346]

보내신 편지를 자세히 살펴보니, 병(病)은 이미 없어지고 다른 증상(症狀)[1347]도 생기지 않았더군요. 대단히 가까워졌으니 점차 힘이 들지 않게[1348] 될 것입니다. 다만 힘이 들지 않는 곳에서 막힘이 없게[1349] 하십시오.[1350] 문득 탁 부서지고 뚝 끊어져서[1351] 곧장 끝날 것입니다. 부디 열심히 하십시오.

二僧悟處, 卽是樞密迷處, 樞密疑處, 卽是二僧問處: "法從分別生, 還從分別滅. 滅諸分別法, 是法無生滅." 細觀來書, 病已去盡, 別證候亦不生矣. 大段相近, 亦

1346 『금강삼매경(金剛三昧經)』「여래장품제칠(如來藏品第七)」에 나오는 게송(偈頌).

1347 증후(證候)는 곧 증후(症候)이다.

1348 생력(省力) : 힘을 덜다. 수월하다. 수고롭지 않다. 힘들지 않다.

1349 탕탕지(蕩蕩地) : 거침없이. 막힘없이. 깨끗하게.

1350 방교(放敎) : 시키다. ─하게 하다. =사(使), 령(令).

1351 쵀지파박지단(啐地破曝地斷) : 우지끈 부서지고 뚝딱 끊어지다. 분지일발(噴地一發)처럼 깨달음을 체험하는 순간을 표현하는 말. 단번에 확 깨닫다. 확하고 단번에 통하다. 확 한번 뚫리다. 앗 하고 한번 열리다.

440

漸省力矣. 請只就省力處, 放敎蕩蕩地. 忽然啐地破嚗地斷便了. 千萬勉之.

56. 조태위(曹太尉)[1352] 공현(功顯)에 대한 답서[1353]

제가 비록 늙었지만[1354] 애쓰지 않을 수가 없어, 힘써 이 일을 납자(衲子)들에게 격려하고 진작시킵니다. 매일 아침 죽을 먹은[1355] 뒤에 팻말을 내세워 차례차례 100명을 입실(入室)[1356]케 하니, 그 가운데 바른 명령[1357]을 거역하는 자는 낚싯바늘에 걸려들지만,[1358] 또 사람을 무는 사자(獅子)도 있습니다.[1359] 이렇게 법(法)의 즐거움과 선(禪)의 기쁨[1360]을 즐기며 지켜움

1352 조태위(曹太尉) : 이름은 훈(勛), 자(字)는 공현(功顯)이다.

1353 1157년(69세)에 쓴 글.

1354 연운이왕(年運而往) : 수명과 운수가 이미 지나갔다. 늙어 죽을 때가 되었다. 이 편지를 쓸 때에 대혜의 나이는 69세였다.

1355 선원(禪院)에서는 아침에는 죽을 먹고, 점심에는 밥을 먹었다.

1356 입실(入室) : 학인이 방장이나 조실의 방에 들어가 공부를 점검받는 것.

1357 명(命) : =정명(正命). 불조(佛祖)의 바른 명령(命令). 일반적으로 불법(佛法)을 가리키며, 선에서는 교외별전(敎外別傳)의 종지(宗旨)를 뜻한다. =정령(正令).

1358 말을 따라 헤아리는 사람을 가리킨다.

1359 『대반야론(大般若論)』에 "개에게 흙덩이를 던져 주면 개는 흙덩이를 뒤쫓으나 흙덩이는 끝내 멈추질 않고, 사자에게 흙덩이를 던져 주면 사자는 사람을 뒤쫓으니 그 흙덩이는 저절로 멈춘다."라는 구절이 있다.(『조정사원(祖庭事苑)』 제8권).

1360 법희선열(法喜禪悅) : 법희식(法喜食)과 선열식(禪悅食). 법희식(法喜食)이란 부처님의 가르침에 대해 기뻐하고 즐거워하는 마음을 일으키는 것이니, 불법(佛法)을 듣고 기뻐하는 것이 정신적인 음식물을 섭취하는 것과 같으므로 이를 법희식(法喜食)이라 한다. 선열식(禪悅食)이란 선정(禪定)으로써 심신(心身)을 도우며, 선정의 즐거움을 얻어 몸을 길러 지혜를 북돋우는 것이 마치 사람이 음식을 먹어 신체의 모든 기관을 길러 목숨을 보존함과 같으므로 이렇게 이름.

을 전혀 느끼지 못하겠으니,[1361] 또한 타고난 천성일 따름입니다.[1362]

答曹太尉(功顯)

宗杲雖年運而往矣, 不敢不勉彊, 力以此事與衲子輩激揚. 一日粥後撥牌子, 輪
一百人入室, 間有負命者上鉤來, 亦有咬人師子. 以此法喜禪悅爲樂, 殊不覺倦, 亦
造物見憐耳.

님께서는 세간의 복과 출세간의 지혜, 둘 모두를 갖추었습니다. 매일
지존(至尊)[1363]의 곁에 있으면서도 뜻을 이 일대사인연(一大事因緣)에 두고
있으니, 참으로 불가사의한 일입니다. 석가(釋迦) 노인께서 말씀하셨습니
다.

"세력이 있으면서 군림하지 않기도 어렵고, 부귀하면서 도(道)를 배우
기도 어렵다."[1364]

무한히 오랜 세월 선지식(善知識)을 받들어 모시고[1365] 반야의 씨앗을 깊

1361 수불(殊不) : 전혀 —아니다. 전혀 —못하다.

1362 조물견련(造物見憐) : 조물주가 사랑해 주다. 타고난 천성이 그러하다는 말.

1363 지존(至尊) : 임금.

1364 『사십이장경(四十二章經)』에 나오는 내용. 『사십이장경』은 후한(後漢)의 가섭마등(迦
葉摩騰)과 축법란(竺法蘭)이 공역하였다고 하는데, 그 속에서 인간이 피하기 어려운 20가
지 일을 부처님이 열거하고 있다. 그 가운데 여기에서는 "세력이 있으면서 군림하지 않
기는 어렵다."(有勢不臨難)와 "부귀하면서 도를 배우기는 어렵다."(豪貴學道難)는 두 구절
을 인용하고 있다.

1365 승사(承事) : 받들어 모시다.

이 심지 않았다면, 어떻게 이와 같이 믿을 수 있겠습니까? 다만 이 믿을 수 있는 곳이 곧 부처가 되고 조사가 되는 밑바탕이요, 뿌리입니다.

左右福慧兩全. 日在至尊之側, 而留意此段大事因緣, 眞不可思議事. 釋迦老子曰 : "有勢不臨難, 豪貴學道難." 非百劫千生曾承事善知識種得般若種子深, 焉能如是信得及? 只這信得及處, 便是成佛作祖底基本也.

원컨대, 공(公)께서는 다만 믿을 수 있는 곳에서 살펴보며 찾기[1366]를 오래 하면 저절로 뚫고 벗어날[1367] 것입니다. 그러나 무엇보다도 중요한 것은, 일부러[1368] 안배(安排)[1369]하여 뚫고 벗어날 곳을 찾아서는 안 된다는 것입니다. 만약에 일부러 한다면 실패할 것입니다.[1370]

願公只向信得及處, 覰捕久久, 自透脫矣. 然第一不得著意安排覓透脫處. 若著意則蹉過也.

1366 처포(覰捕) : 엿보며 찾다. 자세히 살펴보며 찾다.

1367 투탈(透脫) : 돌파하여 벗어남. 뚫고 지나가다. 깨달음을 가로막는 장애를 뚫고 벗어나 깨달음에 이른다는 말. =투득(透得), 투과(透過), 투출(透出), 투취(透取).

1368 착의(著意) : 일부러. 고의로. 의식적으로.

1369 안배(安排) : '배분하다'는 뜻으로서, 의식적으로 안배한다는 것은 생각으로 헤아린다는 말이다.

1370 차과(蹉過) : ①과오. 허물. 잘못. 실패. ②(기회를) 놓치다. 스치고 지나가다. 실패하다.

석가 노인이 또 말씀하셨습니다.

"깨달음의 길은 생각으로 헤아리지 못한다. 누가 깨달음을 생각으로 헤아릴 수 있겠는가?"[1371]

釋迦老子又曰 : "佛道不思議. 誰能思議佛?"

또 부처님이 문수사리(文殊師利)에게 물었습니다.

"네가 생각으로 헤아리지 않는 삼매(불사의삼매(不思議三昧))에 들어갔느냐?"

문수가 답했습니다.

"아닙니다. 세존이시여! 저는 생각으로 헤아리지 않아서 생각으로 헤아리는 마음을 보지 못하는데, 어떻게 생각으로 헤아리지 않는 삼매에 들어간다고 말하겠습니까? 제가 처음 발심(發心)해서는 이 삼매에 들어가고자 하였으나, 지금은 '생각하는 마음이 진실로 없이 삼매에 들어간다.'라고 생각합니다. 마치 사람이 활쏘기를 배우는데 오래 연습하면 정교해져서, 뒤에는 비록 화살을 맞히고자 하는 마음이 없어도 오래 연습하였기 때문에 쏘는 화살이 모두 적중하는 것과 같습니다. 저도 그와 같습니다. 처음에 생각으로 헤아리지 않는 삼매를 배울 때에는 마음을 한

1371 "모든 깨달음은 생각으로 헤아리지 못하는데, 누가 깨달음을 생각으로 헤아릴 수 있겠는가?"(諸佛不思議, 誰能思議佛?)(『대방광불화엄경』(80권 화엄) 제23권 「도솔궁중게찬품(兜率宮中偈讚品)」 제24) "깨달음의 길은 생각으로 헤아리지 못한다."(佛道不思議)는 구절은 같은 경전 제60권 「입법계품(入法界品)」 제39-1에 나온다.

개 인연(因緣)에 동여매지만, 만약 오래 연습하여 성취한다면 다시는 생각하는 마음이 없이 늘 삼매가 갖추어져 있습니다."[1372]

부처님과 조사(祖師)께서 누리고 향유하는[1373] 곳에는 둘이 없고 다름이 없습니다.

又佛問文殊師利曰：“汝入不思議三昧耶？” 文殊曰：“弗也. 世尊! 我卽不思議, 不見有心能思議者, 云何而言入不思議三昧? 我初發心欲入是定, 如今思惟,'實無心想而入三昧.' 如人學射, 久習則巧, 後雖無心, 以久習故箭發皆中. 我亦如是. 初學不思議三昧, 繫心一緣, 若久習成就, 更無心想, 常與定俱." 佛與祖師所受用處, 無二無別.

요즈음 총림(叢林)에는 한 종류의 삿된 선(禪)[1374]이 있어서 눈을 감고 입을 꽉 다물고는[1375] 망상을 피우면서, 이렇게 하는 것을 일러 생각으로 헤아리지 못하는 일이라 하고, 또 위음나반(威音那畔)[1376]과 공겁(空劫) 이전(以

1372 『문수사리소설마하반야바라밀경(文殊師利所說摩訶般若波羅蜜經)』하권(下卷). 양(梁) 부남국(扶南國) 삼장(三藏) 만타라선(曼陀羅仙) 역(譯).

1373 수용(受用) : 누리다. 향유하다. 법을 얻어서 그 법을 누리고 향유한다는 말.

1374 묵조선(默照禪)을 가리킴.

1375 자로도지(觜盧都地) : =취로도지(嘴盧都地). 입을 꽉 다물다.

1376 위음나반(威音那畔) : 위음왕불(威音王佛)이 세상에 나오기 이전. 나반(那畔)은 저쪽이라는 뜻. 과거장엄겁(過去莊嚴劫)의 최초불을 위음왕불이라 함. 부모미생전(父母未生前), 천지미분전(天地未分前)이란 말과 같이 태초(太初)를 표시하는 말.

446

前)¹³⁷⁷의 일이니 입을 열기만 하면 바로 금시(今時)¹³⁷⁸에 떨어진다고도 하고, 또 근본의 일이라고도 하고, 또 지극히 깨끗한 빛이 두루 미친다고도 하면서, 깨달음을 두 번째에 떨어졌다고 여기고, 깨달음을 가지나 잎과 같은 말단(末端)의 일이라고 여깁니다. 대개 그들은 처음 시작할 때에 바로 어긋나 버리면서도 어긋났음을 알지도 못하고, 깨달음을 만들어 세우는 일이라고 여기며, 이미 스스로에게 깨달음의 경험이 없으니 깨달은 사람이 있다고 믿지도 않습니다. 이러한 부류는 대반야(大般若)를 비방하고 부처님의 혜명(慧命)¹³⁷⁹을 끊는다고 할 수 있으니, 1,000분의 부처님이 세상에 나타나도 참회(懺悔)할 수 없습니다.¹³⁸⁰

近年叢林有一種邪禪, 以閉目藏睛觜盧都地作妄想, 謂之不思議事, 亦謂之威音那畔空劫已前事, 纔開口便喚作落今時, 亦謂之根本上事, 亦謂之淨極光通達, 以悟

1377 공겁이전(空劫已前) : 위음나반(威音那畔)과 같음. 위음왕불은 공겁(空劫) 때에 맨 처음 성불한 부처인데, 『조정사원(祖庭事苑)』에는 위음왕 이전은 실제이지(實際理地)를 밝힌 것이고, 위음왕 이후는 불사문중(佛事門中)을 밝힌 것이라 하였다. 결국 위음왕 이전 혹은 공겁 이전은 본유(本有)의 본래면목(本來面目)을 가리킨다.

1378 금시(今時) : 본분(本分)에 상대하는 말. 본분은 시간을 벗어나 본래 갖추어져 있는 본성(本性)을 가리키고, 금시는 지금 이 순간 시간 속에 드러나는 본성을 가리킨다. 본분(本分)이 이(理), 진여(眞如)에 해당한다면, 금시는 사(事), 생멸(生滅)에 해당한다.

1379 불혜명(佛慧命) : 부처님의 지혜. 깨달음의 지혜. 깨달음의 지혜를 생명에 비유한 말. 명(命)은 깨달음의 지혜가 이어져서 끊어지지 않는다는 뜻이 담겨 있다.

1380 "1,000분의 부처님이 세상에 나타나도 참회(懺悔)할 수 없습니다."라는 말은 『천수천안관세음보살광대원만무애대비심다라니경(千手千眼觀世音菩薩廣大圓滿無礙大悲心陀羅尼經)』혹은 『천수천안관세음보살대비심다라니(千手千眼觀世音菩薩大悲心陀羅尼)』에 나오는 구절.

爲落在第二頭, 以悟爲枝葉邊事. 蓋渠初發步時便錯了, 亦不知是錯, 以悟爲建立,

旣自無悟門, 亦不信有悟者. 這般底謂之謗大般若斷佛慧命, 千佛出世不通懺悔.

님께서는 사람을 시험해 보는 안목을 갖추신 지 오래입니다. 이와 같은 무리들은 사자의 껍질을 걸치고서 들여우[1381]의 울음소리를 내고 있으니 반드시 알아보셔야 합니다. 제가 비록 아직 님을 만나 뵙고 말씀을 나누지는[1382] 못했지만, 이 마음이 말없이 서로 통한 지는 이미 여러 해가 되었습니다. 이 앞의 답서(答書)가 예의에 매우 어긋났었는데, 이제 일부러[1383] 법공선인(法空禪人)을 시켜 대신 가서 경의(敬意)를 표하게 합니다. 그 까닭에 선사유삼매(善思惟三昧)[1384]에 들 겨를도 없이 다만 이렇게 손길 가는 대로[1385] 생각나는 대로 쓰다 보니, 모르는 사이에 말이 많아졌고,[1386] 사과의 말씀 드리는 것이 늦어졌군요.

左右具驗人眼久矣. 似此等輩, 披却師子皮作野干鳴, 不可不知. 某與左右雖未承

1381 야간(野干) : 푸르고 누런 털빛을 가지고 개와 비슷하게 생겼는데, 떼를 지어 돌아 다니며 밤에 우는데 그 울음소리가 이리와 비슷하고, 몸집에 비하여 꼬리가 크고 나무를 잘 탄다고 한다.

1382 승안접론(承顔接論) : 다행히 만나 뵙고 말씀을 듣다. 승안접사(承顔接辭).

1383 전(專) : ①특히. 특별히. 일부러. ②오로지. 다만. 단지. 전문적으로. ③전부. 모두. 다.

1384 선사유삼매(善思惟三昧) : 잘 생각하여 예의에 맞는 말을 쓰는 것을 가리킨다.

1385 신수(信手) : 손 가는 대로 맡기다. 손길 닿는 대로 하다.

1386 여허(如許) : ①이와 같다. ②상당한 숫자의. 꽤 많은.

顔接論, 此心已默默相契多年矣. 前此答字, 極不如禮, 今專遣法空禪人, 代往致敬.

故不暇入善思惟三昧, 只恁麼信手信意, 不覺葛藤如許, 聊謝不敏而已.[1387]

1387   덕부본에서는 제29권과 제30권을 나누지 않았다.

57. 영시랑(榮侍郎)[1388] 무실(茂實)에 대한 답서 (1)[1389]

편지를 보니 마음을 쏟아[1390] 이 일대사인연(一大事因緣)을 철저히 밝히고[1391] 싶다고 하셨더군요. 이미 이러한 마음을 먹었다면 무엇보다도 조급하게 서둘러서는 안 됩니다. 조급하게 서두르면 오히려 더욱 늦어집니다. 또 느슨하게 늦추어서도 안 되니 늦추면 게으름에 떨어집니다. 마치 거문고의 줄을 고르는 것처럼 해야 하니, 팽팽하고 느슨함이 적당하여야만 비로소 곡조가 이루어지는 것과 같습니다.

答榮侍郎(茂實)

承留心欲究竟此一段大事因緣. 旣辦此心, 第一不要急. 急則轉遲矣. 又不得緩, 緩則怠墮矣. 如調琴之法, 緊緩要得中, 方成曲調.

다만 일상생활 속[1392]에서 때때로 살펴보며 찾되,[1393]내가 남에게 옳고 그름과 바르고 굽음을 결단해 줄 수 있는 것은 누구의 은혜로운 힘을 입

1388 영시랑(榮侍郎) : 이름은 응(凝), 자(字)는 무실(茂實).

1389 1157년(69세)에 쓴 글.

1390 유심(留心) : ①마음을 쏟다. 관심을 가지다. ②주의하다. 조심하다.

1391 구경(究竟) : ①최종. 최후. 마지막. ②마침내. 결국. ③끝까지 다하다. ④살피다. 따지다. ⑤깊이 연구하다. ⑥철저히 밝히다. 완전히 파헤치다. 통달하다. ⑦끝남. 마침.

1392 일용응연처(日用應緣處) : 일상생활 속에서 경계와 만나는 곳. 일상생활하는 곳. 일상생활 속.

1393 처포(覷捕) : 엿보며 찾다. 자세히 살펴보며 찾다.

은 것이며 결국 어느 곳에서 나오는 것인가?' 하고 살펴보며 찾고 또 살펴보며 찾으면, 평소에 생소하던 길이 저절로 익숙해질 것입니다. 생소하던 것이 익숙해지면 익숙하던 것이 도리어 생소해집니다. 무엇이 익숙한 것일까요? 5온(蘊)과 6근(根)과 12처(處)와 18계(界)와 25유(有)[1394] 위에서 어리석게 업을 짓는 분별의식[1395]으로 사량하고 헤아리는 마음[1396]이 밤낮으로 활활 타올라서[1397] 마치 아지랑이가 잠시의 틈도 없이 피어오르듯 하는 것이 바로 익숙한 것입니다.

但向日用應緣處, 時時覷捕, '我這[1398]箇能與人決斷是非曲直底, 承誰恩力, 畢竟從甚麼處流出?' 覷捕來覷捕去, 平昔生處路頭自熟. 生處既熟則熟處却生矣. 那箇是熟處? 五陰六入十二處十八界二十五有, 無明業識思量計較心識, 晝夜熠熠如野馬無暫停息底是.

1394   25유(有) : 유(有)는 존재(存在)란 뜻. 중생이 나서 변화하고 죽어 흘러가는 미혹의 존재를 25종으로 나눈 것. ① 4악취(지옥 · 아귀 · 축생 · 아수라). ② 4주(동불바제 · 남염부주 · 서구야니 · 복울단월). ③ 6욕천(사왕천 · 도리천 · 야마천 · 도솔천 · 화락천 · 타화자재천). ④ 색계 (초선천 · 범왕천 · 제2선천 · 제3선천 · 제4선천 · 무상천 · 5나함천). ⑤ 무색계(공무변처천 · 식무변처천 · 무소유처천 · 비상비비상처천). 이를 줄여서 3계와 6도라 함.

1395   업식(業識) : 진여(眞如)의 법이 본래 평등일미하고 무차별이라는 것을 있는 그대로 지각할 수 없는 무명(無明) 때문에 망상(妄想)이 가동하는 것을 말한다. 5의(意)의 하나이다. 혹은 선업(善業) · 악업(惡業)에 의해서 초래된 과보로서의 식(識)을 말한다. 한마디로 중생의 망상심(妄想心).

1396   심식(心識) : ①영혼. ②마음. ③의식. 분별심.

1397   습습(熠熠) : 밝게 빛나는 모습. 선명한 모습. 반짝이는 모습. 활활 불타는 모습.

1398   '저(這)'는 궁내본과 덕부본에서 모두 '차(遮)'로 되어 있다.

이 한 가닥 엉킨 일들[1399]이 사람을 삶과 죽음에 흘러 다니게 하고 사람으로 하여금 좋지 않은 일을 하게 합니다. 이 한 가닥 엉킨 일들이 이미 생소해졌다면, 보리열반(菩提涅槃)과 진여불성(眞如佛性)이 곧 앞에 나타납니다. 보리열반과 진여불성이 앞에 나타날 때에도 앞에 나타난다는 헤아림이 없습니다. 그러므로 옛 스님은 깨달아 진리에 들어맞고 나자[1400] 곧 말할 줄 알았습니다.

"눈에 응할 때에는 마치 천 개의 태양과 같아서 삼라만상이 그 빛에서 벗어날 수 없고, 귀에 응할 때에는 마치 깊은 계곡과 같아서 크고 작은 소리를 담기에 부족함이 없다."[1401]

이러한 일은 남에게 의지하여 찾는 것도 아니고, 남의 힘을 빌려서 되는 것도 아니고, 인연에 응하는 곳에서 저절로 생기발랄합니다.[1402] 아직

1399 일락색(一絡索) : ①한 줄의 예화(例話). 일련(一連)의 예회. ②일련의 일. 한 가닥 엉킨 일들.

1400 계증(契證) : 자신의 증거가 들어맞는 것. 제자의 깨달음이 스승의 깨달음과 들어맞는 것. 깨달아 진리에 들어맞는 것. =증계(證契).

1401 『만신찬속장경(卍新纂續藏經)』제66책(No. 1298)에 실린, 오봉노석(五峰老釋) 자승(子昇)이 편록(編錄)한 『선문제조사게송(禪門諸祖師偈頌)』상지하(上之下)에 나오는 고성화상가(高城和尙歌)의 일부분이다. 생략된 부분을 포함한 문장은 다음과 같다 : "눈에 응할 때에는 마치 천 개의 태양과 같아서, 삼라만상이 그 빛에서 벗어날 수 없다. 범부가 다만 아직 보지 못할 뿐인데, 어찌하여 스스로 가벼이 여기고 물러나는가? 귀에 응할 때에는 마치 깊은 계곡과 같아서, 크고 작은 소리를 담기에 부족함이 없다. 온 세계의 종과 북이 일시에 울리고, 신령스러운 빛이 떠돌며 늘 이어진다."(應眼時若千日, 萬像不能逃影質. 凡夫祇是未曾觀, 那得自輕而退屈? 應耳時若幽谷, 大小音聲無不足. 十方鐘鼓一時鳴, 靈光運運常相續.)

1402 활발발지(活鱍鱍地) : 활발발지(活潑潑地)라고도 씀. 물고기가 물을 튀기면서 펄떡이

452

이러하지 못한다면, 우선 세간의 경계를 헤아리는 이 마음을 헤아림이 미치지 못하는 곳에다 돌려놓고, '어떤 것이 헤아림이 미치지 못하는 곳인가?' 하고 시험 삼아 한번 헤아려 보십시오.

這一絡索, 使得人流浪生死, 使得人做不好事. 這一絡索旣生, 則菩提涅槃眞如佛性便現前矣. 當現前時亦無現前之量. 故古德契證了便解道: "應眼時若千日, 萬象不能逃影質, 應耳時若幽谷, 大小音聲無不足." 如此等事, 不假他求, 不借他力. 自然向應緣處活鱍鱍地. 未得如此, 且將這思量世間塵勞底心, 回在思量不及處, 試思量看.'那箇是思量不及處?'

한 승려가 조주에게 묻되 "개에게도 불성이 있습니까?" 하니, 조주가 말하길 "없다."라고 하였습니다. 다만 이 "없다."라는 한마디를 당신이 가진 모든 솜씨를 다하여 짜 맞추어 보고 헤아려 보십시오. 사랑하고 헤아리고 짜 맞출 수 있는 곳은 없습니다.[1403] 다만 가슴속이 갑갑하고[1404] 마음

는 모습처럼 생기발랄한 모습을 가리킴. 활발하게. 생기발랄하게.

1403 돈방(頓放)은 '방치(放置)하다. 그대로 버려두다. 두다. 놓다. 놓아두다.'라는 뜻으로서 돈치(頓置)와 같다. 이 문장의 직역은 "사랑하고 헤아리고 짜 맞추는 것을 놓아둘 만한 곳은 없습니다."이지만, 이렇게 직역하면 뜻이 애매해지므로 "사랑하고 헤아리고 짜 맞출 수 있는 곳은 없습니다."로 고쳐서 번역하였다.

1404 두리민(肚裏悶): 가슴속이 갑갑하다. 마음속이 어둡고 답답하다. 두리(肚裏)는 마음속, 가슴속이라는 뜻.

이 괴로움을 느낄 때가 바로 좋은 때이니, 제팔식(第八識)[1405]이 거의[1406] 행해지지 않을 것입니다.[1407] 이와 같음을 느낄 때에는 놓아 버리려고 하지 마시고, 단지 바로 이 "없다."는 글자에서[1408] 스스로를 일깨우십시오. 일깨우고 또 일깨우면, 낯선 곳이 저절로 익숙해지고 익숙한 곳은 저절로 낯설어질 것입니다.

僧問趙州 : "狗子還有佛性也無?" 州云 : "無." 只這一字, 儘爾有甚麼伎倆, 請安排

看 請計較看. 思量計較安排, 無處可以頓放. 只覺得肚裏悶心頭煩惱時, 正是好底

時節, 第八識相次不行矣. 覺得如此時, 莫要放却, 只就這無字上提撕. 提撕來提撕

去, 生處自熟 熟處自生矣.

요사이 총림(叢林) 가운데 삿된 말을 하면서 종사(宗師) 노릇을 하는 한

1405 제팔식(第八識) : ālaya-vijñāna. 아뢰야식(阿賴耶識)이라 음역하고, 무몰식(無沒識) · 장식(藏識)이라 번역한다. 제8식 · 본식(本識) · 택식(宅識) 등으로도 부른다. 무몰식이란 제법을 유지하여 잃어버리지 않는다는 뜻이며, 장식이라 함은 제법이 전개되는 데 있어서 의지할 바탕이 되는 근본 마음이란 의미다. 또한 8식 가운데서 마지막에 두기 때문에 제8식이라 하고, 제법의 근본이기 때문에 본식이라 한다. 따라서 식 중에서도 식주(識主)라 한다. 아뢰야식은 과거의 선업과 불선업의 결과에 이끌리는데, 이것을 제8식의 과상(果相)이라 한다. 그래서 아뢰야식을 이숙식(=과보식)이라 한다. 또한 제법이 생기하는 종자를 저장하고 있다는 의미에서 일체종자식이라고도 한다. 이것을 일러 아뢰야식의 인상(因相)이라 한다. 유식(唯識)은 이상의 구조 아래 일체 세계는 아뢰야식이 나타내는 것이라 간주하고 유심론(唯心論)을 수립한다.
1406 상차(相次) : ①이어 가다. ②거의 -에 가깝다. ③즉시. 곧.
1407 여기서 제팔식이 행해지지 않는다는 것은 분별망상이 행해지지 않는다는 뜻이다.
1408 취(就)-상(上) : 바로 -에서. -위에서. -속에서. =취(就)-처(處).

부류의 사람들이 있습니다.[1409] 이들은 배우는 사람들에게 말하기를, "단지[1410] 고요함을 지키기만 하라."고 하면서도, 지키는 것은 무슨 물건이고 고요한 것은 어떤 사람인지는 알지 못합니다. 고요한 것이 기본이라고 말하면서, 도리어 깨달음이 있다는 것을 믿지 않고 깨달음을 지엽말단이라고 말합니다. 또 다음과 같은 것을 증거로 끌어댑니다.

어떤 승려가 앙산(仰山)에게 물었습니다.

"지금의 사람[1411]도 깨달음에 의지합니까?"

앙산이 말했습니다.

"깨달음이라면 없지 않으나, 두 번째에 떨어짐[1412]을 어찌하리오?"[1413]

近年以來, 叢林中有一種唱邪說爲宗師者. 謂學者曰 : "但只管守靜." 不知守者是何物, 靜者是何人. 却言靜底是基本, 却不信有悟底, 謂悟底是枝葉. 更引. 僧問仰山曰 : "今時人還假悟也無?" 仰山曰 : "悟則不無, 爭奈落在第二頭?"

1409 묵조선(默照禪)을 하는 사람들을 가리킨다.

1410 지관(只管) : ①단지. 오로지. 다만. ②다만 −만 돌보다. ③거듭거듭. ④아무튼.

1411 금시인(今時人) : 본분인(本分人)에 상대되는 말. 본분인이 분별을 떠난 본성(本性)을 가리킨다면, 금시인은 분별하는 시간 속의 사람을 가리킨다.

1412 두 번째란 방편의 말을 가리키니 곧 분별이다. 깨달음의 체험이 없지는 않으나 분별하여 말할 수가 없는데, 만약 있다고 말한다면 방편의 말에 떨어진 것이다.

1413 어떤 스님은 경조부(京兆府) 미화상(米和尙)이 보낸 스님이다. 『경덕전등록』 제11권 경조부(京兆府) 미화상(米和尙)에 다음의 내용이 있다 : 미화상이 어떤 승려를 앙산에게 보내 묻게 하였다. "금시(今時)에도 깨달음에 의지합니까?" 앙산이 말했다. "깨달음이라면 없지 않으나, 두 번째에 떨어짐을 어찌하리오?" 미화상은 그 말을 듣고 깊이 긍정하였다.(師令僧去問仰山曰 : "今時還假悟也無?" 仰曰 : "悟卽不無, 爭奈落在第二頭?" 師深肯之.)

어리석은 사람 앞에서는 꿈 이야기를 할 수가 없으니, 곧 그것을 실제로 그렇다고 이해하기 때문입니다.[1414] 깨달음이 두 번째에 떨어진 것이라고 말하는 것은, 위산(潙山)이 본래 배우는 사람을 꾸짖어 깨우쳤던 다음의 말이 매우 간절했음을 전혀 알지 못한 것입니다.

위산이 말했습니다.

"지극한 이치를 캘 때에는 깨달음을 모범으로 삼는다."[1415]

이 말은 또 어떻게 알아들어야 합니까? 위산이 뒷사람을 속여 그르쳐서[1416] 두 번째에 떨어뜨리려 했다고 할 순 없습니다.

癡人面前不得說夢, 便作實法會. 謂悟是落第二頭, 殊不知, 潙山自有警覺學者之言, 直是痛切. 曰 : "研窮至理, 以悟爲則." 此語又向甚處著? 不可潙山疑誤後人, 要敎落在第二頭也.

조합사(曹閤使)[1417] 역시 이 일에 마음을 두고 있지만, 삿된 스승의 무리에게 잘못 이끌려질까 봐 걱정입니다. 그래서 최근에 역시 이와 같은 편

1414 분별에 떨어져 있는 사람에게는 깨달음이 있다고 말하면 있음에 집착하고, 없다고 말하면 없음에 집착하니, 깨달음에 대한 어떠한 답변도 결국 소용이 없다. 그 까닭에 대혜는 어리석은 사람 앞에서는 꿈 이야기를 할 수가 없다고 한 것이다.

1415 『위산경책(潙山警策)』에 나오는 구절.

1416 의오(疑誤) : ①현혹하여 그르치다. ②오해. ③불분명하거나 잘못된 곳.

1417 합사(閤使) : 합문사(閤門使)의 약칭. 송대(宋代)에 정육품(正六品)의 벼슬로서 동상합문사(東上閤門使)와 서상합문사(西上閤門使)의 두 관직이 있었다. 조합사(曹閤使)는 앞의 편지에 등장하는 조태위(曹太尉)를 가리킨다.

지를 구구절절이 써서 보냈습니다. 조공(曹公)의 총명한 식견(識見)은 보통 사람보다는 크게 뛰어나기 때문에, 결코 방편의 말을 잘못 알아서 사실이라고 이해하지는 않을 것입니다. 다만 제가 아직 그분을 직접 만나지 못했기 때문에 사사로운 걱정을 지나치게 하는 것일 뿐입니다. 노거사(老居士)께서 그분과 도우(道友)라고 들었기 때문에, 편지를 쓰는 김에 저도 모르게 이런 말들을 늘어놓았습니다. 한가한 때 서로 만나거든 그에게 편지를 달라 하여 받아서[1418] 한번 읽어 보십시오. 그러면 제가 기대하는 것이 얼굴이나 서로 익히는 것이 아니라 서로의 기개와 뜻이 들어맞는 것이며, 또 권세나 이익을 위한 사귐이 아니란 것을 바야흐로 아실 것입니다.

曹閣[1419]使亦留心此事, 恐其被邪師輩所誤. 比亦如此書, 忉忉怛怛寫與. 此公聰明識見 有[1420]大過人處, 決不到錯認方便語作實法會. 但某未得與之目擊, 私憂過計耳. 聞老居士亦與之是道友, 因筆不覺葛藤. 無事相見時, 試問渠取書一看. 方知妙喜相期, 不在眼底 彼此氣義相投, 又非勢利之交.

한 장을 다 쓰고 종이가 다 되어 또 한 장을 더 쓰다 보니, 다시 편지의 예의(禮義)[1421]를 갖출 틈도 없군요. 이 편지도 역시 그러하지만, 앞서의 편

1418 문거취서(問渠取書) : 그에게 편지를 달라 하여 받다. 문(問)은 '-에게'라는 뜻.

1419 '각(閣)'은 '합(閤)'의 오기(誤記). 북장본에는 합(閤)으로 되어 있다.

1420 '유(有)'는 덕부본에서 '개유(皆有)'로 되어 있다.

1421 형적(形迹) : ①고지식하다. 지나치게 조심스럽다. 어색하다. ②예의가 바르다. 정중

지는 이 속의 사람[1422]에게 부쳤던 것입니다. 그 까닭에, "'나이를 많이 먹은 것에 무슨 까닭이 있겠습니까?' 하고 말해서는 결코 안 된다.'"[1423]고 말한 것입니다. 만약 이와 같이 말한다면, 좋은 일이 눈앞에 있는데도 반드시 놓쳐 버릴 것입니다. 편지를 쓸 때에는 비록 소탈한[1424] 척 하였습니다만, 역시 서로의 뜻이 맞았기에[1425] 또한 저도 모르게 종이 위에다 썼습니다. 공(公)이 저를 믿고 있음을 감사하게 여기기[1426] 때문에, 곧장 일로 삼게 된[1427] 것입니다.

寫了一紙, 紙盡又添一紙, 不暇更事形迹. 此書亦如是, 前書託是簡中人. 故曰 : "切不可道 : '老老大大著甚來由?'" 若如此, 則好事在面前, 定放過矣. 寫時雖似率易, 然亦機感相投, 亦不覺書在紙上. 荷公信得妙喜, 及便把做事.

일상생활 속에서[1428] 곧장 이 법문(法門)을 넓혀서 임금님께 보답하고 어

하다. 겸손하다. ③예도(禮度). 격식.

1422　개중인(箇中人) : 그 속의 사람. 관계자. 본래인(本來人) 즉 본래면목(本來面目)을 가리킨다.

1423　대혜가 영시랑에게 앞서 붙인 편지에 들어 있던 내용.

1424　솔이(率易) : 몸가짐이나 언행이 까다롭지 않고 소탈함.

1425　기감상투(機感相投) : 스승의 가르침과 제자의 배움이 서로 일치함. 기감(機感)은 중생의 근기(根機)가 부처님의 교화에 감응(感應)한다는 뜻.

1426　하(荷) : 은혜를 입다. 은혜에 감사하다. (주로 편지에 쓰이는 겸어(謙語)).

1427　파주(把做) : -로 삼다. -로 여기다.

1428　일용응연처(日用應緣處) : 일상생활 속에서 경계와 만나는 곳. 일상생활 하는 곳. 일상생활 속.

진 사람을 구하여 천하를 안정시킬 뜻을 찾는다면, 진실로 그 알고 있는 것을 저버리지 않는 것입니다. 여러 가지를 잘 참고 견뎌서 처음부터 끝까지 다만 오늘처럼 해 나아가신다면, 불법(佛法)과 세간법을 하나로 만드실 것입니다. 전쟁이 있으면 전투하고 전쟁이 없으면 농사지으면서 오래오래 순수하게 익어 간다면 일거양득(一擧兩得)일 것입니다. 그러니 어찌 허리에 십만 관의 돈을 두르고 학(鶴)을 타고 양주(揚州)로 날아가는[1429] 일이 아니겠습니까?

日用應緣處, 便恢張此箇法門, 以報聖主求賢安天下之意, 眞不負其所知也. 願種種堪忍, 始終只如今日做將去, 佛法世法打作一片. 且耕且戰, 久久純熟, 一擧而兩得之. 豈非腰纏十萬貫騎鶴上揚州[1430]乎?

1429 양주의 학 : 『태평광기(太平廣記)』에 다음과 같은 고사가 있다. 어떤 모임에서 각자의 소원을 말하기로 하였다. 첫 번째 사람이 말했다. "나는 양주의 자사(刺史)가 되었으면 좋겠다." 두 번째 사람이 말했다. "난 십만 관(十萬貫)의 돈주머니를 허리에 두르고 싶어." 세 번째 사람이 말했다. "난 학을 타고 하늘로 날아올랐으면 좋겠다." 그러자 마지막 사람이 말했다. "나는 허리에 십만 관의 돈주머니를 두르고 학을 타고 양주로 날아가고 싶어!"

1430 '양주(揚州)'는 궁내본에서는 '양주(楊州)'로 되어 있다.

58. 영시랑(榮侍郎) 무실(茂實)에 대한 답서 (2)

보내 주신 편지를 보니 나이가 많은데도 벼슬자리에서 물러나지 않아서 비난받는다고[1431] 하시지만, 임금님을 위하여 위로는 정성을 다하고 아래로는 백성들을 편안하게 하신다면, 저절로 알아주는 이가 있을 것입니다.[1432] 공(公)께서는 모든 일을 굳게 견디시며 거슬리는 경계에서든 순조로운 경계에서든 힘을 잘 쓰시길 바랍니다.

"이 깊은 마음을 가지고 티끌 같은 국토를 받드는 것, 이것을 일러 부처님의 은혜에 보답한다고 한다."[1433]라고 하였으니, 평소에 도(道)를 배워 거슬리고 순조로운 경계 속에서 마음껏 누리기만[1434] 하면 됩니다.[1435] 거슬리고 순조로운 경계가 눈앞에 나타났을 때 고뇌를 일으킨다면, 평소에 이 도 가운데에서 마음을 사용한 적이 없는 것과 꼭 같습니다.

1431 종명루진(鐘鳴漏盡) : 때를 알리는 종이 울리고 물시계의 물이 다 빠져나갔다는 말로서, 밤이 자꾸 깊어 감을 나타낸다. 이것은 곧 노쇠하여 여명이 얼마 남지 않은 것을 가리킨다. 종명루진(鐘鳴漏盡)의 비난(譏)이 있다는 것은, 나이가 들어도 벼슬자리에서 물러나지 않고 명리에 연연하는 사람을 세상 사람들은 비난한다는 말이다. 『위지(魏志)』에 "전예(田豫)가 벼슬을 사양하면서 말하기를 '나이가 70에 이르러도 그칠 줄 모르고 종이 울리고 물시계의 물이 다 빠지도록 밤 깊이 돌아다니며 쉬지 않으면, 그를 일러 죄인(罪人)이라고 합니다.'라 하고는, 병을 핑계로 나아가지 않았다."라는 내용이 있다.

1432 거문고 연주를 듣고 그 소리를 감상할 줄 아는 사람(聞絃賞音者)이 있을 것이라는 말은, 비록 나이가 들었어도 임금에게 충성을 다하고 백성을 편안하게 다스리는 사람이라면, 벼슬자리에서 물러나지 않아도 부끄럽지 않다고 위로하는 말.

1433 『수능엄경(首楞嚴經)』 제3권에 나오는 구절.

1434 수용(受用) : 누리다. 향유하다. 법을 얻어서 그 법을 누리고 향유한다는 말.

1435 지요(只要) : ─하기만 하면 (된다).

又

示諭, 鐘鳴漏盡之譏, 爲君上盡誠, 而下安百姓, 自有聞絃賞音者. 願公凡事堅忍,
當逆順境, 政好著力. 所謂:"將此深心奉塵利, 是則名爲報佛恩[1436]." 平昔學道, 只
要於逆順界中受用. 逆順現前而生苦惱, 大似平昔不曾向箇中用心.

조사(祖師)께서 말씀하셨습니다.

"경계와 인연에는 좋고 나쁨이 없고
좋고 나쁨은 마음에서 일어난다.
마음이 만약 억지로 이름을 붙이지 않는다면
허망한 분별심이 어디에서 일어나리오?
허망한 분별심이 일어나지 않으면
참마음이 걸림 없이 두루 알 것이다."[1437]

청컨대 거슬리고 순조로운 경계 속에서 늘 이렇게 보십시오. 오래오래
하다 보면 저절로 고뇌를 일으키지 않을 것입니다. 고뇌가 일어나지 않
는다면, 마왕(魔王)을 몰아붙여서 법을 지키는 착한 신(神)으로 만들 수 있
을 것입니다. 앞서 "나이가 많이 먹은 것에 무슨 까닭이 있겠습니까?"라

1436 '불은(佛恩)'은 궁내본과 덕부본에서는 '국은(國恩)'으로 되어 있다. 이 구절은 『수능엄
경』 제3권에서 인용한 것인데, 불은(佛恩)이 맞다.
1437 사조도신(四祖道信)이 우두산(牛頭山) 법융(法融) 선사에게 내린 계송의 일부이다.
『경덕전등록』 제4권 '제일세법융선사(第一世法融禪師)'에 실려 있다.

461

고 말씀하셨는데, 그 말씀이 여전히 귓가에 남아 있으니 어찌 잊겠습니까?

祖師曰 : "境緣無好醜, 好醜起於心. 心若不彊名, 妄情從何起? 妄情旣不起, 眞心任遍知." 請於逆順境中, 常作是觀. 則久久自不生苦惱. 苦惱旣不生, 則可以驅魔王作護法善神矣. 前此"老老大大著甚來由?"之說, 言猶在耳, 豈忘之耶?

불성(佛性)의 뜻을 알고자 한다면 마땅히 시절인연(時節因緣)[1438]을 보아

1438 시절인연(時節因緣) : 때. ①바로 지금 눈앞에서 만나는 인연. 지금 눈앞의 인연에서 마음이 확인된다는 뜻. ②알맞은 때. 깨달음이 일어나는 알맞은 때. 봄에는 꽃이 피고 가을에는 낙엽이 떨어지듯이 공부가 무르익어 알맞은 때가 되면 깨달음이 일어난다. 이 말은 백장회해(百丈懷海)가 위산영우(潙山靈祐)에게 한 말에 처음 나타난다. 『경덕전등록』 제9권 '담주위산영우선사(潭州潙山靈祐禪師)'에서 백장은 다음과 같이 말한다 : "이것은 잠깐 동안의 갈림길일 뿐이다. 경(經)에서 말하기를 '불성을 보려고 한다면, 시절인연을 보아야 한다.'고 하였다. 시절이 도래하면, 어리석은 자가 문득 깨달은 듯하고, 잊고 있던 것을 문득 기억하는 듯하여, 비로소 자기의 물건은 남에게서 얻지 못함을 알게 된다. 그러므로 조사께서 말씀하시길 '깨닫고 난 뒤와 깨닫기 전이 같고, 얻을 마음도 없고 법도 없다.'고 하셨다. 다만 범부니 성인이니 하는 허망한 마음이 없기만 하면, 본래 마음이라는 법은 스스로 갖추어져 있다. 그대가 이미 이러하니, 잘 지키도록 하여라."(百丈曰: "此乃暫時岐路耳. 經云: '欲見佛性, 當觀時節因緣.' 時節旣至, 如迷忽悟, 如忘忽憶, 方省己物不從他得. 故祖師云: '悟了同未悟, 無心得無法.' 只是無虛妄凡聖等心, 本來心法元自備足. 汝今旣爾, 善自護持.") '불성을 보려고 한다면, 시절인연을 만나야 한다.'는 구절은 이후 여러 선사(禪師)들의 어록에서 인용되고 있지만, 현재 『대정신수대장경』에 수록된 경전에서는 이 구절을 찾을 수 없다. 남악회양(南嶽懷讓)이 마조도일(馬祖道一)에게 말한 "그대가 심지법문(心地法門)을 배우는 것은 마치 종자(種子)를 뿌리는 것과 같고, 내가 법(法)의 요체를 설명하는 것은 저 하늘이 비를 내리는 것과 같다. 그대는 인연이 맞는 까닭에 도(道)를 보게

462

야 합니다. 거사(居士)께선 앞서 10여 년을 한가하게 보내셨으니, 응당¹⁴³⁹ 한가한 때의 시절(時節)이 있었습니다. 오늘날에는 벼슬이 손아귀에 있으니, 곧 바쁜 시절입니다. 한가한 때에는 누가 한가하며, 바쁜 때에는 누가 바쁜지를 마땅히 생각해야 합니다. 바쁜 때에 도리어 한가한 때의 도리(道理)가 있으며 한가한 때에 도리어 바쁜 때의 도리가 있음을 믿어야 합니다.

欲識佛性義, 當觀時節因緣. 以居士前十餘載閑, 自有閑時時節. 今日仕權在手, 便有忙底時節. 當念, 閑時是誰閑? 忙時是誰忙? 須信忙時却有閑時道理, 閑時却有忙時道理.

될 것이다."("汝學心地法門 如下種子, 我說法要 譬彼天澤. 汝緣合故當見其道.")라는 말도 시절인연을 나타내는 말이다. 대혜종고는 『대혜보각선사서(大慧普覺禪師書)』의 '37. 왕장원(汪狀元) 성석(聖錫)에 대한 답서(2)'에서 시절인연을 이렇게 말한다. "마치 봄이 오면 나무에 꽃이 피는 것과 같습니다. 꽃나무의 근성(根性)을 갖추고 있는 것은 시절인연(時節因緣)이 다가오면 각각 서로 알지 못하지만 제각기의 근성(根性)을 따라서 크게 · 작게 · 모나게 · 둥글게 · 길게 · 짧게, 혹은 푸른색으로 · 누른색으로 · 붉은색으로 · 녹색으로, 혹은 악취를 내며 · 향기를 내며 동시에 꽃을 피웁니다. 이것은 봄이 크게 하거나 · 작게 하거나 · 모나게 하거나 · 둥글게 하거나 · 길게 하거나 · 짧게 하거나 · 푸른색으로 하거나 · 누른색으로 하거나 · 붉은색으로 하거나 · 녹색으로 하거나 · 악취가 나게 하거나 · 향기가 나게 하는 것이 아닙니다. 이 모두는 꽃나무에 본래 갖추어진 성(性)이 인연을 만나 나타나는 것일 뿐입니다."(如春行花木. 其此性者 時節因緣到來 各各不相知, 隨其根性大小 方圓長短 或靑或黃 或紅或綠 或臭或香 同時發作. 非春能大能小 能方能圓 能長能短 能靑能黃 能紅能綠 能臭能香. 此皆本有之性 遇緣而發耳.)

1439 자유(自有) : 저절로 ─이 있다. 자연히 ─이 있다. 응당 ─이 있다.

바로 바쁜 가운데 주상(主上)[1440]께서 공(公)을 뽑아 쓰신 뜻을 잘 헤아리셔서 잠시도 잊지 말고, 스스로 조심하고 스스로 살피기를 '무엇으로 보답할 것인가?'라고 하십시오. 만약 늘 이렇게 생각한다면, 끓는 가마솥 속이나 시뻘건 숯불 속이나 칼숲이 있는 산 위에서도 반드시[1441] 앞으로 나아갈[1442] 것인데, 하물며 눈앞의 사소한 역순(逆順)의 경계가 무슨 문제이겠습니까? 공(公)과는 이 도(道)로 서로 통하는 까닭에 마음에 담아 두지 않고 다 말해 버렸습니다.

正在忙中, 當體主上起公之意, 頃刻不可暫忘, 自警自察.'何以報之?' 若常作是念, 則鑊湯鑪炭刀山劍樹上, 亦須著向前, 況目前些小逆順境界耶? 與公以此道相契, 故不留情, 盡淨吐露.

1440 주상(主上) : 천자(天子). 임금.

1441 수착(須著) : 반드시 -해야 한다.

1442 향전(向前) : 앞으로 나아가다. 전진하다.

59. 황문사(黃門司)[1443] 절부(節夫)에 대한 답서[1444]

편지와 더불어 여러 가지 많은 말씀[1445]을 받았습니다. 뜻밖에도 곧장 이와 같이 염롱(拈弄)[1446]할 줄 아시는군요. 그런데[1447] 생기발랄하게 염롱한 것이 참으로 스스로 깨닫고 스스로 얻은 것이라면, 정말로 기뻐해야 할 일입니다. 이와 같기만 하다면, 사람들이 "이 관리가 본분(本分)을 지키지 않고 터무니없는 말을 함부로 지껄이는구나." 하고 마음대로 말하도록 내버려 두십시오.[1448] 그 집안에도 응당 통하는 사람이 있어서 좋아할 것입니다.[1449]

1443 황문사(黃門司) : 이름은 언(彦), 자(字)는 절부(節夫), 호(號)는 묘덕(妙德)이다. 문사(門司)는 관직의 이름.

1444 1157년(69세)에 쓴 글.

1445 갈등(葛藤) : 칡과 등 넝쿨이 얽혀 있음. 선(禪)에서는 분별(分別)된 개념(槪念)인 언어문자(言語文字), 혹은 분별망상(分別妄想), 망상번뇌(妄想煩惱)를 가리킴. 언어문자는 학인을 지도하는 수단이지만, 동시에 학인을 묶어서 공부를 막는 장애가 되므로 갈등이라고 한다. 여기에서는 황문사가 편지와 더불어 써 보낸 글에서 고칙공안(古則公案)에 대하여 염롱(拈弄)하면서 조사선(祖師禪)이니 여래선(如來禪)이니 하고 시끄럽게 따진 것을 가리킨다.

1446 염롱(拈弄) : 가지고 놀다. 선(禪)에서 고칙공안(古則公案)에 대하여 자신의 안목으로 판단하여 나름의 해설이나 비평이나 게송을 붙이는 것.

1447 직시(直是) : 그러나. 그런데.

1448 종교(從敎) : 좋을 대로 내맡기다. 마음대로 하게 하다. 자유에 맡기다.

1449 임금을 모시고 백성을 다스리는 유가(儒家) 사대부(士大夫)의 본분을 지키지 않고 불가(佛家)의 도리를 말한다고 사람들이 비난하는 말을 하지만, 사대부들 가운데 유가와 불가를 가리지 않고 두루 통하는 사람도 있어서 당신을 좋아할 것이다.

答黃門司節夫

收書, 幷許多葛藤. 不意便解如此拈弄. 直是弄得來活鱍鱍地, 眞是自證自得者, 可

喜可喜. 但只如此, 從敎人道："這官人, 不依本分, 亂說亂道." 他家自有通人愛

　오직[1450] 체험한 적이 있고 깨달은 적이 있는 사람이라야 비로소 알아

보는 것입니다. 만약 남의 말이나 듣는 부류라면, 저는 그가 마음대로 거

북껍질에 구멍을 내고 기왓장을 깨뜨리면서 점을 쳐 보도록[1451] 내버려

둘 것입니다. 다시 여래선(如來禪)이니 조사선(祖師禪)이니 하고 비판한다

면, 저의 주장자를 실컷[1452] 맛보아야 할[1453] 것입니다. 말해 보십시오. 이

것은 당신[1454]에게 상을 주는 것입니까, 벌을 주는 것입니까? 여러 곳의

선객(禪客)들이 다시 30년을 의심하도록 내버려 둡니다.

　除是曾證曾悟者方知. 若是聽響之流, 一任他鑽龜打瓦. 更批判得如來禪祖師禪,

好儘喫得妙喜拄杖也. 且道. 是賞伊罰伊? 一任諸方更疑三十年.

1450　제시(除是)：오직 −해야 비로소.

1451　찬귀타와(鑽龜打瓦)：거북껍질을 뚫고 기왓장을 때려 부수다. 거북껍질을 뚫고 기왓
　　　장을 때려 부수는 일은 곧 점치는 것을 가리킨다. 『두주(杜注)』에 따르면, 옛날 무왕이 병
　　　이 들었을 때 성왕이 거북으로 점을 치니 여러 신하들이 말하기를 "거북이가 뚫어지지 아
　　　니하면 길하고, 뚫어지면 흉하다." 하고, 또 초나라 때 신당(神堂)이 있었는데 누구나 길
　　　흉을 알고자 하면 그곳에 나아가 기왓장을 던졌다. 기왓장이 엎어지면 흉하고, 뒤집어지
　　　면 길하다 하였다.

1452　진(儘)：마음껏.

1453　호(好)：(조동)−해야만 한다. −할 수 있다.

1454　이(伊)：그대(이인칭 대명사). =이(你).

466

60. 손지현(孫知縣)[1455]에 대한 답서[1456]

『금강경(金剛經)』을 고쳐서 보여 주신 것을 받았으니, 한번 함께 기쁨을 누리는 행운을 얻었군요. 근래에 사대부(士大夫)로서 공(公)처럼 기꺼이 마음을 불교 경전[1457]에 두는 자도 실로 드뭅니다. 뜻을 얻지 못하면 이렇게 믿을 수가 없으며, 경전을 보는 안목을 갖추지 못하면 경전 속의 깊고 묘한 뜻을 엿볼 수가 없을 것이니, 참으로 불꽃 속에서 피어나는 연꽃과 같습니다.[1458]

答孫知縣

蒙以所修『金剛經』相示, 幸得隨喜一遍. 近世士大夫, 肯如左右留心內典者, 實爲希有. 不得意趣, 則不能如是信得及, 不具看經眼, 則不能窺測經中深妙之義, 眞火中蓮也.

그런데 자세히 오래도록 맛을 보다 보니, 의문이 없지 않습니다. 공(公)께서는 여러 훌륭한 스님들을 꾸짖기를, "번역에서 진실을 잃고 본래의

1455 누구인지 불분명하다.

1456 이 편지는 대혜가 70세 되던 소흥(紹興) 28년(1158)에 교지(敎旨)에 의하여 다시 경산(徑山)에 머물렀을 때에 쓴 것이다.

1457 내전(內典) : 불가(佛家)에서는 불교의 경전(經典)을 내전(內典)이라 하고, 다른 가르침을 외전(外典)이라 한다.

1458 "불꽃 속에서 연꽃이 생기는 것은, 드문 일이라고 할 만하다."(火中生蓮華 是可謂希有)(『유마힐소설경(維摩詰所說經)』「제8불도품(佛道品)」)

참됨을 혼란시키는 데 빠졌으며, 문장과 구절을 더하고 빼서 부처님의 뜻에 어긋났다."고 하셨습니다. 또 말씀하시길, "처음 『금강경』을 읽을 때부터 그 잘못됨을 깨닫고 정본(定本)[1459]을 찾아서 그 잘못을 바로잡으려고 하였으나, 거짓에 익숙한 지가 이미 오래되어서 하나같이 덮어놓고 남의 의견을 좇는 것들뿐이었는데, 서울에 있는 대장경(大藏經)의 판본을 얻어 보고서야 비로소 의지할 근거를 가졌고, 다시 천친(天親)[1460]과 무착(無着)[1461]의 논송(論頌)[1462]을 연구(研究)해 보니 그 뜻이 꼭 들어맞아 드디어 얼

1459　정본(定本) : 이본(異本)이 여럿인 고전 가운데서 비교 · 검토를 통하여 잘못을 바로잡은 가장 표준이 되는 책.

1460　천친(天親) : Vasubandhu. 바수반두(婆藪槃豆)라 음역. 세친(世親)이라고도 함.

1461　무착(無着) : Asaṅga. 불멸 후 1천 년경 사람. 북인도 건타라국 부루사부라 성의 바라문 출신. 아버지는 교시가(憍尸迦). 세친(世親)과 사자각(師子覺)은 그의 아우. 처음 소승 화지부(小乘化地部)에 들어가 출가하여 빈두라(賓頭羅)를 따라 소승의 공관(空觀)을 닦았다. 뒤에 중인도 아유차국의 강당에서 넉 날 동안 밤마다 미륵보살의 설법을 들었다. 『유가사지론(瑜伽師地論)』 등 5부의 대론(大論)은 이때에 미륵보살이 설한 것이라 한다. 이리하여 무착은 아유차 · 교상미에서 법상대승(法相大乘)의 교리를 선양하고, 또 여러 가지 많은 논소(論疏)를 지어 여러 대승경을 해석하였다. 『서장전(西藏傳)』에 의하면 75세에 왕사성에서 입적하였다. 그의 아우 세친은 본디 소승의 학자였으나, 무착의 권유에 따라 대승에 귀의하여 크게 이름을 드날렸다. 저서는 『현양성교론(顯揚聖敎論)』 20권, 『대승아비달마집론(大乘阿毘達磨集論)』 7권, 『섭대승론(攝大乘論)』 3권, 미륵보살의 말을 적은 것으로 전해진 『유가사지론』 100권, 『대승장엄론』 13권이 있다.

1462　무착(無着)의 논서(論書)와 세친의 『유식삼십송(唯識三十頌)』을 가리키는 듯하다. 무착과 세친의 논서로는 후진(後秦)의 구마라집(鳩摩羅什)과 후위(後魏)의 보리류지(菩提流支)가 『천친론(天親論)』 3권을 함께 번역하였고, 진(陳)의 진제(眞諦)와 수(隋)의 급다(笈多)는 『무착론(無着論)』 2권을 함께 번역하였고, 당(唐)의 현장(玄奘)과 일조(日照)는 『공덕시론(功德施論)』을 함께 번역하였고, 대주(大周)의 의정(義淨)은 『천친론(天親論)』을 다시 번역하였다.

음이 녹듯 의심이 없어졌으며, 나아가 장수(長水)[1463]와 고산(孤山)[1464] 두 스님은 모두 언구(言句)에만 의지하여 뜻에서 어긋났다."고 하셨습니다.

詳味久之, 不能無疑耳. 左右詆諸聖師, "翻譯失眞而汨亂本眞, 文句增減違背佛意." 又云: "自始持誦, 卽悟其非, 欲求定本是正舛差, 而習僞已久, 雷同一律, 暨得京師藏本 始有據依, 復考繹天親無著論頌, 其義脗合, 遂泮然無疑, 又以長水孤山二師, 皆依句而違義."

모르겠습니다만,[1465] 공께서 이렇게 비판할 수 있으려면, 반드시 육조(六朝)에 한역(漢譯)된 『금강경』[1466]의 산스크리트 원본을 자세히 살펴보고서 여러 스님의 번역에 있는 오류를 모두 파악하여야 비로소 얼음이 녹

1463 장수(長水) : 수주(秀州)의 장수자선(長水子璿) 선사(禪師). 교학(敎學)에도 밝았다. 홍민(洪敏) 법사(法師)에게서 『능엄경(楞嚴經)』을 배우다가, "움직임과 고요함의 두 모습이 분명히 생기지 않는다."(動靜二相, 了然不生.)라는 구절에서 깨달았다고 한다.

1464 고산(孤山) : 봉선청원(奉先淸源)의 제자. 성(姓)은 서씨(徐氏). 자(字)는 무외(無外). 이름은 잠부(潛夫). 호는 지원(智圓). 자호(自號)는 중용자(中庸子).

1465 '알 수 없다'(不識)는 이 뒤에 오는 긴 문장에 걸리는 말이지만, 문장이 너무 길어 3부분으로 끊어 번역하면서 적당히 의역하였다.

1466 육조(六朝)의 『금강경』 번역은 그 번역년도, 번역자, 번역장소, 경 이름 등이 다음과 같다.

① 後秦(402) 鳩摩羅什三藏	長安 草堂寺	金剛般若波羅密經(2卷)
② 後魏(535) 菩提流支三藏	洛陽	金剛般若經 (14張)
③ 陳朝(566) 眞諦三藏	金陵	金剛能斷經 (14張)
④ 隋朝(590) 笈多三藏	洛陽	金剛斷割經 (16張)
⑤ 唐初(648) 玄奘三藏	玉華宮	能斷金剛經 (18張)
⑥ 大周(695) 義淨三藏	佛授記寺	能斷金剛經 (12張)

듯 의심이 사라질 것입니다. 산스크리트 원본도 없으면서 성급히 짐작하여 성인(聖人)의 뜻에 칼질을 한다면, 원인을 부르면 결과가 따라오듯이 성인의 가르침을 비난하면 무간지옥(無間地獄)에 떨어진다고까지는 아직 말하지 않더라도, 아는 사람이 공의 글을 본다면 공이 여러 스님의 허물을 점검(點檢)했듯이 도리어 그 점검이 공에게 돌아올까 봐 염려스럽습니다.

不識, 左右敢如是批判, 則定嘗見六朝所譯梵本, 盡得諸師翻譯錯謬, 方始泮然無疑. 旣無梵本, 便以臆見刊削聖意, 則且未論招因帶果毁謗聖教墮無間獄, 恐有識者見之, 却如左右檢點諸師之過, 還著於本人矣.

옛사람이 말했습니다. "사귄 지 얼마 되지 않았는데 깊은 이야기를 하는 것은 허물을 불러오는 길이다."[1467] 저는 공과 평소 전혀 모르고 지내

1467 『전국책(戰國策)』「조책(趙策)」에 다음의 이야기가 나온다 : 어떤 사람이 복자(服子)의 명성을 우러러보고 있었지만, 그와는 안면이 없었으므로 다른 친구의 소개로 복자를 만나게 되었다. 복자는 정중하게 손님을 맞았다. 손님은 마음속으로 '복자께서는 명망이 있으시고 학문이 깊으시니 그를 진심으로 대하여야겠다.'고 생각하고는 기쁘게 복자와 이야기를 나누며 솔직하게 자신의 심경을 토로하였다. 그런데 얼마 지나지 않아 복자가 불쾌해 하는 것 같았다. 이에 소개한 친구가 복자에게 까닭을 물었다. "저희들이 혹시 무슨 잘못이라도 했는지요?" 복자가 거들먹거리며 말했다. "그대가 소개한 손님은 세 가지 잘못이 있소. 나를 보고 웃은 것은 경솔한 표현이며, 나에게 가르침을 청하면서도 선생님이라 부르지도 않았고, 처음 만나서 마음속의 말을 한 것은 순서에 맞지 않았던 것이오(交淺而言深, 是亂也). " 손님은 복자의 말에 동의하지 않고 반박하였다. "옳지 않으신 말씀입니다. 사람을 보고 웃는 것은 온화한 기분을 표현한 것이었고, 가르침을 청하면서도 선생

470

왔지만, 공께서 이 경(經)[1468]으로 인증(認證)[1469]을 얻어서 대대로 전하여 중생세계 속에 부처님의 씨앗을 심고자 하시니 이것은 가장 좋은 일이고, 또 저를 그 속의 사람[1470]으로 여기시어 그 속의 소식을 가지고 모습 밖의 일을 서로 기약하고자 하시니, 그런 까닭에 말씀드리지 않을 수가 없군요.

古人有言 : "交淺而言深[1471], 招尤之道也." 某與左右素昧平生, 左右以此經求印證, 欲流布萬世於衆生界中種佛種子, 此是第一等好事, 而又以某爲箇中人, 以箇中消息, 相期於形器之外, 故不敢不上稟.

옛날 청량국사(淸凉國師)[1472]께서는 『화엄소(華嚴疏)』를 지으실 때, 한역(漢譯)한 스님의 오류를 바로잡고자 하였으나 산스크리트 원본을 얻지 못

님이라 부르지 않았던 것은 선생님이라는 말이 일반적인 호칭으로서 반드시 스승님을 가리키지 않았기 때문이었으며, 만난 지 얼마 되지 않아 깊은 말을 꺼낸 것은 진실의 표현이었습니다(交淺而言深, 是忠也.)."

1468 이 경은 『금강경(金剛經)』이다.

1469 인증(認證) : 그 내용을 인정(認定)해 주고 입증(立證)해 주는 것.

1470 개중인(箇中人) : 그 속의 사람. 관계자.

1471 '심(深)'은 덕부본에서는 '심자(深者)'로 되어 있다. 뜻 차이는 없다.

1472 청량국사(淸凉國師) : 청량징관(淸凉澄觀). 738-839. 당대(唐代) 승려. 화엄종(華嚴宗)의 제4조. 속성은 하후(夏候)씨. 월주(越州)의 회계(會稽) 출신. 9세에 출가하여, 선과 교를 두루 섭렵하였다. 그의 불교는 남종선(南宗禪)과 북종선(北宗禪)의 융합을 꾀함과 동시에 천태(天台)·화엄(華嚴)의 교학과 선을 융합하는 선교일치(禪敎一致)이다. 저서로 『화엄경주소(華嚴經註疏)』 20권, 『화엄경수소연의초(華嚴經隨疏演義鈔)』 90권, 『화엄현담(華嚴玄談)』 9권 등이 있다.

하여 다만 경(經)의 끝머리에 그런 사실을 적어 놓았을 뿐입니다. 예컨대 「불불사의법품(佛不思議法品)」 가운데 이르기를 "모든 부처님(一切佛)에게는 가없는 몸이 있는데, 색신(色身)의 모습은 깨끗하여 모든 곳에 두루 들어가 빠짐없이 이르지만 오염됨은 없다."고 하였는데, 청량국사께서는 다만 말하기를 "불불사의법품(佛不思議法品)」 상권(上卷) 3쪽 10째 줄에 '일체의 모든 부처님(一切諸佛)'이라 되어 있지만 구역(舊譯)에서는 '제(諸)' 자(字)가 빠져 있다."고 하시고, 그 밖에 경전에서 본래 빠져 있는 것들도 모두 경전의 끝머리에 적어 놓았습니다. 청량국사께서도 역시 안목이 뛰어난 스님이시니 더하거나 빼는 일을 할 줄 모르지는 않았지만, 경전의 끝머리에 적어 놓는 것으로 그친 것은 법을 아는 사람을 두려워했기 때문입니다.

昔淸凉國師造『華嚴疏』, 欲正譯師訛舛, 而不得梵本, 但書之于經尾而已. 如佛不思議法品中所謂: "一切佛有無邊際身, 色相淸淨普入諸趣, 而無染著." 淸凉但云: "佛不思議法品上卷, 第三葉第十行'一切諸佛' 舊脫諸字." 其餘經本脫落, 皆註之于經尾. 淸凉亦聖師也, 非不能添入及減削, 止敢書之于經尾者, 識法者懼也.

또 경(經) 가운데 "대유리(大琉璃)의 보물"[1473]이라는 구절이 있는데, 청

<hr>

1473 실차난타(實叉難陀) 역(譯) 『대방광불화엄경』(80권 화엄) 제66권 「입법계품(入法界品)」 제39-7에는 "大琉璃寶以爲其竿"이라는 구절이 나오는데, 앞서 제62권 「입법계품」 제 39-3에는 "吠琉璃寶爲藏"라는 구절이 나온다.

량국사는 말하기를 "아마도 폐유리(吠琉璃)[1474]를 옛날 역본(譯本)에서 잘 못 쓴 것이 아닐까?" 하셨지만, 역시 고치지를 못하고 다만 이와 같음을 경의 끝에 적어 두었을 뿐입니다. 육조(六朝)에서 번역하셨던 여러 스님도 모두 식견(識見)이 얕은 분들은 아니었습니다. 번역하였던 곳에는 말을 번역하는 사람도 있었고, 뜻을 번역하는 사람도 있었고, 번역한 문장을 다듬는 사람도 있었고, 산스크리트를 검증(檢證)하는 사람도 있었고, 뜻을 바로잡는 사람도 있었고, 한문과 산스크리트를 서로 비교해 보는 사람도 있었습니다. 그런데도 공께서는 오히려 성인의 뜻을 잘못 번역하였다고 여기시니, 공께서 아직 산스크리트 원본을 손에 넣지도 못하고서 성급하고 망령되이 더하고 빼고 하신다면, 도리어 후세 사람들이 자세히 믿어 주기를 바라기가 역시 어렵지 않겠습니까?

又經中有, "大瑠璃寶." 清涼曰 : "恐是吠瑠璃, 舊本錯寫?" 亦不敢改, 亦只如此註之經尾耳. 六朝翻譯諸師, 皆非淺識之士. 翻譯場, 有譯語者, 有譯義者, 有潤文者, 有證梵語者, 有正義者, 有唐梵相校者. 而左右尙以爲錯譯聖意, 左右旣不得梵本, 便妄加刊削, 却要後人[1475]諦信, 不亦難乎.

또 장수(長水) 스님을 일러 언구(言句)에 머물러 뜻에서 어긋났다고 말씀하시지만, 산스크리트 원본의 증거가 없는데 어떻게 곧장 결정하여 그

1474 폐유리(吠琉璃) : vaidurya의 음역. 비유리(毘瑠璃) · 비두리(毘頭梨)라고도 음역. 세이론 섬에서 나는 석영의 일종인 유리(琉璃)를 가리킨다.
1475 '후인(後人)'은 덕부본에서는 '후세인(後世人)'으로 되어 있다. 뜻 차이는 없다.

가 틀렸다고 여기겠습니까? 이분은 비록 경전을 강의하는 강사이긴 하나 다른 강사들과는 같지 않습니다. 일찍이 낭야(琅琊)의 광조(廣照) 선사(禪師)를 찾아뵙고 『수능엄경(首楞嚴經)』 가운데에 부루나 존자가 부처님께, "깨끗함이 본래 그러한데 어찌하여 문득 산과 강과 땅을 만들어 냅니까?"[1476] 하고 물은 뜻을 가지고 가르침을 청하였습니다. 낭야가 이에 소리를 높여서, "깨끗함이 본래 그러한데 어찌하여 문득 산과 강과 땅을 만들어 내는가?"라고 말하였습니다. 장수(長水) 스님은 이 말을 듣자 크게 깨달았습니다만,[1477] 뒷날 바야흐로 옷을 걸침에는[1478] 스스로를 좌주(座主)라고 불렀습니다. 대개 좌주는 글귀만 뒤좇는 까닭에 공께서는 언구에만 의지하고 뜻에는 의지하지 않는다고 하셨지만, 장수 스님은 식견(識見)이 없는 것도 아니고 글귀만 뒤좇는 사람도 아닙니다.

如論長水依句而違義, 無梵本證, 如何便決定, 以其爲非? 此公雖是講人, 與他講人不同. 嘗參瑯琊廣照禪師, 因請益瑯琊『首楞嚴』中, 富樓那問佛:"淸淨本然云何忽生山河大地?"之義. 瑯琊遂抗聲云:"淸淨本然云何忽生山河大地?" 長水於言下大

1476 "세존이시여, 만약 세간의 모든 삼라만상이 모두 여래 속에 있는 본래 깨끗함이라면, 어떻게 문득 산하대지(山河大地)가 생겨나고 온갖 유위(有爲)의 모습들이 번갈아 흘러가며 없어지고 다시 생기고 합니까?"(世尊, 若復世間一切根塵陰處界等, 皆如來藏淸淨本然, 云何忽生山河大地, 諸有爲相次第遷流終而復始?) (『수능엄경(首楞嚴經)』 제4권 당(唐) 천축사문(天竺沙門) 반날밀제(般剌蜜帝) 역(譯).)

1477 『오등회원(五燈會元)』 제12권 '장수자선(長水子璿)'.

1478 좌주(座主) 즉 강주(講主)가 입는 승복(僧服)을 입고 교화하는 일을 시작하다. 당시 중국에서는 교학을 공부하는 승려와 선승(禪僧)은 승복(僧服)의 색깔이 달랐다.

悟, 後方披襟自稱座主. 蓋座主多是尋行數墨, 左右所謂依句而不依義, 長水非無
見識, 亦非尋行數墨者.

"모습을 갖추었기 때문에 무상정등각(無上正等覺)을 얻지 못한다."[1479]고
하는 경전의 문장은 매우 분명합니다. 이 문장의 뜻은 지극히 쉽고 분명
합니다만, 공께서 마음대로 기이함을 찾는 것이 매우 지나쳐 남다른 견
해를 세워서 남이 자기를 따라와 주기를 바라는 것일 뿐입니다. 공은 무
착(無着)의 논(論)을 인용하여 말하길 "법신으로 여래를 보아야만 하니, 모
습이 갖추어졌기 때문이 아니다."라고 합니다.

"不以具足相故得阿耨菩提." 經文大段分明. 此文至淺至近, 自是左右求奇太過, 要
立異解求人從己耳. 左右引無著論云: "以法身應見如來, 非以相具足故."

만약 그렇다면, 여래를 비록 모습이 갖추어졌다고 보아서는 안 되지

1479 "수보리야, 네가 만약 여래는 모습을 갖추었기 때문에 무상정등각(無上正等覺)을 얻
지 못한다고 생각한다면, 수보리야, 여래는 모습을 갖추었기 때문에 무상정등각을 얻지
못한다고 그렇게 생각하지 마라. 수보리야, 만약 그렇게 생각한다면, 무상정등각을 얻고
자 마음을 내는 사람은 모든 법에서 모습을 끊어 없앤다고 말할 것이지만, 이렇게 생각해
서는 안 된다. 왜냐하면, 무상정등각을 얻고자 마음을 내는 사람은 법에 대하여 모습을
끊어 없앤다고 말하지 않기 때문이니라."(須菩提, 汝若作是念, 如來不以具足相故, 得阿耨多
羅三藐三菩提, 須菩提, 莫作是念, 如來不以具足相故, 得阿耨多羅三藐三菩提. 須菩提, 若作是念,
發阿耨多羅三藐三菩提者, 說諸法斷滅相, 莫作是念. 何以故? 發阿耨多羅三藐三菩提心者, 於法不
說斷滅相.)(『금강반야바라밀경(金剛般若波羅密經)』 요진(姚秦) 천축삼장(天竺三藏) 구마라
집(鳩摩羅什) 역(譯). 무단무멸분(無斷無滅分).)

만, 모습이 갖추어진 것이 원인이 되어야만 무상정등각을 얻을 것입니다. 이러한 집착에서 벗어났기 때문에 경에서 말한 "수보리야, 어떻게 생각하느냐? 여래는 모습이 이루어짐으로써 무상정등각을 얻을 수 있느냐? 수보리야, 여래는 모습이 이루어짐으로써 무상정등각을 얻는다고 그렇게 생각하지 마라."[1480] 등의 문장은 그 뜻이, 모습을 갖추고 있는 것은 본래 깨달음이 아니며 또 모습을 갖춘 것으로 원인을 삼지 않음을 밝힌 것입니다.

"모습(相)은 색(色)이 자성(自性)이다."[1481]라는 이 논(論)의 뜻은 매우 분명

1480 "수보리야, 어떻게 생각하느냐? 여래는 모습이 이루어짐으로써 무상정등각을 얻을 수 있느냐? 수보리야, 여래는 모습이 이루어짐으로써 무상정등각을 얻을 수 있다고 그렇게 생각하지 마라. 수보리야, 네가 만약 '보살로서 무상정등각을 얻으려는 마음을 낸 사람은 모든 법에서 모습을 끊어 없앤다.'고 말한다고 생각한다면, 수보리야, 그렇게 생각하지 마라. 무슨 까닭인가? 보살로서 무상정등각을 얻으려는 마음을 낸 사람은 모든 법에서 모습을 끊어 없앤다고 말하지 않기 때문이니라."(須菩提, 於意云何? 如來, 可以相成就, 得阿耨多羅三藐三菩提? 須菩提, 莫作是念, 如來, 以相成就, 得阿耨多羅三藐三菩提. 須菩提, 汝若作是念, 菩薩發阿耨多羅三藐三菩提心者, 說諸法斷滅相, 須菩提, 莫作是念. 何以故? 菩薩發阿耨多羅三藐三菩提心者, 不說諸法斷滅相.)(『금강반야바라밀경(金剛般若波羅密經)』 원위(元魏) 천축삼장(天竺三藏) 보리류지(菩提流支) 역(譯). 무단무멸분(無斷無滅分).) 동일한 무단무멸분(無斷無滅分)이지만, 구마라집은 '여래는 모습을 갖추었기 때문에 무상정등각을 얻지 못한다고, 수보리야, 생각하지 마라.(如來, 不以具足相故, 得阿耨多羅三藐三菩提, 須菩提, 莫作是念.)'고 하고, 보리류지는 '여래는 모습이 이루어짐으로써 무상정등각을 얻을 수 있다고, 수보리야, 생각하지 마라.(如來, 可以相成就, 得阿耨多羅三藐三菩提, 須菩提, 莫作是念.)'고 하여, 다르게 나타난다. 그러나 이 문단의 결론은 두 번역이 모두 동일하여, 무상정등각에서는 모습이 끊어져 없다고 말해서는 안 된다고 하는 것이다. 그러므로 앞뒤 문맥으로 보면 구마라집의 번역이 알맞고, 보리류지의 번역은 알맞지 않다.

1481 무착(無著)이 지은 『금강반야론(金剛般若論)』(달마급다(達磨笈多) 한역(漢譯)) 상권(上

476

한데도, 다만 공(公)께서 잘못 보고 잘못 이해한 것입니다. 색(色)은 연기 (緣起)하여 나타나는 모습이요, 모습은 연기(緣起)하여 나타나는 세계입니 다.[1482]

양(梁) 나라의 소명태자(昭明太子)[1483]가 "여래는 모습을 갖춘 까닭에 무 상정등각을 얻지 못한다고 생각하지 마라."[1484]는 문단을 일러 32분(分) 가 운데 무단무멸분(無斷無滅分)으로 정한 까닭은, 수보리가 모습을 갖추었 기 때문에 무상정등각을 얻지 못한다고 여긴다면 연기(緣起)가 소멸할 것 을 두려워했기 때문입니다. 수보리는 처음 어머니의 뱃속에서 바로 공적

卷)에 나오는 구절.

1482 법계연기(法界緣起)를 가리킨다. 법계연기는 법계무진연기(法界無盡緣起)·무진연기 (無盡緣起)라고도 하는데, 법계 곧 우주만유를 일대연기(一大緣起)라고 하는 것이다. 법 계의 사물이 천차만별하나, 피차가 서로 인과 관계를 가지고 있는 것이며, 하나도 단독으 로 존재한 것이 없다. 그러므로 만유를 모두 동일한 수평선 위에 두고 볼 때에는 중생부 처, 번뇌보리, 생사열반과 같이 대립하여 생각하던 것도 실제는 모두 동등한 것. 그리하 여 번뇌가 곧 보리, 생사가 곧 열반이어서 만유는 원융무애(圓融無礙)한 것이다. 그래서 화엄종(華嚴宗)에서는 일즉일체(一卽一切)·일체즉일(一切卽一)이라 말하며, 혹은 한 사 물(事物)은 상식으로 보는 단독한 하나가 아니요, 그대로 전 우주라는 뜻에서 한 사물을 연기의 법으로 삼고, 이것이 우주 성립의 체(體)며, 힘인 동시에 그 사물은 전 우주로 말 미암아 성립된 것이라 함. 이와 같이 우주의 만물은 각기 하나와 일체가 서로 연유(緣由) 하여 있는 중중무진(重重無盡)한 관계이므로 이것을 법계무진연기라고도 한다.

1483 소명태자(昭明太子) : ?–531. 성은 소(蕭), 이름은 통(統), 자(字)는 덕시(德施). 양나 라 무제(武帝)의 맏아들로서 어려서부터 매우 총명하여 5세에 오경(五經)을 외우고, 불경 도 많이 연구하였다고 한다. 구마라집(鳩摩羅什) 역『금강경』을 32분(分)으로 나누고 각 각의 이름을 붙인 이가 바로 소명태자이다.

1484 "莫作是念 如來不以具足相故 得阿耨菩提." 구마라집 역『금강경』제27무단무멸분(無 斷無滅分)에 나오는 구절.

(空寂)을 알아차리고는 연기(緣起)로 나타나는 모습에는 대체로 머물지 않았기 때문입니다.[1485]

若爾, 如來雖不應以相具足見, 應相具足爲因得阿耨菩提. 爲離此著故, 經言 "須菩提於意云何? 如來可以相成就得阿耨菩提? 須菩提莫作是念." 等者, 此義明相具足體非菩提, 亦不以相具足爲因也. "以相是色自性故." 此論大段分明, 自是左右錯見錯解爾. 色是相緣起, 相是法界緣起. 梁昭明太子謂. "莫作是念, 如來不以具足相故, 得阿耨菩提." 二[1486]十二分中, 以此分爲無斷無滅分, 恐須菩提不以具足相則緣起滅矣. 蓋須菩提初在母胎, 卽知空寂, 多不住緣起相.

뒤에 인용하신 공덕시보살(功德施菩薩)의 논서[1487] 마지막에 "만약 모습

1485 연기(緣起)로 나타나는 모습은 곧 색계(色界)인데, 색(色)과 공(空)은 본래 하나로서 둘이 아니다. 색(色)을 망상경계(妄相境界)로 보고 공(空)에 머물려는 경향이 수보리에게 있었기 때문에 망상경계가 끊어져 사라진 공적(空寂)으로는 여래를 볼 수 없다고 가르친다는 말이다. 수보리가 석가모니의 제자들 가운데 공(空)을 가장 잘 알아서 해공제일(解空第一)이라고 하지만, 도리어 공(空)에 치우친 면이 있었던 모양이다.

1486 '이(二)'는 궁내본과 덕부본에서는 '삼(三)'. 『금강경』은 모두 32분으로 구분되어 있으므로 삼(三)이 맞다.

1487 현재 『대정신수대장경』에는 이 논서가 공덕시보살(功德施菩薩)이 지었고 당(唐) 중천축(中天竺) 사문(沙門) 지바하라(地婆訶羅) 등이 번역한 것으로 『금강반야바라밀경파취착불괴가명론(金剛般若波羅蜜經破取著不壞假名論)』이라는 이름으로 수록되어 있다. 인용된 부분은 이 논의 하권(下卷)으로서, 본래 다음과 같은 문장이다 : "만약 모습이 이루어진다면 이것은 진실로 있는 것이니, 이 모습이 사라질 때에는 일러 끊어진다고 할 것이지만, 법이 끊어진다고 보는 보살은 없기 때문이다. 무슨 까닭인가? 생겨나기 때문에 끊어짐도 있기 때문이다. 모든 법은 생겨남이 없는 자성이다. 그러므로 항상 있음과 없음의

478

을 이루는 것이 진실로 있다면, 이 모습이 사라질 때를 일러 끊어진다고 한다. 왜 그런가? 생겨나기 때문에 끊어짐도 있기 때문이다."라 하고, 다시 사람들이 알아차리지 못할까 봐 염려하여 말하기를 "무슨 까닭인가? 모든 법에는 생겨나는 자성(自性)이 없으니, 그 까닭에 단멸(斷滅)과 항상(恒常)이라는 두 쪽을 멀리 벗어난다. 두 쪽을 멀리 벗어나는 것이 바로 법계(法界)의 모습이다."라고 하였습니다.

> 後引功德施菩薩論末後, "若相成就是眞實有, 此相滅時即名爲斷. 何以故? 以生故有斷." 又怕人不會, 又云 : "何以故? 一切法是無生性, 所以遠離斷常二邊. 遠離二邊, 是法界相."

성(性)을 말하지 않고 상(相)을 말한 것은, 법계를 일러 성(性)이 연기(緣起)한 것이라 하기 때문입니다. 상(相)이 곧 법계연기(法界緣起)이기 때문에 성(性)을 말하지 않고 상(相)을 말한 것이니, 양(梁)의 소명태자(昭明太子)가 무단무멸(無斷無滅)이라고 말한 것이 바로 이것입니다. 이 문단(文段)이 이렇게 분명한데도, 다시 공께서 기이함을 찾는 것이 너무 지나쳐 억지로 절목(節目)[1488]을 만들어 낸 것입니다. 만약 『금강경』의 내용을 더하거나 뺄

두 변을 멀리 벗어난다. 두 변을 멀리 벗어난 것이 바로 법계의 모습이다. 이 까닭에 이 말씀에서 생겨남이 없는 복이 보물을 베푸는 것보다 더 많음을 믿고 이해할 수 있다."(若相成就, 是眞實有, 此相滅時, 即名爲斷, 無有菩薩見法斷故. 何以故? 以生故, 即有斷. 一切法, 是無生性. 所以遠離常斷二邊. 遠離二邊, 是法界相. 是故於此說, 能信解無生之福多於寶施.)

1488　절목(節目) : 책의 내용을 몇 부분으로 나눈 장절(章節)의 제목.

수 있다면, 대장경을 보는 모든 사람이 각자 자기 뜻에 따라 해석하여 모두를 더하거나 뺄 수 있을 것입니다.

> 不說性而言相, 謂法界是性之緣起故也. 相是法界緣起故, 不說性而言相, 梁昭明
> 所謂無斷無滅是也. 此段更分明, 又是左右求奇太過, 彊生節目爾. 若『金剛經』可
> 以刊削, 則一太[1489]藏教凡有看者, 各隨臆解, 都可刊削也.

예컨대 한퇴지(韓退之)[1490]가 『논어(論語)』 속에 있는 '화(畵)' 자(字)는 '주(晝)' 자로 되어야 한다고 지적하고는 옛날 책이 잘못되었다고 한 경우가 있었는데,[1491] 한퇴지의 식견(識見) 정도라면 바로 고쳐 버릴 수도 있었는데도 다만 이와 같이 글 속에서만 거론한 것은 무슨 까닭이겠습니까? 역시 법(法)을 아는 사람을 두려워한 것입니다. 규봉종밀(圭峰宗密)[1492] 선사

1489 '태(太)'는 덕부본에서 '대(大)'로 되어 있다. 뜻은 동일하지만 보통 일대장교(一大藏教)라고 쓴다.

1490 한퇴지(韓退之) : 한유(韓愈). 768-824. 중국 당(唐)나라 문학자 · 사상가. 자는 퇴지(退之). 창려(昌黎) 출생. 불교와 관련해서는 819년 헌종(憲宗)이 불골(佛骨)을 모신 것을 간하다가 조주자사(潮州刺史)로 좌천된 적이 있다. 사상 면에서는 유가사상을 존중하고 불교 · 도교를 배격하였으며, 도통(道統)을 중히 여겨 문자 해석보다 사상에 중심을 두었다. 저서로 이고와의 공저 『논어필해(論語筆解)』 2권, 『창려선생집』 40권, 『외집(外集)』 10권, 『유문(遺文)』 1권 등이 있다. 시호는 문공(文公).

1491 『논어(論語)』 제5편 공야장(公冶長)에서, 재여(宰予)가 낮잠을 자자 공자(孔子)가 "썩은 나무는 조각할 수 없고, 썩은 흙더미로 만든 담벽은 곱게 바를 수 없다. 재여를 어떻게 꾸짖을까?(宰予晝寢. 子曰, "朽木不可雕也, 糞土之牆不可杇也, 於予與何誅?")라고 말했는데, 여기에 나오는 '주침(晝寢)'이 고본(古本)에는 '화침(畵寢)'으로 되어 있었던 모양이다.

1492 규봉종밀(圭峰宗密) : 780-841. 중국 당나라 스님. 화엄종 제5조이자 하택신회(荷澤

는『원각경소초(圓覺經疏鈔)』[1493]를 지었습니다. 종밀(宗密) 선사는『원각경(圓覺經)』을 보다가 깨달은 곳이 있고서야 감히 붓을 들어 비로소 소초(疏鈔)를 지었던 것인데,『원각경』속에 "모든 중생이 전부 원각(圓覺)을 깨닫는다.(一切衆生, 皆證圓覺.)"[1494]는 구절에서 종밀 선사는 '깨닫는다(證)'를 '갖추고 있다(具)'로 고치고는, "번역한 사람의 잘못 같으나 산스크리트 원본을 보지 못하여 다만 이렇게 소(疏) 속에서 거론할 뿐 감히 경(經)을 고쳐서 바로잡지는 못한다."라고 말하고 있습니다.

神會)의 추종자. 호는 규봉(圭峯), 속성은 하(何) 씨. 과주(果州) 출신. 젊어서 유교를 배우고, 807년 수주도원(遂州道圓)에게 출가하여 선(禪)을 배우다. 뒤에 징관(澄觀)이 지은『화엄경소석(華嚴經疏釋)』을 보고 그의 제자가 되어『화엄경』을 연구. 선과 교의 일치를 주창. 저서로는『원각경과문(圓覺經科文)』1권,『원각경찬요(圓覺經纂要)』2권,『원각경대소(圓覺經大疏)』12권『원각경대소초(圓覺經大疏鈔)』13권,『선원제전집도서(禪源諸詮集都序)』,『원인론(原人論)』등이 있다.

1493 『원각경(圓覺經)』관련 종밀(宗密) 선사의 저술은『대방광원각경대소(大方廣圓覺經大疏)』,『원각경대소석의초(圓覺經大疏釋義鈔)』,『대방광원각경약초(大方廣圓覺經略鈔)』,『대방광원각수다라요의경약소주(大方廣圓覺修多羅了義經略疏註)』등이 있다. 여기서 거론되고 있는 번역의 오류 문제는『대방광원각경대소(大方廣圓覺經大疏)』中卷之四와『대방광원각수다라요의경약소주(大方廣圓覺修多羅了義經略疏註)』卷下(一)에 나타나고 있는데, 종밀은 '모든 중생은 전부 원각을 깨닫는다(一切衆生皆證圓覺).'는 구절이 '모든 중생에게는 전부 원각이 있음을 깨달아라(證諸衆生皆有圓覺).'로 고쳐져야 한다고 지적하고 있다. 대혜 선사가 '증(證)'을 '구(具)'로 고쳤다고 한 것은 그 뜻을 따라 말한 것으로 보인다.

1494 "선남자여, 모든 중생은 전부 원만한 깨달음을 얻게 되니, 선지식을 만나서 그가 지은 인지법행(因地法行)에 의지하라. 그때 수행하여 익힘에 곧 돈(頓)과 점(漸)이 있지만, 만약 여래의 위없는 깨달음이라는 바른 수행의 길을 만난다면, 근기의 크고 작음에 상관없이 모두 깨달음을 이룰 것이다.(善男子, 一切衆生皆證圓覺, 逢善知識依彼所作因地法行. 爾時修習便有頓漸, 若遇如來無上菩提正修行路, 根無大小皆成佛果.)"(『대방광원각수다라요의경(大方廣圓覺修多羅了義經)』대당(大唐) 계빈삼장(罽賓三藏) 불타다라(佛陀多羅) 역(譯).)

481

如韓退之指『論語』中'畫'字爲'晝'[1495]字, 謂舊本差錯, 以退之之見識, 便可改了, 而 只如此論在書中何也? 亦是識法者懼爾. 圭峰密禪師, 造『圓覺疏鈔』. 密於『圓覺』 有證悟處 方敢下筆, 以『圓覺經』中 "一切衆生皆證圓覺." 圭峰改'證'爲'具', 謂'譯者 之訛, 而不見梵本, 亦只如此論在疏中, 不敢便改正經也."

뒷날 늑담진정(泐潭眞淨) 화상이 『개증론(皆證論)』을 지었는데, 그 속에 서 규봉종밀을 따갑게 비판하면서 말했습니다. "파계한 범부요, 구린내 나는 놈이로다. 만약 모든 중생이 전부 원각(圓覺)을 갖추고 있으나 깨닫 지 않는다면, 축생(畜生)은 영원히 축생이고 아귀는 영원히 아귀로 남을 것이며, 온 세계 전체가 모두 한 개 구멍 없는 쇠망치[1496]와 같아서 다시는 한 사람도 참으로 근원으로 돌아가고자 마음을 내지 못할 것이고, 범부 역시 해탈을 찾을 필요가 없을 것이다. 왜 그러한가? 모든 중생이 모두 이미 원각을 갖추고 있어서 다시 깨달음을 찾을 필요가 없기 때문이다."

後來泐潭眞淨和尙, 撰『皆證論』, 論內痛罵圭峰謂之. "破凡夫臊臭漢. 若一切衆生 皆具圓覺, 而不證者, 畜生永作畜生, 餓鬼永作餓鬼, 盡十方世界, 都盧是箇無孔鐵

1495 '화(畫)'는 덕부본에서 '주(晝)'로 되어 있음. 문맥으로 보아 주(晝)가 맞다.

1496 무공철추(無孔鐵鎚) : 구멍 없는 쇠망치. 쇠망치의 구멍은 손잡이를 끼우는 구멍이므 로, 구멍 없는 쇠망치란 손으로 잡을 손잡이가 없는 쇠망치다. 이것은 사려분별로는 접근 할 수 없는 본분(本分)을 가리키는 말로 사용되나, 여기에서는 방편이라는 손잡이를 달 아 주지 않으면 본분에는 접근할 수 없다는 뜻으로 사용되었다.

鎚, 更無一人發眞歸元, 凡夫[1497]亦不須求解脫. 何以故? 一切衆生皆已具圓覺, 亦
不須求證故."

공께서는 서울에 있는 대장경의 판본을 옳다고 여겨 마침내 그것으로
근거를 삼습니다만, 만약 서울 대장경의 판본이 서울 밖의 지역에서 들
어온 것이라면, 예컨대 경산(徑山)에 있는 두 대장경도 모두 조정(朝廷)[1498]
의 전성기에 도착한 것이고 역시 서울 밖의 경생(經生)[1499]들이 베껴 쓴 것
이니, 만일 착오가 있다면 다시 어떻게 고치겠습니까?

左右以京師藏經本爲是, 遂以京本爲據, 若京師藏本, 從外州府納入, 如徑山兩藏
經, 皆是朝廷全盛時賜到, 亦是外州府經生所寫, 萬一有錯, 又却如何改正?

공께서 만약 나와 남을 가리지 않고 저의 말을 지극한 정성이라고 분
명히 여기신다면, 옛날과 오늘의 커다란 잘못 위에 꼭 얽매일 필요는 없
을 것입니다. 만약 자기의 견해가 옳다고 고집하여 반드시 뜯어고쳐 모
든 사람들에게 욕을 얻어먹으려고 한다면, 마음대로 뜯어고쳐서 간행(刊
行)하십시오. 저는 다만 함께 기뻐하고[1500] 찬탄할 수 있을 뿐입니다.

1497 불광본(佛光本)에서는 '대(大)'로 되어 있다.

1498 조정(朝廷)은 송(宋) 나라 조정이다.

1499 경생(經生) : 경전을 베껴 쓰기 위하여 국가의 교육에 의하여 동일한 필체를 익힌 사
람. 경수(經手)라고도 한다.

1500 수희(隨喜) : 기쁨을 같이 하다. 선행을 같이 하다.

左右若無人我, 定以妙喜之言爲至誠, 不必泥在古今一大錯上. 若執己見爲是, 決
欲改削, 要一切人唾罵, 一任刊版印行. 妙喜也只得隨喜讚歎而已.

공(公)께서 이미 일부러 사람을 보내어 경(經)을 인가해 주기를 바라시
니, 비록 서로 알지는 못하나 법(法)으로는 가깝게 여기는 까닭에 저도 모
르게 시시콜콜 다른 의견을 늘어놓았습니다만, 공의 지극한 정성을 본
까닭에 생각을 남김없이 말씀드린 것입니다. 공께서 반드시 교승(敎乘)[1501]
을 탐구하여 깊은 뜻을 밝히고자 하신다면, 마땅히 이름난 강사(講師)를
한 분 찾아가셔서, 한마음 한뜻으로 그와 더불어 자세히 연구하셔서 머
리부터 꼬리까지 한결같이 마음을 교승(敎乘)의 요점에 두어야 합니다.

公旣得得遣人, 以經來求印可, 雖不相識, 以法爲親, 故不覺切切怛怛相觸忤, 見公
至誠 所以更不留情. 左右決欲窮敎乘造奧義, 當尋一名行講師, 一心一意與之參
詳, 敎徹頭徹尾, 一等是留心敎網也.

만약 무상(無常)한 세월이 재빨라서 죽고 사는 일이 큰데도 아직 자기
의 일을 밝히지 못했다면, 사람이 의지하고 있는 삶과 죽음이라는 소굴

1501 교승(敎乘): 교학(敎學). 즉, 경전에서 펼치고 있는 방편설(方便說).
1502 과굴(窠窟): 본래 과(窠)는 날짐승의 보금자리를, 굴(窟)은 길짐승의 소굴을 나타내
      는 말로, 언제라도 되돌아가는 곳을 뜻한다. 습관화되어 저절로 의지하게 되는 분별망상
      (分別妄想)을 가리킨다.

¹⁵⁰²을 부술 수 있는 한 사람의 본분작가(本分作家)¹⁵⁰³를 마땅히 한마음 한 뜻으로 찾아서, 그와 함께 죽기를 각오한 공부에 착수하여 맞붙어 버티다가¹⁵⁰⁴ 문득 칠통(漆桶)을 부수면 바로 철저히 깨달은 곳이 됩니다. 만약 단지 이야깃거리에만 의지하여 말하기를, "나는 많은 책을 두루 읽어 모르는 것이 없으며, 선(禪)도 내가 알고 교(敎)도 내가 이해하며, 또 이전의 여러 번역자와 강사(講師)들이 이르지 못한 곳을 점검할 수 있다."고 하며, 나의 능력과 나의 견해를 마음껏 뽐낸다면, 삼교(三敎)¹⁵⁰⁵의 성인(聖人)을 모두 점검할 수 있을 것이니, 다시 남의 인가를 얻은 연후에 간행하게 할 필요는 없을 것입니다. 어떻습니까? 어떻습니까?

若以無常迅速生死事大己事未明, 當一心一意, 尋一本分作家, 能破人生死窠窟者, 與伊著死工夫厮崖, 忽然打破漆桶, 便是徹頭處也. 若只是要資談柄道, "我博極群書無不通達, 禪我也會, 敎我也會, 又能檢點得前輩諸譯主講師不到處." 逞我能我解, 則三敎聖人, 都可檢點, 亦不必更求人印可, 然後放行也. 如何? 如何?

1503 　본분작가(本分作家) : 자신의 본분(本分) 즉 본성(本性)을 찾아서 언제나 본분에서 벗어나지 않고 남까지도 본분으로 이끌어 줄 수 있는 능력 있는 사람.

1504 　시애(厮崖) : 『한한대사전(漢韓大辭典)』, 『중한대사전(中韓大辭典)』, 『주해어록총람(註解語錄總覽)』 등에 의하면, 애(崖)·애(捱)·애(挨)는 '버티다' '저항하다' '지탱하다'는 뜻으로 서로 바뀌어 쓰이는 글자이고, 시(厮)와 시(廝)도 같은 글자로서 '서로'라는 뜻이다. 그러므로 시애(厮崖)는 '서로 버티다' '서로 지탱하다' '서로 겨루어서 순순히 끌려가지 않는다'는 뜻이다. 김태완 지음 『간화선 창시자의 선』(침묵의 향기 간행) 하권 부록에 있는 「간화용어의 번역에 관하여」 참조.

1505 　삼교(三敎) : 불교(佛敎), 유교(儒敎), 도교(道敎)를 가리킨다.

61. 장사인(張舍人)[1506] 장원(狀元)에 대한 답서[1507]

님께서 꼭 이 일을 끝까지 밝히고 싶으시다면, 다만 늘 마음을 걸릴 것 없이 텅 비게 하여[1508] 사물이 다가오는 대로 반응하도록 하십시오. 그러면 마치 사람이 활쏘기를 배움에 오래오래 하면 들어맞는 것과 같을 것입니다. 보지 못했습니까? 달마가 이조(二祖) 혜가에게 말했습니다.

"너는 다만 밖으로 모든 인연을 쉬고 안으로 마음에 헐떡임이 없어서 마음이 담벼락과 같아야 도(道)에 들어갈 수 있다."[1509]

1506 장사인(張舍人) : 사인(舍人)은 벼슬 이름, 자(字)는 장원(狀元).

1507 1159년(71세)에 쓴 글.

1508 허활활지(虛豁豁地) : 텅 비어서 걸림이 없는 모습. 걸릴 것 없이 탁 트인 모습.

1509 『경덕전등록』 제3권, 제28조보리달마(第二十八祖菩提達磨)에 직은 글씨로 주(註)되어 있는 내용이 다음과 같다 : 별기(別記)에서 말한다. 달마 스님이 처음 소림사(少林寺)에서 9년간 머물다가 2조에게 설법(說法)하여 다만 가르치기를 "밖으로 온갖 인연을 쉬고 안으로 마음에 헐떡임이 없어서, 마음이 담벼락과 같아야 도에 들어갈 만하다."라고 하였다. 혜가(慧可)는 여러번 심성(心性)의 이치를 설명하였으나, 도에는 계합하지 못하고 있었다. 달마는 다만 그것이 아니라고 저지할 뿐, 생각 없는 마음의 바탕을 말해 주지는 않았다. 혜가가 말했다. "저는 이미 모든 인연을 쉬었습니다." 달마가 물었다. "끊어져 사라진 것은 아니냐?" "끊어져 사라진 것이 아닙니다." "어떻게 확인하였기에 끊어져 사라진 것이 아니라고 하느냐?" "또렷이 늘 알고 있는 까닭에 말로는 할 수가 없습니다." 이에 달마가 말했다. "이것이 바로 모든 부처님이 전하신 마음의 바탕이니 다시 의심하지는 마라."(別記云: 師初居少林寺九年, 爲二祖說法祇敎曰: "外息諸緣, 內心無喘, 心如牆壁, 可以入道." 慧可種種說心性理, 道未契. 師祇遮其非, 不爲說無念心體. 慧可曰: "我已息諸緣." 師曰: "莫不成斷滅去否?" 可曰: "不成斷滅." 師曰: "何以驗之, 云不斷滅?" 可曰: "了了常知故, 言之不可及." 師曰: "此是諸佛所傳心體, 更勿疑也.")

오늘날 사람들은 이 말을 듣자마자 곧장 처리하기를[1510] 미련하게[1511] 앎이 없는 곳에서 스스로를 꼼짝 못하게 단단히 눌러 막아서[1512] 마음을 담벼락과 같게 하려고 합니다만, 이것은 바로 조사께서 말씀하신 "잘못 알아차린 것이니, 어찌 방편을 이해한 것이랴?"[1513]라는 것입니다.

答張舍人狀元(安國)

左右決欲究竟此事, 但常令方寸虛豁豁地, 物來卽應. 如人學射久久中的矣. 不見?

達磨謂二祖曰: "汝但外息諸緣, 內心無喘, 心如牆壁, 可以入道." 如今人纔聞此說,

1510 차배(差排) : ①지시하다. 시키다. ②배치하다. ③처리하다. ④보내다.

1511 완연(頑然) : 미련하게. 완고하게. 우둔하게.

1512 알랄(遏捺) : 억압하다. 꼼짝 못하게 눌러 막다. =알억(遏抑).

1513 지상(智常)이라는 승려가 육조혜능(六祖慧能)에게 전하기를, 북종(北宗)의 대통신수 (大通神秀)가 가르치기를 "너의 본성(本性)은 허공과 같다. 자성(自性)을 돌이켜 보면 한 물건도 볼 수 없으니, 이를 일러 정견(正見)이라 한다. 한 물건도 알 수 없으니, 이를 일러 진지(眞知)라 한다. 푸르고 누렇고 길고 짧은 차별이 없다. 다만 본원(本源)이 깨끗함을 보아 깨달음의 바탕이 두루 밝으면 곧 견성성불(見性成佛)이라고 부른다."(汝之本性, 猶 如虛空. 返觀自性了, 無一物可見, 是名正見. 無一物可知, 是名眞知. 無有靑黃長短. 但見本源淸淨, 覺體圓明, 卽名見性成佛.)라고 한다고 하자, 이에 대하여 육조가 말한 게송에 있는 구절이 다. 육조의 게송은 다음과 같다. "한 법도 보지 않고 볼 것이 없다고 하면, 마치 뜬구름이 태양을 가리는 것과 같다./ 한 법도 알지 못해 앎이 비었다고 하면, 도리어 허공 속에 번 개가 생기는 것과 같다./ 이러한 지견(知見)이 문득 일어나면, 잘못 알아차린 것이니 어 찌 방편을 이해한 것이랴?/ 그대가 일으킨 한 생각이 잘못임을 스스로 안다면, 자기의 신 령스러운 빛이 늘 드러나리라."(不見一法存無見, 大似浮雲遮日面/ 不知一法守空知, 還如太虛 生閃電/ 此之知見瞥然興, 錯認何曾解方便/ 汝當一念自知非, 自己靈光常顯見.)(『경덕전등록』 제 5권, 신주지상선사(信州智常禪師).)

便差排, 向頑然無知處, 硬自遏捺, 要得心如牆壁去, 祖師所謂: "錯認, 何會[1514]解

方便?"者也.

암두(巖頭) 스님이 말했습니다.

"이렇자마자 곧 이렇지 않으니, 옳은 말도 잘라 버리고 그른 말도 잘라

버려라."

이것이 바로 밖으로 모든 인연을 쉬고 안으로 마음에 헐떡임이 없는

모습이니, 비록 아직 문득 꺾어 버리고 확 부수어 버리지는 못하더라도

말에 끄달리지는 않을 것입니다.

달을 보았으면 손가락 보는 것은 그만두고, 집으로 돌아갔으면 길 묻

는 것은 그만두어야 합니다. 아직 분별심이 부서지지 않았다면, 마음의

불이 활활 타오릅니다.[1515] 바로 이러한 때에 다만 의심하던 화두(話頭)를

스스로에게 일깨워 주십시오. 예컨대 어떤 승려가 조주에게 묻되 "개에

게도 불성이 있습니까?"하니, 조주가 "없다."고 하였습니다.

巖頭云: "纔恁麼便不恁麼, 是句亦刳, 非句亦刳." 這箇便是外息諸緣, 內心無喘底

樣子也, 縱未得啐地折嚗地破, 亦不被語言所轉矣. 見月休觀指, 歸家罷問程.

情識未破, 則心火熠熠地. 正當恁麼時, 但只以所疑底話頭提管.[1516] 如僧問趙州:

1514 '회(會)'는 덕부본에선 '증(曾)', 『경덕전등록』에서 인용한 문장인데 증(曾)이 맞다. 문
       법적으로도 '하증(何曾)'이 되어야 한다.

1515 습습지(熠熠地): 밝게 빛나는 모습. 선명한 모습. 반짝이는 모습. 활활 불타는 모습.

1516 '관(管)'은 궁내본과 덕부본에서는 '시(撕)'로 되어 있다. 제시(提撕)가 맞다.

"狗子還有佛性也無?" 州云 : "無."

다만[1517] 스스로에게 일깨워 주고 스스로에게 말해 주기만 할 뿐이어야 하고, 왼쪽으로 가도 옳지 않고 오른쪽으로 가도 옳지 않습니다. 또 마음을 내어 의도적으로 깨달음을 기다려서도[1518] 안 되고, 말을 꺼내는 곳에서 곧장 받아들여서도[1519] 안 되고, 현묘(玄妙)하다고 이해해서도 안 되고, 있음과 없음으로 따져서도 안 되고, 참된 없음이라고 헤아려도 안 되고, 일 없는 방[1520] 안에 머물러 있어서도 안 되고, 부싯돌 불꽃이 튀고 번갯불이 치는 곳에서 알아차려서도 안 됩니다.

곧장 쓸 마음이 없고 마음 갈 곳이 없을 때에, 공(空)에 떨어질까 봐 두려워하지 마십시오. 여기가 도리어 좋은 곳이니, 문득 쥐가 소의 뿔 속으로 들어가 곧장 꼼짝도 못하는[1521] 것과 같습니다.

1517　지관(只管): ①단지. 오로지. 다만. ②다만 -만 돌보다. ③거듭거듭. ④아무튼. 어찌되었든. ⑤공연히. ⑥-한 채. ⑦얼마든지. 마음대로. 주저없이.

1518　장심등오(將心等悟): 일부러 마음을 내어 깨달음을 기다리다. 의도적으로 깨달음을 기다리다. 존심등오(存心等悟)와 같은 뜻으로서 삿된 공부임.

1519　거기처승당(擧起處承當): 말을 끄집어내는 곳에서 곧장 받아들이다. 말을 끄집어내는 곳에서 곧장 인정하고 수긍하다. =향거기처승당(向擧起處承當), 거거기처승당(去擧起處承當). 거기(擧起)는 거(擧)와 같은 뜻으로서 '말하다'는 뜻이고, 기(起)는 동사의 뒤에 붙어서 동작이 아래에서 위로 행해짐을 나타내는 조사이니, 거기(擧起)는 '말을 꺼내다'는 뜻. 승당(承當)은 '받아들이다, 수긍하다, 떠맡다'는 뜻.

1520　무사갑리(無事甲裏): 일 없는 껍질 속. 일 없는 소굴 속. 참으로 깨달아 마음이 쉬어진 것이 아니라, 지금 있는 그대로가 전체요, 완전하여 더할 것도 뺄 것도 없다고 이치로 이해하고는, 이 이해 속에 머물러 있으면서 다시는 참된 깨달음을 찾지 않는 선병(禪病).

1521　노서입우각변견도단(老鼠入牛角便見倒斷): 쥐가 쇠뿔 속으로 들어가 곧장 꼼짝도 못

只管提撕擧覺, 左來也不是, 右來也不是. 又不得將心等悟, 又不得向擧起處承當,

又不得作玄妙領略, 又不得作有無商量, 又不得作眞無之無卜度, 又不得坐在無事

甲裏, 又不得向擊石火閃電光處會. 直得無所用心, 心無所之時, 莫怕落空. 這裏却

是好處, 驀然老鼠入牛角, 便見倒斷也.

이 일은 어렵지도 않고 쉽지도 않습니다. 오직 일찍이 반야(般若)의 씨

앗을 깊이 심고, 오랜 옛날부터 참된 선지식(善知識)을 받들어 모시고, 바

른 지견(知見)을 마음[1522] 속에 익혀야,[1523] 경계에 접하고 인연을 만나 행위

를 드러내는 곳에서 빈틈없이 들어맞아[1524] 마치 만 사람이 모인 속에서

도 자기 부모를 알아보는 것과 같을 것입니다. 바로 이러한 때에는 남에

하다. 선공부(禪功夫)하는 사람의 마음이 갈 곳이 없어서 어찌할 바를 모름을 가리킨다.
분별하고자 하나 분별할 수 없고, 붙잡고자 하나 붙잡을 것이 없어서, 더 이상 분별심이
작동되지 못하는 곳에 도달한 것을 가리킨다. 마음이 갈 곳이 없고, 머물 곳이 없는 상태.
여기에서 문득 깨달음의 체험이 일어난다. 금강권(金剛圈)이나 율극봉(栗棘蓬)과 같은
뜻. 노서(老鼠)는 쥐, 도단(倒斷)은 '멈추다. 그치다. 끊다'는 뜻.

1522 영식(靈識) : 제8아뢰야식을 가리킨다. 진익원(眞益願)이 찬술한 『권수정토절요(勸修
淨土切要)』의 후미에 첨부되어 있는 「임종주즙요어(臨終舟楫要語)」에 "대개 제8식은 사람
의 영식(靈識)이니, 세속에서 영혼(靈魂)이라고 부르는 것이 이것이다."(蓋第八識卽人之
靈識, 俗謂之靈魂是也.)라는 구절이 있다. 업(業)의 종자가 훈습되는 것은 곧 장식(藏識)인
제8아뢰야식이다.

1523 훈습(薰習) : 범어 vāsanā의 번역. 향내가 옷에 배듯이 미오(迷悟) 제법의 영향력이 마
음에 남는 현상을 말한다.

1524 축착개착(築著磕著) : 축(築)은 축(塹)과 같은 뜻으로서, '빈틈없이 틀어막아 채운다'
는 뜻. 눈에 가득하고 귀에 가득한 것. 불성(佛性)이 법계(法界)에 가득하여 틈이 없는
것. 빈틈없이 가득하다. 빈틈없이 들어맞다.

게 묻지 않아도, 저절로 구하고 찾는 마음이 이리저리 날뛰지 않을 것입니다.

此事非難非易. 除是曾曾種得般若種智之深, 曾於無始曠大劫來, 承事眞善知識, 熏習得正知正見, 在靈識中, 觸境遇緣, 於現行處, 築著磕著, 如在萬人叢裏認得自家父母相似. 當恁麼時, 不著問人, 自然求覓底心不馳散矣.

운문(雲門)이 말했습니다.

"말할 수 없을 때에는 곧 있지만, 말하지 않을 때에는 즉시 없다. 헤아릴 수 없을 때에는 곧 있다가도, 헤아리지 않을 때에는 바로 없다."[1525]

그리고 스스로 문제를 제기하였습니다.

"말해 보아라. 헤아리지 않을 때에는 어떠냐?"

또 사람들이 이해하지 못할까 봐 염려하여, 다시 스스로 말했습니다.

"또 어떠냐?"[1526]

雲門云 : "不可說時卽有, 不說時便無也. 不可商量時便有, 不商量時便無也." 又自提起云 : "且道. 不商量時, 是箇甚麼?" 又怕人不會, 又自云 : "更是甚麼?"

1525 말하려고 하면 말할 수 없는 무엇이 있지만, 말하기를 포기하면 그 무엇조차도 없다. 헤아리려고 하면 헤아릴 수 없는 무엇이 있지만, 헤아리기를 그만두면 그 무엇조차도 없다.

1526 『고존숙어록』 제16권, 「운문광진선사광록(雲門匡眞禪師廣錄)」 중(中).

요즈음 들어서 선(禪)에 많은 종류가 있습니다. 어떤 사람은 묻고 답하고 하다가 마지막에 한 구절 더 말하는 것을 선으로 여기고, 어떤 사람은 옛사람이 도에 들어간 인연에 대하여 모여서[1527] 의견을 교환하며[1528] 말하기를 "여기는 헛되고 저기는 참되며, 이 말은 그윽하고 저 말은 묘하다."라고 하며 혹은 대신 말하기도 하고 혹은 달리 말하기도 하는 것을 선으로 여기고, 어떤 사람은 눈으로 보고 귀로 듣는 것을 삼계유심(三界唯心)과 만법유식(萬法唯識)에 적당히 끼워 맞추는[1529] 것을 선으로 여기고, 어떤 사람은 말없이 검은 산 아래의 귀신굴[1530] 속에 눈을 꼭 감고[1531] 앉아서는 그것을 일러 위음왕(威音王) 나반(那畔)[1532]의 부모가 낳기 이전 소식이라 하고 또 말없이 늘 비춘다고 하면서 이것을 선으로 여깁니다.

1527 취두(聚頭) : 모이다. 모여 한 덩이가 되다. 만나다.

1528 상각(商搉) : 의견을 교환하다. 토의하다.

1529 화회(和會) : 조화하다. 절충하다. 서로 모순된 듯한 경론(經論)을 하나로 통하게 해석(解釋)함.

1530 흑산하귀굴(黑山下鬼窟) : 검은 산 아래의 귀신 소굴. 까마득히 감정과 의식(意識)을 잊고 아득한 어둠 속에 빠져 있는 것을 삼매(三昧)니 적멸(寂滅)이니 하고 부르며 공부라고 착각하는 것. 감정과 의식이 활동하지 않는 공적(空寂)에 빠진 묵조선자(默照禪者)가 머무는 곳. 제26권 '부추밀(富樞密) 계신(季申)에 대한 답서(2)'에 다음 구절이 있다 : "오로지 공(空)에만 빠진다든지 고요함으로만 나아가는 짓은 절대로 하지 마십시오. 옛사람은 이것을 일컬어 검은 산 아래 귀신굴의 살림살이라고 했습니다."(切不可一向沈空趣寂. 古人喚作黑山下鬼家活計.)

1531 폐미합안(閉眉合眼) : 눈을 꼭 감다.

1532 위음왕나반(威音王那畔) : 위음왕불(威音王佛)이 세상에 나오기 이전. 나반(那畔)은 저쪽이라는 뜻. 과거장엄겁(過去莊嚴劫)의 최초불을 위음왕불이라 함. 부모미생전(父母未生前), 천지미분전(天地未分前)이란 말과 같이 태초(太初)를 표시하는 말.

近年以來, 禪有多途. 或以一問一答末後多一句, 爲禪者, 或以古人入道因緣, 聚頭
商搉云: "這裏是虛, 那裏是實, 這語玄, 那語妙." 或代或別, 爲禪者, 或以眼見耳聞,
和會在三界唯心萬法唯識上, 爲禪者, 或以無言無說, 坐在黑山下鬼窟裏, 閉眉合
眼, 謂之威音王那畔父母未生時消息, 亦謂之默而常照, 爲禪者.

이와 같은 무리들은 묘한 깨달음을 구하지 않고, 깨달음을 두 번째에
떨어진 것으로 여기며, 깨달음을 사람을 속이거나 놀리는 것으로 여기
며, 깨달음을 만들어 세우는 것으로 여깁니다. 이들은 스스로 깨달은 적
이 없으니, 깨달음이 있다는 것을 믿지도 않습니다.

如此等輩, 不求妙悟, 以悟爲落在第二頭, 以悟爲誑謼人, 以悟爲建立. 自旣不曾悟,
亦不信有悟底.

저는 늘 참선하는 납자(衲子)들에게 이렇게 말합니다.
"세간에서 물건을 만드는 일에도 깨달은 곳이 없다면 오히려 그 묘함
을 얻을 수가 없는데, 하물며 생사(生死)를 벗어나고자 하면서도 다만 입
으로만 고요함을 말하고는 곧 걷어치우려고[1533] 하는가?"

妙喜常謂衲子輩說: "世間工巧技藝, 若無悟處, 尙不得其妙, 況欲脫生死, 而只以
口頭說靜, 便要收殺?"

1533 수살(收殺) : 끝장내다. 결말을 짓다. 그치다. 끝마치다. 걷어치우다.

이들은 마치 동쪽으로 열심히[1534] 달려가면서 서쪽에 있는 물건을 가지려는 것과 같아서, 구할수록 더욱 멀어지고 급할수록 더욱 느려집니다. 이러한 무리는 이른바 불쌍하다고 할 만한 자들입니다. 경전(經典)에서는 이들을 일러 대반야(大般若)를 비방하고 부처님의 지혜의 명줄을 끊는 사람이라 하니, 1,000분의 부처님이 세상에 나오더라도 참회가 통하지 않습니다.[1535] 비록 좋은 원인을 만들더라도 도리어 나쁜 결과를 불러들일 것입니다.

이 몸을 부수어 티끌로 만들지언정 결코 불법(佛法)을 가지고 인정(人情)[1536]과 타협하지는 말아야 하고, 꼭 삶과 죽음과 맞서 싸우려고 한다면 반드시 이 칠통(漆桶)[1537]을 부수어야 합니다.

大似埋頭向東走, 欲取西邊物, 轉求轉遠, 轉急轉遲. 此輩名爲可憐愍者. 教中謂之

1534 매두(埋頭) : 몰두하다. 달라붙다. 정신을 집중하다.

1535 "1,000분의 부처가 세상에 나오더라도 참회가 통하지 않습니다."는 『천수천안관세음보살광대원만무애대비심다라니경(千手千眼觀世音菩薩廣大圓滿無礙大悲心陀羅尼經)』 혹은 『천수천안관세음보살대비심다라니(千手千眼觀世音菩薩大悲心陀羅尼)』에 나오는 구절이다.

1536 인정(人情) : ①사람의 상정(常情). 인지상정(人之常情). ②안면. 개인적인 정분. 연고(緣故). 여기에선 보통 사람들의 인지상정(人之常情)인 분별망상을 가리키는 말.

1537 칠통(漆桶) : 칠통(漆桶)은 가구에 칠하는 새까만 옻나무의 진액을 넣은 통. 아주 까맣고, 또는 아주 캄캄하여 아무것도 알 수 없다는 뜻으로 중생의 무명(無明)을 가리킴. ①불법에 대해 아무것도 모르는 안목(眼目) 없는 승려를 매도하는 말. 무안자(無眼者). 바보 같은 사람. ②타파칠통(打破漆桶)이라고 할 때에 칠통(漆桶)은 앞을 가로막은 은산철벽(銀山鐵壁)이나 사방을 가로막은 금강권(金剛圈)과 같은 말. 의단(疑團)과도 같은 말.

誘大般若斷佛慧命人, 千佛出世, 不通懺悔. 雖是善因, 返招惡果. 寧以此身碎如微塵, 終不以佛法當人情, 決要敵生死, 須是打破這漆桶始得.

삿된 스승이 부드럽게 어루만지며 동과(冬瓜)로 도장을 만들어 찍어 주는 것을 받고는[1538] 곧 말하기를 "나는 천 가지에 밝고 백 가지에 알맞다."[1539]고 말하는 그런 짓은 절대로 하지 마십시오. 이와 같은 무리가 나락이나 삼이나 대나무나 갈대처럼 많지만, 님께서는 총명하고 식견이 있으므로 절대로 이런 부류의 해악을 받아들여서는 안 됩니다. 그러나 또한 간절히 마음을 써서 빠른 효과를 구하는 것을 두려워해야 하니, 자기도 모르는 사이에 그런 것에 물이 들어 버리기 때문입니다. 그 까닭에, 붓 가는 대로 쓴 글이 이렇게 많아졌습니다만, 눈 밝은 사람이 본다면 한바탕 욕된 일[1540]일 뿐입니다.

切忌被邪師順摩捋, 將冬瓜印子印定, 便謂 "我千了百當." 如此之輩, 如稻麻竹葦, 左右聰明有識見, 必不受這般惡毒. 然亦恐用心之切, 要求速效, 不覺不知, 遭他染汚. 故信筆葛藤如許, 被明眼人覷見, 一場敗闕.

1538　동과인자(冬瓜印子) : 동과(冬瓜)는 박처럼 생긴 일년생 풀로서 열매는 수박과 비슷하고 맛이 좋으며, 동아라고도 한다. 인자(印子)는 도장. 동과인자(冬瓜印子)란 동과를 이용하여 엉터리 도장을 만들어 사용한다는 말로서, 가짜를 가지고 속인다는 말이다.

1539　천료백당(千了百當) : 천 가지에 밝고 백 가지에 합당하다. 모든 것이 다 알맞다. 깨달음이 모자람 없이 확고하다. =백료천당(百了千當).

1540　패궐(敗闕) : 손해 보다. 실패하다. 좌절하다. 꺾이다.

잘 들으십시오. 다만 조주의 "없다."는 한 마디를 일상생활 속에서[1541]
스스로에게 일깨워 주어 끊어지지[1542] 않게 하십시오. 옛 스님은 "지극한
이치를 캐려 한다면 깨달음을 본보기로 삼아야 한다."[1543]고 하셨습니다.
말을 잘하여 하늘에서 꽃이 어지러이 떨어져도,[1544] 깨닫지 못하면 모두
가 어리석게 미쳐서[1545] 밖으로 치달리는 짓일 뿐입니다. 열심히 해야지
소홀히 해서는 안 됩니다.

千萬相聽. 只以趙州一箇'無字'日用應緣處提撕, 不要間斷. 古德有言 : "研窮至理,
以悟爲則." 若說得天華亂墜, 不悟總是癡狂外邊走耳. 勉之不可忽.

1541 일용응연처(日用應緣處) : 일상생활 속에서 경계와 만나는 곳. 일상생활하는 곳. 일상
생활 속.

1542 간단(間斷) : 끊어져 틈이 생기다.

1543 『위산경책(潙山警策)』의 게송(偈頌)에 있는 구절.

1544 말을 잘하여 하늘에서 어지러이 꽃이 떨어진다는 것은, 그 정성이 지극하여 하늘이
감동한다는 말이다. 예컨대, 양(梁)의 무제(武帝)가 반야경(般若經)을 강의할 때에 하늘
에서 꽃이 어지러이 떨어졌다고 하는데, 그 정성의 지극함에 하늘이 감동하였음을 나타
내는 일화이다.

1545 치광(癡狂) : ①정신이 돌거나 미치다. ②무지하여 멋대로 날뛰다. ③(어떤 사람이나
일이나 물건에)정신없이 열중하다. 매혹되다.

62. 탕승상(湯丞相)[1546] 진지(進之)에 대한 답서[1547]

승상께선 이미 마음을 이 일대사인연(一大事因緣)에 두셨습니다. 사바세계[1548] 속은 허망하고 진실되지 않아서 거슬릴 때이든 순조로울 때이든 하나하나가 모두 (공부하는) 행동을 개시해야 하는[1549] 때입니다. 다만 늘 마음을 텅 비우고 활짝 열어서 일상생활 속에서 응당 해야 할 일이라도 분수에 따라 내버리고,[1550] 경계에 부딪치고 인연을 만남에 때때로 화두를 자신에게 일깨워 주되, 빠른 효과를 바라지는 마십시오.

지극한 이치를 캐려 한다면 깨달음을 본보기로 삼아야 합니다. 그러나 무엇보다도 일부러 깨달음을 기다려서는[1551] 안 됩니다. 만약 일부러 깨달음을 기다린다면, 기다리는 마음이 도리어 도(道)를 보는 눈을 가로막아서 급하게 하려 할수록 더욱 늦어집니다. 다만 화두를 자신에게 일깨워 주다가 문득 일깨워 주는 곳에서 분별심[1552]이 끊어지면, 이것이 바로

1546 탕승상(湯丞相) : 이름은 사퇴(思退)요, 자(字)는 진지(進之)이다.

1547 1159년(71세)에 쓴 글.

1548 결감(缺減) : 모자라고 결핍되어 있다는 뜻으로, 번뇌에 싸인 사바세계(娑婆世界)를 가리킨다.

1549 발기(發機) : ①싹을 틔우다. ②조짐을 드러내다. ③쇠뇌를 쏘다. ④동력을 일으키다. ⑤행동을 개시하다.

1550 발견(撥遣) : 내버리다. 없애 버리다.

1551 존심등오(存心等悟) : 일부러 깨달음을 기다리다. 마음먹고 깨달음을 기다리다. =존심대오(存心待悟). 존심(存心)은 '어떤 마음을 먹다', '일부러, 고의로'라는 뜻.

1552 생사심(生死心) : 분별과 차별 속에서 취하고 버리고 조작하는 중생의 분별심(分別心). 『사가어록(四家語錄)』「강서마조도일선사어록(江西馬祖道一禪師語錄)」에서 말하기를,

집으로 돌아가 편안히 앉는 것입니다. 이러한 곳에 이르게 되면 저절로 옛사람들의 다양한 방편을 꿰뚫게 되니, 여러 가지 다른 이해가 저절로 생겨나지 않습니다.

答湯丞相(進之)

丞相既存心此段大事因緣. 缺減界中虛妄不實, 或逆或順, 一一皆是發機時節. 但常令方寸虛豁豁地, 日用合做底事, 隨分撥遣, 觸境逢緣, 時時以話頭提撕, 莫求速效. 研窮至理, 以悟爲則.

이 몸을 부수어 티끌로 만들지언정 결코 불법(佛法)을 가지고 인정(人情)[1553]과 타협하지는 말아야 하고, 꼭 삶과 죽음이라는 경계와 맞서 싸우

"도(道)는 닦을 필요가 없으니, 단지 오염되지만 마라. 무엇이 오염인가? 생사심(生死心)이 있기만 하면 조작하고 쫓아다니니, 이들이 모두 오염이다. 만약 곧장 도를 깨닫고자 한다면, 평상심(平常心)이 곧 도이다. 무엇을 일러 평상심이라 하는가? 조작이 없고, 옳고 그름을 따짐이 없고, 취하고 버림이 없고, 단절(斷絶)과 항상(恒常)이 없고, 범부와 성인이 없는 것이다."(道不用脩, 但莫汚染. 何爲汚染? 但有生死心, 造作趣向, 皆是汚染. 若欲直會其道, 平常心是道. 何謂平常心? 無造作, 無是非, 無取捨, 無斷常, 無凡無聖.)라고 하였다. 그러므로 생사심(生死心)은 평상심(平常心)과 상대되는 말이니, 조작하고, 옳고 그름을 따지고, 취하고 버림이 있고, 단절과 항상이 있고, 범부와 성인의 차별이 있는 것이 곧 생사심(生死心)이다. 『선문요략(禪門要略)』에서는 "앞의 아홉이 세간심(世間心)이요, 생사심(生死心)이며, 뒤의 하나가 출세간심(出世間心)이요, 열반심(涅槃心)이요, 성인심(聖人心)이요, 해탈심(解脫心)이다."(前九是世間心, 是生死心, 後一是出世心, 是涅槃心, 是聖人心, 是解脫心.)라고 하였다.

1553　인정(人情) : ①사람의 상정(常情). 인지상정(人之常情). ②안면. 개인적인 정분. 연고(緣故). 여기에선 보통 사람들의 인지상정(人之常情)인 분별망상을 가리키는 말.

려고 한다면 반드시 이 칠통(漆桶)[1554]을 부수어야 합니다.

然第一不得存心等悟. 若存心等悟, 則被所等之心障却道眼, 轉急轉遲矣. 但只提
撕話頭, 驀然向提撕處, 生死心絶, 則是歸家穩坐之處. 得到恁麼處了, 自然透得古
人種種方便, 種種異解自不生矣.

경전에서는 이렇게 말했습니다.

"마음에서 삶과 죽음이라는 경계를 끊고, 마음의 빽빽한 수풀을 베고, 마음의 더럽고 탁함을 씻고, 마음의 집착을 풀고, 집착한 곳에서 마음이 굴러가도록[1555] 한다."[1556]

1554 칠통(漆桶) : 칠통(漆桶)은 가구에 칠하는 새까만 옻나무의 진액을 넣은 통. 아주 까
맣고, 또는 아주 캄캄하여 아무것도 알 수 없다는 뜻으로 중생의 무명(無明)을 가리킴.
①불법에 대해 아무것도 모르는 안목(眼目) 없는 승려를 매도하는 말. 무안자(無眼者).
바보 같은 사람. ②타파칠통(打破漆桶)이라고 할 때에 칠통(漆桶)은 앞을 가로막은 은산
철벽(銀山鐵壁)이나 사방을 가로막은 금강권(金剛圈)과 같은 말. 의단(疑團)과도 같은
말.

1555 동전(動轉) : 이동전변(移動轉變)의 약자. 굴러가는 것. 변화해 가는 것. 바뀌어 가는
것.

1556 우전국(于闐國) 삼장(三藏) 실차난타(實叉難陀)가 번역한 80권 화엄인『대방광불화엄
경』제63권「입법계품(入法界品)」제39-4에 나오는 구절인데, 인용된 구절과 경전의 구절
사이에 약간의 차이가 있다. 경전의 구절은 다음과 같다 : "마음의 생사(生死)를 끊고, 마
음의 불선(不善)을 멈추고, 마음의 집착을 풀어라. 집착하는 곳에서 마음을 해탈케 하고,
오염되고 애착하는 곳에서 마음을 굴러가게 하라. 그 마음으로 하여금 일체지(一切智)의
경계에 속히 들어가게 하고, 그 마음으로 하여금 무상법(無上法)의 성(城)에 빠르게 도달
하게 하라. 대자대비(大慈大悲)에 머물게 하고, 보살행에 들어가게 하고, 삼매문(三昧門)

굴러가는 바로 그때에 또한 굴러가는 도리(道理)도 없다면, 저절로 하나하나 위에서 밝고 사물사물 위에서 드러나, 매일 인연을 만나는 곳이 깨끗하든 더럽든 좋든 싫든 순조롭든 거슬리든, 마치 진주 구슬이 쟁반 위에서 구를 때에 억지로 굴리지 않아도 저절로 구르는 것과 같습니다. 이러한 때가 되면 집어내어 남에게 보여 줄 수는 없으나, 마치 사람이 물을 마셔서 그 차고 따스함을 스스로 아는 것과 같습니다.[1557]

教中所謂: "絕心生死, 伐心稠林, 浣心垢濁, 解心執著, 於執著處, 使心動轉." 當動轉時, 亦無動轉底道理, 自然頭頭上明, 物物上顯, 日用應緣處, 或淨或穢, 或喜或怒, 或順或逆, 如珠走盤, 不撥而自轉矣. 得到這箇時節, 拈出呈似人不得, 如人飮水冷煖自知.

남양혜충국사(南陽慧忠國師)가 말했습니다.
"법에 얻을 것이 있다고 말하면, 이것은 들여우의 울음소리다."[1558]

을 닦게 하라."(絕心生死, 止心不善, 解心執著. 於執著處, 令心解脫, 於染愛處, 使心動轉. 令其速入一切智境, 使其疾到無上法城. 令住大悲, 令住大慈, 令入菩薩行, 令修三昧門)

1557 이 구절은 『달마혈맥론(達摩血脈論)』에 나오는 것이다.

1558 『경덕전등록』 제5권 '서경광택사혜충국사(西京光宅寺慧忠國師)'에 다음의 대화가 있다 : 다시 말했다. "내가 지금 너에게 답한다면, 영원히 끝나지 않을 것이다. 말이 많으면 도(道)에서 멀어진다. 그러므로 말하기를 '법에 얻는 것이 있다고 말하면 이것은 들여우의 울음소리고, 법에 얻는 것이 없다고 말하면 이를 일러 사자의 울음이라고 한다.'고 한 것이다.(又曰: "我今答汝窮劫不盡. 言多去道遠矣. 所以道,'說法有所得 斯則野干鳴, 說法無所得 是名師子吼.'")

이 일은 맑은 하늘에 태양이 빛나는 것과 같아서, 한 번 보아 곧장 보는 것입니다. 그리하여 진실로 스스로 보았다면, 삿된 스승이 왜곡(歪曲)할[1559] 수 없습니다.

일전에 만나서 "이 일은 전해 줄 수 없다."고 말씀드렸습니다만, 기특하고 현묘하여 제삼자에게는 전해 주지 못하는[1560] 말이 있다고 하기만 하면 곧 속이는 것이니, 바로 붙잡아 세워서 얼굴에다 침을 뱉어 주어도 좋습니다.

南陽忠國師有言:"說法有所得 是爲野干鳴." 此事如靑天白日, 一見便見. 眞實自見得底, 邪師走作不得. 前日亦嘗面言:"此事無傳授." 纔說有奇特玄妙, 六耳不同謀之說, 卽是相欺, 便好拽住劈面便唾.

선비가 노력하여 재상(宰相)의 자리에까지 오르니 이는 세간법(世間法) 가운데 가장 존귀한 것입니다만, 만약 이 일을 끝내지 못하면 곧 헛되이

1559 주작(走作) : 본래의 규범에서 벗어나다. 원래의 모양을 바꾸다. =조작(造作).

1560 육이부동모(六耳不同謀) : 육이불통모(六耳不通謀)라고도 하는데, 중요한 일을 말할 때에 당사자들(=사이(四耳))끼리만 비밀리에 말하고 제삼자(=육이(六耳))에게는 말해 주지 않는다는 뜻이다. 엿듣는 사람이 있어서 함께 의논할 수 없다는 뜻이기도 하다.

1561 남염부제(南閻浮提) : Jambu-dvipa. 남섬부주(南贍部洲)·염부제(閻浮提)·염부제비파(閻浮提鞞波)·섬부주(贍部洲)라고도 함. 수미사주(須彌四洲)의 하나. 수미산의 남쪽에 있으며 7금산과 대철위산 중간, 짠물 바다에 있는 큰 육지의 이름. 우리가 살고 있는 사바세계(娑婆世界)를 가리킨다.

남염부제(南閻浮提)[1561]에 왔다가 한평생을 살고[1562] 지은 원인에 따라 맺힌 과실을 거두어들일[1563] 때에는 온몸에 악업(惡業)을 두를 것입니다.

경전 가운데 말하기를 "어리석은 복(福)을 짓는 것은 세 번째 생(生)의 원수이다."[1564]라고 하였는데, 무엇을 일러 세 번째 생의 원수라 할까요? 첫 번째 생에서 어리석은 복만 짓고 본성을 보지 못하고, 두 번째 생에서 어리석은 복을 받고도 부끄러운 줄 모르고 좋은 일은 하지 않고 오로지 업만 짓고, 세 번째 생에서 받았던 어리석은 복이 다 되었는데도 좋은 일을 하지 않으면 오물 포대기[1565]를 벗을 때에는 쏜살같이 지옥으로 들어갑니다. 사람의 몸을 얻기도 어렵고 불법(佛法)을 만나기도 어려우니,[1566] 이 몸을 금생(今生)에 제도(濟度)[1567]하지 못하면 다시 어느 생에 이 몸을 제도하겠습니까?

1562 타일조(打一遭) : 한 번 건너가다. 한 번 지나가다.

1563 수인결과(收因結果) : ①결과. 결말. 최후의 성과. ②원인이 있으면 반드시 결과가 있다. 지은 원인에 따르는 결과를 받다. 일생 동안 지은 업의 결과를 받아 간다는 뜻으로 죽음을 가리키기도 한다. =수인감과(修因感果), 수인감과(酬因感果), 수인득과(修因得果).

1564 장수자선(長水子璿) 선사가 지은 『금강경찬요간정기(金剛經纂要刊定記)』 제5권에 "보시는 세 번째 생의 원수이다."(布施是第三生怨)라는 구절이 나온다. 경전에는 이런 구절이 없다.

1565 각루자(殼漏子) : 또는 가루자(可漏子). 4대(大)가 화합한 색신(色身)인 육체를 가리키는 말. 각(殼)은 껍질, 누(漏)는 새어 나오는 오물, 자(子)는 어조사. 육신(肉身)은 그 속에 온갖 오물을 담고 다니는 가죽 부대라는 뜻.

1566 불경에 흔히 등장하는 구절이다.

1567 제도(濟度) : 미혹한 세계에서 생사만을 되풀이하는 중생들을 건져내어, 생사 없는 열반의 저 언덕에 이르게 함.

502

書生做到宰相, 是世間法中最尊最貴者, 若不向此事上了却, 卽是虛來南閻浮提, 打一遭收因結果時, 帶得一身惡業去. 教中說 : "作癡福是第三生冤." 何謂第三生冤? 第一生, 作癡福不見性, 第二生, 受癡福無慚愧, 不做好事, 一向作業, 第三生, 受癡福盡不做好事, 脫却殼漏子時, 入地獄如箭射. 人身難得, 佛法難逢, 此身不向今生度, 更向何生度此身?

이 도(道)를 배우려면 모름지기 확고한 뜻이 있어야 합니다. 만약 확고한 뜻이 없다면, 마치 남의 말을 몰래 엿듣고[1568] 헤아리는 사람이 남이 동쪽이라고 말하는 것을 들으면 곧장 그 사람의 말을 따라 동쪽으로 달려가고 서쪽이라고 말하면 곧장 그 사람의 말을 따라 서쪽으로 달려가는 꼴이 됩니다. 만약 확고한 뜻이 있다면, 물샐틈없이 장악하여[1569] 주인 노릇을 할 것입니다. 나융(懶融)[1570]은 "설사 한 법이 있어서 열반을 뛰어넘는다고 하여도, 나는 역시 꿈이나 환상과 같다고 말할 것이다."[1571]라고 하

1568 청성(聽聲) : 남의 말을 몰래 엿듣다. 염탐하다.

1569 파득주(把得住) : 물샐틈없이 지키다. 제압하다. 장악하다. =파주(把住), 파정(把定).

1570 나융(懶融) : 우두법융(牛頭法融). 594~658. 우두선(牛頭禪)의 개조(開祖).

1571 금릉(金陵) 우두산(牛頭山)의 법융(法融) 선사가 제자인 지암(智巖) 선사가 깨달음을 얻었을 때 그에게 한 말 속에 있는 구절. 우두법융(牛頭法融)의 말은 다음과 같다 : "나는 도신(道信) 대사에게서 참된 비결을 얻었으나, 얻은 것을 모두 잊었다. 설사 열반을 넘어서는 한 법이 있다고 하여도, 나는 역시 꿈이나 환상과 같다고 말할 것이다. 무릇 하나의 티끌이 날아서 온 하늘을 더럽히고, 한 개 겨자씨가 떨어져서 온 땅을 뒤덮는다. 네가 지금 이런 견해를 넘어섰으니, 내가 다시 무엇을 말하겠느냐?"(吾授信大師眞訣, 所得俱忘. 設有一法 過於涅槃, 吾說亦如夢幻. 夫一塵飛而翳天, 一芥墮而覆地. 汝今已過此見, 吾復何云?)(『연등회요(聯燈會要)』 제2권 금릉(金陵) 우두(牛頭) 지암(智巖) 선사.)

였습니다. 하물며 세간의 헛되고 환상 같고 진실하지 못한 법에 또 무슨 흥미[1572]가 있다고 그것들과 관계를 맺겠습니까?

學此道須有決定志. 若無決定志, 則如聽聲卜者, 見人說東, 便隨人向東走, 說西便隨人向西走. 若有決定志, 則把得住作得主宰. 懶融所謂: "設有一法過於涅槃, 吾說亦如夢幻." 況世間虛幻不實之法, 更有甚麼心情, 與之打交涉也?

바라건대 공(公)께서는 이 뜻을 굳게 하여, 법을 직접 손에 넣는 것을 확고한 뜻으로 삼으십시오. 그러면 비록[1573] 온 세상의 중생들이 모두 마왕(魔王)이 되어 공에게 번뇌를 불러오려고 하여도, 그럴 기회를 얻지 못할 것입니다. 반야(般若) 위에서는 헛되이 버리는 공부가 없습니다. 만약 마음을 반야 위에 둔다면 비록 금생(今生)에 끝내지 못하더라도 또한 씨앗을 깊이 심을 수 있어서, 죽음이 다가왔을 때에 업(業)을 짓는 의식(意識)에 끌려가 온갖 악도(惡道)[1574]에 떨어지지 않고, 육신(肉身)을 갈아입고 생각을 바꾸더라도[1575] 역시 나를 어둡게 할 수 없을 것입니다. 잘 살피십시오.

1572 심정(心情): 흥미. 재미.

1573 종사(縱使): 비록 ─이지만. 설사 ─라 하더라도.

1574 악도(惡道): 악취(惡趣)라고도 한다. 지은 업에 따라 윤회(輪回)하는 지옥, 아수라, 축생, 아귀, 인간, 천상 등 여섯 가지 윤회의 길.

1575 전두(轉頭): 생각을 바꾸다.

願公堅此志, 以得入手, 爲決定義. 則縱使大地有情盡作魔王欲來惱亂, 無有得其便處. 般若上無虛棄底工夫. 若存心在上面, 縱今生未了, 亦種得種子深, 臨命終時亦不被業識所牽墮諸惡趣, 換却殼漏子轉頭來, 亦昧我底不得. 察之.

63. 번제형(樊提刑)[1576] 무실(茂實)에 대한 답서

　보내 주신 편지를 보니, 불사(佛事)[1577]는 잘 행할 수 있으나 선어(禪語)는 이해하지 못한다고 하셨더군요. 잘 행할 수 있는 것과 이해하지 못하는 것이 다르지도 않고 같지도 않습니다. 다만 잘 행할 수 있는 것이 곧 선어임을 아신다면, 선어를 알면서도 불사를 잘 행하지 못하는 것은 마치 사람이 물속에 앉아 있으면서 목마름을 호소하고 밥을 담은 바구니 속에 앉아서 배고픔을 호소하는 것과 무엇이 다르겠습니까? 선어가 곧 불사이며 불사가 곧 선어임을 알아야 합니다. 행할 수 있고 이해할 수 있는 것은 사람에게 있고 법에 있지 않습니다.

　만약 다시 이 속에서[1578] 같음을 찾고 다름을 찾는다면, 이것은 빈주먹 속에 무엇이 있다고 생각하는 것이며, 육근(六根)과 육경(六境) 가운데서

1576　번제형(樊提刑) : 번(樊)은 성(姓), 제형(提刑)은 관직 이름, 자(字)는 무실(茂實).

1577　불사(佛事) : 일반적으로는 불교에서 하는 재(齋)·법회(法會)·조사(造寺)·조불(造佛) 등을 불사 또는 법사(法事)라 하지만, 선림(禪林)에서는 여러 가지 일에 의탁하여 불법을 열어 보이는 것을 불사라 한다. 예컨대 개당(開堂)·상당(上堂)·입실(入室)·안좌(安座)·염향(焰香) 등과 절을 짓고 불상을 조성하고 경전을 제작하는 것을 모두 불사라 한다.

1578　개리(箇裏) : 이 속. 그 속. 개(箇)는 저(這)나 나(那)와 같은 뜻.

1579　이 두 구절은 영가현각(永嘉玄覺)의 증도가(證道歌)에 나오는 구절이다. 앞뒤의 구절은 다음과 같다. "이승(二乘)은 정진(精進)하나 도심(道心)이 없고, /외도(外道)는 총명하나 지혜가 없다. /어리석고 또 어리석어서, /빈주먹의 손가락 위에서 진실하다는 견해를 낸다. /손가락을 붙잡고 달이라고 여겨 잘못 애를 쓰니, /육근(六根)과 육경(六境) 속에서 헛되이 괴상한 짓만 한다. /한 법도 보지 않으면 곧 여래(如來)이니, /비로소 관자재(觀自在)라 일컬을 만하다." 공권(空拳) 즉 빈주먹이란 무언가를 쥐고 있는 듯이 쥐고 있는 빈

헛되이 조작하는 것입니다.[1579] 이렇게 한다면 마치 뒷걸음질 치면서[1580] 앞으로 나아가기를 바라는 것과 같아서, 서두를수록 더욱 늦어지며 오래 될수록 더욱 멀어집니다.[1581]

答樊提刑(茂實)

示諭, 能行佛事, 而不解禪語. 能與不解, 無別無同. 但知能行者卽是禪語, 會禪語 而不能行佛事, 如人在水底坐叫渴, 飯籮裏坐叫飢, 何異? 當知禪語卽佛事, 佛事卽 禪語. 能行能解, 在人不在法. 若更向箇裏覓同覓別, 則是空拳指上生實解, 根境法 中虛捏怪. 如却行而求前, 轉急轉遲, 轉疏轉遠矣.

주먹을 가리킨다. 이 빈주먹은 불교의 가르침을 믿지 않는 어리석은 범부에게 불도(佛 道)라는 중요한 진리가 있는 듯이 보여 주는 것으로서 불교를 믿고 공부하게 만드는 방 편설(方便說)을 가리킨다. 어리석은 범부에게는 처음에 불도니 불법(佛法)이니 마음이니 하는 물건이 있는 것처럼 말하여 범부가 불교의 가르침을 믿어서 그 물건을 찾도록 이끌 어 들이는 방편이 곧 빈주먹이다. 확고한 믿음을 갖추고 진실하게 공부에 임하게 되면 결 국 그런 이름에 해당하는 물건이 따로 있지 않다는 사실을 깨닫게 되니 불교의 모든 가르 침의 말씀은 빈주먹인 것이다. 『금강경』에서 법(法)이라는 이름에 해당하는 물건을 따로 얻을 수 없다고 말하는 것이 곧 이것을 가리킨다. 『열반경』에서 우는 아이를 달래기 위하 여 누른 낙엽을 돈이라고 속여 쥐어 준다는 황엽(黃葉)의 비유와 함께 공권(空拳)은 경전 (經典)이라는 방편(方便)의 말씀을 가리킨다. 그러므로 빈주먹의 손가락 위에서 진실하 다는 견해를 낸다는 것은 곧 방편의 말씀인 경전의 언구(言句)에 무슨 진리가 있는 듯이 헤아리고 찾는 알음알이를 가리킨다.

1580 각행(却行): 뒷걸음질 치다. 뒤로 물러가다.
1581 전(轉)-전(轉)-: -할수록 더욱더 -하다.

곧장 끊어 버리고[1582] 마음이 활짝 트이고자[1583] 한다면, 다만 행할 수 있음과 행할 수 없음 · 이해함과 이해하지 못함 · 같음과 같지 않음 · 다름과 다르지 않음 등 이와 같이 사량하고 이와 같이 헤아릴 수 있는 것을 몽땅 다른 세계로 쓸어버리십시오. 그리하여 도리어 쓸어버릴 수 없는 곳에서 있는지 없는지 같은지 다른지를 살펴보시면, 문득 기분[1584]과 생각[1585]이 끊어질 것이니, 바로 이런 때에는 저절로 남에게 물어볼 필요가 없습니다.

要得徑截心地豁如, 但將能與不能, 解與不解, 同與不同, 別與不別, 能如是思量, 如是卜度者, 掃向他方世界. 却向不可掃處看, 是有是無, 是同是別, 驀然心思意想絕, 當恁麽時, 自不著問人矣.

1582 경절(徑截) : ①곧장 끊어 버리다. ②빠르다. 민첩하다.

1583 활여(豁如) : 널찍하게 트여 있다. 도량이 넓다.

1584 심사(心思) : ①사고력. 창작력. ②심정(心情). 기분(氣分). ③심신(心神). 정력.

1585 의상(意想) : 생각하다. 상상하다. =의상(意相).

64. 성천규(聖泉珪)[1586] 화상(和尙)에 대한 답서

주의하여 잘 돌보아 주는[1587] 외호자(外護者)[1588]를 이미 얻었으면, 자신
은 세속의 일[1589]은 내버려 두고[1590] 자주 납자(衲子)들과 어울려 불사(佛
事)[1591]를 지어야 한다. 오래오래 하다 보면 저절로 뛰어나게 될 것이다.
다시 바라노니, 방장실(方丈室)에서 그들과 자세하게 공부할 뿐, 인정(人
情)을 용납해서도 안 되고, 그들과 함께 중생 노릇[1592]을 해서도 안 된다.

곧장 본분(本分)의 음식[1593]을 그들에게 주어서 그들이 스스로 깨닫고 스

1586 성천규(聖泉珪) : 대혜종고(大慧宗杲)의 문하에서 공부하던 승려.

1587 존심상조(存心相照) : 주의하여 잘 돌보다. 상(相)은 동사 앞에 붙어 상대방에게 친절
      하고 경건하게 행하는 동작을 나타내고, 조(照)는 돌보다, 보살피다라는 뜻.

1588 외호자(外護者) : 사찰 안에서는 사찰의 운영을 위한 모든 사무를 관장하고 음식을 마
      련하며, 시주를 받고 재정과 문서를 관리하는 등의 일을 하는 스님을 가리키지만, 일반적
      으로는 사찰 밖에서 사찰에 재정적으로나 행정적으로 지원을 하는 재가(在家)의 신도를
      가리킨다.

1589 인사(人事) : 인간사(人間事). 세상 물정. 세속의 일.

1590 발치(撥置) : 옆으로 밀쳐놓다. 내버려 두다.

1591 불사(佛事) : 깨달음을 얻으려 공부하는 일. 상당설법(上堂說法)이나 입실지도(入室指
      導) 같은 일.

1592 낙초(落草) : 양민이 산적(山賊)이 되다. 양민이 천민(賤民)이 되다. 선문의 교화의 방
      법에는 교화자(敎化者) 자신이 자비(慈悲)를 베풀어, 범우(凡愚)의 중생 가운데 자신을
      떨어뜨려 범우의 오탁(汚濁)의 현실에 나아가 교화를 행하는 향하문(向下門)의 방법이
      있는데 이를 이르는 말. 낙초자비(落草慈悲)라고도 함. 여기에선 중생 노릇 한다는 뜻.

1593 본분초료(本分草料) : 수행자를 본분(本分)으로 되돌아가도록 하기 위하여 종사(宗
      師)가 수행자에게 주먹으로 치거나 몽둥이로 때리거나 할을 하거나 하는 등의 적절한 지
      도(指導). 본분(本分)은 본래 가지고 태어난 몫이라는 뜻으로서 본성(本性)과 같음. 초료

509

스로 얻도록 하여야, 비로소 존숙(尊宿)[1594]이 사람을 위하는 태도[1595]이다. 만약 그가 머뭇거리고 의심하며 깨닫지 못하는 것을 보고서 즉시 그에게 설명해 준다면, 비단 그의 눈을 멀게 할 뿐만 아니라 또한 자기의 본분(本分)에서 나온 솜씨마저 잃어버릴 것이다.

법을 전해 줄 만한 사람을 얻지 못해도 우리의 법(法)에 대한 인연이 다만 이러할 뿐이요, 만약 한 개나 반 개의[1596] 본분인(本分人)이라도 얻는다면 또한 평소의 뜻과 바램이 헛되지 않을 것이로다.

答聖泉珪和尙

旣得外護者, 存心相照, 自可撥置人事, 頻與衲子輩作佛事. 久久自殊勝. 更望, 室中與之子細, 不得容人情, 不得共伊落草. 直似之以本分草料, 敎伊自悟自得, 方是尊宿爲人體裁也. 若是見伊遲疑不薦, 便與之下註脚, 非但瞎却他眼 亦乃失却自家本分手段. 不得人卽是吾輩緣法只如此, 若得一箇半箇本分底, 亦不負平昔志願也.

(草料)는 수행자를 소나 말에 비유하고 종사의 가르침을 그 먹이에 비유한 말.

1594 편지를 받는 성천규(聖泉珪) 화상이 방장(方丈)이 되어 납자를 지도할 위치에 있음을 나타낸다.

1595 체재(體裁) : ①문장의 결구(結構)와 시문(詩文)의 문채(文彩). 표현양식. ②제도. 체계. ③태도. 풍격.

1596 일개반개(一箇半箇) : 한 개 반 개. 진(秦)의 임금인 부견(付堅)이 진(晋)을 정벌하여 도안(道安)과 습착치(習鑿齒)를 얻고는 돌아와서 "나는 10만의 병력을 가지고 양양(襄陽)을 정벌하여 한 개와 반 개를 얻었다."고 말한 데에서 비롯된 것이다. 반 개라는 말은 습착치가 한쪽 다리가 없는 사람이었기 때문에 한 말이다.

65. 고산체장로(鼓山逮長老)[1597]에 대한 답서

심부름꾼[1598]이 옴에 편지와 더불어 신향(信香)[1599] 등의 물건을 받고서, 그대가 개법(開法)[1600]하여 세상에 나와 석문(石門)[1601]에서 도(道)를 드러냄에 그 비롯해 내려온 계보(系譜)를 잊지 않고 악장로(岳長老)[1602]를 위하여 향(香)을 사르고[1603] 양기(楊岐)[1604]의 종파(宗派)를 이었다는[1605] 것을 알았노

1597 고산체장로(鼓山逮長老) : 대혜종고(大慧宗杲)의 제자인 복주(福州) 동선몽암사악(東禪蒙庵思岳) 선사의 제자인 복주(福州) 고산종체(鼓山宗逮) 선사(禪師). 대혜에게는 손상좌(孫上座)이다.

1598 전사(專使) : 특사(特使). 특별히 모든 일을 맡아 심부름하는 사람.

1599 신향(信香) : 선승(禪僧)이 한 절의 주지가 되어 처음 설법할 때에 자신의 스승에게 향을 살라 법을 전해 받은 믿음을 표시하는 것.(『선림상기전(禪林象器箋)』)

1600 개법(開法) : 선사가 제자를 받아 자신이 깨달은 불법을 가르쳐 보여 주는 것.

1601 석문(石門) : 석문산(石門山). 석문산(石門山)에는 흥성사(興聖寺)와 고산사(鼓山寺)가 있다.

1602 악장로(岳長老) : 대혜종고(大慧宗杲)의 제자인 복주(福州) 동선몽암사악(東禪蒙庵思岳) 선사. 고산종체 선사는 동선몽암사악 선사의 제자이다.

1603 염향(拈香) : 향을 집어서 향로에 넣어 사르는 것. 염향(拈香)은 선종(禪宗)에서 개당(開堂)하여 상당설법할 때에 축원(祝願)하는 형식인데, 첫 번째 향 조각으로는 국가(國家) 즉 임금을 축원하고, 두 번째 향 조각으로는 외호(外護)하는 단월(檀越)을 축원하고, 세 번째 향 조각으로는 자신이 법을 얻은 스승을 축원한다. 스승을 축원하는 것은 자신의 뿌리를 잊지 않는 것이니, 그 염향(拈香)하는 것을 들으면 그 스승이 누군지를 알 수 있다.

1604 양기(楊岐) : 임제종(臨濟宗) 양기파(楊岐派)를 이끈 양기방회(楊岐方會).

1605 고산종체의 법계보(法系譜)는 다음과 같다 : 양기방회(楊岐方會)-백운수단(白雲守端)-오조법연(五祖法演)-원오극근(圜悟克勤)-경산종고(徑山宗杲)-동선사악(東禪思岳)-고산종체(鼓山宗逮).

라.

이미 이 일을 떠맡았다면, 모름지기 탁월하게[1606] 하여 철두철미하도록 해야 한다. 평소 진실하게 깨달아 확인한 한 개 솜씨를 가지고 방장실(方丈室)에 단정히 머무는 것은 마치 120근(斤)[1607]이나 나가는 짐을 짊어지고 외나무다리 위를 지나가는 것과 같다. 발을 헛디디고 손이 미끄러질 때에는 자기 목숨까지도 지킬 수가 없는데, 하물며 남에게 박힌 못과 말뚝을 뽑아서 사람을 살려 주는 일을 어떻게 하겠느냐?

答鼓山逮長老

專使來, 收書幷信香等, 知開法出世唱道於石門, 不忘所從來, 爲嶽長老拈香, 續楊岐宗派. 旣已承當簡事, 須卓卓地做敎徹頭徹尾. 以平昔實證實悟底一著子, 端居丈室, 如擔百二十斤擔子, 從獨木橋上過. 脚蹉手跌[1608], 則和自家性命不可保, 況復與人抽釘拔楔救濟他人耶?

옛 스님이 말하였다.

"이 일은 마치 80살 먹은 노인이 과거(科擧) 시험장에 나가는 것과 같으니, 어찌 어린아이가 장난하듯이 하랴?"[1609]

1606 탁탁지(卓卓地) : 뛰어난 모습. 탁월한 모습.
1607 120근(斤)은 열 말 곧 한 섬의 무게이다.
1608 '질(跌)'은 궁내본에서는 '부(趺)'. 질(跌)은 '비틀거리다, 넘어지다'는 뜻이고, 부(趺)는 '책상다리하다'는 뜻이니, 문맥상 질(跌)이 맞다.
1609 『오등회원』제13권 '홍주운거도응선사(洪州雲居道膺禪師)'에 나오는 운거도응(雲居道

512

또 옛 스님은 말하기를 "내가 만약 한결같이 근본의 가르침만 드러낸다면 법당(法堂) 앞에 풀이 한 길이나 깊어질 것이다."[1610]라고 하였으니, 남에게 절을 돌봐 달라고 부탁해야 할 것이다.

암두(巖頭)는 늘 말하였다.

"아직 똥 누기 이전에[1611] 한번 엿보아야 곧 안목이 바로 설[1612] 것이다."[1613]

古德云 : "此事如八十翁翁入場屋, 豈是兒戲?" 又古德云 : "我若一向擧揚宗敎, 法堂前草深一丈." 須倩人看院始得. 嚴頭每云 : "向未屙已前一覷, 便眼卓朔地."

안국사(晏國師)는 "석문(石門)을 넘지 않는다."[1614]고 말했고, 목주(睦州)는

膺)의 말.

1610　『경덕전등록』 제10권 '호남장사경잠호초현대사(湖南長沙景岑號招賢大師)'에 나오는 장사경잠(長沙景岑)의 상당법어(上堂法語).

1611　사량분별이 일어나기 이전.

1612　탁삭지(卓朔地) : 곧게 선 모습. 앞으로 튀어나온 모습. 옆으로 활짝 열린 모습.

1613　암두(嚴頭)의 이 말은 다른 곳에선 찾아볼 수 없다.

1614　『오등회원』 제7권 '복주고산신안흥성국사(福州鼓山神晏興聖國師)'에 나오는 구절. 고산신안(鼓山神晏)은 늘 말하기를 "석문을 넘지 않는 한 사람이 더 있으니, 석문을 넘지 않는다는 구절이 있는 것이다. 무엇이 석문을 넘지 않는다는 구절인가?"라고 하였다. 신안(神晏) 국사(國師)는 석문산(石門山) 고산사(鼓山寺)에 머물렀다.

1615　현성공안(現成公案) : 공안현성(公案現成)이라고도 씀. 현성(現成)은 '현재 이루어져 있다', '이미 갖추어져 있다', '이미 만들어져 있다'는 뜻. 공안(公案)은 본래 관청에서 결재(決裁)를 기다리는 공적(公的)인 안건(案件) 혹은 소송(訴訟)에서 다투고 있는 쟁점이 된 안건(案件)을 가리킴. 그러므로 현성공안 혹은 공안현성은 이미 결재가 이루어진 안건

"지금 공안(公案)이 이루어져 있으니,[1615] 그대에게 30방을 때려야[1616] 할 것이다."[1617]라고 말했고, 분양무업(汾陽無業)은 "망상(妄想)하지 마라."[1618]고 말했고, 노조(魯祖)는 찾아온 승려가 문 안으로 들어오는 것을 볼 때마다 곧 몸을 돌려서 벽을 보고 앉아 있었다.[1619] 사람을 가르칠 때에는 마땅히 이러한 표현양식에 어둡지 않아야 비로소 위로부터 전해 온 종지(宗旨)를 잃지 않을 것이다.

晏國師 "不跨石門." 句, 睦州 "現成公案放爾三十棒.", 汾陽無業 "莫妄想.", 魯祖, 凡見僧入門便轉身面壁而坐. 爲人時當不昧這般體裁, 方不失從上宗旨耳.

혹은 이미 판결이 난 안건을 가리킴. 선종(禪宗)에서 공적인 안건이란 곧 부처님이 깨달은 여법한 실상(實相)을 가리키므로, 지금 이루어져 있는 공인인 현성공안이란 곧 눈앞에 드러나 있는 세계의 여법한 실상을 가리킨다.

1616 방여삼십봉(放汝三十棒) : 너를 방망이로 30대 때려야 할 것을 눈감아 준다. (용서해 준다) 방(放)은 '용서하여 눈감아 주다', '용서하여 풀어주다.'(=요(饒))는 뜻. 속뜻은 당장 때리지는 않지만 몽둥이를 맞아야 할 허물이 있다는 뜻. 허물을 지적하는 말.

1617 『고존숙어록』 제6권 「목주화상어록(睦州和尙語錄)」 '상당대기(上堂對機) 1'에 나오는 구절. 목주(睦州)는 황벽희운(黃蘗希運)의 법을 이은 목주도종(睦州道蹤)이다. 목주도종은 진존숙(陳尊宿) 혹은 진포혜(陳蒲鞋)라고도 부르며, 목주(睦州) 용흥사(龍興寺)에 주석했다.

1618 『경덕전등록』 제8권 '분주무업선사(汾州無業禪師)'에 나오는 구절. 분주무업은 마조도일의 제자.

1619 『오등회원』 제3권 '지주노조산보운선사(池州魯祖山寶雲禪師)'에 나오는 구절. 노조보운(魯祖寶雲)은 마조도일(馬祖道一)의 제자로서, 지주(池州; 안휘성) 노조산(魯祖山)에 주석하면서 교화를 폈다.

옛날 위산(潙山)이 앙산(仰山)에게 말했다.

"한 지방에서 법의 깃발[1620]을 올리고 종지(宗旨)를 세우려면, 다섯 가지 인연이 갖추어져야 비로소 이룰 수 있다. 다섯 가지 인연이란, 외호연(外護緣),[1621] 단월연(檀越緣),[1622] 납자연(衲子緣),[1623] 토지연(土地緣),[1624] 도연(道緣)[1625]이다."[1626]

들기에 상대(霜臺)[1627] 조공(趙公)이 너의 청주(請主)[1628]이고, 치정사업(致政司業)[1629] 정공(鄭公)이 너를 보내어 절에 들어가게 하였다고 하더구나. 이 두 분 공(公)은 천하에 당당한 선비이니, 이로써 보건대 너에게 다섯 가지 인연이 조금은 갖추어진 것이다.

1620 법당(法幢) : 법의 깃발. 법을 상징하는 말. 묘법이 높은 것이 마치 깃발(당(幢))이 우뚝 솟은 것과 같으므로 법당이라 함. 또는 용맹한 장군이 기를 세우는 것 같이 불·보살이 법을 설하여 마군(魔軍)을 항복시키고 승리를 거둠에 비유.

1621 외호연(外護緣) : 밖에서 보호(保護)해 주는 인연. 세력 있는 사람이 보호해 주는 것.

1622 단월연(檀越緣) : 단월(檀越)은 곧 시주(施主), 즉 보시하는 사람. 재력 있는 사람이 재력으로 도와주는 인연.

1623 납자연(衲子緣) : 공부하는 납자들이 모여드는 인연.

1624 토지연(土地緣) : 절을 세울 수 있는 토지가 주어지는 인연.

1625 도연(道緣) : 종사(宗師)의 도를 믿고 따르는 사람들이 모여 공부함으로써 도를 펼칠 수 있는 인연.

1626 『속장경』과 『신수대장경』에서는 이 문장을 찾을 수 없다.

1627 상대(霜臺) : 어사(御史)에 해당하는 벼슬.

1628 청주(請主) : 스님을 청하여 모시고 법석(法席)을 연 주인.

1629 치정사업(致政司業) : 치정(致政)은 치사(致仕)와 같은 말로서, 관직에서 물러났다는 말. 치정관(致政官)은 나이가 많거나 병이 들어 관직에서 물러난 사람을 가리킴. 사업(司業)은 관직 이름으로서, 국자사업(國子司業), 사업박사(司業博士) 혹은 사업제주(司業祭酒)를 가리킴.

昔潙山謂仰山曰："建法幢立宗旨於一方, 五種緣備始得成就. 五種緣, 謂外護緣,

檀越緣, 衲子緣, 土地緣, 道緣." 聞霜臺趙公, 是汝請主, 致政司業鄭公, 送汝入院.

二公天下士, 以此觀之, 汝於五種緣稍備.

매번 민중(閩中)[1630]에서 온 납자들이 말하길, 그대의 법석(法席)[1631]이 성

대하여 단월(檀越)[1632]이 귀의하고 사대부가 외호(外護)하고 주지(住持)[1633]함

에 마장(魔障)[1634]이 없고 납자(衲子)[1635]가 구름처럼 모여든다고 찬탄하지

않음이 없구나. 아직 몸이 건강하여 힘을 쓸 수 있을 때[1636]에 자주 납자들

과 함께 이 일을 힘차게 일으키고, 후진을 지도할[1637] 때에는 심혈을 기울

1630 민중(閩中) : 복건성(福建省)을 민성(閩省)이라 하고, 복건성 지역을 민중(閩中)이라
      한다.

1631 법석(法席) : 법을 공부하는 자리. 곧 법당(法堂).

1632 단월(檀越) : 절에 금전과 물품을 보시(布施)하는 시주(施主).

1633 주지(住持) : 사찰의 주권자(主權者)로서 절에 거주하면서 그 재산과 법려(法侶)들을
      보호, 유지하는 일 혹은 그 일을 하는 스님.

1634 마장(魔障) : 마(魔)의 장애. 내외의 온갖 인연들에 끄달리면 이 인연들이 곧 마(魔)가
      되어 불도를 닦는 데 장애가 된다.

1635 납자(衲子) : 선을 수행하는 선승. 버린 헝겊으로 기워 만든 누더기 옷인 납의(衲衣)
      를 걸치기 때문에 납자라 한다. 납승(衲僧)이라고도 한다.

1636 진색력미쇠시(趁色力未衰時) : 색(色; 물질경계)을 따르는 힘이 아직 노쇠하지 않을 때
      란 곧 젊을 때를 가리킨다.

1637 수수(垂手) : 스승이 손을 내밀어 배우는 자를 인도하여 가르치는 것.

1638 착정채(著精彩) : ①정신을 가다듬다. ②주의를 기울이다. 심혈을 기울이다. 노력하
      다. 애쓰다. ③주의하다. 조심하다.

여야[1638] 하고 소홀히 해서는[1639] 안 된다.

每有衲子自閩中來者, 無不稱歎法席之盛, 檀越歸向, 士大夫外護, 住持無魔障, 衲子雲集. 可以趁色力未衰時, 頻與衲子激揚箇事, 垂手之際須著精彩, 不得莽鹵.

요 몇 년 사이에 불법(佛法)에 일종의 장사꾼[1640] 무리들이 있어서, 곳곳에서 한 무더기 혹은 한 짐의 상사선(相似禪)[1641]을 배우고 있다. 이따금 종사(宗師)가 경솔하게 눈감아 주기라도 하면,[1642] 드디어 메아리 같이 헛된 것을 이어받고는[1643] 서로 번갈아 인가(印可)해 주며 뒷사람들을 속인다. 그리하여 바른 종지(宗旨)의 맛이 싱겁고 오로지 곧장 가리켜서 전하는[1644]

1639 망로(莽鹵) : 소홀하다. 등한하다. 흐리터분하다. 아둔하다. 건성으로 하다. 거칠다. =망로(莽魯), 망로(莽路), 망로(漭鹵).

1640 비판(裨販) : ①소상인(小商人). 소규모 장사. ②팔다. 팔아먹다.

1641 상사선(相似禪) : 상사(相似)란 '닮다' '비슷하다'란 뜻이니, 상사선(相似禪)이란 선(禪)과 비슷하게 닮았지만 선이 아닌 사이비선(似而非禪)을 가리킨다.

1642 조차방과(造次放過) : 조차(造次)는 '경솔하게'라는 뜻이고, 방과(放過)는 '눈감아 주다'라는 뜻이다.

1643 승허접향(承虛接響) : 헛된 것을 이어받고 메아리 같은 것을 마주하다. 허망한 일을 이어받다.

1644 단전직지(單傳直指) : 말이나 글자에 의지하지 않고, 마음을 곧장 가리켜서 다만 마음으로써 마음에 전하는 선종(禪宗)의 법을 말함. 단전(單傳)이란 오로지 하나만을 전한다는 말이고, 직지(直指)란 이 하나를 즉각 바로 가리킨다는 말이다. 조사선(祖師禪)은 이심전심(以心傳心)으로 오로지 마음 하나만을 전하고, 직지인심(直指人心)으로 이 마음을 바로 가리켜서 전한다.

가풍이 거의 사라질[1645] 지경에 처하게 되었으니, 자세히 살피지 않을 수 없느니라.

蓋近年以來, 有一種禪販之輩, 到處學得一堆一擔相似禪. 往往宗師造次放過, 遂至承虛接響, 遞相印授, 誤賺後人. 致使正宗淡薄單傳直指之風幾掃地矣, 不可不子細.

오조(五祖) 노스님[1646]께서 백운산(白雲山)에 머무실 때에 영원(靈源)[1647] 스님의 편지에 답하여 말씀하시기를, "이번 여름 여러 장원(莊園)에서 곡식을 거두어들이지 못하는 것을 걱정하지는 않습니다. 참으로 걱정되는 것은, 한 선당(禪堂)에서 공부하는 수백 명의 납자 가운데 한 번 하안거(夏安居)를 지내면서 '개에게는 불성이 없다.'는 화두를 뚫고 나간 사람이 하나도 없어서 불법(佛法)이 장차 사라지지나 않을까 하는 것입니다."라고 하셨으니, 그대는 법(法)을 책임지는 종사(宗師)가 마음 쓰는 모습을 보아라.

1645   소지(掃地): 없애다. 완전히 제거하다. 완전히 사라지다. 소지구진(掃地俱盡), 소지무여(掃地無餘), 소지이진(掃地以盡)과 같음.

1646   사옹(師翁): 스승의 스승. 계보에서 할아버지 스승에 해당하는 사람. 오조법연(五祖法演)은 원오극근(圜悟克勤)의 스승이니 대혜종고(大慧宗杲)에게는 할아버지 스승에 해당한다.

1647   영원(靈源): 영원유청(靈源惟淸: ?-1117) 선사이다. 영원유청과 오조법연의 관계는 다음과 같다. 분양선소-자명초원-황룡혜남-회당조심-영원유청
 　　　　└양기방회-백운수단-오조법연

어떻게 재산의 많고 적음과 산문(山門)[1648]의 크고 작음을 중요하게[1649] 여긴 적이 있었겠으며, 쌀과 소금을 챙기는 사소한 일을 시급하게 여긴 적이 있었겠느냐?

五祖師翁住白雲時, 嘗答靈源和尙書云："今夏諸莊, 顆粒不收, 不以爲憂. 其可憂者, 一堂數百衲子, 一夏無一人透得簡'狗子無佛性'話, 恐佛法將滅耳." 汝看, 主法底宗師用心. 又何曾以産錢多少山門大小爲重輕, 米鹽細務爲急切來?

그대는 이미 세상에 나와 선지식(善知識)이라는 이름을 떠맡았으니, 마땅히 한결같이 본분(本分)의 일을 가지고 찾아오는 사람을 맞이해야 한다. 절의 사무와 재산은 인과(因果)의 도리를 잘 아는 지사(知事)[1650]들에게 맡겨서 사(司)와 국(局)을 나누어 각각 담당하게 하고, 때때로 큰 원칙만

1648 산문(山門) : ①절의 누문(樓門), 곧 삼문(三門)을 말함. ②절의 총칭. 여기서는 절의 규모를 가리킨다.

1649 중경(重輕) : 중시(重視)함. 중요시함.

1650 지사(知事) : 선원의 사무를 총괄하는 주사직(主事職). 송초(宋初) 무렵까지는 감원(監院), 유나(維那), 전좌(典座), 직세(直歲) 등 4지사였다가, 뒤에 부사(副寺: 副院)가 추가되어 5지사가 되고, 다시 도사(都寺)가 추가되어 6지사가 되었다. 도사(都寺), 감사(監寺), 부사(副寺)는 총칭하여 고사(庫司)라고 하는데 모두 절 안의 모든 서무(庶務)를 맡는 소임이고, 유나(維那)는 대중의 기강(紀綱)을 관리하는 소임이고, 전좌(典座)는 대중이 생활하는 방실(房室)과 이부자리와 음식을 담당하는 소임이고, 직세(直歲)는 사찰의 건축과 보수 및 산림 토지에서의 보청(普請)을 일년간 당직(當直)하는 소임이다. =주사(主事).

일러 주어라.[1651] 승가(僧家)를 안정시킴에는 많은 것이 필요치 않으니, 매일 먹는 음식에 늘 여유[1652]를 남겨 두면 저절로 애쓸 필요가 없을 것이다. 납자(衲子)가 방장실을 찾아오면 확실히 칼질을 하되,[1653] 함께 부여잡고 진흙탕으로 들어가고 물에 빠지는 짓을 해선 안 된다.

汝旣出頭, 承當簡善知識名字, 當一味以本分事接待方來. 所有庫司財穀, 分付知因識果知事, 分司列局令掌之, 時時提擧大綱. 安僧不必多, 日用齋粥, 常敎後手有餘, 自然不費力. 衲子到室中, 下刀要緊, 不得拖泥帶水.

예컨대 설봉혜공(雪峰慧空)[1654] 선사가 이전에 운거산(雲居山) 운문암(雲門庵)에서 나와 함께 머물렀을 때,[1655] 나는 그가 자기를 속이지 않는 불법

1651 제거(提擧) : ①어떤 문제에 대하여 말을 꺼내다. ②관리하다. 맡아 보다. 주관하다.

1652 후수(後手) : 여유(餘裕). 여지(餘地).

1653 하인요긴(下刀要緊) : 칼을 대어 칼질을 할 때에 확실하게 하다. ↔하인불긴(下刀不緊).

1654 설봉혜공(雪峰慧空) : 법맥(法脈)은 다음과 같다. 황룡혜남(黃龍慧南)−회당조심(晦堂祖心)−늑담선청(泐潭善淸)−설봉혜공(雪峰慧空).

1655 상취(相聚) : 함께 모이다. 화합하다. 대혜종고는 남송(南宋) 고종(高宗) 건염(建炎) 3년(1129)에 운거산(雲居山)에서 원오(圜悟)를 모시고 있다가 원오가 촉(蜀)으로 돌아간 뒤에, 운거산 뒤편에 옛날 운문문언(雲門文偃) 선사가 머물던 암자의 터를 찾아서, 그 자리에 암자를 세우고 운문암(雲門庵)이라 하였다. 다음해에 암자로 거주지를 옮겼는데, 개선겸(開先謙)·동림안(東林顏)·설봉공(雪峯空) 등 20여 명이 암자로 따라와 공부를 하였다. 뒷날 소흥(紹興) 5년(1135)에 강급사(江給事) 소명(少明)이 천남(泉南) 소계(小溪)에 암자를 짓고 대혜를 초빙하였는데, 이 암자 역시 운문암(雲門庵)이라 불렸다.

(佛法) 속의 사람임을 알고서는 한결같이 본분(本分)의 쇠망치[1656]를 그에게 주었는데, 뒷날 다른 곳에서 스스로 분발하여 대법(大法)을 밝히고서 이전에 받았던 쇠망치를 일시에 자유롭게 쓸 수 있게 되고서야, 비로소 내가 불법에서 인정(人情)을 용납하지 않았음을 알았던 것이다. 작년에 한 권의 어록(語錄)을 보내왔는데, 제멋대로 엎어지고 자빠지면서도[1657] 임제(臨濟)의 종지(宗旨)를 잃지 않았더구나. 지금은 대중방에 보내어 납자들이 보게 하였다. 나는 붓을 들어 후발(後跋)[1658]을 적어 일부러 추천하여,[1659] 본분납자(本分衲子)[1660]들이 장래에 법을 말하는 모범으로 삼도록 하였다.

如雪峰空禪師, 頃在雲居雲門相聚, 老漢知渠不自欺, 是箇佛法中人, 故一味以本分鉗鎚似之, 後來自在別處打發, 大法既明, 向所受過底鉗鎚, 一時得受用, 方知妙喜不以佛法當人情. 去年送得一冊語錄來, 造次顚沛不失臨濟宗旨. 今送在衆寮中, 與衲子輩看. 老漢因掇筆書其後, 特爲發揚, 使本分衲子爲將來說法之式.

1656　본분겸추(本分鉗鎚) : 조금의 빈틈도 허용하지 않는 본분(本分)의 근본적인 수단. 겸추(鉗鎚)는 대장간에서 쇠를 단련할 때에 사용하는 도구인 집게와 망치이니, 대장장이가 집게와 망치를 사용하여 쇠뭉치를 쓸모있는 도구로 만들 듯이, 종사가 어리석은 학인을 지도하여 자신의 본분을 깨닫도록 하는 엄격한 방편을 가리킨다.

1657　조차전패(造次顚沛) : 제멋대로 엎어지고 넘어지다. 함부로 행동하다.

1658　후발(後跋) : 발문(跋文). 책의 끝에 그 책의 내용과 그 책과 관계되는 이야기를 간단하게 적어 첨부한 글.

1659　발양(發揚) : 추천하다. 드러내어 알리다.

1660　본분납자(本分衲子) : 본래 갖추고 있는 본성(本性)을 깨닫고자 공부하는 선승(禪僧). 오로지 본분만을 고수하고 다른 것은 돌아보지 않는 철저한 납승. 본분에 철저한 납자.

만약¹⁶⁶¹ 내가 처음에 그를 위하여 진흙탕으로 들어가고 물에 빠지면서 노파선(老婆禪)을 말하였다면, 그가 안목이 열린 뒤에는 틀림없이 나를 욕했을 것이다. 그러므로 옛사람은 말하길, "나는 스승의 도(道)와 덕(德)을 중시하는 것이 아니라, 다만 스승께서 나에게 말해 주지 않았음을 소중하게 여긴다."¹⁶⁶²고 하였고, 또 "만약 나에게 말씀해 주셨더라면, 어찌 오늘 같은 날이 있었으리오?"¹⁶⁶³라고 하였으니, 바로 이러한 도리(道理)이니

1661 약사(若使) : 만약 −한다면. 만일 −하게 한다면.

1662 『경덕전등록』 제15권 '균주동산양개선사(筠州洞山良价禪師)'에 나오는 구절. 대화는 다음과 같다 : 승려가 물었다. "스님께서는 남전(南泉) 스님을 만나 비로소 근본을 얻었는데도, 무엇 때문에 운암(雲巖) 스님에게 제사를 지내십니까?" 양개가 말했다. "나는 선사(先師)의 도덕(道德)을 귀중하게 여기는 것도 아니고, 그분의 불법(佛法)을 귀중하게 여기는 것도 아니다. 다만 나를 위하여 그분이 말로 설명해 주지 않은 것을 귀중하게 여기기 때문에, 제사를 올려 드리는 것이다."(僧問 : "和尙初見南泉發跡, 爲什麽與雲巖設齋?" 師曰 : "我不重先師道德, 亦不爲佛法, 只重不爲我說破, 又因設忌齋.") 동산양개는 운암담성(雲巖曇晟)의 법을 이었다.

1663 『경덕전등록』 제11권 '등주향엄지한선사(鄧州香嚴智閑禪師)'에 나오는 구절. 여기에는 다음과 같은 이야기가 있다 : 향엄(香嚴)은 백장(百丈)의 문하에 있었는데, 아는 것이 많고 말재주가 뛰어나 대중들 가운데 말로서는 그를 당할 자가 없을 정도였지만, 선문(禪門)에 들어가지는 못하고 있었다. 백장이 죽고 나서는 위산(潙山)의 문하에 들어갔는데, 위산(潙山)은 향엄의 말재주가 단지 지식(知識)에서 나오는 것일 뿐 근원을 통달한 것이 아님을 알고서, 어느 날 그에게 말했다. "내가 듣기로 그대는 백장 선사(先師)의 처소에 있을 때 하나를 물으면 열을 답했고, 열을 물으면 백을 답했다고 하더라. 그런데 이것은 그대가 총명하고 영리하여 뜻으로 알아차리고 식(識)으로 헤아리는 것이니 바로 생사(生死)의 근본이 된다. 이제 부모가 그대를 낳기 이전의 일을 한마디 말해 보아라." 향엄(香嚴)은 한참을 궁리한 후 몇 마디 대답을 했으나 위산은 하나도 용납하지 않았다. 마침내 향엄이 위산에게 가르쳐 줄 것을 부탁하였으나 위산은, "내가 만약 그대에게 말해 준다면 그대는 뒷날 나를 욕할 것이다. 내가 말하는 것은 나의 것일 뿐 결코 그대의 일과는 상관이 없다."라고 말할 뿐이었다. 처소로 돌아온 향엄은 평소 보아 왔던 서적을 뒤져서

라.[1664]

若使老漢初爲渠拕泥帶水說老婆禪, 眼開後定罵我無疑. 所以古人云 : "我不重先師道德, 只重先師不爲我說破." "若爲我說破, 豈有今日?" 便是這箇道理也.

조주(趙州)가 말했다.

"만약[1665] 내가 사람들의 근기에 따라 사람들을 가르친다면,[1666] 응당[1667] 삼승십이분교(三乘十二分敎)[1668]를 가지고 그들을 가르칠 것이다. 그러나

대답을 찾았으나, 결국 찾지를 못하자 이제껏 보아 왔던 서적을 몽땅 불태워 버리고는, 불법(佛法) 배우기를 포기하고 떠돌이 중이나 되겠다고 결심한다. 그리하여 위산(潙山)을 하직하고 남양(南陽)으로 건너가 혜충국사(慧忠國師)의 유적(遺跡)에 머물렀다. 그러던 어느 날 향엄은 풀을 베다가 우연히 기와 조각을 던졌는데 그것이 대나무에 부딪혀 소리를 내자 홀연히 깨달았다. 향엄은 급히 돌아와 목욕(沐浴)하고 향(香)을 피우고는 멀리 위산(潙山)을 향하여 절을 올리고 찬탄하며 말했다. "스님의 자비(慈悲)로운 은혜는 부모의 은혜보다도 큽니다. 그때 만약 저에게 말해 주셨더라면 어찌 오늘의 일이 있었겠습니까?"(和尙大悲恩逾父母. 當時若爲我說却, 何有今日事也?)

1664 선(禪)은 다만 사람의 마음을 곧장 가리킬 뿐이고, 불교(佛敎)는 다만 만법의 실상을 곧장 드러낼 뿐이다. 본분사(本分事)를 보여 주어서 스스로 깨닫게 하는 것이 올바른 지도이니, 말로써 본분사를 설명하여 견해의 망상에 빠지게 하면 스승이 도리어 원수가 된다.

1665 약교(若敎) : =약사(若使), =약견(若遣). 만약 —하게 한다면. 가령 —한다면.

1666 접화(接化) : 응접하여 교화(敎化)하다. 종사가 학인을 가르치는 것.

1667 자유(自有) : 저절로 —이 있다. 자연히 —이 있다. 응당 —이 있다.

1668 삼승십이분교(三乘十二分敎) : 삼승(三乘)은 세 가지 탈것(乘)을 뜻하는데, 탈것이란 중생을 깨달음으로 이끄는 가르침을 비유한 말이다. 성문승(聲聞乘)·연각승(緣覺乘)·보살승(菩薩乘) 세 가지가 그것인데, 부처는 중생의 근기에 따라 이 세 가지 가르침을 말씀하셨다. 십이분교(十二分敎)는 경·율·론 삼장이 확립되기 전에, 경전의 내용과 형식

나는 이곳에서 단지 본분사(本分事)를 가지고 사람들을 가르칠 뿐이다. 만약 가르치지 못한다면, 그것은 원래[1669] 배우는 사람의 근성(根性)이 느리고 둔하기 때문이지, 나의 일과는 상관이 없다."[1670]

생각하고 또 생각하길 바라노라.

趙州云："若敎老僧隨伊根機接人, 自有三乘十二分敎接他了也. 老僧這裏只以本分事接人. 若接不得, 自是學者根性遲鈍, 不干老僧事." 思之思之.

에 따라 열두 갈래로 정리한 것을 말한다. 3승12분교는 소승·대승불교의 모든 경론에 담긴 교학(敎學)을 의미한다.

1669 자시(自是) : 자연히. 원래. 당연히.

1670 『고존숙어록』 제13권 「조주진제선사어록(趙州眞際禪師語錄)」에 소개되어 있는 조주의 시중설법은 다음과 같다 : "노승은 여기에서 본분사(本分事)로써 사람을 접대한다. 만약 노승이 근기를 따라 사람을 접대한다면, 마땅히 삼승십이분교를 가지고 그를 접대할 것이다. 만약 깨닫지 못한다면, 이것은 누구의 허물인가? 이후에 능력 있는 놈을 만나거든, 노승은 그를 저버리지 않는다고 말해 주어라. 묻는 사람이 있기만 하면, 본분사를 가지고 그를 응접하겠다."(老僧此間卽以本分事接人. 若敎老僧隨伊根機接人, 自有三乘十二分敎接他了也. 若是不會, 是誰過歟? 已后遇著作家漢, 也道老僧不辜他. 但有人問, 以本分事接人.)